新编21世纪教育学系列教材

教育经济学

Economics of Education

范先佐　主编

中国人民大学出版社
·北京·

作 者 简 介

范先佐 原苏联国立莫斯科列宁师范大学经济学哲学博士，历任华中师范大学教育科学研究所所长，教育科学学院副院长、院长；现为华中师范大学教育学院教授、博士研究生导师。1997 年 12 月被原国家教委评为首届人文社会科学跨世纪优秀人才，2006 年入选湖北省新世纪高层次人才，享受国务院政府特殊津贴。其主要社会兼职有：湖北省人民政府咨询委员会委员、全国教育科学规划领导小组教育经济与管理学科专家组成员、中国教育学会第六届学术委员会委员、全国教育经济学会副理事长兼《教育与经济》杂志常务副主编。

主要从事教育经济、教育财政、教育政策与农村教育的教学和科研工作。现已出版《教育经济学》、《教育经济学新编》、《中国中西部地区农村中小学合理布局结构研究》、《人口流动背景下的义务教育体制改革》、《破解“进城务工人员子女义务教育问题”实践探索》、《筹资兴教：教育投资体制改革的理论与实践问题研究》、《教育财务与成本管理》等专著、译著、教材 20 多部。在《教育研究》、*Frontiers of Education in China*、《中国教育学刊》、《教育发展研究》、《中国教育政策评论》、《中国教育发展评论》、《中国教育经济评论》等重要期刊发表论文 150 余篇，其中 50 余篇先后被《新华文摘》、《中国社会科学文摘》、《高等学校文科学术文摘》和美国的 *Chinese Education and Society* 等中英文权威报刊转载。先后主持并完成省部级和国家级课题十几项，获省部级以上奖励十余项。

内 容 简 介

本书主要就教育经济学的基本概念以及教育投资、教育效益等问题进行讨论，并结合我国实际，提出了一些新的理论和方法。全书共分 11 章，分别阐述了以下 11 个方面的内容：教育经济学的形成与发展，教育与经济发展，教育与人力资本形成，教育与劳动力市场，教育供给与需求，教育与就业，教育投资，教育资源的利用效率，教育成本，教育经济效益，学生资助制度。

目 录

第一章

教育经济学的形成与发展

本章提要

本章围绕教育经济学的形成与发展，主要介绍早期的教育经济思想，教育经济学的形成及其背景，教育经济学在 20 世纪 70 年代、80 年代、90 年代以及进入 21 世纪以来的发展，以及我国教育经济学的形成和发展。

教育经济学是经济增长和经济发展中孕育出来的一门新兴边缘学科，教育经济学致力于经济增长和经济发展中的教育发展问题，阐释经济建设与教育发展两者之辅成关系，揭示现代经济发展中教育经济关系之运行规律，提供经济增长中的人力资源配置和教育发展中的经济决策与管理技术。所以，教育经济学是集理论与实践研究于一体，兼容规范与实证研究方法论，开拓理论新领域与提供应用技术相结合的新兴学科。作为一门独立学科，教育经济学出现于世界学术之林，是随着社会、科学技术和生产的不断发展，教育经济思想的逐步演变和系统化的结果。

第一节　早期的教育经济思想

作为一门科学，教育经济学的建立经历了一个漫长的历史过程。人们对教育经济意义的认识，经历了从简单到复杂、从朴素到科学的历史发展过程。

一、教育经济思想的萌芽

教育经济学作为一门学科产生之前，人们关于教育与经济相互关系的思想在古代已经萌芽。例如在我国，人们很早就认识到发展教育是使经济发展、国家富强的条件之一，先秦诸子即有这类思想。春秋初期齐国的政治家与思想家管仲（？—前 645）认为，教育是富国强兵之道，主张并实施教导民众制造和改进农具、传授冶炼技术等一系列变革措施，从而使齐国国力大振。

春秋末期思想家、政治家、教育家、儒家创始人孔子（公元前 551—前 479）认为，人口、财富、教育是立国的三大要素。一次，孔子游历卫国，冉有替他驾车，师生间有一段精彩的对话：

子曰："庶矣哉（好稠密的人口）！"

冉有曰："既庶矣，又何加焉？"

曰："富之。"

曰："既富矣，又何加焉？"

曰："教之。"（《论语·子路》）

孔子这里讲了两点：一是教育重要，二是先富后教。对教育与经济的关系，其见解在当时可谓高明。

春秋战国之际思想家、政治家、墨家学派创始人墨翟（约公元前 468—前 376）认为，生产的好坏及发展如何，与社会财富的增减和人们生活的苦乐息息相关。他主张，要提高生产，必须施之以教。他在与当时的农学家吴虑的一次谈话中，启发吴虑认识"教人耕者其功多"（《墨子·鲁问》）。

战国时期思想家、政治家、教育家孟轲（约公元前 372—前 289）也相当详尽地阐述过经济和教育的关系，他主张英明的君主规定民众的产量，一定要使他们上足以赡养父母，下足以养活妻儿。好年成，丰衣足食；坏年成，也不致饿死，然后再施之以教，老百姓也就很容易听从了。如果每一个人用全力救活自己生命都来不及，就不会有闲暇时间学习礼义。只有让每个人都可以吃得饱饱的，再办好各级学校，反复地教导他们，那么，天下都会归服。（参见《孟子·梁惠王》）

在西欧，有关教育经济的朴素思想，早在古希腊的柏拉图（Plato，公元前 427—前 347）那里就有过论述。他在《智术之师》一书中，把生产工艺分为两个部分，一部分是耕田、畜牧、仿制器具，这一类与知识的关系甚为密切。他说："如果把算术、量积、称重等方法从生产工艺中拿掉，那剩下的只有猜测了"①，可见，柏拉图深刻认识到知识在生产工艺中的作用。

---

① 转引自王焕勋主编：《马克思教育思想研究》，269 页，重庆，重庆出版社，1988。

上述政治家、哲学家和教育家尽管在实践中看到了教育对生产所起的作用。但是，在漫长的前资本主义社会，由于生产力水平和科学技术水平的低下，生产劳动还基本上处于简单体力劳动阶段，劳动工具的物质技术性质还更多地依靠劳动者的个人体力和经验技能来体现，知识和科学在生产中的应用还非常薄弱，自给自足的个体自然经济还居统治地位。因而，人们还不可能充分认识教育在促进经济发展和增加社会财富上的意义，从而不会形成较完整的教育经济思想体系。

二、古典经济学家的教育经济思想

马克思主义产生之前的古典经济学，是代表资本主义上升时期新兴资产阶级利益、具有一定科学成分的经济理论体系。它产生于 17 世纪下半期新兴资本主义生产方式成长时期，完成于 19 世纪初期的英国和法国。这一时期，正值资本主义从工场手工业向机器大工业的转变。机器大工业生产的发展，一方面，要求通过教育提高劳动者的素质，掌握科学知识和生产技能；另一方面，要求通过教育把科学技术转移到生产过程中去，成为现实的生产力，从而使教育成为发展生产的重要因素。正是在这样一种背景下，一批资产阶级的古典政治经济学家以敏锐的眼光注意到了人的素质对生产力的影响，并依据劳动价值的理论，对教育的经济意义作了初步论述。

英国资产阶级古典政治经济学的创始人、统计学家威廉·配第（William Petty，1623—1687）认为，由于人的素质的差异，他们所提供的生产力也是不同的。他说："有的人，由于他有技艺，一个人就能够做许多没有本领的人所不能做的许多工作。"① 因而，一个技艺高超的人，可以同许多人相抗衡。有的人比别人更敏捷、更强壮、更耐劳，提供的产品也就更多。英国、法国、荷兰等国的经济实力之所以不同，人的素质的差异是一个重要原因，在他看来，虽然人口的自然数量重要，但人口的社会数量（即创造财富的能量）同样重要。配第甚至还不自觉地提出了采取某些措施和进行必要的资本投入，以提高人口素质的思想。由此可见，在作为政治经济学创始人的配第那里，确实已经有了教育经济思想。从这个意义上说，教育经济思想的初步形成是与资产阶级古典政治经济学一同产生的。

作为重农学派的主要代表人物，法国经济学家魁奈（François Quesnay，1694—1774）则认识到："构成国家强大因素的是人……人本身就成为自己财富的第一个创造性因素。"② 因此，人的习惯、性格等对生产力状况和经济社会而言是十分重要的。如果由于政策不当，使一些人处于不幸和贫困当中，则社会也休想从他们子女那里得到什么利益。

---

① ［英］配第：《政治算术》，38 页，北京，商务印书馆，1978。

② ［法］魁奈：《魁奈经济著作选集》，103 页，北京，商务印书馆，1979。

因为他们的子女从小习惯于过贫穷生活，从父辈的经历中了解到劳动并不能使生活好转，从而缺乏进取心，并“看到自己周围的游手好闲的现象，自己也就学会了游手好闲”①。相反，“富足的生活能够促使人们爱好劳动。因为人们可享受到劳动换来的物质福利，习惯于劳动”②。这些人具有名誉感、自尊心，是对国家“有益的人”。

无论是配第还是魁奈，在当时的历史条件下，能够提出上述的思想观点是难能可贵的。但也必须承认，这些思想还不是十分清晰的，并未得到专门系统的论述，而是从属于其他经济问题的分析。对早期的教育经济思想首次进行较为系统和较为专门分析的是古典政治经济学的杰出代表和理论体系的建立者亚当·斯密（Adam Smith，1723—1790）。斯密认为，劳动生产率的水平受制于人们在劳动中所表现出来的熟练、技巧和判断力，而这又是人们受到教育和培训的结果。

斯密明确地把人的才能和教育投入的费用看做资本。他在谈到资本的分类时说，资本包括“社会上一切人民学到的有用才能。学习一种才能，须受教育，须进学校，须做学徒，所费不少。这样费去的资本，好像已经实现并且固定在学习者的身上。这些才能，对于他个人自然是财产的一部分……工人增进的熟练程度，可和便利劳动、节省劳动的机器和工具同样看做是社会上的固定资本。学习的时候，固然要花一笔费用，但这种费用，可以得到偿还，赚取利润”③。

正是由于特殊技巧和劳动熟练程度的培养费用是资本，因此，“如果某种劳动需要非凡的技巧和智能，那末为尊重具有这种技能的人，对于他的生产物自然要给与较高的价值，即超过他劳动时间所应得的价值。这种技能的获得，常须经过多年苦练，对有技能的人的生产物给予较高的价值，只不过是对获得技能所需费去的劳动与时间，给以合理的报酬”④。在论述劳动工资的职业影响时，斯密更明确地论及：“设置高价机器，必然期望这机器在磨毁以前所成就的特殊作业可以收回投下的资本，并至少获得普通的利润。一种费去许多工夫和时间才学会的需要特殊技巧和熟练的职业，可以说等于一台高价机器。学会这种职业的人，在从事工作的时候，必然期望，除获得普通劳动工资外，还收回全部学费，并至少取得普通利润。而且，考虑到人的寿命长短极不确定，所以还必须在适当期间内做到这一点，正如考虑到机器的比较确定的寿命，必须于适当期间内收回成本和取得利润那样。熟练劳动工资和一般劳动工资之间的差异，就基于这个原则。”“精巧艺术和自由职业的学习需要更长时间和更大费用。所以，画家和雕刻家、律师和医生的货币报酬当然要大得多，而实际上也是如此。”⑤

---

①② ［法］魁奈：《魁奈经济著作选集》，136页。

③ ［英］亚当·斯密：《国民财富的性质和原因的研究》，上卷，257～258页，北京，商务印书馆，1972。

④ 同上书，42页。

⑤ 同上书，93～94页。

斯密还分析了劳动者素质的低下对经济发展的阻碍作用，并由此进一步论述了教育的重要性和必要性。他认为，分工一方面使人委身于一种特定的工作，可磨炼和发挥人的才能，但另一方面，长期的单纯操作又会牺牲人的智能、交际能力、努力习惯和精神勇气，变成最愚钝最无知的人，从而不能领会或参加一切合理的谈话，不能怀抱一切宽宏的、高尚的、温顺的情感。① 甚至对于个人的日常事务，都没有能力作适当的处理，至于国家的重大而广泛的利益，更是完全分辨不清。无疑，这会严重影响生产力的提高和经济的发展。

斯密能对教育与经济的关系展开较为丰富的阐述，与当时的社会经济条件是密切相关的。斯密时代正是英国产业革命的初期，机器的开始采用使人口素质问题变得空前突出。斯密的这些观点和思想都是具有经典启迪价值的。

三、马克思恩格斯的教育经济思想

马克思恩格斯所创立的哲学、政治经济学、科学社会主义的理论宝库中，包含着丰富的、科学的教育经济思想，是马克思主义教育经济学的指导思想和理论基础。其主要内容有：

1. 教育与经济的辩证关系

马克思恩格斯的历史唯物论，科学地揭示了教育与经济之间的辩证关系。马克思恩格斯认为，物质资料生产是人类社会存在和发展的基础，它决定着人类的政治生活和精神生活，也决定着教育及其发展。马克思说："物质生活的生产方式制约着整个社会生活、政治生活和精神生活的过程。"② 恩格斯指出："政治、法律、哲学、宗教、文学、艺术等的发展是以经济发展为基础的。但是，它们又都互相影响并对经济基础发生影响。并不是只有经济状况才是**原因，才是积极的**，而其余一切都不过是消极的结果。这是在**归根到底**不断为自己开辟道路的经济必然性的基础上的互相作用。"③ 马克思、恩格斯的上述唯物史观深刻地揭示了社会存在和社会意识、物质生活条件和精神生活条件之间的相互关系，这为我们科学地揭示教育与经济之间的相互关系奠定了世界观和方法论的基础。教育作为一种传授知识、传递思想、培养人的社会现象，它的产生和发展，也只能从人们的物质资料生产方式及其发展中得到说明。

2. 教育的社会经济功能

马克思是把教育的社会经济功能放在社会再生产中加以考察的。在《资本论》中，马

① 参见［英］亚当·斯密：《国民财富的性质和原因的研究》，下卷，339页，北京，商务印书馆，1974。
② 《马克思恩格斯全集》，中文1版，第13卷，8页，北京，人民出版社，1962。
③ 《马克思恩格斯全集》，中文1版，第39卷，199页，北京，人民出版社，1974。

克思就阐明了社会再生产过程是物质资料再生产、劳动力再生产、社会生产关系再生产的有机统一。而劳动力再生产既是社会再生产的必要条件，又是教育与社会生产的联结点。

马克思认为，劳动者是生产力中最活跃的因素，劳动者要从事生产，必须具备一定的劳动能力。马克思处在机器大工业生产的时代，随着科学技术和生产力的发展，劳动者要从事生产，必须掌握一定的科学文化知识和技能。为此，必须对劳动者进行教育和训练，“教育会生产劳动能力”①。

其一，教育可以改变劳动力的性质。马克思指出：“要改变一般的人的本性，使它获得一定劳动部门的技能和技巧，成为发达的和专门的劳动力，就要有一定的教育或训练”②。通过教育可以把非熟练劳动力，培养训练为熟练劳动力，改变人的劳动能力性质，提高人的劳动能力质量。

其二，教育可以改变劳动力的形态。所谓人的劳动能力形态，主要是指劳动力所从事的劳动，是以体力形态为主，还是以脑力形态为主；是从事简单劳动，还是从事复杂劳动；是从事一般性劳动，还是从事专门性劳动。马克思指出，教育作为一种服务形式，可以“使劳动能力改变形态”，“使劳动能力具有专门性”③，教育可以把一个简单的劳动力，一般性质的劳动力，加工训练成为一个复杂的和专门的劳动力，即科学家、工程师、设计师、技术人员等，这使得教育成为大生产条件下培养和提高劳动力，再生产劳动力的基本手段和途径。

其三，教育可以增进劳动者劳动变换的能力，使工人能够适应不断变换的劳动需求。马克思深刻地揭示了大工业生产的本性要求劳动的变换、职能的更动和工人的全面流动。他指出：“大工业还使下面这一点成为生死攸关的问题：用适应于不断变动的劳动需求而可以随意支配的人员，来代替那些适应于资本的不断变动的剥削需要而处于后备状态的、可供支配的、大量的贫穷工人人口；用那种把不同社会职能当作互相交替的活动方式的全面发展的个人，来代替只是承担一种社会局部职能的局部个人。”④ 大工业的这种本性客观地要求劳动者不能仅有简单的劳动技能以适应狭小范围内社会生产的需要，还必须具有良好的科学文化知识和适应社会生产的应变能力，以便较为自由地选择职业并适应职业的变换。

3. 劳动价值论与教育的社会经济效益

教育的社会经济效益是教育经济学的核心问题之一，在一国经济增长中如何计量教育所作出的贡献，是当今国内外教育经济学研究中尚未完全解决的难题。马克思在揭示劳动二重性的基础上所创立的科学的劳动价值论，为正确地解决这一问题奠定了理论基础和提

---

① 《马克思恩格斯全集》，中文1版，第26卷Ⅰ，210页，北京，人民出版社，1972。

② 《马克思恩格斯全集》，中文1版，第23卷，195页，北京，人民出版社，1972。

③ 《马克思恩格斯全集》，中文1版，第26卷Ⅰ，159页。

④ 《马克思恩格斯全集》，中文1版，第23卷，535页。

供了方法论。马克思指出："比社会平均劳动较高级较复杂的劳动，是这样一种劳动力的表现，这种劳动力比普通劳动力需要较高的教育费用，它的生产要花费较多的劳动时间，因此它具有较高的价值。既然这种劳动力的价值较高，它也就表现为较高级的劳动，也就在同样长的时间内物化为较多的价值。"① 这就说明复杂劳动之所以等于倍加的简单劳动，是由于教育和训练的结果。同时，马克思在他的劳动价值论的基础上，创立了科学的国民收入理论。他批判了资产阶级经济学关于土地、资本、劳动是创造国民收入的三要素的错误理论，指出劳动是国民收入的唯一源泉。

由此可见，马克思的劳动价值论为我们科学地计量教育对经济增长的贡献，计量教育的社会经济效益指明了方向。教育之所以能促进经济增长，带来社会经济效益，其直接的原因就在于教育可以生产和提高劳动者的劳动能力，可以把简单劳动变为复杂劳动，从而可以创造更多的价值。

四、庸俗经济学家的教育经济思想

庸俗经济学产生于 18 世纪末 19 世纪初的法国和英国。到 19 世纪 30 年代以后，取代古典经济学在资产阶级政治经济学中占据统治地位。其著名代表人物有法国的萨伊（Jean Baptiste Say，1767—1832）、英国的詹姆斯·穆勒（James Mill，1773—1836）及其子约翰·斯图尔特·穆勒（John Stuart Mill，1806—1873）和德国的李斯特（Friedrich List，1789—1846），由于这一时期科学技术和大生产的进一步发展，使科学技术和教育在经济发展中的作用较前更加重要，上述庸俗经济学家提出了一些有价值的教育经济观点。

法国的萨伊被认为是斯密学说的继承者和在西欧大陆的传播者，有人称他为实证经济学的创始人，其主要代表作是 1803 年出版的《政治经济学概论》，此书在西方经济学说史上被尊为古典名著。萨伊根据当时教育在经济发展中的作用，在斯密论述的基础上展开了进一步的分析。萨伊特别强调了人才，尤其是有特殊才能的企业家的作用。他认为，生产也就是劳动、资本和自然力这三大要素的配合、协作过程，而这些要素的配合、协作是由企业家组织、承担的。企业家对生产发挥着重要的特殊作用，"在同一种工业中，一个贤明的、积极的、有条不紊而诚心诚意的企业家可以发家致富，而另一个没有这些素质……的企业家，将会破产"②。并非任何人都能成为企业家，企业家是一种特殊的人才，他们必须具有如下的品质与技能：良好的判断力、性格坚毅、精于计算、敏慎廉正、掌握管理技术等。所以他们应该得到高的收入报酬。萨伊把"企业家"这一角色独立出来是具有重大意义的，说明他较充分地看到了企业家作为一种特殊人才对经济发展的重要性，从而看

① 《马克思恩格斯全集》，中文 1 版，第 23 卷，223 页。

② 转引自夏德等：《经济学说史》，125 页，北京，商务印书馆，1986。

到了教育对经济发展的作用。

萨伊还把科学知识作为生产力的一个部分，作为劳动的一种来看待。例如，要把靛青作为蓝布的染料，首先，需化学家研究它的性能、溶解的方法和保色措施；其次，工厂主据此准备相应的工具、原料；最后，工人在工厂主的指挥下执行手工劳动。因而，“在一切情形下，都可把劳动区分为三种：理论、应用和执行”[①]。任何产品都是这三种劳动的综合结果。他还说：“一种看来完全是纯理论的科学，往往必须先向前进展一步，然后另一种具有明显的实际大效用的科学才能兴起。”[②]“科学除给劳动的进展提供直接的推进力，为劳动成功提供不可缺少的助力外，它还给劳动的进展提供一种间接的帮助，即逐渐消除人类的成见，使人类觉悟要更多依靠自己的努力，别过分依靠神灵的帮助。”[③] 所以，维持科学研究和传播科学知识的教育并非浪费行为。教育可对人们的性情起陶冶作用，良好的教育最能促进生产力发展，“最能增进国家财富”[④]。一个国家如果缺乏必要的教育，它就不能称为文明国家。社会应该也必须负担一部分教育费用。教育培养人才，而人才有时比物质财富更为宝贵。

萨伊还认为，人们在教育和职业培训上花费的费用的总和构成累积资本，这些人的报酬不仅包括劳动的一般工资，而且包括培训时所垫付的资本的利息。因为“教育是资本，它应当产生和劳动的一般报酬没有关系的利息”[⑤]。这一利息率还必须高于普通的利息，因为这样垫付的资本实际上无法收回，而且人一死亡，资本就不存在。因此，这种利息必须照年金计算。在这里，萨伊实际上已较正确地认识到，人力方面的投资也具有风险性，这类资本不同于物质资本，是不能转让的，是附属于人体的。

约翰·穆勒是英国唯心主义哲学家、庸俗经济学家和逻辑学家。他于 1848 年出版的《政治经济学原理》，集 19 世纪上半期政治经济学“庸俗”成果之大成，是当时广泛接受、长期被采用的正统教科书，其理论体系在经济学史上被看做是第一次折中性的大综合。穆勒同意萨伊关于“劳动并不创造物品，而创造效用”的观点，但他不同意萨伊把生产无形产品的劳动也看做是生产性的，他说：“生产和非生产性，当然是省略的表达方式，包含有生产出某种东西的意思。但我想，生产出来的东西，在一般人的理解中，并非效用而是财富。生产性劳动意味着生产财富。”[⑥] 因为“可将财富定义为一切具有交换价值的有用的或合意的物品，换言之，所谓财富就是一切有用的或合意的物品，只是要刨除那些不付

① ［法］萨伊：《政治经济学概论》，81 页，北京，商务印书馆，1963。
② 同上书，221 页。
③ 同上书，81 页。
④ 同上书，488 页。
⑤ 同上书，369 页。
⑥ ［英］约翰·穆勒：《政治经济学原理及其在社会哲学上的若干应用》，72 页，北京，商务印书馆，1991。

出劳动或作出牺牲便可随意得到的物品”①。因此，“生产要素有两种：劳动和适当的自然物品”，至于资本，则是“拨出来运用于再生产的财富”，它“本身是劳动的产物，因此，它对于生产所起的作用，实际上就是劳动间接地对生产发生的作用”②。这里穆勒又折中了古典经济学的劳动价值论思想。而劳动产生的效用有三种：（1）固定和体现在外界物体中的效用；（2）固定和体现在人身上的效用；（3）并未固定或体现在任何物体中，而只存在于所提供的服务中，即给予一种快乐，消除不便或痛苦，时间可长可短，但不会使人或物的性质得到永久性改善的效用。按照习惯用法，“讲到财富时，指的仅仅是物质财富，生产性劳动指的仅仅是这样的努力，这种努力产生了体现在物质对象中的效用”③。这样一来，穆勒又将萨伊的广义生产性劳动概念与斯密的“物本”生产性劳动相折中，认为无论直接还是间接生产物质产品的劳动都不是生产性的，其实是从“物本”的褊狭角度又回到广义生产性劳动观点上。

正是在这种折中的思维模式下，穆勒涉及一些把人力作为资本看待的议论。虽然习惯上，财富仅指物质财富，“但是，把任何既有用又是可积累的产品看做财富，却不会那么明显而绝对地违反习惯用法。手艺人的技能、精力和坚忍不拔精神，完全可以像他们使用的工具和器械那样，看做是国家财富的一部分”。他接着又进一步注释道：“在我看来，例如手艺人的技能既是一种值得向往的财产，又有一定的耐久性（且不说还能生产出物质财富）。如果只因为它附着在人身上便拒绝承认它是财富，那么也应该拒绝承认煤矿或制造厂是财富，因为它们是附着在某个地点的。而且，尽管技能本身不能与人分离而转移给买主，但技能的使用却可以转移给买主；尽管不能出售技能，却可以雇用技能，况且在所有法律允许买卖人口的国家内，技能是连同人一道出售的。技能在可转移方面的缺陷不是来自天然的障碍，而是来自法律和道德的障碍。”“如前所述，我并未将人本身归于财富之列，财富是为人而存在的，但是人所学到的能力，只是为方法而存在，是靠劳动获得的，因而在我看来，当然，技能应归于财富之列。”④ 按照“资本是拨出来运用于再生产的财富”的定义，如果将“作为工资支付的那部分资本，或作为劳动者的生活资料而消费的那部分资本”归入流动资本，那么这类作为“获取物质财富的手段”使用的“手艺人的技能”当属穆勒所说的固定资本之列。⑤

值得注意的是，穆勒在讨论“人与有关的劳动”时实际涉及有关人力资本形成、生产和投资及其收益的问题。他说：“还有另一种使用劳动的方式，同样有助于生产，只是更为间接而已。这说的是将人作为对象的劳动。每个人从婴儿到被抚养成人，要花费某个人

---

① ［英］约翰·穆勒：《政治经济学原理及其在社会哲学上的若干应用》，123 页。

② 同上书，62 页。

③ 同上书，65 页。

④ 同上书，64 页。

⑤ 参见上书，113 页。

或数个人大量的劳动。不花费这种劳动或只花费其中一部分，孩子就不会长大成人，代替父母一代而成为劳动者。对于整个社会来说抚育幼年人口的劳动和花费是支出的一部分，是生产的一个条件，是要从幼年人口未来的劳动产品中加倍偿还的。”“社会的技术教育或工业教育，即用于学习或讲授生产技艺的劳动，用于获得和传授生产技能的劳动，却实际上而且一般说来，仅仅是为了获得更多或更有价值的产品才付出的，为的是学习者可以获得与其劳动价值相等或超过其劳动价值的报酬，并使所雇用的教师的劳动得到适当的报酬。”“因为造就劳动力的劳动，不论是体力的还是脑力的，可以看做是社会完成其生产活动所用劳动的一部分，换言之，可以看做是社会付出的代价的一部分。所以用于维持生产力的劳动，防止他们因事故或疾病而毁坏或减弱的劳动也可以这样来看待。内科医生的劳动，在被生产者利用时，应看做是社会经济作出的牺牲，用以保护固定在生产性社会成员的生命和体力脑力中那部分生产资源，使其不因死亡和生病而消失。”① 穆勒在此精辟论述了家庭教育和医疗卫生在人力形成和生产中的重要作用，讨论到作为人力资本投资基本构成内容的家庭投资、教育投资及健康投资及其报偿规则，虽然其论述的角度有“物本”褊狭性，但基本精神和思想是清晰的和值得称道的。

李斯特是德国历史学派的先驱者之一。他于 1841 年出版的《政治经济学的国民体系》，是一部在经济学史上有重要地位的经典著作，作为其理论体系核心的生产力理论具有广泛的影响力。在该书中，李斯特在批评斯密、萨伊等人的理论的基础上阐述了生产力理论。李斯特认为，“财富的原因与财富本身完全不同。一个人可以据有财富，那就是交换价值；但是他如果没有那份生产力，可以生产大于他所消费的价值，他将越过越穷。一个也许很穷，但是他如果据有那份生产力，可以产生大于他所消费的有价值产品，他就会富裕起来”②。由此可见，财富的生产力较之财富本身要重要得多。那么，生产力包含哪些内容呢？生产力如何才能提高呢？在这些问题上，李斯特批评了以斯密等人为代表的所谓“流行学派”的看法。在李斯特看来，斯密不知道培养和促进教育、宗教、科学的人的精神劳动具有生产性。斯密虽然意识到生产力取决于劳动的技巧，但在研究这技巧的起因时，却只说到分工为止。这是不够的。“流行学派”把单纯的体力劳动视为唯一的生产力，是错误的。如果按此说法，一个养猪的是生产者，一个教育家却反而不是生产者，这是荒谬的。李斯特认为，基督教、一夫一妻制、印刷、报纸、邮政、交通工具、思想与意识的自由、个人的身心力量等，都是生产力增长的丰富源泉。财富起因于劳动，即起因于人的头脑和四肢，促使头脑和四肢从事生产的又是什么呢？李斯特认为因素之一便是“对个人有鼓励激发作用的那种精神力量”③。这种力量能使人们在生产活动中取得更大的成就。

---

① ［英］约翰·穆勒：《政治经济学原理及其在社会哲学上的若干应用》，54～55 页。

② ［德］李斯特：《政治经济学的国民体系》，124 页，北京，商务印书馆，1961。

③ 同上书，120 页。

于是，李斯特把资本分为两类：物质资本和精神资本。精神资本指的是“个人所固有的或个人从社会环境和政治环境得来的精神力量和体力”[①]，是人们对于前人在科学与艺术、智力培养、生产效能等方面的进步和一切发现、发明、改进与努力等累积结果的领会。这种“领会的深切程度”[②] 决定了一个国家生产力的发展状况。所以说，所有关于下一代的教育方面的支出虽然都是对于现有价值的消耗，但却会促进生产力的增长。“一国的最大部分消耗，是应该用于后一代的教育，应该用于国家未来生产力的促进和培养的。”[③] 国家对于物质资产应有所牺牲或放弃，“借以获致文化、技术和协作生产的力量”[④]，以使将来的利益获得保障。同时李斯特还认为，在工业国家受到重视、获得厚酬的，“首先是天才，其次是技巧，再次是体力”[⑤]，这才是合乎情理的，原因就在于生产力不仅是体力的，还有精神的。

与精神资本和物质资本的划分相对应，李斯特把一国之中的最重要的工作划分为精神工作与物质工作。这两种工作是相互依存的。精神生产的任务在于促进道德、宗教、文化和知识等。“这方面的成就愈大，则物质财富的产量愈大。”[⑥] 反过来，物质生产越发达，精神生产就更能获得推进。他谈道：“工业和农业越是向前发展，人类意志就越加不受拘束，就越能使宽容忍让的精神占上风。”[⑦] 发达的经济既有利于国民智力的发展，也有利于国民体力的增强。李斯特不仅把人的才智，而且十分明确地把人的体力都视为“精神资本”，即现代意义上的人力资本。此一论点，对于教育经济学的建立，具有很大的启发性。

综上所述，可以看出，萨伊、穆勒和李斯特分别从不同的角度涉及了教育与经济的相关问题，并提出了一些具有学说史价值的教育经济思想。这些思想后来对西方教育经济学理论的形成和发展都有密切的理论渊源关系或直接的学术影响。

五、新古典学派的教育经济思想

这里所说的新古典学派，是指19世纪70年代“边际革命”以后到20世纪初叶这段时间，在继承古典经济学传统的基础上，利用边际主义经济学说和分析方法解析经济运行机制的各种学派，包括以瓦尔拉斯为代表的（瑞士）洛桑学派、以门格尔为代表的奥地利学派、以马歇尔为代表的英国剑桥学派。19世纪20年代，英国的威廉·斯坦利·杰文斯（William Stanley Jevons，1835—1882）、法国的莱昂·瓦尔拉斯（Leon Walras，1834—

① ［德］李斯特：《政治经济学的国民体系》，193页。
②③　同上书，123页。
④　同上书，128页。
⑤　同上书，175页。
⑥　同上书，140页。
⑦　同上书，180页。

1910）和奥地利的卡尔·门格尔（Karl Menger，1840—1921）几乎同时出版了其经济学著作——《政治经济学理论》（杰文斯，1871年）、《纯粹经济学要义》（瓦尔拉斯，1874年）和《国民经济学原理》（门格尔，1871年），其理论体系的共同基础都是边际效用价值论，所用方法都倾向于主观心理和边际数量分析法，标志着新古典主义理论体系的诞生，史称“边际革命”。特别是瓦尔拉斯的著作《纯粹经济学要义》，已经较为完整地提出了新古典学派几乎全部的理论命题和基本分析方法，构建了新古典理论的基本框架，故被看做是新古典主义理论体系事实上的创始人。此后，新古典理论先在奥地利被庞巴维克（Eugen Böhm-Bawerk，1851—1914）等人扩充应用于资本理论和分配理论。在英国，阿尔弗雷德·马歇尔（Alfred Marshall，1842—1924）于1890年出版《经济学原理》，综合各家学说，形成继穆勒之后西方经济学的第二次综合，这部著作作为新古典主义理论体系的“经典”，支配了其后40余年西方经济学发展的基本方向。20世纪初，洛桑学派的继承者维弗雷多·帕累托（Vilfredo Pareto，1848—1923）在1906年提出序数效用论并以此论证了瓦尔拉斯的一般均衡体系，1920年英国的庇古（Arthur Cecil Pigou，1877—1959）用边际效用理论构建了新古典主义的福利经济学体系，加上其他人的工作，使新古典学派理论得到完善和发展。关于新古典学派的教育经济思想，主要与瓦尔拉斯、庞巴维克和马歇尔的论著有关。瓦尔拉斯是迄今为止所见到的最早明确正式使用“人力资本”概念术语解说资本和生产等经济运行原理的经济学家；庞巴维克则是最鲜明和坚决反对使用人力资本概念和方法的经济学家；而马歇尔则是为当代人力资本理论提出“格言”和“理论依据”的经典作家，他是继李斯特之后再度重视人的能力与才智的英国著名经济学家。

在其主要经济学著作《经济学原理》中，马歇尔一再强调教育对经济发展的重要性，主张生产的要素，除土地、劳动、资本外，应该再加上教育的因素。他认为，人是生产的主要要素和唯一目标，不论从哪一个观点来看，人类是生产问题的中心，也是消费问题的中心，而且进一步又是生产与消费之间的关系的问题，也称分配与交换的问题之中心。因此，就广义而言，“人类在数目上，在健康和强壮上，在知识和能力上……是我们一切研究的目的”①。经济学便是要研究人的强壮、才能与生产力发展和经济增长之间的关系的科学。所以在他看来，经济学是一门研究财富的科学，同时也是一门研究人的科学。这实际上把人的问题和教育问题提到了一个相当的高度来看待。

马歇尔把人的才能与其他种类的资本相并列，认为它们都是重要的生产手段，都是生产力提高的因素。他明确地说过：“资本大部分是由知识……构成的……知识是我们最有力的生产动力”②；它使我们能够征服自然，并迫使自然满足我们的欲望。这种知识依附

① ［英］马歇尔：《经济学原理》，上卷，158页，北京，商务印书馆，1981。

② 同上书，157页。

于人身，表现为人的经营能力、专门技能、进取精神等，这一切都在人身之内，属于个人，称为“内在的财货”①。它是“非物质财货”的一种，是不可转让的。在这里，马歇尔对“内在的财货”的特征的论述与现代人力资本的特征的描述并无多大差异。

在马歇尔看来，人的坚强、决心、精力和自制力是一切进步的源泉，是工业效率的基础，工业进步依赖于人们的道德、智力和才干。特别是在谈到企业的经营管理时，马歇尔认为真正有经营管理才能的人，可迅速地扩充和增加利润，而只有普通能力的人，经营大企业是无法想象的，只会带来损失。处理经济问题的能力日益明显地依赖于人的判断、敏捷、智谋、细心、毅力等品质。随着生产的发展，企业规模和经营活动的扩大，对人的才能的要求也越来越高。不仅企业的管理者，一般的普通工人也必须跟上这一要求。要克服企业经营的日益复杂的问题和生产中的种种困难，就“必须迅速改良工人的教育”，而且，不但要改良学校中的教育，更重要的是，还要“用报纸、合作社和工会的工作，以及其他方法来改良以后生活中的教育”②。在这里，马歇尔不仅看到了学校教育的作用，而且也较为科学地认识到非学校教育或学校后教育的重要性，认为这几类教育都有助于人的才智和能力的提高。因此，他提出把“教育作为国家投资”的观点，认为“用之于人的教育投资”是最有效的投资，在所有资本中，最有价值的就是对人投资而形成的资本。他还看到教育投资可以得到很大报偿，他说：“一个伟大工业天才的经济价值，足以抵偿整个城市的教育费用”③。马歇尔将“人”视为“资本”的思想，对以后教育经济学的建立，特别是对于人力资本理论的形成是有极其重要的影响的。

总之，古典经济学、庸俗经济学和新古典经济学已经提出了一些教育经济思想。但是，由于当时的科学技术和生产力发展水平的限制，以及经济学、教育学发展的限制，还不可能形成一门独立的教育经济学。此后，经过一百多年，这些思想才被当代西方经济学所继承，并发展成为以人力资本理论为基础的西方教育经济学。

第二节 教育经济学的形成

虽然资产阶级经济学中的古典经济学家、庸俗经济学家和新古典经济学家已经提出了某些教育经济思想，虽然马克思恩格斯的教育经济思想为马克思主义教育经济学奠定了理论基础和提供了方法论，但是，由于历史条件的限制，在他们所处的时代，教育经济学作为一门独立的学科还不可能产生。

---

① ［英］马歇尔：《经济学原理》，上卷，74页。

② 同上书，319页。

③ 同上书，233页。

一、教育经济学的形成

教育经济学作为一门独立学科初步形成的标志，是苏联著名经济学家、科学院院士斯特鲁米林（Станислав Густавович Струмилин，1877—1974）1924 年发表的《国民教育的经济意义》一文。这是世界上第一篇教育经济学论文。在该文中，斯特鲁米林运用马克思的劳动价值理论，采用统计分析方法，第一次计量了苏联教育投资对国民收入的贡献和收益率。该文主要由两大部分组成，第一部分是体力劳动与学校教育的关系；第二部分是脑力劳动与教育程度的关系。概括起来讲，这篇论文主要是通过分析劳动者的年龄、工龄和教育程度三方面，对生产发展及经济增长的作用和影响，所采用的方法是从劳动收入与教育费用对比，来计算教育程度的提高所带来的经济净收入。它通过大量的调查研究，从列宁格勒（今彼得格勒）的万名工人中抽取 2 602 份材料，同时从 2 800 张职工登记卡中抽取了 2 307 张政府机关和邮政工人的职业登记卡进行统计分析，认为：教育同提高劳动生产率有直接关系，劳动者所受教育程度越高，劳动力能力越强，且学历与提高劳动生产率成正比。他从 2 602 份劳动者材料中分析了劳动者的年龄、工龄、教育程度三方面对提高生产率的作用或在生产上的贡献的区别，说明：(1) 年龄对生产率的影响在早期是起作用的，但如果教育程度不高，到 34 岁生产率开始下降；(2) 工龄在 20 年前对生产率的提高是起作用的，然而到了 20 年后开始明显减弱，后期作用不如早期；(3) 教育程度对生产率的作用比较持久，一年的学校教育与同样时间的工厂训练比较，它所能提高的工人劳动生产率平均要大 1.6 倍。此外，他根据苏联国家计委在 1924 年制订的普及初等教育的十年计划的指标和预测，计算出这一计划的实现小学生人数将由 400 万增加到 800 万，费用共需 16.22 亿卢布，10 年后受过小学教育的工人从事生产 5 年。这段时间国民收入的增长额将超过 20 亿卢布，抵偿了以前费用的全部开支还有余。如果不考虑毕业生在其整个有工作能力的期间（16～53 岁，共 37 年）内的工作成果，那么普及初等教育这笔费用所得到的经济效益就等于 692 亿卢布。斯特鲁米林的这篇论文，是很有学术价值的，但由于种种原因，在当时并未引起国内外学术界的重视。几十年后，论文的价值才被重新发现并得到高度评价。在 1963 年国际经济学会专门讨论教育的经济意义时，提出世界上最早论述教育经济价值的论文，是斯特鲁米林的文章，并且确认他四十多年前所运用的计算方法，同现代的计算方法很接近、很相似，仍有重要的参考价值，是了不起的贡献，会后该文被收入当年的国际经济学会论文集。我们认定这篇论文是教育经济学科创建的标志，不仅在于它是教育经济学的第一篇专题论文，而且斯特鲁米林以这篇论文为起点，广泛地研究了教育经济问题，发表了一系列专题论著。斯特鲁米林的开创性研究给后来学者以有益的启示，他的一些理论和方法至今仍被引用。

西方研究教育经济学的最早论文，是美国学者沃尔什（J. R. Walsh）1935 年发表的《人力资本观》。在该文中，沃尔什将个人的教育费用和以后收入相比较，来计量教育的经济效应，他采用的方法称“现值计算法”。即对不同教育程度支付的费用，与受教育后因能力提高而取得的收入进行比较，除考虑到死亡率、就业率等因素外，再用一定的利率把退休年龄以前的各年收入折算成现值后加总，以此算出各级学校及各种专业的净收益，其收益大小虽然不同，但收入的现值都超过了所花费用的现值，从而证明了教育上的投资符合一般的资本投资性质。

20世纪60年代初期，美国经济学家西奥多·舒尔茨（Theodore W. Schultz）在研究农业经济的基础上认识到，提高现代农业生产率，必须依靠人的能力和知识，依靠科学技术进步，进而创立了人力资本理论，运用余数分析法对人力资本在美国经济增长中的贡献和收益率作了实证分析，为西方教育经济学的形成奠定了理论基础。美国另一位著名经济学家丹尼森（E. F. Denison）也于20世纪60年代初，开始根据美国的历史统计资料，运用因素分析法进行经济增长因素的实证分析，于1962年出版了《美国经济增长的因素和我们的选择》，分析比较了1909—1929年和1929—1957年两个时期中，美国经济增长因素变化的情况。1967年出版了《为什么增长率不同——战后九个西方国家的经济》，比较了1950—1962年间，美、英、法等9个国家的经济增长率中，不同经济增长因素所起的作用。1974年出版了《1929—1969年美国经济增长的核算》，把对美国经济增长因素的分析延长到1969年。1976年与他人合作出版了《日本经济怎么增长得这么快》，对1953—1971年日本经济增长因素进行了分析。丹尼森分析了经济增长的因素，并估量了这些因素在美国不同时期经济增长中所占的百分比，以及他所列述的不同国家经济增长因素所起的不同作用。根据他的分析和估算，1929—1957年美国经济增长率中，教育占23%。

1962年英国经济学家韦泽（J. E. Vaizey）出版了《教育经济学》，标志着教育经济学的正式产生。1963年国际经济学会召开了首次教育经济学的国际学术会议，会上发表了许多学术论文，决定出版教育经济学的选集。1966年出版的英国经济学家马克·布劳格（Mark Blaug）选编的《教育经济学书目选注》，选入该学科书目文献2 002种。1972年英国出版了都柏林大学教授、经济学家希恩（John Sheehan）的《教育经济学》，系统地评述了教育经济学产生以来的主要研究成果。同年布劳格出版了《教育经济学导论》，阐述了教育对经济增长的作用和教育经济学的研究方法。

20世纪60年代出现的以人力资本理论为理论基础和核心内容的西方教育经济学，在西方一直处于主导地位，被称为“主流派”。其主要代表人物有美国的舒尔茨、贝克尔（Gary Becker）、丹尼森和英国的布劳格等。研究的主要问题有人力资本理论，教育投资的来源、分配及其使用效率，教育与经济增长的关系，教育对国民收入增长的贡献，教育的个人和社会收益率，等等。与此同时，20世纪60年代末，苏联学者以马克思和列宁著作中对教育经济的一些基本问题的阐述为理论基础，形成了马克思主义教育经济学。苏联经济学家冉明（В. А. Жамин）和科斯坦扬（С. П. Костанян）于1969年和1975年先后出版了《教育经济学》和《国民教育经济学》。在这些著作中着重阐述了教育与经济的关系，提出了在科学技术发展进步的条件下，如何确立教育体制，提高教育效率，做好智力开发工作，以及如何制定国民教育发展规划等问题。

二、教育经济学产生的历史条件

任何理论和科学的产生都不是偶然的，都不是由人们主观想象出来的，归根到底是来自人类的社会实践。只有当人类社会实践提出了任务和要求，并具备了解决这些任务和要求的客观条件时，一种新的理论和科学才有可能出现，教育经济学的产生也不例外。

1. 教育经济学的产生是第二次世界大战后科学技术和社会生产力高度发展的结果

第二次世界大战后，世界进入了一个相对平静的时期，经过一个时期的恢复，世界范围内的社会生产力有了较快的发展。从20世纪50年代中期到70年代初期，可以说是第二次世界大战后，世界主要发达国家社会生产和经济发展的“黄金时代”。无论是日本，或是西欧、北美，生产和经济都得到了迅速的发展。主要发达国家都把实现经济增长，特别是国民生产总值的增长，作为主要目标。获得民族独立的发展中国家，也都在探索经济发展的道路，有的获得了相当的成功。

第二次世界大战后，一些国家社会生产的迅速发展，同第二次世界大战后开始的新的科技革命有着密切的关系。科学技术的发展及其在生产上的广泛应用，有力地推动了生产力的发展，它使劳动生产率大幅度提高。科学技术的高度发展，不仅促进了社会生产力的发展，而且对劳动者文化程度的要求越来越高。因为随着科学技术的发展和资本实力的增大，新技术普及速度越来越快，而在新技术面前，只有掌握了科学技术知识的劳动者才能发挥其最大效用。

在现代经济条件下，在主要从事体力劳动的劳动者中，非熟练劳动比重趋于下降。生产劳动逐步变为科学劳动，社会劳动不断智力化。科学技术人员、各种管理人员在社会生产中具有越来越大的作用。为了提高劳动者的智力水平，为了培养大批的高质量的科学技术人员和管理人员，世界各国都非常重视发展教育事业。不少国家延长了普及义务教育的年限，普及了中等教育，高等教育同时获得了迅速的发展。据统计，1950年，全世界有3 800多万名中学生，由将近200万名教师任教；同期全世界在校大学生数仅为630多万，由56.4万名教师授课。到1970年，世界大学生人数激增为2 600万，由200万名教师任教；到1975年全世界在校大学生数达到了3 800万，与25年前全世界在校的中学生人数相等。在校大学生数25年内增加了5倍。①

教育的迅速发展，导致了教育在经济发展和经济增长中战略地位日益提高，日益成为

① 参见薛焕玉：《世界高教的发展对我国高等教育发展的启示》，载《黑龙江高教研究》，1986（4）。

社会生产和经济发展的决定性因素。教育已被视为国家的一种“知识产业”。这就为教育经济学的产生提供了客观条件。

2. 教育经济学是西方增长经济学和发展经济学发展的结果

现代西方经济学中的增长经济学和发展经济学，是第二次世界大战期间和战后先后发展起来的。

增长经济学是西方研究发达资本主义国家再生产和长期发展的宏观经济学分支学科。第二次世界大战后，实现经济增长成为维护资本主义制度的头等大事，许多西方经济学家致力于研究经济增长理论；同时，许多经济增长理论是在把凯恩斯（J. M. Keynes）的短期分析长期化、静态分析动态化过程中形成与发展起来的。其主要内容包括：（1）哈罗德（Roe F. Harrod）、多马（E. D. Domar）、索洛（Robert Solow）、斯旺（T. Swah）和卡尔多（N. Kaldor）等人建立的各种经济增长模型，他们以凯恩斯的有效需求原理为基础，选择某些被认为与经济增长有关的因素，在一定的假设前提下，分析因素之间的关系，说明实现经济稳定持续增长的条件；（2）丹尼森等人在西蒙·库兹涅茨（S. Kuznets）的国民收入指标和分析的基础上，对发达资本主义国家经济增长的因素所进行的分析，说明哪些因素影响经济增长；（3）罗马俱乐部的米香（E. J. Mishan）等人关于经济增长可能导致人类毁灭的增长有限的理论，说明经济应不应该增长。增长经济学的发展，尤其是丹尼森等人的经济增长因素理论对教育经济学的产生和发展有重要影响。丹尼森认为对长期增长产生作用并能影响增长率变动的有七类经济增长因素，这些因素主要包括：就业人数及其年龄、性别构成；包括非全日工作的工人在内的工时数；就业人员的教育程度；资本存量的大小；资源配置的改善；以市场的扩大来衡量的规模节约；知识进展，其中知识进展和劳动力教育年限的延长是最重要的因素。他根据美国国民收入的历史统计数据，采用统计分析方法，估算出教育水平的提高和知识进展在国民收入增长率中所占的百分比。他的分析和结论，反映了当前世界上正在进行的科学技术革命及其对生产发展的巨大推动作用，和在这一历史条件下，教育对生产发展与经济增长的巨大作用。

发展经济学是西方经济学关于发展中国家经济发展的理论。第二次世界大战后，随着亚、非、拉广大地区的殖民地和附属国在政治上走向独立，在经济上谋求发展，出现了众多的发展中国家面临摆脱不发达状态、发展经济的共同问题。西方经济学在沿袭和补充凯恩斯理论考察发达国家经济增长问题的同时，开始对发展中国家的经济发展问题进行研究，至20世纪70年代蔚然成为一个重要的边缘性、综合性的经济学分支学科。主要代表者有：纳克斯（R. Nurkse）、刘易斯（W. A. Lewis）、罗森斯坦-罗丹（P. N. Rosenstein-Rodan）、赫尔希曼（Albert O. Hirschman）、缪尔达尔（Gunnar K. Myrdal）等。主要内容包括：经济发展与资本形成的关系；经济发展与人力资源的关系；经济发展与工业化的关系；经济发展与人口流动的关系；经济发展与国际贸易、利用外资的关系；经济发展与计划、货币和财政政策的关系等。在发展经济学形成和发展过程中，人力资源的开发、教育和训练受到越来越多的重视。发展经济学家们认为，决定一国经济发展的不只是资本和物质资源，而更重要的是人力资源。作为发展中国家稀缺投入要素的资本，不只是物质资本，还有人力资本。而发展中国家普遍存在着人口过多、人口增长过快、素质太低的问题。为此必须控制人口数量，提高人口质量，加强教育和训练，增加智力投资。这对西方教育经济学的兴起和形成，产生了极为重要的影响。

3. 计量经济学的进步和发展直接促进了教育经济学的诞生

计量经济学亦称“经济计量学”，是当代西方经济学的一个重要分支学科。它把经济理论用数学形式表示出来，运用数理统计方法，根据实际统计资料进行估算后加以验证，为经济理论关于经济变量之间依存关系的定性分析提供定量资料，便于预测未来和规划政策。主要内容包括建立模型、估算参数、验证理论、预测未来和规划政策。建立模型就是根据所研究的问题，把经济现象中有关变量，按照经济理论关于它们之间相互关系的论述，用一组在数学上彼此独立、互不矛盾、完整有解，在统计估算时考虑到随机因素，并且互相识别的联立方程式表示出来。估算参数就是运用数理统计方法从实际统计资料估算模型中的各个参数值。验证理论就是运用数理统计学关于检验统计假设的原理，验证已经估算出参数值的模型所包括的变量、变量的结合方式、变量的结合程度能否作为所研究的客观情况的一个代表，也就是验证理论是否反映客观实际，从而判断模型所依据的理论是否正确，以便确定是否对理论进行修订。预测未来和规划政策，则要求解出已经估算参数值的模型的内生变量的数值。模型中每个内生变量的解式里都只包括已经估算出来的参数值和前定变量。把预测的和已知的前定变量数值代进解式，就可以得出一期的预测值，用来规划政策。

经济学家在运用传统的计量经济增长的方法计算国民经济增长额时，出现了剩余因子。按照传统的经济学观点，认为生产的增长是土地、资本和人力三要素增长的结果。一些经济学家通过分析，发现土地的因素变化不大，对生产的增长主要是资本和人力因素的变化。由资本的变化带来的经济增长可以计算出来。剩下的由于人力数量的变化却不足以说明剩余的增长量，因为人力数量变化只能说明剩余增长量的一部分，除去由于人力数量变化带来的增长量后，还剩余下一部分增长量无法用传统的三因素加以说明。例如，舒尔茨根据美国 1929—1957 年的统计资料，按 1956 年的币值折算，1929 年的国民收入是 1 500 亿美元，1957 年的国民收入是 3 020 亿美元，其增长额是 1 520 亿美元。他把国民收入额分成由于人力贡献的作用和物的资本的作用。他根据这期间国民收入分配情况，大约有 75%是用于支付工资，由此推算出国民收入中有 75%是人力所作的贡献，25%是物的投资的结果。这样人力的贡献部分 1929 年为 1 125 亿美元（1 500 亿美元×75%），1957 年为 2 265 亿美元（3 020 亿美元×75%）。舒尔茨进一步分析在全部人力贡献中，劳动力的数量增加所占的份额。1929 年劳动力的总人数为 4 920 万人，1957 年为 6 800 万人。1929 年人均创造的国民收入中的人力贡献总额是 2 287 美元（1 125 亿美元÷4 920 万人）。假设 1957 年劳动力素质仍同 1929 年一样，劳动力的生产水平没有提高，则 1957 年 6 800 万劳动力，只应创造 1 555 亿美元（2 287 美元×6 800 万人）。但 1957 年劳动力的实际贡献是 2 265 亿美元，多出 710 亿美元（2 265 亿美元－1 555 亿美元）。这 710 亿美元不是因劳动力数量增加和资本的增加带来的。用传统经济学观点，已无法解释这 710 亿美元的来源。这个"余数"到底是什么因素形成的。因此许多经济学家都寻找这一因素，其中有人就想到了，在分析国民收入增长方面，应该有劳动力质量因素，因而也就应该有教育因素，发现了教育是剩余因素中一个重要组成部分，在此基础上提出了国民经济"剩余因素分析法"、"多因素分析法"等理论。因此可以说计量经济学的进步和发展，直接推动了教育经济学的诞生。

第三节　教育经济学的发展

本节所说的教育经济学的发展，主要是指 20 世纪 70 年代以来西方教育经济学的发展。它包括 20 世纪 70 年代、80 年代、90 年代以及进入 21 世纪以来的发展。

一、20 世纪 70 年代的发展

20 世纪 60 年代末至 70 年代初期石油危机的出现，激发了西方发达国家及发展中国家经历的经济危机。这些国家受到经济衰退、通货膨胀以及高失业率的冲击。这种不景气的经济状况与教育的不断扩张发生矛盾，造成种种问题。例如，"文凭膨胀"、"过度教育"、极高的青少年失业率以及劳动生产率下降等。同时一些发展中国家为了解决本国所面临的各种问题，曾希望用发展教育、实现平等的手段来刺激经济增长，但是并没有取得预期的效果。这些国家虽然把大量资金投入教育事业，尤其是高等教育，却没有带来经济的同速增长，更没有实现社会的平等。各国回顾它们的发展过程，发觉大量的教育投资并没有收到预期的经济效益，而且人力资本理论不能适当地解说这些新出现的问题。在这种背景下，人们开始对人力资本理论产生怀疑。自 20 世纪 70 年代以来，西方部分教育经济学家试图摆脱人力资本理论的束缚，采取新的方法及途径分析教育与经济的关系，重新评估教育的经济效益。于是包括筛选理论、劳动力市场划分理论以及激进的社会化理论在内的有关教育的经济成效的新学说应运而生，使居于主流地位的人力资本理论受到了挑战。

1. 筛选理论

"筛选理论"，也称"筛选假说"（screening hypothesis）、"筛选假设"、"甄别假说"

或"文凭主义"（credentialism），是20世纪70年代初美国经济学家提出的视教育为一种筛选装置，以帮助雇主识别不同能力的求职者，将他们安置到不同职业岗位上的理论。创始人是美国经济学家、斯坦福大学教授、2001年诺贝尔经济学奖获得者迈克尔·斯彭斯（Michael Spence）和美国经济学家、1987年诺贝尔经济学奖获得者罗伯特·索洛等。他们指出，20世纪50年代和60年代发展中国家的教育扩展并未加速这些国家的经济发展，反而使受教育者大量失业，这说明人力资本理论关于教育能提高人的认知能力，从而提高劳动生产率，促进经济增长的论断是不正确的，教育的作用主要不在于提高人的认知水平，而是对具有不同能力的人进行筛选。

筛选理论认为，雇主总是希望从众多的求职者中选拔有适当能力的人去填补空缺岗位，但是，当他与求职者在劳动力市场上相遇时，他并不了解这些人的能力如何，尽管他不能直接了解求职者的生产能力，却可以了解到求职者的一些看得见摸得着的个人属性和特点。一类是天生而不能改变的，如性别、种族、家庭背景等；另一类是后天获得的，是可以改变的，如教育程度、婚姻状况、个人经历等。前一类被称做"标识"（index），后一类被称做"信号"（signal），雇主可以凭借标识和信号，特别是教育信号来了解求职者的能力。

教育之所以能起到这种信号作用，是因为一个人的能力与他获得信号所需花费的成本成反比，在其他因素相同的条件下，能力较高的人支付较低的成本就可以获得较高的教育水平，因而教育水平是反映个人能力大小的有效信号，是雇主鉴别求职者能力，对他们进行筛选并安置到不同岗位上的一种装置。由于教育水平反映了求职者的工作能力，雇主便对教育水平较高者支付较高的工资。另一方面，人们也可根据教育程度—工资等级表了解不同程度教育投资的私人收益，结合额外教育信号所需成本，作出适当的教育投资决定。

由此可见，筛选理论和人力资本理论都认为求职者的教育水平与工资高低是成正比的，并在分析中都采用了简化法，二者具有相似之处，其分歧主要在于：人力资本理论的观点是"教育—劳动生产率—工资"，认为提高受教育程度就会提高一个人的劳动生产率，从而得到较高的工资；而筛选理论的观点则是"教育—筛选—工资"，认为教育只是作为一种信号反映一个人的能力，并没有改变一个人的生产率，它在本质上只是"不完全信息"条件下的一种"信号"，因而教育对经济增长的作用是源于它在劳动力市场所起的筛选作用。这样，筛选理论就得出一个与人力资本理论原有观点不同的见解：如果雇主对雇员的学历要求超过岗位的需要，教育水平的提高不一定能促进经济增长；如果劳动力市场的工资结构没有改变，教育水平的提高也不能促进社会的平等。反之，过分地依赖学历文凭作为选聘的依据，在没有适当协调教育与经济发展的条件下，不仅不会促进经济增长，而且将会给国家和个人带来严重的后果。比如，由于获得较高教育文凭便可获得较理想的职业岗位和优厚待遇的预期，会大大刺激人们对高等教育的需求，导致高等教育的过量发展。

总之，筛选理论描述和解释了20世纪70年代以来困扰许多国家的教育文凭膨胀问题，并因此在世界各国得到了广泛传播，但该理论片面强调教育的信号筛选作用，否认教育提高人的认知技能、从而提高劳动生产率作用的观点是错误的。

2. 劳动力市场划分理论

劳动力市场划分理论涉及教育与工资问题的研究，是20世纪70年代初期出现的，其主要代表人物有瑟罗（L. Thurow）、皮奥里（M. J. Piore）、戈登（D. Gordon）、多林格（P. B. Doeringer）、卡诺伊（M. Carnoy）等。其实，早在1954年，克拉克·科尔（C. Kerr）就发表了《劳动力市场的分割》一文，首次提出了内部劳动力市场和外部劳动力市场的概念，但在当时并未引起经济学界的足够重视。1971年，多林格和皮奥里合作出版了《内部劳动力市场及人力政策》一书，把劳动力市场划分为主要劳动力市场和次要劳动力市场，并进行了详尽分析，劳动力市场划分理论才得以初步建立。他们认为，人力资本理论对教育的作用及教育与工资关系的分析不精确，没有考虑劳动力市场的内部结构，忽视了劳动力市场是划分为不同部分的，在不同的部分中教育与工资的关系是不同的。

20世纪70年代中期后，戈登、爱德华兹（R. C. Edwards）、卡诺伊等进一步发展了皮奥里和多林格的理论。他们采用西方制度主义经济学的分析方法，分析劳动力市场结构，说明不同种类或不同阶级的劳动者在劳动力市场上会受到不同的待遇。主要劳动力市场为劳动者提供大公司、大企业、大机构的工作，工资待遇是由劳资双方谈判决定的，雇员有工作保险、明确的晋升程序及较高的工资；次要劳动力市场为劳动者提供小企业、小公司、小机构的工作，这种工作在各个方面的福利待遇都明显低于主要劳动力市场。他们认为，两种劳动力市场之间的流动率不大，个人的工资收入主要由其所在的劳动力市场的性质来决定。一般来说，由于主要劳动力市场往往雇用比例较高的男性、白人以及教育水平较高的人，而次要劳动力市场往往雇用比例较高的女性、有色种人以及教育水平较低的人，所以，在主要劳动力市场上，教育与工资有显著的正相关，而在次要劳动力市场上，教育与工资的相关程度微弱。因此教育的作用，不在于提高个人的知识技能，而在于它是决定个人是在主要劳动力市场还是在次要劳动力市场上工作。

总之，劳动力市场划分理论揭示了教育在资本主义国家劳动力市场划分中的作用，解释了教育的扩展未能改变各阶级、集团间收入不平等的现实，从而形成了一个较完整的理论体系，但它对教育与经济关系的论述是不够全面的。

3. 社会化理论

社会化理论是一种认为教育的主要功能在于维护资本主义经济制度生存和发展的激进理论。它于20世纪70年代中期出现于西方国家。创始人是鲍里斯（S. Bowles）和金梯斯

(H. Gintis)。1976年，鲍里斯和金梯斯合著的《资本主义美国的学校教育：教育改革与经济生活的矛盾》一书出版后，立即受到西方教育理论界的高度重视，在教育经济学、教育社会学和教育哲学领域均产生了强烈的反响，成了激进派经济学家和社会学家选修的教育经典著作。

在该书中，他们采用西方新马克思主义的观点和方法，强调教育对维护资本主义经济制度所起的作用，认为教育与经济的关系是阶级矛盾关系的反映。社会化理论的基本观点是，教育的经济功能源于它的社会功能，而教育的社会功能远比教育提高知识技能对经济的影响更重要。该理论强调，人力资本理论认为教育通过知识技能影响劳动生产率的观点是错误的。他们认为，在现代美国社会，实际上绝大部分工作只需要程度很低的知识技能，工人工作表现得好坏，主要在于工人本身非知识性的个性特征，而教育是培养这些个性特征的重要手段。

由于资本主义结构的等级化、分工化，不同的工作需要不同的个性特征。高等职业如经理、高级行政管理人员等工作，需要很强的独立性、较高的自尊心、多思多问及进取创新的精神等个性特征。低等职业如秘书、打字员、勤杂工等则需要准时上班、循规蹈矩、少疑少问等个性特征。故此，要生产顺利进行，就需要有这样不同个性特征的人。但这些个性特征不是与生俱来的，是要通过教育系统地培养的。因此，教育的这种社会化功能又是一个个性“差异性”的社会化过程。一般来说，有产阶级的子女有更多机会进入一流学校，培养出自尊、自重和富有创新进取精神的个性，毕业后能找到高等职业岗位。贫困家庭的子女往往在条件差的学校上学，养成遵守规章、服从的个性，以适应毕业后进入低等职业工作岗位的需要。就是说，学校教育为不同社会阶级的人培养不同的个性特征，以便他们将来能在不同的职业岗位上工作；不同社会经济背景的人，由于受到不同教育而养成不同个性特征。因此，在这样的社会中，教育的经济价值便是通过种种途径及手段使学生社会化，使不同阶级的学生经教育培养形成经济结构所需要的不同个性特征，从而使资本主义经济机制能正常运转。

学校教育对不同社会阶级出身的学生的不平等待遇，反映了不平等的资本主义生产关系并且再生产着这种不平等的生产关系，教育正是通过这种社会化过程为资本主义经济服务的。该理论指出，经济的不平等是社会不平等的根源，教育改革和教育扩展不能改变经济的不平等结构，要实现社会平等，就得改革经济。

社会化理论揭露了资本主义教育的阶级实质，指出学校教育的社会化职能不仅在于使未来劳动者获得必要的知识技能，更重要的还在于习得统治阶级所需要的个性品质。这是该理论的贡献。这一理论的缺陷是，在强调教育与经济存在对应关系的同时，却忽视了教育具有相对独立性和与经济生活相矛盾的一面，因而，它对教育在整个社会经济发展中所起作用的论述带有片面性。

上述这些理论在批评人力资本理论的同时，确实提出了一些新的观点和主张，但是，由于这些理论或缺乏证据的支持，或缺乏逻辑上的严密性，故最终未能产生广泛的影响和获得普遍的承认。自西方教育经济学创立至今，人力资本理论尽管面临着挑战，但一直处于主流地位。

二、20 世纪 80 年代的发展

20 世纪 80 年代以来，西方教育经济学在理论上未出现重大的突破，但随着时间的推移、新问题的出现，一些分析新问题、修正旧观点、采用新方法的研究便相继出现。这里选择部分问题作一简要介绍。

1. 新技术发展与教育的关系研究

科技革命对社会和教育产生了重大的影响，尤其是高新技术的快速发展及其普遍应用，不仅关系到教育而且关系到科技进步和整个社会经济的发展。在对高新技术发展与教育的关系的认识和评价方面，20 世纪 60 年代的人力资本理论认为，随着技术革命和工业革命的发展，要求数量更多、质量更高的受过高等教育的劳动者。20 世纪 70 年代初布劳格等人的研究则认为，现代科学技术及在工业中的应用，导致劳动方式的两极化，即少量掌握尖端技术和现代知识的专家和大量无须掌握专业知识和技能的普通工人，生产的自动化简化了操作，使每一动作标准化，工人的劳动变为简单紧张的重复，即使工人脑力支出增加，同样的原因也使其单一而又紧张。为此，他们认为，现代科学技术和工业生产对工人素质的要求，首先是良好的劳动态度，其次是诸如承受紧张工作、纪律、责任、灵活应变能力等心理品质，专门的职业技能并不重要，基础知识和基本技能则是必需的。这正是教育社会化理论所言，资本主义教育社会化是生产等级化、阶级差别社会化的反映，没有也不可能通过教育改变社会不平等的状况。20 世纪 80 年代以来，西方学者又从就业结构出发，研究科技发展及应用对教育的影响。他们认为，科技发展有两个重要特点，一是它将生产的设计、计划和管理都集中到少数高级职位上；二是随着计划与执行相分离，生产的综合任务被分割开来，生产过程变得简单化和例行化，处于高级职位上的少数人需要接受高等教育，而大多数的劳动大众则只需要掌握生产过程中的某种职能即可。科技革命有可能使教育的两极分化进一步加剧。一方面，为数不多的高质量私立和公立学校将为高科技部门提供专门人才；另一方面，大多数教育质量较差的学校将为社会培养大批的熟练劳动工人。这两类学校在各自的轨道上并行前进，互不沟通。为此，他们所得结论是，高新技术发展对教育的影响并非人们想象的那样大，不能夸大教育对培养高科技人才的需求。

2. 过度教育与生产率研究

过度教育表现为知识失业和知识贬值。知识失业指教育所培养的劳动力超过了社会需求，大量的学生毕业即失业。知识贬值指受过较高教育的劳动者从事只需受过较低教育的劳动者就能胜任的工作，大材小用。这种现象 20 世纪 70 年代中期以后，在发达国家及发展中国家，不同程度地、普遍地出现过。

鉴于此，西方一些教育经济学家对过度教育与生产率的关系进行了研究。结果显示，教育与劳动生产率的关系并不必然是线性的或正向的。企业中的劳动生产率取决于工人所受的教育和他所从事的工作对教育的要求，以及工人所受教育与工作对教育要求之间是否匹配。过多教育可能会导致较低的工作努力程度，因而导致较低的生产率。这暗示着当劳动力的受教育程度随时间的推移而增加时，工人较高的劳动生产率可以通过工作场合的改变而实现。这种改变应当为工人提供更多的充分利用其教育技能的机会。雇主雇用一个人时，得到的只是他的劳动力，而他却不一定辛勤劳动。劳动者往往衡量个人要求及工作特点，然后付出某一程度的劳动。如果他感到工作死板，不能发挥其学识、长处，不能满足他的职业期望，他可能因此而感到不满，工作不起劲，影响企业的生产和工作。因此，过度教育有可能影响劳动生产率。要解决这一问题，就要使教育与经济协调发展，教育结构与经济结构相平衡，劳动者能够找到满意的工作，实现其职业愿望，而不是劳动者所受教育的层次越高越好。

3. 关于教育与劳动力市场和收入分配

早期的西方教育经济学家从人力资本理论出发，认为在二元劳动力市场条件下，教育尤其是高等教育是低收入家庭子女进入头等劳动力市场、沟通二元劳动力市场的渠道。然而，在对劳动力市场分割的分析方面，自 1980 年以来，西方一些教育经济学家开始对其早期严格的二元理论提出了疑问，劳动力市场的分割逐渐被认为是一种动态的劳动力市场过程，这一过程是以不连续性而不是以二元论以及各种形式的工人划分为特征的。他们通过历史的和多学科的分析拓展了对劳动力市场的探究工作，指出二元论的分析过于简单。因为，头等劳动力市场是非竞争市场，职位获得和收入与家庭背景关系极大，并非受了高等教育就可进入头等市场。收入分配也一样，一个人的收入水平受多种因素影响，如行业与职业、家庭背景、个人天赋与能力等。教育在实现收入分配均等化方面并不能起多大作用。

4. 学校规模经济研究

学校规模经济的理论主要来自经济学中的规模经济。从某种意义上说，教育是一种产业。产业的经营需要运用各种资源，而资源各具特性，有赖于适当的经营规模，才能充分运用资源，发挥其效能，因此教育产业的经营必须依据规模经济的原理、最优化原理和科学管理的方法，运用有限的人力、物力、财力取得最佳的办学经济效益。

教育规模经济的形成是在保证一定教育质量前提下使学校资源获得充分和适当的使用；同时规模经济的产生必须在规模扩大后不致衍生不经济缺陷的条件下才能成立。教育规模经济的形成显然是基于以下三个条件：资源利用的充分性、资源使用的适当性、规模扩大的有限性。如果规模扩大产生各种不经济的缺陷，必将损害教育功能，此时，单位学生成本即使减少也不能称为学校规模经济。在这一条件下，学校规模的扩大应以资源充分运用后即停止，否则，规模继续扩大必将衍生各种缺陷。因此，学校适度规模是指学校拥有恰好可以使资源获得充分与适当的运用而不衍生各种弊端的适当学生人数。

由此可见，尽管20世纪80年代西方教育经济学没有创造其发展史上辉煌的新纪元，但除了在原有学说和研究重点基础上进行的研究工作之外，仍有一些新思想问世。例如关于高新技术发展与教育的关系，过度教育对生产率的影响，关于教育与劳动力市场和收入分配，学校规模经济等领域的研究都取得了相当的进展。在研究方法上，更趋向于实证分析和个案分析。

三、20世纪90年代的发展

20世纪90年代，西方教育经济学对一些新产生的问题兴趣日增。这些问题包括教育和以信息为基础的世界经济的关系，信息技术对教育生产的影响，教育成本及财政的研究，以及教育内生增长作用研究，等等。

1. 教育和以信息为基础的世界经济的关系

随着信息技术的进步，在经济方面出现了全球化的现象。经济全球化的特点是：在生产活动中对新知识和信息的利用强度更大；在工业化国家中其生产由物质产品的生产向灵活的适应顾客不同偏好的生产方式转变；决策范围的跨国化程度增大；信息技术、全球经济、组织变化之间形成了相互支持的关系。那么，经济的全球化对劳动力市场和教育产生了怎样的影响呢？1995年美国斯坦福大学教授卡诺伊撰文对此进行了考察。他认为，全球性的经济变化与劳动力市场的显著变化是相互关联的。高技术部门工作岗位的比例不断增加，从而要求管理人员和工人作出更灵活的反应。大企业传统的稳定工作岗位正在被临时性的、稳定性较差的工作所取代，从而导致工作生涯中更多的就业变化。从各国的情况看，劳动力市场中女性参与比例有所增加，非正规劳动力市场部分有所发展。为迎接新世界经济的挑战，教育部门必须提倡批判性思考和注重解决问题的技能，并且更多地注重一般性的灵活的技能而不是过分专门化的职业技能。应对所有儿童实施素质教育计划。终身学习随时间的推移正在变得越来越有必要。并且国际21世纪教育委员会认为它“是进入21世纪的关键所在，也是必须适应职业界的需要和进一步控制不断变化个人生活的节奏和阶段的条件”①。

2. 信息技术对教育生产的影响

今日的社会多多少少都成了信息社会。在这种社会中，技术的发展可以创造使知识和

---

① 《教育——财富蕴藏其中》，90页，北京，教育科学出版社，1997。

学问来源多样化的文化教育环境。另一方面，这些技术的特点日益复杂，为人们所提供的可能性的范围越来越广。特别是，它们可以把很高的信息储存能力与几乎个人化的利用和广泛的传播结合起来。当代新的教育技术是计算机和以信息为基础的技术。与诸如电影、广播和电视那些上一代的教育媒介相比，计算机技术，由于它在工厂中的广泛运用，教育决策者对它的接受，以及它与国家进步的象征性联系，从而更可能对教育生产产生有目共睹的影响。关于教育中的计算机技术的研究关注的一项应用，被称做计算机辅助教学(CAI)。关于CAI效益的研究结果是含混不清的，美国斯坦福大学教授列文（H. M. Levin）认为，没有足够的证据支持CAI的成本效益优于传统学校教学方法的说法，在这方面需要进行更多的研究。但在发达国家，公众兴趣迅速增加的计算机应用的一个新领域是互联网络在教育中的应用。该项目应用正处于早期实验阶段，对其进行经济评价无论是现在或是未来都是很有必要的。尽管计算机成本一直在降低，但对许多发展中国家的家庭来说，特别是低收入家庭，计算机仍然是昂贵的。因此，将信息技术优先用于教育方面仍然面临着不少困难。“在发展中世界，人们最关心的是扩大范围和实现规模经济的机会，而不是个人的利用和交互能力；而在工业国家情况则相反，这是因为传播和利用基本上已有保证，可以更多地对个人化问题加以考虑。”① 此外，由于计算机语言和技能在工作场合中需求的增加，不能成功地在学校中教授这些基本竞争技能，将会加剧国家内部及国家间已有的不平等。新技术在教育生产中的作用，是更好地理解对教育技术特别是新教育媒介的经济分析中的不同意见或争议的关键。如果新的教育技术被看做是获取给定的教育目标的中性工具，那么应用这种技术就会在适当的设计、谨慎的实验和实施，以及其他技术细节上遇到挑战。若新的教育技术被作为一种非中性工具使用，以使某一群体的教育或其他目标得到改善并凌驾于其他群体之上，则其面临的挑战将更具政治经济性质。

3. 教育成本及财政的研究

有关教育成本及财政的研究涉及的是教育生产资源的数量、筹措、配置及利用。这些显然与教育投入有关，也涉及教育成本和教育产出的成本—效益评价。在教育经济学诞生之前，人们就已对教育收支问题产生兴趣。

对教育成本的经济分析通过引入经济成本或者机会成本的概念促进了这一研究领域的发展。除了教育支出之外，这一概念还唤起人们对学生所放弃的机会和家长在教育上的花费及其对教育影响的关注。但早期的研究趋向主要注重于政府的教育成本，进入20世纪90年代以后则十分重视私人成本的研究，因为据西方教育经济学家对亚洲、非洲和有关一些国家的研究发现，私人成本成为教育总成本的重要组成部分，它们是那些提高教育质量，但造成教育不平等和不公平，影响公立和私立学校之间相对效率的重要教育投入和财

① 《教育——财富蕴藏其中》，167页。

源。因此，一些西方的教育经济学家认为，在教育领域应用成本分析可以揭示某项教育政策的成本内涵，评价某项教育改革的可行性和可持续性，提供对过去和当前教育资源利用情况的诊断，预测未来的成本需求，并且可以评价不同教育政策或措施的效率。成本研究能够为教育的决策、计划和监测作出显著的贡献。它在20世纪90年代以来西方教育经济学论著中被划分为三类：成本核算及可行性试验研究、教育成本的行为研究以及成本—收益和成本—效果研究。

对教育财政的研究不仅是经济方面的探讨，它们还常与更大层面上的教育改革以及当时的政治氛围密切相关。因为教育财政是指那种获得资源并对资源进行配置，以支持所希望的教育活动的机制或过程。各国在其教育资源的获得和分配方面差异显著。世上不存在一种最好的教育财政体制，财政实况与一个国家特定的历史及政治条件紧密相关。但是，西方教育经济学家认为，有三种通用的原则或标准可用来判断教育财政体制的好坏：资金投入的充足与否、资源获得和分配的效率高低、资源获得和分配是否公平。教育财政的一个关键问题是关于财政责任在政府和个人之间的合适划分。根据利益获得原则，社会和各种成员都应负担与其所得利益有关的教育成本。可以在对个人有利的私人收益和对社会有利的社会收益之间作出区分。可以推定，当私人或社会获益更多时，个人或社会应当为教育付费。然而，在西方实行这一原则面临的问题是：如何精确地确定教育的社会和私人收益一直存在着争论。

4. 教育内生增长作用的研究

1986年美国经济学家、斯坦福大学教授罗默（P. M. Romer）从人力资本内生的角度考察了教育对经济增长的贡献，明确把教育的作用放在了首要位置，他通过将知识或技术进步作为内生变量纳入新古典经济增长模型，提出了“内生增长理论”（endogenous growth theory）。① 他的基本观点大致包括：一是知识和人力资本是经济增长的决定因素；二是强调技术内生化后，生产率的增长是一个自我产生的过程，当生产过程本身产生了新的知识（教育和培训），并且教育和培训作为新知识被纳入生产过程中时，生产率就会提高；三是各国经济增长的差别在于知识和人力资本导致的技术进步率的差异。1988年，美国芝加哥大学教授小卢卡斯（Robert E. Lucas，Jr.）将人力资本引入经济增长分析，建立了“人力资本溢出模型”（human capital spillover model）。该模型假定在全球经济范围内存在人力资本外部性，认为该外部性是由人力资本的溢出造成的，这种外部性的大小可由全社会平均的人力资本水平来衡量。② 罗默和卢卡斯等人的文章发表后，内生增长迅速

① Paul M. Romer，Increasing Returns and Long-Run Growth，*Journal of Political Economy*，1986，94（5）：1002-1037.

② Robert E. Lucas，Jr.，On the Mechanics of Economic Development [J]，*Journal of Monetary Economics*，1988（3）：37-62.

成为一个重要而广阔的研究领域。

进入20世纪90年代，内生经济增长理论得到了进一步的发展。新增长理论的领军人物、哈佛大学经济学教授阿吉翁（Philippe Aghion）与霍依特（Peter Howitt）建立了具有创造性破坏特征的内生增长模型，他们认为创造性破坏的过程使得创新的激励复杂化，源于有意识的投资、创新和发明的内生技术进步是经济增长的源泉，对教育投资的增加有利于跨代的社会阶层流动，能够避免经济陷入低增长的循环，并能增加工人的流动性，这一切对于长期经济增长具有显著作用。① 哈佛大学经济学教授曼昆（N. G. Mankiw）等人提出了"扩展索洛模型"（augmented solow model）②，新增长理论经验研究的先驱罗伯特·巴罗（Robert J. Barro）等提出了"扩充式新古典模型"（extended neoclassical model），人力资本被作为独立的投入要素引入总量生产函数，同样清楚表明了通过教育的人力资本投资可以导致产出提高，从而导致经济增长。③ 巴罗的一个重要发现是"有条件的趋同"（conditional convergence），如果一国的人口出生率、人力资本和政府政策等因素保持不变，则穷国的增长会快于富国。教育内生增长作用的研究越来越受到重视。

四、21世纪以来教育经济学的发展

进入21世纪以来，随着所研究问题在深度、广度上的不断扩展，教育经济学的研究也在不断深入，诸如社会资本理论系统分析方法的运用，新制度经济学理论的引入，政府行为和社会对教育需求行为的研究，等等。此外，教育经济学跨国家的比较研究也已经变得愈来愈普遍。

1. 社会资本理论系统分析方法的运用

20世纪70年代的挑战和挫折使得人们开始反思并弥补人力资本理论的缺陷。第一个对社会资本进行系统分析的是法国社会学家皮埃尔·布迪厄（Pierre Bourdieu）。1980年，法国社会学家布迪厄在《社会科学研究》杂志上发表了题为《社会资本随笔》的短文，正式提出了"社会资本"（social capital）的概念。自从"社会资本"概念被引入学术研究以来，社会资本作为解释经济与社会发展的重要变量，已经越来越多地为学者们所采用，它表现出的强大解释力已经得到了越来越多研究者的青睐。20世纪80年代至90年代，美国学者詹姆斯·科尔曼（James Coleman）和罗伯特·普特南（Robert Putnam）等先后提出了社会资本理论，并将其作为人力资本理论基础上的理论发展加以阐述，显示了学术界对

---

① Philippe Aghion and Peter Howitt, *Endogenous Growth Theory*, Cambridge: MIT Press, Chapter 10, 1998.

② N. G. Mankiw, D. Romer, and D. N. Weil, A Contribution to the Empirics of Economic Growth, *Quarterly Journal of economics*, 1992: 407-437.

③ R. J. Barro and X. Sla-I-Martin, Convergence across States and Region, *Brookings Papers on Economic Activity*, 1991.

一国经济与社会发展中的人际关系的重视，深化了早期人力资本理论学者们对人力资本理论中人与经济发展关系的论述。如科尔曼从社会资本的功能的角度来定义社会资本，认为社会资本不是一个单一体，而是有许多种，彼此之间有两个共同之处：它们都包括社会结构的某些方面，而且有利于处于某一结构中的行动者——无论是个人还是集体行动者——的行动。和其他形式的资本一样，社会资本也是生产性的，使某些目的的实现成为可能，而在缺少它的时候，这些目的不能实现。与物质资本和人力资本一样，社会资本也不是某些活动的完全替代物，而只是与某些活动具体联系在一起。有些具体的社会资本形式在促进某些活动的同时可能无用甚至有害于其他活动。而普特南则指出社会资本是一种组织特点，如信任、规范和网络等，它是生产性的，能够通过对合作的促进而提高社会效率。而普特南主要从"社会资本存量"这个概念来研究社会资本，他将社会资本与公民参与网络联系起来，认为对个人行动的促进完全是繁荣社群，或者说是丰富了社会资本存量的副产品。在普特南看来，社会资本已不再是某一个人拥有的资源，而是全社会所拥有的财富，一个社会的经济与民主发展，都在很大程度受制于其社会资本的丰富程度。2001 年美国著名华裔社会学家林南在吸收了马克思的资本概念、舒尔茨的人力资本概念以及布迪厄、科尔曼和普特南的社会资本概念的基础上，强调社会资本是投资在社会关系中并希望在市场上得到回报的一种资源，是一种镶嵌在社会结构之中并且可以通过有目的的行动来获得或流动的资源。林南定义社会资本时强调了社会资本的先在性，它存在于一定的社会结构之中，人们必须遵循其中的规则才能获得行动所需的社会资本，同时该定义也说明了人的行动的能动性，人通过有目的的行动可以获得社会资本。

社会资本理论弥补了人力资本理论研究的不足。首先，它提升了人的社会地位。社会资本理论将人的地位从单纯的经济资源要素提高到资源运用的主体。其次，从微观层面为主的分析扩展到宏观层面，从群体人力资本的角度研究社会经济增长，把社会心理关系、社会契约、组织结构、家庭结构、共享规范、规则体系等引入分析中。更注重一国经济与社会发展中的人际关系。人际关系影响着个人的人力资本投资方向和投资效果。良好的人际关系可以减少迁移、流动成本。促使人力资源的合理配置。社会资本对学校教育的影响还在于群体效应中的信息交流。通过成员间的信息交流可以整合人力资源，提高工作效率。再次，社会资本理论直接把无形资本因素（社会心理）关系引入分析中。社会财富的增长是社会的组织关系构成的群体作用的结果，也是社会交往网络基础上形成的社会心理关系作用的结果。

借鉴社会资本理论对人际关系、社团组织、网络沟通以及规范契约等的研究，在教育经济学研究中教育对经济的影响同样也会因为教育对人际关系社团组织、网络应用以及契约规范的影响而对经济产生影响。它会遵循着"教育——社会资本增长——经济增长"，即教育促进社会资本增长、社会资本增长促进经济增长的规律，影响着社会经济的发展。

因此，社会资本理论对教育经济学作出了新的解释。

社会财富的增长是人力资本与社会人际关系等构成的一切社会关系共同作用的成果。教育不仅只是提高人力资本存量，也通过提高对社会关系的认知能力、制定合理的共享规范和构建合理的组织结构等社会资本存量从而达到提高经济增长和社会发展的目的。教育一方面通过培养提高的人的智力与非智力因素使受教育者的人力资本得到保值和增值；另一方面，教育通过培养交往、合作能力，发展特殊组织形式如校友会等也促进了社会资本存量的提升。以上两种资本还会在形成和丰富的过程中相互影响、相互促进。因此，研究教育经济学不能仅仅局限于人力资本的范畴，更应该通过社会资本来凝聚人力资本，达到人力资本组合的帕累托最优。从社会资本理论这一新的视角研究教育对社会资本投资、形成与影响以及对经济增长和社会发展的作用，才能更准确、更全面地把握教育与社会经济发展的相互关系。

2. 新制度经济学理论的引入

所谓新制度经济学，就是用主流经济学的方法分析制度的经济学。自 1984 年英国经济学家科斯（Ronald Harry Coase）提出新制度经济学后，新制度经济学理论在世界范围内得到了广泛传播。迄今为止，新制度经济学的发展粗具规模，已形成交易费用经济学、产权经济学、委托—代理理论、公共选择理论、新经济史学等几个支流。在这一过程中，新制度经济学对于教育研究也产生了重要影响，特别是新制度经济学的理论对现实教育体制改革更具解释力。新制度经济学在教育经济领域研究的运用基本体现在两个方面：一是将新制度经济学作为一种思考问题的视角，继而作为一种方法来操作以分析教育中的问题；二是将新制度经济学作为理论基础，从新制度经济学中挖掘出与教育活动不同层面之间的联系。迄今为止，教育经济学中关于第一个方面的研究就是运用制度变迁理论作为解释高等教育体制改革与结构调整的理论基础。关于第二个方面的研究则是将产权理论引入教育领域，对教育资源配置效率和公平问题进行制度分析。

制度是最重要的资源，历史上任何一次成功的重大教育变革都依赖于教育制度的突破，而产权制度的改革无疑是其中最核心、最关键的问题之一。把产权理论应用到教育领域，形成了教育产权理论。教育产权的分析是与市场经济体制相伴生的，在市场经济条件下，教育投资是呈现多样化的，因此，办学体制有公立学校、私立学校、民办学校以及中外合资学校等，这些学校的财产权归属问题就直接指向教育产权。所谓教育产权，它是教育范畴内的经济学概念，是指拥有举办教育机构财产的权利，即人们围绕着教育财产所结成的权利关系。教育机构主要是指学校、幼儿园及各种培训机构等。若从实际意义分析，教育产权主要是指学校及其他教育机构的财产权，简称“学校产权”或教育组织和机构的财产权利；从经济学角度分析则包括学校和教育机构财产的使用权、占有权、支配权、收益权和处置权等。

将产权理论引入教育领域进行讨论的前提，也是基于教育资源的稀缺性。因为假设教育资源是充足的、无限的，社会中的每个个体都可以无条件地、无节制地享用，那么界定人们对于这些教育资源的权利和责任就是多余的，讨论其产权问题也就失去了意义。而事实上，正是因为存在着对教育资源的激烈竞争，在信息不对称的前提下，交易的成本为正，因此对教育产权问题的讨论和研究才显得必要和富有强烈的现实意义，这是现代产权理论在教育领域得以发展的基础和前提。教育产权问题研究的主体内容是教育资源、教育资产的所有权及其各项权能，即对于教育资源、资产的所有、占用、使用、收益和处置等项权利。但这并不是教育产权研究的全部内容，教育产权的研究范围还应该包括种种非物权，如专利权、著作权、教育行政特许权以及与教育资源、资产有关的其他行为性权利。事实证明，明确地提出教育产权应该说是教育经济学研究的一个里程碑。

3. 政府行为和社会对教育需求行为研究

政府部门是我国的行政机关，政府行为是一种行政行为。在我国，行政机关作出的行政行为具有强制性，比如说交警对违章车进行罚款，政府部门对违章建筑进行的强制拆除等，都是必须执行的。如果这个行政行为确实不合法，损害了公民的人身财产权利，当然，我们就可以到法院起诉这个行政机关。法院可以作出撤销判决。但是，在法院作出撤销判决之前，这个行政行为还是有效力的，并且必须执行。近年来，研究宏观经济学的微观基础成为西方经济学发展的一个重要趋势，它认为总量由个量组成，对宏观问题的研究要建立在微观经济学的基础上。西方经济学研究的这种进展对教育经济学发展有着重要意义。在教育领域中，除了个人对教育的选择行为外，教育领域的投资、运行及管理均是政府行为。因此，长期以来，教育经济学主要研究宏观教育问题，在既定的制度下研究总量间的关系和管理方式，研究教育如何适应经济增长以及满足社会对教育的需求。西方经济学在宏观经济微观化方面的努力，为教育经济学的研究提供了进一步的发展空间，政府行为和社会对教育需求行为也成为教育经济学的研究对象。

4. 教育经济学跨国家的比较研究

早期的大部分教育经济学研究趋向于将其自身限定在一个国家。随着时间的推移，特别是进入 20 世纪 90 年代以来，跨国家的比较研究已经变得愈来愈普遍。随着经济生产的全球化，以及由于交通和通信技术的发展所导致的物理空间距离的缩短，跨国家关注的问题和研究可能愈加显示出其重要性来。

第四节　我国教育经济学的形成和发展

在我国，尽管有关教育经济的思想早已有之，但教育经济学作为一门学科的研究，始于 20 世纪 70 年代末 80 年代初，是在党的十一届三中全会之后，随着教育和经济迅猛发展而产生的。因此，回顾我国教育经济学形成和发展的历程，总结这门学科所取得的主要成就和经验，分析学科现状及其存在的主要问题，揭示学科未来的发展趋势，是我国教育经济学进一步发展和完善所必需的。

一、我国教育经济学形成和发展的简要回顾

如前所述，在我国古代，人们就认识到发展教育是使经济发展、国家富强的条件之一，就有教育经济思想的萌芽。西方列强入侵中国，使中国沦为半殖民地半封建社会以后，为了维护封建统治，魏源、龚自珍等也看到了教育对改良社会、国家富强的作用。洋务派张之洞等人提倡“新教育”——“西学”，提倡学“西艺”，主张“中学为体，西学为用”，“自强”和“求富”，尽管是为半殖民地半封建社会服务，但在客观上反映了一定的社会生产发展的需要。清末维新运动的领导人康有为、梁启超、谭嗣同等人也都看到教育是国家富强的根本，认为教育不良是中国软弱的主要原因。梁启超认为，“中国之衰弱，由于教之未善”①。康有为在《请开学校折》中建议，仿照德、日学制，把书院祠堂的公产作为学校的公费，提出国家也应大量筹集教育经费，并“鼓励绅民，捐创学堂”。由于历史和阶级原因，维新运动以失败告终。

20世纪初，资产阶级民主革命运动对教育提出了新的要求。孙中山、蔡元培、黄炎培等人都提出了发展教育促进国家富强的主张，提出了“实利教育”、“实业教育”、“普及教育”、“职业教育”等主张。孙中山谈到教育与经济的关系时认为，要普及教育必先“治本”，即要先用革命的方法推翻阻碍经济发展的势力，教育普及才有可能。而要使可能变为现实，“凡在自治区域之少年男女，皆有受教育之权利，学费、书籍，以及学童之衣食，当由公家供给”②。蔡元培1912年把实利主义教育列为宗旨之一，说：“实利主义之教育，以人民生计为普通教育之中坚。……固以当务为急者也”③。黄炎培等职业教育家们认为，随着工业日渐发达，工厂日多，职业教育必然要得到不断发展。他们把职业教育作为解决生计问题的根本，看到了职业教育在发展生产和解决生计上的作用。

五四运动和马列主义传入中国，给中国的教育注入了新鲜血液，使中国教育理论和实践出现了新的契机。不少革命家、思想家、教育家如李大钊、鲁迅、陶行知等对教育与经济的作用、教育与生产发展等都发表了有价值的论著。特别值得提出的是我国早期的马克思主义教育理论家杨贤江关于教育与经济关系的论述。他在1918年3月主编的《学生杂志》中提出了“如何可费最少精力而举最大效果”的思想。在其所著《新教育大纲》中，

① 梁启超：《学校总论》，见《梁启超文选》（上），25页，北京，中国广播电视出版社。1992。

② 孙中山：《地方自治开始实行法》，见《孙中山全集》，第5卷，220页，北京，中华书局，1985。

③ 蔡元培：《对于教育方针之意见》，见《蔡元培教育论著选》，2页，北京，人民教育出版社，1991。

提出了教育是“社会所需要的劳动领域之一，是给予社会的劳动力一种特殊的资格的”。他强调“科学于社会主义的建设是非常重要的”。他深刻地指出：“一般的学校，无论是高级，是中级，是小学，都是社会的劳动领域，为赋予劳动力以特种的资格的地方，就是使单纯的劳动力转变到特殊的劳动力的地方”。杨贤江认为，在现代生产条件下，实施知识技能的教育是社会“生产组织自身的必要”，“在工业生产上，不学无术的人与多少会读写的，他们的能力是迥乎不同的。……故当今日，读写的能力，乃是工作本身的要求”，“资产阶级迫于生产组织自身的必要，不得不向劳动阶级也施教育了”。杨贤江还看到教育“受制于经济”，“受制于政治”，并大声呼吁“要力争增加教育经费，使学校各项教育设备臻于完备，反对军阀官僚以任何名义减少或挪移教育经费”。杨贤江关于教育经济思想的精辟论述，是很值得我们深思和借鉴的。

我国进步教育家古楳在中国教育经济学发展史上占有突出的地位。他在1934年所著的《中国教育之经济观》一书中，用经济观点充分阐述了中国的教育问题，并准备写一部《中国教育之经济学的研究》，首先提出了教育经济学的概念。古楳的教育经济思想主要表现在：(1) 教育者应具有经济观点。提出要先了解“中国的社会环境和经济基础”，要明确教育在社会经济发展中的地位和作用，从而决定教育应如何去办。(2) 发展生产要重视人才。他提出，发展生产“最难求的是人才，是真人才，是学识经验兼容的人才，是以事业为前途肯奋斗耐劳的人才，是工业人才”。(3) 要注意研究教育成本。提出“学生费用是值得研究的问题”。研究的目的是：“1) 使家庭父兄知道培养一个子弟要准备多少钱；2) 使办教育者知道现在的学生家庭负担有多重；3) 使学生自己也可和他人比较，知道自己用钱多还是少；4) 使研究者更可借此推论国民的经济能力和今后教育发展的关系”。(4) 办教育要讲经济效率。古楳提出：教育者在教育领域要注意提高经济效率，应当在经费、劳力、时间与机会方面谋求最小限度的浪费，在生产的效能与事物的利用方面取得最大限度的经济效果。(5) 受教育要具有一定的经济条件。古楳用大量的调查材料说明，在人民没有能解决吃饭问题的情况下，就无力受教育。(6) 办教育要量经济之力而行。古楳的教育经济思想构成中国教育经济学的早期雏形。此外，邰爽秋的《教育经费问题》、陈友松的《中国教育财政改造》，也代表了这一时期中国教育经济学研究的最高水平。但在积贫积弱的半殖民地半封建的旧中国，教育经济学不可能作为一门独立的学科形成和发展起来。

1949年中华人民共和国的成立，揭开了中国历史新的一页。经济和教育事业很快得到恢复和发展。马列主义、毛泽东思想为中国教育科学奠定了理论基础，提供了充分发展的阵地。当教育经济学作为独立学科于20世纪五六十年代在西方形成之后，由于当时的特殊环境和比较封闭的状态，没有在中国经济学界和教育学界引起注意和重视。直至1965年在《人民日报》上才发表了第一篇介绍教育经济学的文章。由于“文化大革命”的破坏，使这一刚刚开始的教育经济学的学习、探讨工作又被扼杀，这是在中国开展教育经济学研究非常迟缓的主要原因。

1978年党的十一届三中全会确定了改革开放的总方针，使中国的经济和教育进入了一个新的历史发展时期。随后教育被确定为经济和社会发展的战略重点之一，为教育经济学的研究和发展创造了极为有利的社会环境。1977—1979年，在全国各报刊上发表了数以百计关于教育与经济发展、经济增长的关系的文章、译著，介绍了国外教育经济学的一些材料。在1979年全国教育科学规划会议上正式提出要建立我国的教育经济学。1980年8月，中央教育科学研究所在北京召开全国教育经济学研究工作交流会，于光远、许涤新、董纯才等著名经济学家和教育家在会上倡导建立我国的教育经济学。1981年8月，由刚成立的全国教育经济学研究会筹备组在北京举办讲习班，华东师范大学邱渊教授首次在我国系统地介绍了西方和苏联教育经济学的产生、发展和基本内容。此后，陆续出版了一批译著、论著和教材。1984年9月，中国教育经济学会在黄山正式成立，1985年，学会与华中师范大学联合创办的《教育与经济》杂志正式出版发行。此后，一支体现多学科相互交叉、相互渗透、知识结构合理、具有较强研究能力的教学科研队伍不断发展壮大，从对其一无所知，到能够大量培养本领域的硕士和博士研究生，表明中国的教育经济学已基本形成并得到较快发展。

二、我国教育经济学研究的显著特点

虽然我国教育经济学学科建立较晚且经历了艰难的发展历程，但当西方和苏联教育经济学引入我国后，我国教育经济学研究工作者很快就不再仅仅满足于对国外教育经济学理论“隔岸观花”地介绍和简单地照搬，而是紧密联系中国教育与经济发展的实际，提出了一些有探索性的理论和方法，形成了自身鲜明的特点。

1. 强烈的问题意识

我国的教育经济学研究自产生之日起就有着强烈的问题意识，始终密切关注现实问题。从学科开始建立就表现出鲜明的实践性，研究课题的选择除教育经济学的基本理论外，大多都是教育与经济改革中提出的重大而紧迫的问题，涉及教育发展与教育改革的各个层次和各个方面，其成果有许多在决策与管理中得到运用。并且围绕着若干重大问题的研究已形成初步的理论体系，诸如教育投资的经济价值理论；教育的社会经济功能理论；教育投入与经济发展关系的研究；教育投资短缺问题的研究；教育资源合理配置问题的研究；教育供给与需求的研究；教育的生产理论；教育经济效益研究；教师的劳动与报酬问题研究；教育与经济社会发展相协调的问题；等等。

2. 多元化的学术队伍

在我国教育经济学学科形成和发展过程中，早期的研究群体主要由教育学和经济学出身的学者构成。随着20世纪90年代末学科目录的调整，教育经济学与教育管理学合并，称之为教育经济与管理，将其从教育学的二级学科归于管理学中公共管理的二级学科。尽管这种划分是否科学、是否符合学术规范，尚存争议，但在客观上，一大批具有管理学、统计学等专业背景的学者因此而加盟了这个学科，扩展了教育经济学的研究力量，使学术队伍呈现多元化的态势。

3. 多元化的理论背景

由于国情和历史的原因，在20世纪80年代我国教育经济学初创之时，就同时受到了西方和苏联教育经济学理论的影响，并且随着西方和苏联教育经济学教材和著作的大量翻译和引进，在我国出版的教育经济学教材和著作中，大多都能明显感到西方教育经济理论与前苏联教育经济理论的交叉融会。

此外，由于我国教育经济学早期的研究群体主要由教育学和经济学出身的学者构成，后又将其归入管理学中的公共管理学科，这又促使我国的教育经济学研究和管理学科发生密切的联系。因此，在实践中，我国的教育经济学研究除了受到教育学和经济学的影响外，还不可避免地受到管理学、社会学和政治学等多学科的影响。

4. 多元化的研究领域

由于多元化的学术队伍和多元化的理论背景，使得我国的教育经济学研究在广度上有很大的拓展。例如，在我国教育经济学研究中，常常可以明显地看到受社会学研究模式影响的调查报告和个案研究，教育学、经济学、管理学、政治学等学科理论的大量引用，等等。

5. 研究方法的多样性

注重实证研究和规范分析等多种方法的运用，是我国教育经济学研究的又一个明显特点。教育经济学中有相当一部分研究内容是要运用实证研究的方法来验证问题、明确事实，如教育对经济发展的作用，教育投资的经济效益问题，教育经费多渠道筹措的可能性，等等。在实证研究中，我国教育经济学主要采取调查统计、量化研究、数理模型、经济学模型等多种方式。教育经济学的另一部分属于规范研究范畴，实证研究和规范研究在各自适合的领域发挥着积极的作用。但是，在许多情况下，二者的融合所获得的结论优于单独使用其中的一种。我国教育经济学研究坚持运用多种方法，彼此补充，互为支撑，更加有利于学科的发展。

三、我国教育经济学研究中存在的主要问题

毫无疑问，我国教育经济学研究已经取得了相当大的成就。但与此同时也应当看到，在我国教育经济学形成和发展过程中还存在着许多突出的问题。

1. 学科的理论基础和体系建设相对薄弱

由于教育经济学还是一门非常年轻的学科，学科的理论基础和体系建设相对薄弱是在

所难免的。其不成熟性体现在研究对象和边界比较模糊，缺乏独立的范畴和相对严密科学的逻辑体系，没有较为完整、独立的理论等方面。①

从我国教育经济学研究的现状来看，现有的理论框架是以问题为主导来建构的。通过分析国内现有一些教育经济学教材，不难发现，基本上是按照问题划分为几大“块”，在每“块”内部都有着相对完整的理论基础、研究方法等，但“块”与“块”之间只是简单的并列关系，缺乏内在的逻辑联系。也就是说，在很多情况下，这些“块”不仅可以随意调整顺序，而且可以单列出来自成一体。这种体系的构建显然与我国教育经济学研究长期以问题为中心的特点有关。强烈的问题意识和现实关注是我国教育经济学研究的优良传统，也是学科得以迅速发展的重要原因。但也必须承认，严谨而规范的学科体系才是学科健康发展的有效基础。如果由于强调对问题的研究而忽略了学科的理论基础和体系建设，那么学科的发展和人才培养就会缺乏后劲，从长远来看将制约对现实问题的研究。

2. 学科的研究方法尚欠严谨和规范

教育经济学学科之所以形成，从根本上来说是由经济学方法的运用决定的，如果脱离了经济学方法的运用，那就谈不上教育经济学的研究。但与此同时也应当看到，教育经济学是经济学、教育学乃至其他学科交叉而形成的，如果不懂教育学和脱离教育科研方法的运用，那也就难以谈得上对现实教育经济问题的把握。现实问题的研究往往需要多学科方法的共同参与，但学科本身应该是严谨而规范的。例如，经济学和教育学都有社会调查和个案分析方法，但二者的研究目的、逻辑起点、研究过程是有较大区别的。在具体问题的研究中，我们如果需要综合运用两种或两种以上研究方法，必须明确加以区别和说明。但从我国教育经济学研究的现状来看，教育学出身的研究者往往对经济学方法的掌握有一定的欠缺，而经济学出身的研究者往往对教育问题本身的特性又把握不太准确，因而我国教育经济学的研究在方法上尚存在欠严谨和规范的问题。

3. 学科研究对象的边界尚显模糊

由于我国教育经济学研究队伍来源的多样化，造成教育经济学研究中有许多问题似乎不是教育经济学应该研究或者说研究不清楚的问题，致使教育经济学研究对象的边界显得模糊不清。尽管学术研究不应当划定条条框框，但如果研究对象的范围宽泛得无边无际的话，那绝对是不严谨的。教育问题涉及的领域十分宽泛，教育经济学研究不能也不应该涉及所有的教育问题。假如把教育问题按照经济学方法研究的适用性程度进行排序的话，从完全适用到完全不适用应该是一个渐变的从量变到质变的过程，如果把完全适用和完全不适用的部分排除开，剩下的就是介于二者之间的中间地带了。中间地带的问题并非不能用教育经济学来进行研究，但如果把一些问题的研究硬是牵强附会地与教育经济学扯在一

① 参见王善迈：《加强教育经济学学科建设》，载《教育与经济》，2004（3）。

起，就会造成研究对象边界的模糊。研究者如果对自己所研究的问题处于哪个地带不能明确认定，那就更应该谨慎处理和得出结论。

4. 原创性的研究特别是理论上的创新相对缺乏

由于我国教育经济学早期研究大量翻译、介绍、诠释和运用外国的理论，不可否认普遍存在追随、模仿和验证的问题，缺乏原创性的发现和创新性的理论，重复劳动的现象较为普遍。加之教育经济学很多理论本身还不十分完善，处于相对发展时期，即使是比较受到公认的理论，能否适应中国的现实国情，仍然需要研究。例如，传统的适用于发达资本主义市场的教育经济收益率计算方法，是否适用于中国这种发展中大国的研究就有很大的疑问。①

四、我国教育经济学未来发展的方向

教育经济学的学科建设和学科发展是密切相关的。但从学科建设来看，教育经济学作为新兴交叉学科还不够成熟。要使教育经济学成为名副其实的交叉学科，就必须向着经济学与教育学日益紧密结合的方向发展，使教育经济学成为一门既不从属于经济学，也不从属于教育学的独立的交叉学科，是 21 世纪教育经济学发展的必然走向。

将教育经济学构建成真正的交叉学科作为学科的发展方向，是由学科的历史发展和现实需要共同决定的。第一，随着教育经济学的发展，研究的对象和问题从总体上来看呈现出明显的变化趋势。其一，从以经济和经济问题为中心转到以教育问题为中心；其二，从以宏观为主，转到宏观、微观并重；其三，从以教育的外部经济问题为主转向以教育的内部经济问题为主。第二，在教育经济学研究中，由于研究对象和问题的变化，单纯地运用经济学方法对研究造成制约与局限也在逐渐明显。第三，伴随着教育经济学研究的深入，越来越多的问题离不开教育学的参与，而教育学的参与又进一步加深了教育经济学中经济学与教育学的关联。当然，应该指出的是，交叉学科的交叉性是体现在所有学科构成基本要素中，而不是所有的研究中。因此，由于交叉学科与它的上位学科或科学之间有着紧密的联系，交叉学科的研究有一部分甚至可能是很重要的部分在研究性质上仍然属于单一的上位学科或科学范畴，这也是很正常的，不能因此而否定交叉学科的学科性质。

根据交叉学科的性质，我国教育经济学要成为真正的交叉学科，关键是要注意处理好以下几方面的问题：

1. 研究对象的交叉性

由于教育经济学学科还很不成熟，研究者对其研究对象的性质和范围界定还比较模糊。教育经济学研究的是教育问题，但不是全部的教育问题。教育经济学的研究对象是教

---

① 参见萧今：《教育经济学和教育发展的挑战》，载《北京大学教育评论》，2005 (1)。

育问题中与经济学方法具有适宜性的问题，这些问题中，有一部分是纯粹的经济问题，另一部分则是受到教育问题特殊性制约的经济问题。要准确具体地界定教育经济学研究对象的性质和范围，需要对经济学和教育学的相关问题进行综合分析，而这一过程本身就能够体现教育经济学在研究对象上的交叉性。

2. 研究方法的交叉性

教育经济学研究中运用的方法不能只是单纯的经济学方法，也应包括教育学的方法。两种方法在研究中不能是简单的线性叠加的关系，而是要实现非线性的交叉。这种交叉并不是要求五十对五十的对等关系，对教育经济学来说，研究方法的主体和基本框架是经济学方法，而教育学方法将以价值观的提供为导向、参与概念体系建构等方式渗透融入学科研究方法之中。在学科语言上，教育经济学研究所使用的概念体系、研究语言、话语系统应该充分体现出与经济学和教育学的关联，而不是简单的术语照搬和叠加。

3. 研究队伍的交叉性

从世界各国教育经济学的研究来看，最初是经济学学者进行研究，在学科发展过程中越来越多的教育学学者也参与其中。中国教育经济学的研究情况更有些特别，从事教育经济学教学与研究的在初期主要是师范院校教育学科的学者，其后有越来越多的经济学学者加入到这一队伍中来。① 教育经济学的研究队伍已经充分地具备了交叉学科的交叉性，这既是促使教育经济学向交叉学科发展的原因之一，又是教育经济学向交叉学科发展的前提。

本章小结

作为一门独立学科，教育经济学出现于世界学术之林，是随着社会、科学技术和生产的不断发展，教育经济思想的逐步演变和系统化的结果。教育经济学作为一门学科产生之前，人们关于教育与经济相互关系的思想在古代已经萌芽。随着机器大工业的出现和科学技术的发展，古典经济学、庸俗经济学和新古典经济学都提出了一些教育经济思想，而马克思恩格斯所创立的哲学、政治经济学、科学社会主义的理论宝库中，包含着丰富的、科学的教育经济思想，是马克思主义教育经济学的指导思想和理论基础。但是，由于历史条件的限制，在他们所处的时代，教育经济学作为一门独立的学科还不可能产生。

教育经济学作为一门独立学科初步形成的标志，是苏联著名经济学家、科学院院士斯特鲁米林 1924 年发表的《国民教育的经济意义》一文。这是世界上第一篇教育经济学论文。西方研究教育经济学的最早论文，是美国学者沃尔什 1935 年发表的《人力资本观》。20 世纪 60 年代初，美国经济学家舒尔茨在研究农业经济的基础上认识到，提高现代农业

① 参见王善迈：《加强教育经济学学科建设》，载《教育与经济》，2004（3）。

生产率，必须依靠人的能力和知识，依靠科学技术进步，进而创立了人力资本理论，为西方教育经济学的形成奠定了理论基础。1962 年英国经济学家韦泽出版的《教育经济学》标志着教育经济学的正式产生。与此同时，苏联学者以马克思和列宁著作中对教育经济的一些基本问题的阐述为理论基础，形成了马克思主义教育经济学。

20 世纪 60 年代末至 70 年代初期石油危机的出现，引发了西方发达国家及发展中国家的经济危机。各国回顾它们的发展过程，发觉大量的教育投资并没有收到预期的经济效益，而且人力资本理论不能适当地解释这些新出现的问题。在这种背景下，人们开始对人力资本理论产生怀疑，于是包括筛选理论、劳动力市场划分理论以及激进的社会化理论在内的有关教育的经济成效的新学说应运而生，使居于主流地位的人力资本理论受到了挑战。

20 世纪 80 年代西方教育经济学尽管没有开启其发展史上辉煌的新纪元，但除了在原有学说和研究重点基础上进行的研究工作之外，仍有一些新思想问世。例如关于高新技术发展与教育的关系，过度教育对生产率的影响，关于教育与劳动力市场和收入分配，学校规模经济等领域的研究都取得了相当大的进展。在研究方法上，更趋向于实证分析和个案分析。

20 世纪 90 年代，西方教育经济学的研究在广度上、深度上又均有一定的发展，尤其对于教育和以信息为基础的世界经济的关系、信息技术对教育生产的影响、教育成本与财政问题以及教育内生增长的作用给予了更多的关注。

进入 21 世纪以来，随着所研究问题在深度、广度上的不断扩展，教育经济学的研究也在不断深入，诸如社会资本理论系统分析方法的运用，新制度经济学理论的引入，政府行为和社会对教育需求行为的研究，等等。此外，教育经济学跨国家的比较研究也已经变得愈来愈普遍。

在我国，尽管有关教育经济的思想早已有之，但教育经济学作为一门学科的研究，始于 20 世纪 70 年代末 80 年代初，是在党的十一届三中全会之后，随着教育和经济迅猛发展而产生的。1978 年党的十一届三中全会，确定了改革开放的总方针，使中国的经济和教育进入了一个新的历史发展时期。随后教育被确定为经济和社会发展的战略重点之一，为教育经济学的研究和发展创造了极为有利的社会环境。此后，一支体现多学科相互交叉、相互渗透、知识结构合理、具有较强研究能力的教学科研队伍不断发展壮大，从对其一无所知，到能够大量培养本领域的硕士和博士研究生，表明中国的教育经济学已基本形成并得到较快发展。

思考题

1. 简述古典经济学家的教育思想。

2. 简述马克思恩格斯的教育经济思想。

3. 简述庸俗经济学家的教育经济思想。

4. 简述新古典学派的教育经济思想。

5. 简要对筛选理论述评。

6. 简要对劳动力市场划分理论述评。

7. 简要对社会化理论述评。

8. 分析进入21世纪以来教育经济学发展的新特点。

9. 分析我国教育经济学研究的显著特点。

10. 分析我国教育经济学研究中存在的主要问题及未来发展的方向。

11. 任何理论和科学的产生都不是偶然的，都不是由人们主观想象出来的，而归根到底是来自于人类的社会实践。只有当人类社会实践提出了任务和要求，并具备了解决这些任务和要求的客观条件时，一种新的理论和科学才有可能出现，教育经济学的产生也不例外。教育经济学真正作为一门独立的学科出现是在20世纪60年代。请你结合当时的实际情况，分析教育经济学产生的历史条件。

阅读导航

1. ［美］M. 卡诺伊. 教育经济学的历史与现状. 见M. 卡诺伊编著. 教育经济学国际百科全书（第2版）. 北京：高等教育出版社，2000

该文对教育经济学的历史、现状以及未来的发展走向进行了详细的介绍和阐述，使人们更深入地了解人在生产中的作用，以及在劳动力市场中受重视的人的技能的培养过程。

2. 王善迈. 教育投入与产出研究. 石家庄：河北教育出版社，1996

该书就教育经济学的形成和发展以及教育经济学研究中的重大理论与实践问题进行了系统而深入的论述。

3. 曲恒昌，曾晓东. 西方教育经济学研究. 北京：北京师范大学出版社，2000

该书分上、下两篇。上篇主要介绍人力资本理论和以其为基础的主流派教育经济学体系，下篇主要介绍和评价20世纪70—90年代西方出现的若干教育经济学流派和某些重大领域的研究成果。

4. 李桂荣. 中国教育经济学话语演进二十年. 教育研究，2004（12）

该文简要回顾了中国教育经济学发展的历程，提出了教育经济学研究中存在的问题和加强教育经济学研究的对策思路。

第二章

教育与经济发展

本章提要

本章着重运用历史与逻辑相统一、具体与抽象相统一的方法论，阐明经济增长与经济发展的内涵，从革命的视角分析教育与经济发展的关系，揭示教育发展与经济发展相互作用的机理，并说明教育通过劳动力这一中介与经济增长的联系。

教育经济学是研究教育与经济之间的相互关系及其运动规律的科学。教育与经济发展的关系，不仅是一个基本理论问题，而且是实践中备受关注的重大课题。

第一节　经济增长与经济发展

在经济学讨论中，经济增长和经济发展有时作为同义词使用。在某些场合里，这种用法完全可以接受。但当两个词一起使用时，区分它们的词义是十分重要和有益的。一般说来，经济增长指更多的产出，它是一个经济学范畴。而经济发展则既包括更多的产出，同时也包括产品生产和分配所依赖的技术结构和体制安排上的变更，它既是一个经济学的范畴，又是一个社会学的范畴。经济增长不仅包括由于扩大投资而获得的增产，同时还包括由于更高的生产效率，即单位投入所生产的产品的增加。经济发展不仅意味着产出的增加，它还意味着产出结构的改变，以及各部门投入分布的改变。经济发展通常意味着经济总量的增长，很难设想没有增长的发展。但并非任何经济的增长都意味着经济发展。克劳尔（R. Clower）分析了没有发展的增长的情形。尽管产品迅速增长，但若没有结构上的变革以及制度上的变革，则其他经济部门未得到发展，实际收入未能分配到人口中的各个阶层中去，这些部门和人口并未从经济增长中获益。

一、经济增长

经济增长可以最简单地规定为经济产量的增加。国民收入是一切经济学的最重要概念之一。当一个经济社会每年中的物品与劳务的流动总量用货币尺度予以衡量，所得到的数字即国民收入或国民产值。① 由于通货膨胀和通货收缩会抬高或降低大多数物品的价格，我们可以用不变的某种货币的价格计算实际的国民收入或产值。如果我们关注某一段时间内平均每人生产的产量增加多少，那还必须按人口增加情况来校正实际国民生产总值，以得到最有用处的经济增长概念之一——人均实际国民收入的增加。

经济活动是一个有涨落的过程。根据古典的经济周期定义，由于经济周期中的扩张通常是产量增加的阶段，而收缩是产量减少的阶段，所以经济增长表现为扩张时期的现象，经济下滑表现为收缩时期的现象。大多数经济学家认为，适合于经济增长的概念的时间期限至少应是一个完整的经济周期的长度。不然的话，选择基期年份和终期年份能够何等显著地影响所要得出的国民生产总值的增长率。

用国民收入来衡量经济增长并非没有遇到异议。首先，国民收入只包括那些市场上提供的物品和劳务。家庭内部生产和消费的家务劳动的产出价值，一般是不计入国民总产出的。由于低收入国家家庭内产出在经济中的比重大于高收入国家，因此实际计算时前者的国民收入被低估，而后者的国民收入中有些增长是表面的。其次，以国民收入为尺度还存在着一些低估或高估经济增长的因素。因价格变动而调整国民收入，会忽视产品质量的变化。一方面，改进了产品质量而没有变动价格，实际上表现出价格的下降；另一方面，价格持平而质量下降，只能说暗含着价格的上涨，因此，要想编制准确的价格指数是相当困难的。最后，国民收入的增长与社会福利的增长存在着不一致的地方。国民收入的增长意味着生产更多的物品和劳务，但由于经济中存在外部效应，或者因市场的不完全竞争，有些物品和劳务并不是社会所需的。因此，消费者福利的改善不一定在国民收入中反映出来。萨缪尔森（P. A. Samuelson）提出经济净福利这一衡量尺度，它在国民生产总值中加上某些项目——如闲暇和家庭主妇的劳务价值，再从国民生产总值中减去没有补偿的污染和现代城市化的不愉快之处的代价，并作一些其他的调整。

尽管国民收入的计量存在一些缺陷，但它仍不失为我们对经济福利和经济增长率估算的最佳衡量办法之一。

① 参见［美］萨缪尔森：《经济学》，上册，252页，北京，商务印书馆，1986。

二、现代经济增长

从世界历史发展的角度看，经济增长可以划分为现代经济增长与非现代经济增长两种形式。

从远古一直到 18 世纪工业革命以前，按人均国民生产总值来计算的社会财富的增长都是异常缓慢的。因为社会财富的绝对量虽然不断增长，但人口也在增长。只有社会财富的增长大大超过人口的增长，才可能带来实实在在的经济积累与社会进步。只有保持长期持续不断的社会财富增长，才可能保持不断上升的发展趋势。人类社会的经济增长率长时期实际上等于零，有时甚至是负数。从公元 1000 年到 1750 年，西欧的人均收入年增长率远远低于 0.1%，因此尽管贵族过着豪奢的生活，整个社会始终是处在贫困的糊口经济的水平。只有高经济增长率才带来了现代经济持续增长，人类的社会经济生活才出现了一个飞跃。在 18 世纪后半期，西方世界的国民收入年增长率提高到 1%～1.5%，从蜗牛式的爬行一跃成为四轮马车式的经济发展。工业革命后一直到第二次世界大战，年增长率约为 3%，这好比从马车式跃进到火车式的经济发展。到第二次世界大战后，许多国家的经济年增长率高达 5%以上，这好比跃进到飞机式的发展速度。

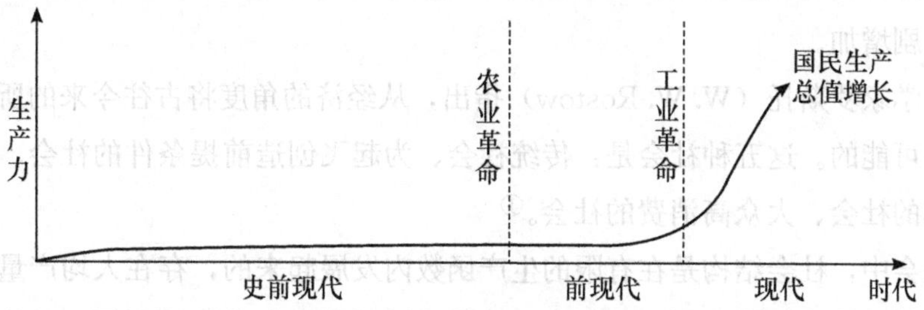

图 2—1　人类社会的经济增长

18 世纪英国发生的事件（工业革命）最终改变了地球上的生产和生活的特征，它逐渐被人称为现代经济增长。现代经济增长是对新的经济时代的一种确认。西蒙·库兹涅茨指出，一个经济时代通常是这样一段较长时间（延续达一个世纪以上），它具有许多显著的特征，因而能自成一体，但又区别于在它前后的不同时代。① 一种时代创新可以描述为对人类知识宝库的重大补充，它使经济持续增长成为可能。时代创新包含六方面的含义：(1) 存在特定的重大创新；(2) 在此历史时期中，始终起着支配作用的一组特定的力量是时代创新的潜力的表现；(3) 划时代的创新是纵横交错的网络状增长态势的动力源泉；(4) 虽然某些时代创新在很大程度上属于技术性的，但利用创新带来的增长潜力常常需要许多创造和变革；(5) 时代创新对人的信念造成的影响已成为一个时代的重大特征；

① 参见［美］西蒙·库兹涅茨：《现代经济增长：速度、结构与扩展》，2 页，北京，北京经济学院出版社，1989。

(6) 人类知识宝库的极大丰富，已成了一个时代的标志。

西蒙·库兹涅茨阐明了现代经济增长的十个特征。(1) 现代经济增长意味着人均产值的高增长率（年增长率3%左右）；(2) 人均产值增长率主要归功于各种投入的质量的提高，而非投入量的增加——实质上可归因于更高的效率或每个简单单位投入量的更高产出，以及实用知识的增长和有效利用这些知识的制度性安排；(3) 效率的高速提升是发达经济中所有主要部门（农业、工业、商业、服务业、交通运输业）的一个极为普遍的特征；(4) 总产量的部门来源一般会发生如下变动趋势：农业及有关产业部门的份额下降，制造业和公共事业所占的比重上升，制造业内部由非耐用品向耐用品转变，以及一定程度上消费品向生产资料转变，有些服务业的比重上升；(5) 人均产值的高增长率蕴涵了最终需求结构的迅速变动；(6) 总产值和劳动力（也许资本也如此）在不同规模和类型的经济组织间的分配也发生了类似的迅速变动，雇员由蓝领工作转向白领工作，或者由非熟练工作转向熟练工作；(7) 产值结构特别是劳动力的行业、阶层和职业结构的显著变动是现代经济增长极为重要的方面；(8) 收入在资本和劳动之间按要素份额确定一个明确的分配比例的变动趋势及不同阶层的收入分配的变动趋势都较为有限；(9) 消费仍占国内总产值和净收入的绝大部分，现代经济增长对物质资本的需求还是平缓的；(10) 国际人力、货物和资金流动急剧增加。

美国经济学家罗斯托（W. W. Rostow）指出，从经济的角度将古往今来的所有社会归于五种类型是可能的。这五种社会是：传统社会、为起飞创造前提条件的社会、起飞的社会、走向成熟的社会、大众高消费的社会。①

在传统社会中，社会结构是在有限的生产函数内发展起来的，存在人均产量水平的极限。来自现代科学技术的潜力不是不存在，就是未被经常地和系统地利用。经济技术生产率的进步是有限的，农业是主导产业，政治权力操纵在那些拥有或控制土地的人手中，社会流动性较小，家庭和宗族关系作用巨大。

在为起飞创造前提条件的社会中，现代科学知识开始在农业和工业中转变为新的生产函数。新型企业家们愿意在追求利润或现代化过程中调动储蓄和承担风险，出现了银行和其他机构。投资，尤其是对交通、通信和原材料的投资增加了。在政治上建立了一个有效的中央集权的民族国家。但从总体上看，此社会的主要特征仍然是传统的低效率生产方式、旧的社会结构和价值观念以及与这两者相联系而发展起来的以地方为基础的政治制度。

在起飞的社会中，稳定增长的障碍和阻力得以最终被克服，促进经济进步的力量扩大并开始支配整个社会。增长成为正常状态。起飞的到来不仅要等到社会基础资本的积累和

① 参见［美］W. W. 罗斯托：《经济增长的阶段》，4页，北京，中国社会科学出版社，2001。

工业、农业技术的发展，还要等到一个准备把经济的现代化作为严肃的、最重要的政治事业的政治集团的出现。在起飞时期，有效的投资率或储蓄率可能从大约占国民收入的5%提高到10%或10%以上。新兴工业迅速扩张，为其服务的服务行业以及对其他制造品的需求，引起了城市地区和其他现代工厂的进一步扩张。农业生产率的革命性变化是起飞成功的一个必要条件。在10年或20年后，经济的基本结构和社会、政治结构都发生转变，以使今后稳定增长率能够正常地维持下去。

在走向成熟的社会，经济展现出超越曾推动它起飞的初始工业的能力，以及在非常广泛的资源范围上吸收和有效地利用现代技术最先进成果的能力。国民收入的10%～20%被稳定地用于投资，使得产量常常超过人口的增长。经济结构不断发生变化，例如，经济活动从铁路时代的煤、铁和重型工程工业为中心转到以机器工具、化工产品和电子设备为中心。新的价值观和制度为经济发展提供强有力的支撑。

在大众高消费社会，主导部门转向耐用消费品和服务业。劳动力结构发生了变化，不仅城市人口在总人口中的百分比上升了，而且在办公室或工厂技术岗位上工作的人口比例也上升了。人均实际收入上升到一个较高水平，大多数人能获得超过基本食物、住房和穿着的消费。更多的资源用于社会福利和社会保障，福利国家模式出现。

三、经济发展

要界定经济发展，首先须明确发展的内涵。人类社会发展，是许多社会科学共同描述的对象。对发展这一概念，没有人问我们时，我们还觉得了解一些，一旦我们要努力说明它时却是一无所知。最广义地理解，发展是事物（特别指人类社会）从简单到复杂，从低级到高级，既有量变又有质变的动态演进过程。孔德（Auguste Comte）指出，发展这一术语对于直接确定人类究竟在什么地方实现真正的至善，有着难以估量的好处。发展的实质是一切人的发展和人的全面发展，发展是整体的、内生的、综合的。①

经济学研究发展的经济意义和经济层面，这就是“经济发展”。究竟如何定义和度量经济发展。换句话问，经济发展究竟意味着什么？这是一个繁难的问题。由于经济发展的问题以及解决这一问题的政策是多方面的，经济发展的定义也是多方面。金德尔伯格（C. P. Kindleberger）和赫里克（B. Herrick）指出经济发展的定义包括：物质福利的改善，尤其是对那些收入最低的人来说；根除民众的贫困，以及与此相关联的文盲、疾病和过早死亡；改变投入与产出的构成，包括把生产性就业普及于劳动适龄人口而不是只及于少数具有特权的人的方式来组织经济活动，以及相应地使有着广大基础的集团更多地参与

① 参见［法］弗朗索瓦·佩鲁：《新发展观》，2页，北京，华夏出版社，1987。

经济方面和其他方面的决定，从而增进自己的福利。① 日本学者石井一郎认为，衡量现代社会经济发展的标准有八条：人口较快地向城市集中，整个社会日益以都市为中心组织起来；非生物能源高度利用，商品广泛流通，服务业发达；社会成员普遍参与经济和政治事务；个人社会流动性增大，个人的社会表现范围更加多样化；普及读写能力；广泛的、具有渗透性的大众传播网；政府、企业、工业等大规模社会设施的拥有及科层化；各庞大人口集团逐渐统一在单一的国家控制之下。②

综观有关文献，经济发展有四层基本含义：(1) 经济总量增长；(2) 经济结构演进；(3) 经济制度变迁；(4) 经济福利改善。简言之，经济发展是这样一种历史过程，即追求自身利益最大化的人们，通过不断的技术经济组织和社会经济制度创新，使其经济总福利在经济总规模持续扩张的过程中得以逐步改善。经济发展的主体是经济人或经济人组织，经济发展的根本动因和过程是技术和制度创新，经济发展的结果和量度是总量增长，其最终目标或出发点则是人们福利状况的改善。下面从四个层面剖析经济发展的内涵。

首先，经济增长是经济发展的结果和量度。

经济增长作为经济发展的结果和量度，是指一个社会经济的总量规模扩张趋势或水平变动形态。对于一个国家或地区经济发展动态的量度，可有二重视界：一是从较长的视界上观察经济增长的长期趋势，即经济总量在一个较长时期内表现出持续扩张的趋势；二是从较短的视界上考察经济增长的周期波动，即经济总量运动过程中反复出现的对均衡状态(长期趋势)的偏离而造成扩张与收缩的交替变动。长期趋势和周期波动是经济总量关系动态变化的两个基本的层面。一个国家或地区经济发展的主要政策取向和目标追求，一般都是：促进和保持长期增长趋势，抑制和熨平周期性波动。前者主要是一个扩大总供给或总产出的问题。后者则主要是刺激或抑制总需求的问题。经济发展一般涉及一个经济社会的长期因素和生产实力问题。

其次，技术经济组织创新是经济结构演进与经济模式转型的动因。

经济发展的实质在于"创新"。所谓"创新"，简言之，就是经济关系发生某种质的变化或改善，也就是旧的均衡状态被打破而出现某种新的非均衡状态。经济发展不仅是量的积累或增长。凯恩克劳斯 (A. Cairncross) 指出："经济发展并不仅仅是国民生产总值的增长，而是经济的一种转变。发展的实质是某种新颖的因素。增长也可能是这样，但它不是发展。当只有数量的变化时，如工人人数或资产总量的变化，也能有增长，但是不会有真正发展，不论是技术的发展或人的发展。"③ 可见，经济增长与发展明显有别。就经济关系而言，可以区分两种关系，一是人与物的生产关系即技术经济关系，二是人与人的交

① 参见［美］查尔斯·P·金德尔伯格、布鲁斯·赫里克：《经济发展》，5页，上海，上海译文出版社，1986。

② 参见罗荣渠：《现代化新论》，35页，北京，北京大学出版社，1993。

③ ［英］A. 凯恩克劳斯：《经济学与经济政策》，155页，北京，商务印书馆，1990。

易关系即社会经济关系。与此相对应，创新也有两种形式，即技术经济组织创新与社会经济制度创新。熊彼特（J. A. Schumpeter）将经济发展的本质界定为创新，提出了一种全新的经济发展理论。熊彼特认为，经济发展在质上是新的现象。经济发展可定义为执行新的组合，它包括下列五种情况：（1）采用一种新的产品或一种产品的一种特性；（2）采用一种新的生产方法或处理一种产品的新的方式；（3）开辟一个新的市场；（4）掠取或控制原材料或半制成品的一种新的供应来源；（5）实现任何一种工业的新的组织。①

上述五种创新活动是经济发展的根本现象。熊彼特把新组合的实现称为“企业”，把职能是实现新组合的人们称为企业家。企业家是实际履行职能或在实际上实现新组合的人们，如经理、董事会成员、金融家。新组合并不一定要由控制被新过程所代替的生产或商业过程的同一批人去执行。新组合的实现意味着对经济体系中现有生产手段的供应作不同的使用。通常企业家会利用信贷资本来实现新的组合。总之，经济发展过程就是企业家借助新的生产手段和新的企业组织形式，把生产要素转用于新用途，或引向新的生产方向，从而使经济从旧的均衡状态不断走向非均衡这样一个动态过程。熊彼特对经济发展本质的揭示是十分深刻和准确的。

再次，经济绩效是经济制度的函数。

用经济制度来约束人类经济生活和促进经济发展进程是十分重要的。经济发展过程中人与人之间的关系可用交易作为基本标尺来描述与衡量。人与人之间在经济活动中发生的任何交互影响的行动，都可看做是一种“交易活动”。关于经济制度的起源和本质，制度主义者们形成了如下共识：（1）只要人们总是不断地发生交易和其他经济关系，制度的产生就是必然的。（2）在多次重复对策中，遵守规则不是强制的，而是在很大程度上已成为人们行为的习惯和理性选择。（3）随着经济的发展，人们往往要求正规的制度规则来解决合作或交易成本的问题。（4）经济制度是社会的全体成员都赞同的社会行为中某种带有规则性的东西，它具体表现在各种特定的重复情形中，并且能够实行或借助某种外在权威来实行。诺斯（D. C. North）指出，“制度提供了人类相互关联影响的框架，它们确立了构成一个社会，或更确切地说，一种经济秩序的合作与竞争关系”②。（5）制度的首要功能是塑造人们的思维与行为方式，提供并在某种程度上创造和扩散信息。市场制度的一项重要功能即是建立价格规范，收集处理与传达信息。

在经济发展过程中，制度结构具有不容忽视的作用。所谓制度结构，常常可以视为一个社会中正式的和非正式的制度安排的总和。它不仅造就了引导和确定经济活动的激励系统，而且还决定了社会福利和收入分配的基础。实际上，制度结构在静态上决定了一个经济体系的实绩及知识技术存量的增长率。在经济生活中，被界定的和可转让的产权，已缔

---

① 参见［美］约瑟夫·熊彼特：《经济发展理论》，74页，北京，商务印书馆，1991。

② D. C. North, *Structure and Change in Economic History*, Yale University, 1983, p. 202.

结的契约和已通过的法律均是某种人们必须遵守和适应的制度安排。总的说来，经济制度促进经济有序地运作和顺利地发展。

第一，经济制度不仅构成经济增长之源，而且它影响人类选择和人类自身发展，从而扩展了经济增长的内涵。古典经济学把增长的源泉归结为天赋要素，尤其是劳动力数量的增加与劳动生产率的提高。新古典经济学把增长的主要原因归结为资本积累和技术进步。制度经济学认为，经济增长格局的差异要从制度上寻根究底。科斯论证了法律制度和产权界定对于经济绩效的影响。诺斯认为有效的制度安排是经济增长的关键，他指出："制度提供了一种经济的刺激结构，随着该结构的演进，它规划了经济朝着增长、停滞或衰退变化的方向。"① 不同的制度结构体现着不同的产权结构，使得决策者面临不同的获利机会，从而影响决策者的有效选择。基本制度还影响着人们的其他选择，如在何处定居、工作、接受较高程度的教育。制度不仅通过影响信息和资源的可获得性来塑造经济增长的动力，而且通过建立社会活动的基本规则来影响人类选择，扩展人类在经济、政治、法律、文化等领域的选择机会，从而使经济发展具有更为充实的内涵。

第二，制度提供人类相互影响的框架，构建一个社会、一种经济秩序的合作与竞争关系，形成了市场经济的基础。市场的有效性从根本上取决于产权的界定和交易成本的高低等制度因素，应该强调制度，尤其是法律制度在构建社会的合作与竞争秩序中的地位。市场是一套社会制度，市场中的交易包括契约性的协议和产权的过渡，市场还包括构造、组织交换活动并使之合法化的机制。换言之，市场是组织化、制度化的交换。没有一系列基本的制度，市场经济的效率就无从谈起。

第三，制度安排是矫正价格的重要部分。在市场经济的实践中，往往出现价格扭曲现象，因此矫正价格是必需的。矫正价格不仅是个调控问题，而且是个制度问题。发展中国家在经济发展过程中，不仅要克服市场失灵，而且还要克服政府失灵。为此，最关键的是要建立起适应市场经济发展需要的基本制度环境，包括确定生产、交换与分配关系的一整套政治、社会和法律的基本规则，包括界定产权、确定基本经济关系、维护市场秩序、建立交易规范的各种法规，而且包括政府在公共物品的提供、人力资本积累、风险分担等许多方面的责任的制度体系。经济发展的关键在于"矫正基本制度"。

第四，技术创新在本质上不是一种市场现象，而是一种制度现象。技术创新的进程依赖于一套复杂的制度安排，其中不仅仅包含产生创新的制度，而且包括确定产权和契约关系，或者分担外部风险的制度。

第五，制度结构与经济绩效之间的关系不是简单对应的，制度的选择与经济发展的状况要到现实经济中去评价。人们不应根据制度结构预先判断制度的运作结果。必须在制度

① D. C. North, Institution, *Journal of Economic Perspective*, 1997, No. 1, p. 78.

产生的特定环境下评价新的与旧的制度，评价它们在此环境下是增加还是降低了效率，是否促进了增长。制度安排的运行效率是一个经验问题。在经济发展中选择什么样的制度结构，这个问题还要到经济发展的实践中去探索。

经济制度不仅具有独特的结构与功能，而且是动态演化的。制度变迁就是通过一系列创新活动使新的更有效的制度安排替代旧的无效的制度安排，从而使整个社会制度结构不断优化。诺斯认为三个因素会带来相对价格变动，并引致对制度变迁的需求。这三个因素即市场规模的变化、技术变化、一个社会中各种集团对收入预期的改变。拉坦（V. W. Lata）认为，制度变迁的供给因素有四个，即组织成本、技术进步、知识积累、政治支持。诺斯认为，制度变迁是一次投资行为，人们投入资源，预期通过变迁建立起更有效率的制度安排并从中获益。预期的净收益是变迁的诱致因素。诺斯建立了一个包括新制度安排的层次、外部利润和制度变迁时滞等的成本收益分析模式。

最后，福利改善是经济发展的目标。

经济发展的根本目标是社会群体的经济福利得到不断改善，社会成员的生存权益和人生价值得到尽可能全面的实现。因此，经济发展的最现实、最高层、最全面的含义体现在：一个国家或地区的人们经过技术和制度创新而获得的经济增长成果，在多大程度上使国民经济福利得到切实的改善和提高。这里所说的“福利”，就个人来说，它是在个人偏好既定下各种效用的满足程度，这可由个人的主观价值判断或在市场中为此愿意支付的价格来度量。就社会来说，如果假定社会福利与个人福利正相关，那么可由个人福利组成的某种社会福利函数来度量。这里涉及的福利，不仅限于物质性福利，也包括各种精神性福利；不仅考虑可用货币收入反映的福利，也包括那些难以用货币计量的福利。

一个社会经济总福利是否得到改善，改善的程度如何，是一个具有很强价值判断的规范问题。在福利经济学中有一个价值判断“最轻”的标准即帕累托准则：如果某些个人境况变好且没有人境况变差，则社会福利增加。这是一个在既定分配制度前提下判断一个社会福利改善的充分标准。然而，在实际生活中大多数境况变化是非帕累托改进的，即导致一个人境况改善而使另一些人境况变糟。在这种情况下，如果还把福利定义为在个人之间不可比的主观效用，从而抛开收入分配问题，那么还是否存在判断社会福利改善的“客观检验方法”呢？对此，英国经济学家卡尔多于 1939 年提出“假想的补偿试验”，即卡尔多准则：如果受益者能完全补偿受损者，则认为社会福利得到了提高。约翰·希克斯（J. Hicks）于 1940 年进一步补充，提出希克斯准则：如果受损者不能贿使受益者反对这境况改变，则这一改变是好的。1941 年美籍匈牙利人西托夫斯基（Tibor Scitovsky）将卡尔多准则和希克斯准则结合起来，提出社会福利的双重检验标准。后来，有经济学家指出，这些“补偿试验”提出的标准可以用于判断社会福利是否得到改善，但也可能导致矛盾。然而，根本的问题在于，关于收入分配的价值判断是福利经济学无法回避的，因为任何福利准则无论怎么被“认同”，其本身已表明某种价值判断，而依据此准则所作的政策变革必然会影响收入分配状况，甚至使之更加“恶化”（不利于福利改善）。

在现代市场经济中，收入分配有两种含义。一种含义是指“功能性收入分配”（functional distribution of income），亦即要素收入分配，反映的是每种生产要素所得到的收入占总的国民收入的份额，经济学上一般利用供求曲线决定的各生产要素的价格乘以在假定生产要素有效利用条件下所使用的数量来加以计量；另一种含义是指“规模性收入分配”（size distribution of income），亦即个人收入分配，它反映的是个人或家庭经过初次分配和再分配途径最终形成的总收入在国民收入总额中所占的份额，经济学上常用洛伦兹曲线和基尼系数来进行计量。经济发展研究中所涉及的收入分配主要是规模收入分配，即从收入所得者的规模（某个收入阶层的人口比重）与其所得收入的规模（收入份额）之间的数量关系的角度，研究收入分配差别对社会总福利改善的影响，古典福利经济学家在收入的边际效用递减假定下证明，在总收入一定的条件下，收入的平均分配可以最大化社会福利。但这个结论隐含着一个假设，即收入的总量不依赖于它的分配，这就等于忽略了达到分配目标所支付的各种成本，特别是激励机制被削弱的损失。利用累进的收入所得税等再分配措施来缩小收入差距，会因挫伤人们努力积极性而增加“额外负担”。詹姆斯·A·米尔利斯（J. A. Mirrlees）经过严格的数理证明，得出结论说“所得税并不像我们通常想象的那样，是一项缩小不平等程度的有效工具”，由于政府为最大化一个社会福利函数而设计的最优税收结构受制于技能在人口中的分布状况和纳税人在工作/闲暇选择上的自由性，所以要直接解决这一最大化问题在实际上是不可能的。因此，收入分配与社会总福利之间的关系是相当复杂的，如何在效率与公平之间寻求“有张力的平衡”，是一个国家的政府经济发展战略选择所面临的一个根本性的难题。

第二节　从革命的视角看教育与经济发展

教育与经济同为社会的子系统。广义的教育是有意识的以影响人的身心发展为直接目标的社会活动。这个定义中的人包括各个年龄阶段的人，影响包括正、反两方面。狭义的教育即学校教育是由专职人员和专门机构承担的有目的、有系统、有组织的，以影响入学者的身心发展为直接目标的社会活动。这里所说的教育是指狭义的教育。

经济的含义，最基本的有两种。其一是指生产方式，即与一定社会生产力相适应的社会生产关系，是社会生产力与社会生产关系的统一。其二是指物质资料的生产，包括社会生产和再生产过程中的生产、交换、分配、消费，它是人类社会存在和发展的基础。社会再生产是物质资料再生产、劳动力再生产、生产关系再生产的有机统一。

教育与经济有着多方面、多层次的密切关系。教育经济学中经济主要是指物质资料的生产和再生产。本节从历史与逻辑相结合的角度剖析现代教育革命、科学革命、技术革命与经济革命之间的关系，以揭示现代教育与科学技术、经济之间的相互作用的机理。

一、技术革命、科学革命、经济革命与教育革命的概念与类型

从历史发展的角度分析现代教育与现代科学技术、现代经济的关系是十分重要的。据《韦氏第三版新国际英语大词典》的解释，现代（modern times）一词大致是指从公元1500年左右一直到现今的历史时期。经济史学家一般将现代经济增长的上限追溯至18世纪。在西文中，现代一词至少有两层含义：一层是作为时间尺度，一层是作为价值尺度，以区别于中世纪的新时代精神与特征。

现代社会的变迁大致可以分为两大类。一类是微变，即微型的社会变迁，它是技术、科学、教育、经济等系统的量的变化和微弱的质的变化。另一类是巨变，即巨型的社会变迁，它是技术、科学、教育、经济等系统的具有革命性、突破性的质的变化。所谓飞跃、巨变就是革命。技术、科学、教育、经济四个社会子系统既相对独立，又相互耦合、相互影响。从革命的角度研究现代教育与现代技术、现代科学、现代经济的关系具有特殊的认识价值。

人类改造客观世界的飞跃，就是技术革命。毛泽东指出，一般的小的技术改进，可以叫做技术革新；而在技术上带根本性的、有广泛影响的大的变化，叫做技术革命。在现代，蒸汽机的出现是一次技术革命，电力的出现是一次技术革命，原子能的出现也是一次技术革命。① 杨沛霖认为，现代社会产生了三次技术革命，第一次是工业技术的出现，大机器生产技术使人类建立了工厂生产的体制，发展了商品经济；第二次技术革命是重工业技术体系的形成，它使人类拥有了大规模生产方式的钢铁厂、化工厂、发电厂和机械厂，建立了重化工业；第三次技术革命，是信息技术的革命，人类发展了信息工业和信息经济。②

人类认识客观世界的飞跃，可以叫做科学革命。科恩（I. Bernard Cohen）全面系统地分析了历次现代科学革命。③ 哥白尼提出“日心说”，发动了一场“宇宙结构观念的革命”。伽利略提出自由落体运动理论和惯性运动理论，发动了物理学的一场革命。牛顿在许多领域作出了杰出的贡献，牛顿力学的出现开创了“划时代”的物理学革命。哈维出版了《心血运动论》引发了生命科学中的一场革命。拉瓦锡提出燃烧是氧化的过程的观点产生了一场化学革命。达尔文的生物学革命是19世纪科学中的一场主要的革命。19世

---

① 参见中共中央组织部等编：《迎接新的技术革命》，下册，32页，长沙，湖南科学技术出版社，1984。

② 参见上书，22页。

③ 参见［美］I·伯纳德·科恩：《科学革命史》，105页，北京，军事科学出版社，1992。

纪麦克斯韦的物理学革命从根本上改写了电、磁和光的理论，而且第一次大规模地改变了牛顿自然科学的框架。爱因斯坦提出相对论和量子力学，发动了20世纪最伟大的物理革命。

经济革命是指经济的重大飞跃。与经济革命相近的概念有产业革命、工业革命。一般说来，产业革命和工业革命是经济革命的下位概念。1844年，恩格斯在《英国工人阶级状况》一书中描绘了18世纪末以来英国工业、交通运输、农业的变化，并且把这样巨大的变化叫做产业革命。产业革命是全局性的、整个生产体系的飞跃变化。换言之，产业革命就是生产体系的组织结构以及经济结构的飞跃变化。约翰·希克斯认为，工业革命是现代工业的兴起而不是工业本身的兴起。18世纪后期的工业革命带来了新的情况[①]，用于生产的固定资本货物的种类开始显著地增长，且不断地增长。诺斯认为，古往今来存在两次经济革命。第一次经济革命创造了新知识的弹性供给曲线，将经济增长纳入制度之中，第二次经济革命即现代经济革命。[②]

教育革命即教育的重大飞跃。教育系统可从观念及理论、组织形式、物质技术三个层面予以分析。教育理论的革命可借用库恩的范式分析法。范式即科学共同体对某一学科所形成的共识。现代教育学产生了两个基本范式。一是赫尔巴特的《普通教育学》(1806年）和《教育学讲授纲要》(1835年）奠定了科学教育学的基础，以伦理学和心理学作为教育学的基础，使教育学成为独立的学科。二是杜威的《民本主义与教育》(1905年）构筑了现代教育的新理论体系。简言之，在现代，教育理论主要发生了两次重大革命。现代教育领域发生的组织形式的重大革命主要是制度化教育的形成。制度化过程一般是指从不稳定、不严谨、非结构的形式发展为稳定的、有序的、有结构的形式的过程。在现代教育系统形成以后，教育越来越“制度化”，从而被称为制度化教育。制度化教育包含以下几个要素：学校是一种全日制学习的机构；对入学和毕业有一定的年龄规定；教学模式是教师面对学生的讲授式；课程是分年级的；基层单位的规模随城市化和一体化而扩大；体系的规模不断扩张，学校的教学目标已从传授认知技能和能力扩大为构成社会教育的多重目标；系统的协调已通过建立各种专门的服务设施使行政管理机构有了扩大；管理倾向于日益严密。就教育物质技术的革命而言，阿什比认为，从古到今产生了三次教育技术革命：第一次是采用书写文字作为教育工具；第二次是印刷术的发明与应用；第三次是采用新教育工艺，这些新工艺包括电影和唱片以及电台和电视台广播的电影和唱片、录音机、帮助学生自学的程序教学机，尤其是通用于所有现代化教学设备的电子计算机，这些新工艺必将会使整个教育过程发生巨变。

---

① 参见［英］约翰·希克斯：《经济史理论》，128页，北京，商务印书馆，1999。

② 参见［美］道格拉斯·C·诺斯：《经济史上的结构和变革》，168页，北京，商务印书馆，1999。

二、现代教育革命与科学革命、技术革命、经济革命之间的横向联系

现代教育革命与技术革命、科学革命、经济革命的关系可用图 2—2 来表示其逻辑结构。下面我们着重分析四种革命之间的关系。

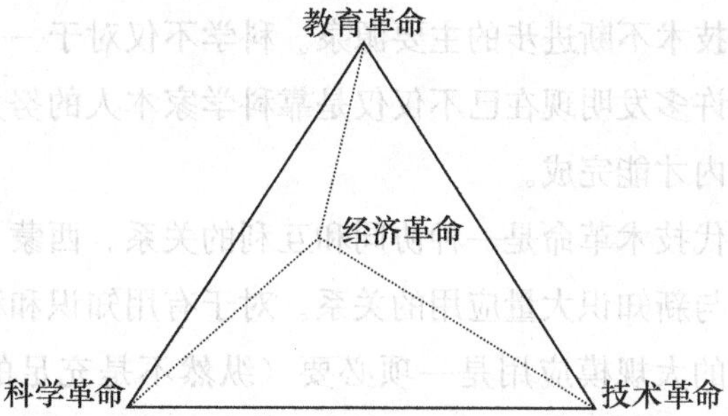

图 2—2　教育、科学、技术、经济四种革命的结构

1. 现代技术革命与现代科学革命之间的联系

科学技术史家沃尔夫（Abraham Wolf）指出："科学或纯粹科学关心的是发现真理；而技术关心的则是发明新的东西和工艺或改进旧的……近代科学的先驱们肯定希望和期待科学与技术之间存在一种极端密切的关系。新科学与旧的书本知识不同，将非常实用；新的知识将赋予人类以力量。"① 虽然在近代，肯定也有技术发明系应用科学知识而得到直接成果的情形，例如电学知识使富兰克林得以发明避雷针（1750 年）。但在现代之前，无疑是实用发明的进步走在有关现象的理论知识的进展的前面。在近代，虽然有时科学进展促进了实际应用，但更经常的是已有的技术方法为科学发现提供了资料，恐怕技术发明和改进大都是在根本没有纯粹科学理论的指导下进行的。

罗斯托分析了 16 世纪以来科学同发明和革新成果之间的联系。他指出，事实表明，18 世纪时的关键性发明并不是直接产生于基础科学的新建议，甚至并不产生于科学家本人，它们是受过专门训练的人的成果。② 但是科学革命对技术革命的间接影响是十分重要的。首先，科学革命使人类对力量和信心有了新的认识，即自然是有规律可循的，而这种知识是解决问题的钥匙。牛顿的观点改变了人们观察周围世界的方法，这就以无可比拟的速度增加了发明家的数量，使企业家越来越乐于采用革新成果。其次，从较小的范围来说，构成科学革命的实验方法，通过科学家和工具制造者双方的互相联系，直接增加了发明的供应量。有学问的人与工匠分离的现象开始消失。再次，以实验方法获得最普遍的原理被看成是一条通过实用而有利可图的发明和革新道路。科学家直接参与实际事务。科学家、发明家和企业家之间逐渐形成了互相渗透的网络。施莫克勒（Jacob Schmookler）认

① ［英］沃尔夫：《十六、十七世纪科学技术和哲学史》，519 页，北京，商务印书馆，1985。

② 参见［美］W. W. 罗斯托：《这一切是怎么开始的》，124 页，北京，商务印书馆，1997。

为，虽然个人的科学发现对个人的发明的影响是微不足道的，但这并不意味着科学对发明是不重要的。因为科学的整体发展，比起科学各学科的单独发展，更能决定发明的进程。科学发展的功效经过几代人才能感觉出来。至18世纪末，科学与发明相互隔离的状态被打破。科学知识总量的增长与发明活动的生产率密切关联。至19世纪，特别是20世纪以来，科学发现成为推动技术不断进步的主要源泉。科学不仅对于一个要成为发明家的科学家是必不可少的，而且许多发明现在已不仅仅是靠科学家本人的努力，而且要在由一个科学家小组组成的实验室内才能完成。

现代科学革命与现代技术革命是一种协同和互利的关系。西蒙·库兹涅茨精辟地分析了有用知识和科学贮存与新知识大量应用的关系。对于有用知识和科学储存的高增长率来说，新知识和技术革新的大规模应用是一项必要（纵然不是充足的）条件。因为只有这样，新知识和技术革新才有可能真实地带来更多的人均产值，并从而为生产新知识的投资提供额外的资源。由不断扩大推广应用技术而产生的这种不断增长着的实际经验数据储存的供给，滋养着科学的进展。一项重大发明的广泛应用、在大量生产中的传播，必然会对作为其基础的理论意义、过程和资料增添更多的细节和情报，它还可能产生新的工具。这种新增添的知识和工具反过来为基础科学的新进展，而且往往是未预料到的方向和途径方面的新进展提供基础。科学发明和广泛地应用的技术革新是对自然界组成部分的特性不断地进行探索的实验室的成果，它们为基础研究的前进和它的高增长率提供了助力。这种例子并不少见，例如蒸汽机的发展与19世纪20年代的现代热力学、电磁短波的发明与应用和射电天文学紧密相连。

2. 现代科学革命与现代经济革命之间的联系

罗斯托指出："科学革命，从其全部结果来看，是历史方程式中的一个要素，它把早期现代欧洲同所有过去的经济发展阶段区别开来了。"① 怀特海（A. N. Whitehead）也指出："16世纪时，西方基督教发生了分裂，同时，现代科学也欣欣向荣地发展起来了。这是一个翻腾酝酿的时代。"② 科学革命与18世纪末第一次工业革命的来临有着直接的联系。以至保尔·芒图（Paul Mantoux）得出一个著名的结论，科学随同蒸汽时代一道出现，产业革命的经验时代便被科学时代所替代。③

新制度经济学的领军人物诺斯认为，第二次经济革命或现代经济革命经历了三个发展阶段。第一个阶段是科学上各学科的发展。对科学知识的系统需求是一种现代现象，并确认科学有助于解决实际问题而愈益与认识有关。科学制度化的一个显著特征是承认社会对主要前沿学科的需求。第二阶段是工业革命期间科学家与发明家之间的知识交易。知识交

① ［美］W. W. 罗斯托：《这一切是怎么开始的》，108页。
② ［英］A. N. 怀特海：《科学与近代世界》，1页，北京，商务印书馆，1989。
③ 参见［法］保尔·芒图：《十八世纪产业革命》，248页，北京，商务印书馆，1997。

易有助于不断增强因基础知识增加从而提高社会（和潜在的私人）收益率的意识，结果是用于基础研究的公、私经费不断增加。基础性和开拓性研究的发展的结果是出现了所谓的发明工业。第三个阶段是形成所有权使私人收益率接近于社会收益率。一方面，对发明和创新的所有权予以完善，从而提高了私人收益率；另一方面，许多基础性研究得到了政府的资助并在大学里进行，从而提高了社会收益率。

3. 现代技术革命与现代经济革命之间的联系

诺斯认为，现代经济革命所特有的技术上的突破为：发明出自动机械来代替生产中的人手和人脑；创造出能源；对物质进行重大改造。第一种突破如亨利·福特的汽车的集装线与高速计算机，第二种突破如瓦特改进了的蒸汽机，第三种突破如漂白方法的发明。现代经济革命技术的上特点是，生产过程与大规模固定资本投资具有一定的不可分性。一定意义上可以说，没有现代技术革命，就没有现代经济革命。① 以第一次技术革命为例。蒸汽机的发明这一重大事件，开始了工业革命的最后的、最具有决定性的发展阶段。蒸汽机把那些还压在大工业身上的束缚解放之后，就有可能无限迅速地发展了。蒸汽机的发明完成了工业的集中。它使工业的相互依赖关系更加密切同时又使工业的发展归于统一。蒸汽机并不创造大工业，但是它为大工业提供了动力。工业世界几乎成了一个巨大的工厂，在那里，发动机的加速、放慢或停止就改变着工人的活动并决定着生产率。蒸汽机为现代工业奠定了最重要的长远基础。

英国是现代工业革命的发源地。18 世纪中期以来，英国的发明迅速增加，不久，这些发明的某些项目被大规模应用到生产中去，从而引起英国经济的起飞，表 2—1 显示了 1630—1809 年每十年英国批准的专利数。

表 2—1　　每十年英国批准的专利数（1630—1809 年）

时期	批准专利数	时期	批准专利数
1630—1639 年	75	1720—1729 年	89
1640—1649 年	24	1730—1739 年	56
1650—1659 年	30	1740—1749 年	82
1660—1669 年	31	1750—1759 年	92
1670—1679 年	50	1760—1769 年	205
1680—1689 年	53	1770—1779 年	294
1690—1699 年	102	1780—1789 年	477
1700—1709 年	22	1790—1799 年	647
1710—1719 年	38	1800—1809 年	924

资料来源：［英］B. R. 米切尔、菲利斯·迪恩编：《英国历史统计资料概要》，268 页，剑桥，剑桥大学出版社，1962。

由于有了明显的经济刺激，在纺织、炼铁和制造高效蒸汽机行业里集中了不少有创造

① 参见［美］道格拉斯·C·诺斯：《经济史上的结构和变革》，169 页。

才智的人，出现了一些重要的发明，如凯伊的飞梭、保罗的梳毛机、哈格里夫斯的纺纱机、阿克莱特的水力纺纱机、克隆普顿的“骡机”。随着发明和革新的扩大，英国工业迅速增长。1770—1795年，英国原棉进口净额增长了8倍，同时棉织品的价格大幅下降。

默顿（R. K. Merton）认为，17世纪英国最重要的经济事业是采掘业和纺织业。由于木柴奇缺、价格昂贵，煤的开采十分重要。16—17世纪英格兰发明专利75%与煤炭工业有关。人们认为，能够帮助英格兰谋求经济上统治地位的发明活动，才是最有价值的。于是出现了逐步加强的革新模式。这是一个自我维持的过程。经济的发展使得某些特定的技术需要成为紧迫的任务。需要是发明之母。在17世纪，确立了一种用技术发明来满足上述需要的常规程序：以预先累积起来的技术和科学知识为基础，就可以衍生出解决上述迫切需要的方法。①

4. 现代教育革命与现代技术革命之间的联系

一方面，教育革命依赖技术革命。教育革命直接取决于社会生产领域的技术革命。19—20世纪，电化教学经历了五个阶段：19世纪20年代，幻灯引入；20世纪20年代，无声电影和播音机引入；20世纪30年代，有声电影和录音技术引入；20世纪50—60年代，电视、程序教学机、电子计算机教学系统、卫星传播教学系统引入；20世纪90年代，网络教育引入。电化教育的每次重大进展，都离不开技术的支撑。教育组织形式的革命也取决于技术革命。机器大工业的形成为班级授课制提供了运行的平台。另一方面，教育革命也促进技术革命。西蒙·库兹涅茨指出，一项具有重大经济影响的技术革新或技术革命是三个组成部分的综合：(1) 一项发明，它提供了一种框架，使一系列次要的发明和改进能环绕它而建立起来；(2) 物质资本，特别是人力资本（如发明者、工程师和组织者）的供给，人力资本的努力参与和专心集中于主要发明中的各项问题将使此项发明的有效改进和传播得到保证；(3) 巨大的潜在需求。在技术革命中，人力资本不可或缺。② 诺斯也认为，19世纪后期，德国在化学工业上所起的卓越作用在很大程度上归因于早期培训的大批化学家。科学家和工程师主要由教育系统培养与供应。

技术革命推进了教育的革命。随着现代生产技术的飞跃，对生产者科学文化知识的要求也提高了。以蒸汽机的发明和使用为标志的第一次技术革命，要求工人具有小学的科学文化知识；以电动机的发明和运用为标志的第二次技术革命，要求工人具有初中的科学文化知识；以原子能、电子计算机的发明和应用为标志的第三次技术革命，就要求工人具有高中的科学文化知识；在信息技术飞速发展的时代，劳动者有可能具备大学的科学文化知识。随着技术的革命性变革，教育或迟或早发生重大变化。20世纪60年代，随着计算机辅助教学和教学机器的产生，人们认为制度化教育将由以终身教育和全民教育为支柱的学

① 参见［美］R. K. 默顿：《十七世纪英格兰的科学、技术与社会》，195页，北京，商务印书馆，2000。

② 参见［美］西蒙·库兹涅茨：《各国的经济增长》，348页，北京，商务印书馆，1985。

习化社会所代替。教育的目标、内容、方法、手段都在急剧变动和调整之中。

5. 现代教育革命与现代科学革命之间的联系

一方面，教育革命依赖科学革命。如前所述，教育革命涵盖观念、组织、技术层面的巨变。科学通过思想理论的途径影响教育。换言之，科学以理论以及理论所反映的某种思想观念的形态进入教育领域，从而塑造和改变教育的理论形态，并影响教育者及教育对象的思想观念、价值取向和思维方式。以相对论与量子力学为核心的现代物理学革命不仅深刻地改变了哲学认识论的若干基本观点，而且对教学认识论产生了巨大冲击，以知识灌输为中心的教学论将走向终结。另一方面，教育革命也促进科学革命。怀特海指出："世界历史的每一个时代，都有注重实际的人致力于研究无情而不以人的意志为转移的事实，都有富于哲学头脑的人在孜孜不倦地致力于创造普遍原则。现在这种思想上的发展却成了有素养的思想家中盛极一时的传统习惯。这是使生命甜蜜的糖。大学的主要责任就是要继承这种传统，作为一种文化遗产而广泛传播，使之流传于下世。"① 1810年洪堡创办柏林大学，将科学研究职能定为大学的核心职能，德国大学模式一时成为全世界效仿的模式，德国大学也成为当时世界科学的中心，并催生了相对论和量子力学的重大科学革命。

科学革命依赖教育革命。西蒙·库兹涅茨指出：要繁荣科学就必须依靠教育和训练等一整套系列化的基础结构。在古代和近代，大量的投资花费在训练牧师、神学家和占卜者上面，虽然他们当中有不少人对有用知识的确也有所贡献，但有用知识增加的速度并不是令人瞩目的。在现代，除了对科学提供恰当的体制外，还须有特别注重实际验证的知识和重视独创性的现代学校制度，同时也须对科学方面作大量的投资。科学革命也促进教育革命。以杜威的教育学的革命为例。杜威的革命是对科学和哲学革命的回应。杜威提出教育即生长、教育无目的等核心的观点。杜威的思想受物理学革命的直接影响。在20世纪初，爱因斯坦对牛顿经典物理现象的否定，其基础是消解了其中的几个关于"物质实体"的假设，而在此之前，马赫就宣称"物质消灭了"，只剩下运动，至于怀特海，更是从根本上否定了"物质"的概念，并称其哲学为"过程哲学"。科学和哲学的潮流为杜威的革命提供了丰富的养料。

6. 现代教育革命与现代经济革命的联系

教育革命依赖经济革命。教育的重大飞跃必定有其经济基础。马克思深刻地揭示了现代教育与现代生产的本性。马克思认为，现代工业的技术基础是革命的，而所有以往的生产方式的技术基础本质上是保守的。现代工业通过机器、化学过程和其他方法，使劳动者的职能和劳动社会的结合不断地随着生产的技术基础发生变革……大工业的性质本身需要劳动的变换、职能的更动和劳动者的全面流动性。大工业本身必然要求承认劳动的变换，

① ［英］A. N. 怀特海：《科学与近代世界》，3页。

从而承认劳动者尽可能多方面发展能力是现代生产的普遍规律。资产阶级为自己的子孙办了工科学校、农科学校等，它给予无产者的只是一点点职业教育。工人阶级在不可避免地夺取政权之后，必将在人民的学校中实行实践的和理论的工艺教育。1880 年英国制定了工厂法，规定如果父母不能让他们 14 岁以下的孩子同时受初等教育，就不能把他们送进“受监督”的工厂做工，工厂教育是强制性的，并且是劳动的条件之一。工厂法教育条款的制定和实施反映了机器大工业的现实要求。

教育革命促进了经济革命。罗斯托在分析英国工业革命与教育的关系时指出，毛纺织业是英国工业中的巨人。在英国南下从事纺织业而发达的人中有詹姆斯·麦克福柯这些人。他们这些移民不是没有文化的农民。有一些是牧师的后代，即使那些社会地位低下的人至少也在他们本村或当地市镇的学校里受过良好教育。法格林德（I. Fagerlind）和萨哈（L. Saha）的研究表明，英国工业革命的产生绝非偶然，它在很大程度上得益于当时许多民众已接受了一定的识字教育，居民识字率已比较高。

第三节　教育与经济的相互作用

教育作为培养人的活动，它是社会发展的重要组成部分，它的发展也必须以经济为基础。这里我们着重研究现代教育和现代经济的相互作用的内在机理。现代经济指的是产业革命以后以社会化大生产为基础的经济，现代教育指的是与现代经济相适应的现代学校教育。

一、经济发展决定教育发展

教育发展与经济发展的相互作用具体表现为，一方面，经济发展决定教育发展；另一方面，教育发展促进经济发展。从现代经济与现代教育的关系看，经济发展对教育发展的基础和决定作用主要表现在经济发展决定教育的规模与速度，决定教育的结构，决定教育体制。

1. 经济发展决定教育的规模和速度

经济发展为教育的发展提供人力与时间、财力、物资。这些要素是教育发展所不可或缺的，并为教育赢得了更广阔的发展空间。随着现代经济的发展，社会中越来越多的人从直接为维持生存与发展而进行的物质生产中解放出来，社会每个工作者的劳动时间逐渐缩短、闲暇时间逐渐增多。这便为更多的人接受教育及正在或业已接受教育的人延长受教育时间创造了重要的条件。教育发展的最大可能性取决于社会能提供多少游离于直接生产之外的剩余劳动力。一般说来，社会生产力发展到什么水平，教育才能发展到什么水平。自

20 世纪 90 年代以来，全民教育与终身教育成为最具影响力的两大教育理念，学习化社会的建构不再是一个遥远的梦想。

教育资金是教育发展的第一推动力与持续推动力。教育资金并非来源于学校通过生产劳动自己创造的财富，而是来源于国家、企业、社会和个人的投资。从宏观上看，一个国家和地区的教育资金的供应受制于整个国家和地区的经济发展水平和富裕程度。从微观上看，一个人接受教育也与家庭的经济状况或他可能获得的经济资助相关。贫富程度通常是造成教育发展水平差距的关键因素之一。图 2—3 反映了 1987 年 90 个国家和地区教育经费占国民生产总值（GNP）的比重与人均国民生产总值的关系。

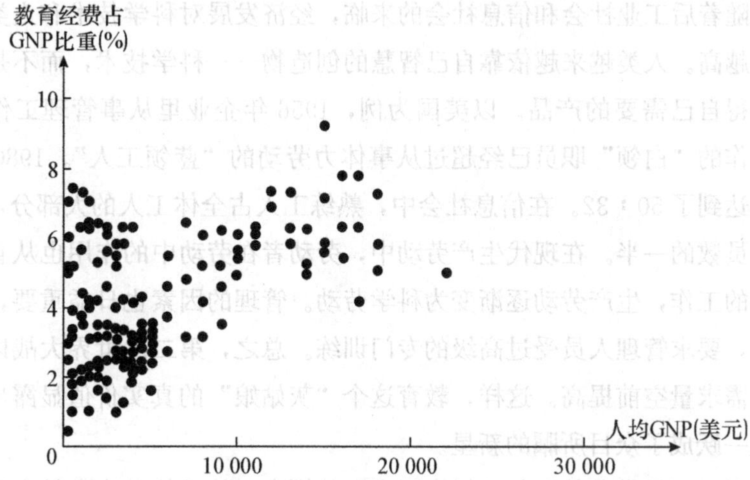

图 2—3 教育经费占 GNP 的比重与人均 GNP 的关系

由图 2—3 可知，人均国民生产总值较高的国家，其教育经费占国民生产总值的比重也高，而发展中国家的人均国民生产总值较低，教育经费占国民生产总值的比重也低。对图中的数据作统计处理，得到了教育经费占国民生产总值的比重（Y）和人均国民生产总值（X）存在下述数量关系：

$$Y=3.660\,304+0.000\,187\,5X$$

统计检验表明 Y 和 X 间存在明显的线性关系。

教育物资为教育发展提供现实的条件。教育物资包括校舍、教室、实验室、操场、仪器设备、图书资料、体育运动器材等。社会能否为教育提供数量充足的物资是与社会物质生产发展水平相关的。而社会可能提供的教育物资的质量和其中蕴涵的技术水平特别是通信、传播的技术水平更直接地影响教育的数量和质量。经济发展为教育提供数量充足、质量合格、技术适宜、结构合理的物资，是教育持续、稳定发展的必要条件。

经济发展为教育发展提供的条件，在很大程度上决定教育的供给，所谓教育供给即一定时期社会可能提供的教育机会。经济发展为教育发展提供基础条件这一点上有限制性的意义，表现为对教育发展上限的规定更具强制性和鲜明性。

经济发展不仅为教育发展提供条件，而且对教育发展提出需求。这种需求既有社会方面的，也有个人方面的。社会和个人对教育的需求受多种因素的影响，如人口、社会历史传统、政治等，但最基本的和最终的因素乃是经济。历史昭示我们，经济发展水平越高，对教育提出的需求也越高。社会要求教育能够伴随着经济的发展和增长，而得到相应的发展和提高，以保证为社会经济发展提供足够数量的、合格的、结构合理的劳动力。而社会上每一个人在文化、科学、教育等方面的需要，也是伴随着社会经济的发展和需要，伴随着人均收入的增加，而不断提高和增长的。只有经济富裕起来的人们，才会有受教育的要求。在当代，随着后工业社会和信息社会的来临，经济发展对科学技术和人类的智力、能力的需求越来越高。人类越来越依靠自己智慧的创造物——科学技术，而不是依靠单纯的体力消耗来获得自己需要的产品。以美国为例，1956 年企业里从事管理工作、技术工作和其他文字工作的“白领”职员已经超过从事体力劳动的“蓝领工人”。1980 年白领与蓝领的人员比例达到了 50∶32。在信息社会中，熟练工人占全体工人的大部分，而科技人才占全体科技人员数的一半。在现代生产劳动中，劳动者在劳动中的作用也从直接使用工具转为监控机器的工作，生产劳动逐渐变为科学劳动。管理的因素也日益重要，管理向自动化的方向发展，要求管理人员受过高级的专门训练。总之，第二次世界大战以来人类社会生产对教育的需求量空前提高。这样，教育这个“灰姑娘”的真实价值显露出来了。它在世界的舞台上一跃成了众目所瞩的新星。

经济发展通过“提供条件”与“提出要求”的耦合，从总体上决定教育发展的规模与速度。教育发展的规模和速度，虽然要受到教育需求的影响，但最终是由教育供给决定的。社会可能为教育提供的总体资源，是教育发展的现实条件和基础。教育发展速度一般指三级教育在校生的增长率和三级教育入学率、毕业率的增长率。

教育规模可从教师数与学生数的比例指标两方面予以衡量。15～64 岁年龄组每 1 000 人拥有的教师人数可反映一个国家和地区的教师资源投入的水平（见表 2—2）。

由表 2—2 可知，经济发展水平越高的国家，每千人拥有的教师人数越多。可以看出，发展中国家与发达国家的差距十分明显。发达国家的指标值是发展中国家中的最不发达国家的 3 倍左右。

表 2—2　　1990 年、1997 年 15～64 岁年龄组千人拥有的教师人数

	1990 年	1997 年
世界总计	16	16
发展中国家	13	14
其中：		
撒哈拉以南非洲地区	10	10
阿拉伯国家	19	21

续前表

		1990 年	1997 年
拉丁美洲/加勒比地区		22	23
东亚/大洋洲		14	14
南亚		9	9
最不发达国家		7	8
发达国家		22	23

资料来源：UNESCO：《2000 年度世界教育报告》。

一般说来，一国随着经济发展水平的不断提高，其各级教育入学率也不断提高。对此假设可以从跨国的横向比较及各国的纵向比较予以验证。表 2—3 反映 1990 年、1997 年不同国家组别的人均 GNP 与三级教育入学率的关系。

表 2—3　　1990 年、1997 年不同国家组别的人均 GNP 与三级教育入学率

	小学毛入学率（%）		中学毛入学率（%）		大学毛入学率（%）	
	1990 年	1997 年	1990 年	1997 年	1990 年	1997 年
世界总计	99.2	101.8	51.8	60.1	13.8	17.4
发展中国家	98.9	101.7	42.1	51.6	7.1	10.3
其中：						
撒哈拉以南非洲地区	74.8	76.1	22.4	26.2	3.0	3.9
阿拉伯国家	81.4	84.7	52.2	56.9	11.4	14.9
拉丁美洲/加勒比地区	105.0	113.6	50.9	62.2	16.8	19.4
东亚/大洋洲	118.5	118.0	47.4	66.3	5.9	10.8
南亚	90.3	95.4	39.8	45.3	5.7	3.7
最不发达国家	65.8	71.5	17.2	19.3	2.5	3.2
发达国家	102.8	103.5	94.5	108.0	48.0	61.1

资料来源：UNESCO：《2000 年度世界教育报告》。

由表 2—3 可知，不论是小学毛入学率，还是中学毛入学率及大学毛入学率，都呈现一种趋势，即经济发展水平越高的国家，毛入学率越高。就小学毛入学率而言，发展中国家整体与发达国家整体的差距不大，但发达国家明显高于最不发达国家。就中学毛入学率而言，发展中国家整体与发达国家整体的差异显著，相差达一倍，发达国家约是最不发达国家的 5 倍。就大学毛入学率而言，发展中国家整体与发达国家整体的差异极其显著。发达国家是发展中国家的 6 倍左右。发达国家是最不发达国家的近 20 倍。

由表 2—2 和表 2—3 可知：一国随着经济的发展，其教育结构不断高度化。所谓教育结构的高度化是指在三级教育的教育金字塔结构中，较高一级教育比重不断增大。1990—1997 年，全世界及各种类别国家的小学毛入学率、中学毛入学率及大学毛入学率都普遍上升，中学毛入学率的增长速度快于小学毛入学率的增长速度，大学毛入学率的增长速度又快于中学毛入学率的增长速度，结果导致高一级教育的比重在教育总体系中的比重上升。一国一定时期经济增长率越高，教育发展速度也越快，二者增长率大体是同步的。表 2—4 反映的是 1952—1999 年我国经济发展水平与三级教育率的关系的历史变化。

表 2—4 我国人均国内生产总值（GDP）与三级教育入学率（1952—1999 年）

年份	1952	1960	1965	1970	1980	1981	1982	1983
人均 GDP（元）	119	218	240	275	460	489	525	580
小学入学率（%）	49.2	63	84.7	95.7	93.9	94.3	94.8	95.2
中学入学率（%）	8	21	24	41	46	44	35	35
大学入学率（%）	0.1	0.5	0.9	1	1	1	1	1
年份	1984	1985	1986	1987	1988	1989	1990	1991
人均 GDP（元）	692	853	956	1 104	1 355	1 512	1 634	1 879
小学入学率（%）	95.7	96.0	96.4	97.2	97.2	97.4	97.8	97.8
中学入学率（%）	39	45	48	43	44	44	48	49
大学入学率（%）	1	1.7	2	2	2	2	2	2
年份	1992	1993	1994	1995	1996	1997	1998	1999
人均 GDP（元）	2 287	2 939	3 923	4 854	5 576	6 053	6 392	6 534
小学入学率（%）	97.2	97.7	98.4	98.5	98.8	98.9	98.9	98.9
中学入学率（%）	51	52	52	54	56	58	59	59
大学入学率（%）	2	3	4	5.2	7.1	8.3	9.1	9.3

资料来源：UNESCO：*Statistical Yearbook*（1952—1999）。

经济发展从总体上决定教育发展的水平或教育绩效。首先，经济发展制约着教育的普及。反映教育普及程度的最重要的指标是成人识字率。成人识字率与经济发展水平的关系十分密切。2000 年全世界成人识字率平均为 79.4%，发展中国家平均为 73.4%，其中最不发达的国家为 52.7%，发达国家为 98.8%。最不发达国家与发达国家的成人识字率差异悬殊。

其次，经济发展制约着普及义务教育的进程和水平。第二次世界大战以来，随着社会生产力的发展，各国义务教育的年限先后有所延长。法国 1959 年由 8 年延长为 10 年，联邦德国 1964 年由 9 年延长为 10 年，苏联 1984 年由 10 年延长为 11 年。目前虽然绝大多数国家已实施普及义务教育，但经济落后的国家普及义务教育仍存在不少困难与问题。

2. 经济发展决定教育的结构

一个国家的教育结构不是随意确定的，它受多种因素的制约，诸如社会生产关系、政治制度、文化传统和人口等因素都对教育有影响。但归根结底，教育结构是由社会生产力的发展及由此而形成的经济结构所决定的。一定的教育结构形成后，就具有相对的稳定性。

首先，经济部门的产业结构制约着教育的类别结构。经济部门的产业结构，是指一个国家的劳动力、资本财富和其他资源在各个产业部门之间的分配状况及其相互制约的方式。国民经济各产业和各行业的发展，都要求在劳力的组合方面有一定的比例关系，这就要求培养劳动后备力量的教育部门，应根据产业部门的需要设置各种学校和专业，并且在这些学校或专业之间确定相应的比例关系。只有这样，教育部门才能满足产业部门和各行业对具有专业知识和技能的劳动力的需求，从而保持劳动力供求的平衡。产业结构的变化对学校的类别结构必然提出新的要求，需要进行新调整。

其次，劳动技术结构制约教育的程度结构。劳动技术结构是指国民经济中与产业结构相联系的现代技术和一般技术的关系和比例，如自动化、半自动化、机械化、半机械化、手工操作的关系和比例。从社会总体来看，不同的经济部门、不同的生产单位所使用的劳动技术装备总是不同的，并客观上形成一定的比例关系。这就要求教育部门，必须根据经济部门劳动技术结构发展的需要来设置各种程度不同的学校，并且有相应的比例关系。现代生产正由“劳动密集型”、“资金密集型”朝着“技术密集型”的方向发展，生产的机械化、自动化和劳动技术装备程度日益提高，劳动者必须具有越来越高的科学文化素养。

再次，地区经济结构对教育的地区结构有很大的影响。国民经济的地区结构，是指国民经济各个部门、各种经济形式、各个组织和社会再生产各个环节在一个地区的构成、联系和结合的方式。一般说来，经济发达地区物质条件好，教育事业发展较快，各级各类学校布局也较合理；经济落后地区物质条件较差，教育事业发展相应缓慢，各级各类学校布局也很难做到合理。同时每个地区其经济结构都有自己的特点，经济结构的这种特点和差别决定了各地区教育布局结构，也应各具特点。

3. 经济发展决定教育体制

经济发展涵盖经济体制的变革，经济体制决定教育体制。经济体制是经济的组织体系和管理制度的总称，教育体制是教育的组织体系和管理制度的总称。经济体制与教育体制的关系，是教育与经济关系的基本方面。教育的基本经济职能，是为经济发展培养劳动力和专门人才。教育体制的基本模式和框架，是由经济体制决定的。从最终决定和体制总体的意义上可以说，有什么样的经济体制就有什么样的教育体制，经济体制发生变革，教育体制也必然要发生相应的变革。

经济体制与教育体制都包含一系列具体的体制。就具体体制来说，教育体制与经济体制，既不是相对应的，也不可能是简单的决定与被决定的关系。教育体制有其相对独立性。教育虽是国民经济的组成部分，但教育过程毕竟不是物质资料生产过程，也不是社会经济运行过程。

教育体制中有一部分与社会经济体制等外部关系较密切的，可称为外部体制，它受经济体制影响较大。如在办学体制与投资体制上，在中等职业技术教育及高等教育的招生与学生就业体制上等，当经济体制发生变革时，教育体制必将发生相应的变革。

当然，教育体制中的学校内部管理体制，尤其与教育培养学生直接相关的教学管理体制，则受经济体制影响相对较小，它主要受教育规律的制约。不同层次、类别的教育，受经济体制影响程度也不相同，义务教育受经济体制影响较小，非义务教育，尤其是中等职业教育和高等教育，受经济体制影响则比较大。

二、教育发展促进经济发展

教育虽然受经济发展的制约，但教育对经济发展也具有极其重要的促进作用。

从经济发展的内在逻辑看，经济发展可从经济发展的前提条件、经济的运行、经济的绩效三方面审视。在当代，教育已由小教育向大教育转变，生产也由小生产向大生产转化。教育对经济发展的促进作用一方面表现为可能的促进作用与现实的促进作用；另一方面表现为间接的促进作用与直接的促进作用。之所以作出上述四种区分，是因为教育过程与物质生产过程既有区别，又相联系。教育过程是精神生产过程、培养人才过程、劳动力再生产过程、科学知识再生产过程，换言之，教育旨在提高劳动力的科学文化和道德水平，发展劳动力的体力，培养脑力劳动者，传递、积累和发展科学知识。而生产过程属物质生产过程、物质财富创造过程、物化过程、科学变为技术过程，它形成直接生产力，并促进物质生产发展。教育过程与物质生产过程又有着密切的联系。一方面，教育过程可以为社会物质生产过程提供各种水平的智力劳动力；另一方面，教育过程可以为社会物质生产过程提供科学知识形态的生产力。教育对经济的促进作用是指教育对经济发展与运行产生影响与作用。虽然从总体上看教育发展与经济发展是同步的，但在某些情况下不一定同步，甚至存在逆向的关系。教育发展对经济发展的可能的影响，只有在适合的社会体制和环境的中介下，才能变为现实。教育对经济发展的直接促进作用是指教育的成果已进入物质生产过程并发挥效力，如企业员工的边干边学的教育形式会直接影响生产效率。教育对经济发展的间接促进作用是指教育成果尚未进入物质生产过程，只能产生间接的影响。

1. 教育发展为经济发展提供前提条件

教育对经济发展的促进作用，首先表现在教育是实现劳动力和生产中所必需的各种人员“再生产”的重要手段，从而为物质生产提供前提。社会物质生产必须以劳动者和生产资料相结合为前提条件。劳动者是社会生产力，只有通过人的劳动才能创造出社会的物质财富。劳动者是指掌握一定生产知识和技能的人。人的劳动能力是人们在劳动过程中所运用的体力和脑力的总和。人的劳动能力不是生而具有的。诚如马克思所言：“要改变一般的人的本性，使它获得一定劳动部门的技能和技巧，成为发达的和专门的劳动力，就要有一定的教育或训练”①，教育和培训使可能的劳动力变成现实的劳动力。在现代社会中，由于劳动全程和技能的复杂化、知识化，对劳动者总体的文化水平、技能和智能的要求提高，学校教育逐渐成了社会各种劳动力再生产的手段。

其次，教育提供知识形态的科学技术，为社会物质生产提供必要的条件。从静态的角度看，科学是建立在实践基础上的，经过实验验证的，具有严密逻辑论证的，关于客观世界各个领域事物现象的本质、特征、必然联系或运动规律的理性认识和知识体系。从动态的角度看，科学是探索真理的一种特殊的认识活动。技术是科学的应用，是根据生产实践和科学原理发展而成的各种工艺、操作方法与技能，它还包括生产工具、设备、程序等。

① 《马克思恩格斯全集》，中文1版，第23卷，195页。

科学与技术是相辅相成的，在现代，科学转化为技术的周期有越来越短的趋势。

科学技术是生产力。但科学技术在没有物化之前，只是知识形态的生产力，一般的社会生产力或潜在的生产力。只有把科学技术从知识形态转化为生产工具、劳动资料之后，科学技术才能转化为现实的生产力。但科学技术不可能自行完成这个转化，转化的条件是教育。

现代生产的特性就是科学技术在生产上的广泛应用。科学技术渗透到生产的各部门，改变着生产力的各个要素。马克思指出："生产过程成了**科学的应用**，而科学反过来成了生产过程的因素即所谓职能。"① 第二次世界大战以来的新科技革命呈现出四个主要特征，即科技知识增长速度的"爆炸性"、科技发展过程的"剧变性"、科学技术发展的整体化趋势、科学技术转化为生产力的"快速性"。

科学技术要转化为直接的、现实的生产力，须以教育为条件，教育是科学技术发展的基础。教育对科学技术的促进作用主要体现在三个方面。

第一，教育是科学技术迅速、大规模、有效传递和传播的基本途径。科学技术的发展具有继承性。任何科学和技术的发现、发明和创造都不是凭空产生的。科学技术的发展是一个不断传递、积累和发展的过程，是人类社会认识自然、改造自然历史过程的结晶。教育可以使人类历史上积累起来的基本科学理论、知识和技术世代相传，继承下去，传播开来，为新的科学发明和技术创新打下坚实的基础。学校教育所进行的科学技术的传播，是一种有组织、有计划、高效率的传播。它在知之较多的教师的指导下，将前人的科学生产成果加以合理的编制，通过有效的组织形式，选择最合理的方法，在较短的时间内传授给广大的学习者。

第二，教育是科学体制化的重要途径。早期的科学常常只是社会上少数有闲阶层的"业余爱好"。他们从事科学研究一般也只限于智力上的报偿或好奇心的满足。但从十七八世纪开始，一批职业科学家出现了，一些专门的科学机构出现了，此现象被称为"科学的体制化"。在当代，"大科学"的体制已经形成。一般认为，科学的体制化有两条主要途径。一是在学校设立科学教席，二是设立专门的研究组织和机构。在当代，著名的大学特别是研究型大学纷纷设立重要的研究所与实验室，使科学在大学里找到了体制化的母体，极大地推动了科学技术的体制化及大学作为现代社会的轴心机构的发展。知识经济的出现将生产知识的大学推到了人类历史舞台的中心角色的位置。

第三，高等学校是科学研究和技术开发的重要基地。高等学校不仅要传递和传播科学技术，而且要从事科学与技术的生产，是科学技术发现、发明、创造的重要基地。高等学校，特别是名牌高校，在洪堡大学的"教学与科研相统一"原则的感召下，在科学研究中

① 《马克思恩格斯全集》，中文1版，第47卷，570页，北京，人民出版社，1979。

扮演着重要角色。高等学校汇集了大批各学科的科学家、学者，有源源不断的、朝气蓬勃的、具有创新精神和能力的年轻一代科技队伍，从而具有从事科学研究的独特优势。据20世纪80年代的统计，美国大学担负了全国基础研究的60%，应用研究的15%。日本大学承担的基础研究、应用研究、开发研究分别占全国的57.7%、35.8%和6.5%。从实践结果看，大量科学技术的发现发明和创造，都是由著名大学完成的，大量的诺贝尔奖获得者都是大学教授。

综上所论，教育是使科学转化为技术，科学技术转化为生产力的重要途径。教育培养大批掌握科学技术的技术人员队伍和熟练劳动者的队伍，前者将科学转化为技术，后者将技术变为直接生产力。假如从国外引进一批新的机器设备和先进技术，因国内技术水平和技术力量的限制，不会操作使用新机器、新技术，这样潜在的科学知识，实际上并没有真正转化为现实的、直接的生产技术。没有转化为社会生产的一般条件，也就不能真正形成直接社会生产力。如果此时进行教育和培训，使许多人很快地掌握、使用和推广新设备和新技术，就可以直接提高社会劳动生产力。

2. 教育发展直接影响经济运行

从教育对经济运行的实际影响看，教育可以直接促进劳动生产率的提高。劳动生产率指劳动者的生产效果或能力，它用劳动者单位劳动时间生产的产品的数量表示。教育对劳动生产率提高的作用主要表现在四个方面。(1) 提高对生产要求过程的理解程度和劳动技能技巧的熟练程度，从而提高工作效率。据苏联经济学家的统计，一个熟练工人接受一年的科技文化教育，比工人在工厂工作一年，平均能提高工作效率1.6倍。(2) 能合理操作、使用工具和机器，注意对工具机器的保养和维修，减少工具的损坏率。据我国一汽的一项调查，在损坏工具的工人中，高中程度的占9%，初中程度的占91%。此外，生产的文明程度，包括生产活动中的生态平衡、减少污染等意识与行为，也与劳动者的文化程度有关。(3) 提高学习知识和技能的能力，能缩短学习新技术或掌握新工种所需的时间，并节约相关的费用。教育提高了人的一般学习能力，越是成功的教育，在提高一般学习能力上的作用也越大。(4) 提高创新意识和创造能力。据国外的调查，劳动者受教育年限每增加一年，合理化建议就平均增加6%。特别是物质生产领域中的科技人员更是物质财富的直接创造者，他们为社会所提供的经济效益是十分可观的。

教育可以促进经济管理效能的提高，借此推动经济发展。在现代生产中，经济管理已成为社会生产和经济发展的决定性因素。管理与科学技术、教育一道被称为经济增长的三根支柱。经济管理效能的高低，取决于多种因素，既有客观因素，也有主观因素，其中教育是核心因素之一。教育在提高经济管理效能中的作用主要有三个：(1) 培养管理者队伍。管理者的来源基本上有两个：一是从直接生产者和技术人员中提拔，把他们中的优秀者变为管理者；二是靠学校教育的培养。学校教育是造就管理队伍的主要途径。(2) 提高经济管理人员的素质。管理人员素质的提高有两种途径：一是靠在管理实践中不断提高，二是靠教育。管理人员的实践是十分重要的，但单纯依靠管理实践提高素质也是不够的。教育在提高管理人员的素质方面，具有省时、省力、效率高的优点。（3）提高经济决策水平和管理水平。实现经济决策和管理的科学化和民主化，一方面要提高决策者和管理者的素质，另一方面要发挥经济学等软科学的作用，建设软科学队伍。

3. 经济发展是教育发展的函数

教育不仅影响经济发展、经济运行，而且影响经济的实绩。

第二次世界大战初期，美国实施马歇尔计划，即对经济遭受严重破坏的西欧、日本和某些发展中国家予以投资。数年后，西欧、日本的经济得以恢复，并取得了长足的发展，而一些发展中国家经济并无多大起色。经济学家们认为，原因在于二者在教育和人力资源上存在巨大差别。西欧和日本在战争中物质损失严重，然而这些国家具有较高文化教育水平和生产技能的劳动者虽伤亡严重，但并未被消灭，教育制度和体系仍发挥作用。因此这些国家能充分利用物质资本，推进经济发展，相反，发展中国家落后，文盲充斥，劳动者文化技术和管理水平低下，资本吸收能力低，大量引进外资并不能较快提高经济效率。

美国经济学家哈比森（E. H. Harbison）、梅耶斯（F. C. A. Meyers）分析了教育、人力与经济发展之间的关系。他们将世界上 75 个国家，依据综合指数的高低分成四组：不发达国家、半发达国家、半先进国家、先进国家。经济发展水平的指数用以美元计算的人均 GNP 和从事农业生产的人口比例两个指标衡量。人力资源综合指数用高等教育入学率等 9 个指标衡量。哈比森和梅耶斯得出结论，美国的人力资源综合指数和以美元计算的 GNP 的相关系数为 0.888，成高正相关。人力资源综合指数和从事农业生产的人口的比例的相关系数为－0.814，成高负相关。75 个国家的初等教育入学率与 GNP 的相关系数为 0.668，中等教育入学率与 GNP 的相关系数为 0.817，高等教育入学率与 GNP 的相关系数为 0.735。可见一国的教育与其经济发展水平总体上存在明显的相关关系。

第四节　教育、劳动力与经济增长

教育在促进经济增长中起着不可忽视的作用。那么，一国的经济是如何增长的呢？教育在一国经济增长和发展中又是如何发挥作用的呢？

经济增长，一般来说，是由资源、资本、劳动技术、资源配置、结构创新等因素推动的。如果说技术、资源配置和结构创新包含在资源、资本和劳动力的使用中，经济的增长则主要决定于资源、资本和劳动力的投入。资源是人发现和使用的物质，并包括可以提供有用物质的载体。和经济增长有关的狭义的资源是指生产过程中对资本、劳动和技术加以作用的矿藏、森林、淡水、水能、耕地等。国内资源储量和拥有量是一个国家经济增长的重要条件之一。经济增长的资本是指机器、设备和厂房等物质资本。物质资本是投资过程的结果，它代表着本期的生产能力，并同其他互补性生产要素结合，代表未来时期的生产能力。因此，资本的形成对经济增长起着十分重要的作用。劳动力是人们在劳动过程中所运用的体力和脑力的总和，即人的劳动能力。马克思说："我们把劳动力或劳动能力，理解为人的身体即活的人体中存在的、每当人生产某种使用价值时就运用的体力和智力的总和。"① 劳动力是社会生产力中的决定性因素。各种资源只有为人所发现和利用，才能推动经济增长，资本也只有通过人的合理配置和有效利用，才能发挥更大的效用。但是，长期以来，一提到经济增长，人们便会想起有多少资源、有多少资本，而劳动力供给过剩，似乎是可以不考虑的因素，这是一种根深蒂固的经济学观念上的偏见。即使是现在，在许多发展中国家里，一提起增长和发展，从宏观决策者到企业家，先看的是有多少资本，再看的是有多少资源，通常只是重视资本的积累和投入，而恰恰忽视了劳动力这一重要因素。其实，一切经济活动，从根本上讲，都是以人的劳动为动力和以人的需要为目的的社会经济活动。从各国经济增长和发展的趋势看，资源和资本竞争的时代逐步被劳动者劳动的勤奋、所具有的素质，以及由劳动力素质决定的科学技术竞争的时代所代替。未来的增长与发展，一国劳动者的勤奋及其素质将决定该国的兴衰。因而，经济增长与劳动力的投入有着十分密切的关系，只不过劳动力的投入对经济增长的推动是一个复杂的经济过程罢了。理论上经济增长的劳动力动因可分解为劳动力行为、素质、劳动力资源配置等因素各自对经济增长的作用。在同样劳动力数量投入的情况下，由于劳动力的行为、素质、配置结构等不同，其推动经济增长的结果也不同。因而，当代的经济增长和经济发展理论不能不研究劳动者的劳动行为、素质与财富生产和增长之间的关系。然而，无论是劳动者行为的规范，素质的提高，还是劳动力资源配置的合理化，都与教育有着密切的联系。

一、教育的发展有助于规范劳动力行为

劳动力行为是指劳动者在就业机会、就业职业、报酬、闲暇、劳动条件、劳动要求等方面的反应和动作。经济运行、增长和发展中的劳动、生产、发明、创新、经营、管理等是劳动者从事的经济活动。而每个劳动者从事经济活动，无不带有自己的动机和具有自己的行为，一切与劳动者有关的经济现象和成果都是劳动者行为的结果。在一国经济发展过程中，劳动力的行为如何，不能不与经济增长有着密切的关系。一般来讲，当劳动者行为合乎规范时，经济活动正常进行，产出趋于正常水平，生产要素按比例使用，经济增长就快；而当劳动者行为不规范时，由于劳动者体力和智力消耗的下降，劳动的实际供给减

① 《马克思恩格斯全集》，中文1版，第23卷，190页。

少，产出水平下降，经济增长就慢。因此，从这个意义上讲，经济增长首先取决于劳动力行为，劳动力素质和才能对经济增长的贡献必须以劳动力的行为规范为前提。如果劳动力行为不规范，素质较高也不完全会成为经济增长的动因。国际经验也证明，一个国家就是人口稀少、地大物博、资源丰富，其经济增长速度在一定时期内可能很高，但是长期靠资源的高投入和高消耗来维持，而劳动者没有劳动的积极性，劳动效率低下，经济效益不高，经济增长属于劳动行为不规范性资本消耗型增长，其经济增长最终也会是难以为继的。所以，我国著名经济学家厉以宁教授指出："只有造就一大批有高度政治思想觉悟的、掌握先进科学技术知识的劳动者，才能保证建成具有现代化工业、现代化农业、现代化国防和现代化科学技术的，高度民主的，高度文明的社会主义国家。"① 由此可见，一个国家劳动力的行为如何，是衡量一国人力资本发展水平高低的一个最重要的方面。

然而，"过去的学说，无论是西方经济学说，还是东方经济理论，都暗含一个假定：劳动力进入劳动过程后其劳动行为是规范的。由此而得：劳动推动经济增长在于劳动力的数量和劳动力的劳动时间"②。后来虽然西方一些经济学家经过分析认为，劳动力的素质对经济增长的贡献也非常重要，但仍然忽视了劳动力的行为。例如，20 世纪中叶，舒尔茨等经济学家研究了劳动力素质对经济增长的推动作用。他们认为，分析经济增长，不仅要考虑物质资本，还要考虑教育、健康等无形投资形成的人力资本，即人力素质。他们以一些国家经济增长的实践为例说明，人力资本的收益率要高于物质资本的收益率。于是他们断定，在社会经济调节机制完善和有效的条件下，劳动者会对投资收益率的差异作出合理的反应，正确地选择自己的劳动和其他经济行为，从而推动国民经济的迅速增长。也就是说，当劳动力投入经济活动后，在这只"看不见的手"的调节下，劳动力劳动的行为是规范的。但是，如前所述，经济增长首先取决于劳动力行为，其次取决于劳动力的素质，而劳动力素质对经济增长的贡献必须通过劳动力行为来实现。从我国经济运行的实践看，劳动力行为不规范已经成为严重妨碍产出与增长的顽症。

劳动力的行为与劳动者本身的道德观念、修养、素质、知识水平、认知态度、动机等有关。而这一切又离不开教育的作用。教育是规范劳动者行为的一个重要措施。通过教育能够有目的、有计划、有组织地对劳动者进行行为规范的教育。随着商品经济、市场经济的发展，人们的价值观念、道德观念发生了很大变化。比如，人们的社会行为从规定性到选择性，人们的道德标准从单一性到多元性变化。因为既然允许多种经济体制的存在，也就允许多种道德观念的存在，人们选择的跨度大了，从雷锋精神到劳动致富，从个人主义是万恶之源到适当考虑个人利益，从纯粹公有制到合法的私人经营等。但不管怎样，作为社会的劳动者，人们总是要遵守一定的社会规范。而教育不仅给学生以智

① 厉以宁：《教育经济学》，3 页，北京，北京出版社，1984。
② 周天勇：《劳动与经济增长》，6 页，上海，上海三联书店、上海人民出版社，1994。

慧的力量，而且也给予他们以道德的力量，使之养成社会需要的行为规范。很显然，劳动者对社会规范的感性和悟性程度，同样决定着他在社会上的成功以及对经济增长的贡献。

二、教育的发展有助于劳动力素质的提高

劳动力素质是指参与劳动过程的劳动者的体力和智力素质的综合反映。一个普通劳动者的体质、劳动态度、工作成绩、工作质量、创新能力、独立工作能力、动手能力、解决问题的能力、自学能力、知识水平等方面的特点，综合起来就是劳动者的素质。在一个企业中，劳动力的素质在一定程度上决定着企业产出的水平、效益和质量。总体来看，一个地区或者一个国家经济增长和发展的劳动资源中，劳动力的素质是决定增长和发展速度及质量的一个非常重要的因素。

那么，对于一个地区或者一个国家来说，劳动力素质的提高为什么会导致产出的增多、经济的增长呢？

美国经济学家舒尔茨认为，劳动力素质的提高之所以能够促进经济增长与发展主要原因在于：第一，在一般条件下，人的知识能力的增加和劳动者生产技能的提高，会促使劳动生产率提高，进而促进经济的增长与发展。因为现代经济增长与发展的主要原因是人的素质的提高。在生产过程中劳动者身上所具有的知识、能力越来越成为生产发展的关键。第二，在技术不断变动的生产经济中，人的“处理不均衡状态的能力”的提高，会使劳动生产率不断提高，使经济不断增长和发展。所谓“处理不均衡状态的能力”，也叫“分配能力”，是指在动态的经济条件下人们有意识地根据经济条件的变化重新分配（配置）他们自己的资源（如财产、劳动、金钱、时间等）的能力，人的这种能力是通过教育得到提高的。在经济不断增长，技术不断变动的情况下，生产条件和其他经济条件随时都会发生各种变化，谁最先察觉到这些变化，最迅速地作出反应，采取某种新技术并重新分配自己的资源，谁就能最先达到较高的劳动生产率，取得较多的经济利益。因此，人们都会尽最大努力对经济条件的变化作出反应。而社会劳动生产率的提高正是在这一过程中实现的。所以舒尔茨指出，在现代经济条件下的分配能力，是社会劳动生产率不断提高的重要原因和条件。第三，人们有效地分配和利用时间的能力的提高，也有助于劳动生产率的提高，促进经济的增长和发展。因为现代经济增长的属性之一是提高了时间的价值。很明显人类时间的价值在具有现代经济的富裕国家中是很高的。相对于物质因素和货物的价格讲，人类时间具有较高的价格。对人类的满足来说物质的贡献比人的因素的贡献的价值要小。因此人类时间的价格可以解释现代经济成本中的大多数。这样，在现代经济条件下，人们不但要根据经济条件的变化有效地分配自己的物质资源，更重要的是要有效地分配自己的宝贵时间，以获得经济上的益处。

我国的周天勇博士则从劳动者的体质和智力素质两个方面揭示了劳动力素质的提高对一个地区或一个国家经济增长和发展的贡献。从体质方面看，周天勇认为，“劳动力充沛的精力和健壮的体格使其在劳动过程中有干劲、耐力，从而使单个劳动力实际供给的劳动量增加；身体健康使生病时间减少，有效工作年龄延长，因体质较弱而形成的效率不高的劳动时间减少”①。从智力素质方面看，周天勇认为，劳动者智力素质的提高对经济增长和发展的贡献主要体现在以下五个方面：“(1) 劳动者记忆能力增强，缩短了劳动者学习工艺操作的时间，使由于记忆不佳而产生的失误大大减少；(2) 创新能力提高使得劳动者能从事发明、创造，寻找解决生产经营中难题的新思路、新方法，寻找更加节约资源、节约劳动、节约体力的生产方法，这一切都可以使在投入劳动量不变的情况下产出量增加；(3) 具有独立工作的能力，使得某一工作需要的劳动力数量减少，或者一定数量的劳动力可以从事更多的工作，从而使产出在不增加投入的情况下增多；(4) 知识和自学能力的提高，使劳动者可以较快地接受新工艺、新操作方法，适应新技术、新机器，将发明和引进的新技术尽快与生产相结合，转化为生产力，使产出大规模地增加；(5) 动手和解决问题的能力的提高，使生产上遇到的问题可以及时就地得到解决，从而使生产具有连续性，停工待修时间减少，产出相对增加。”②

从上面的分析可以看出，由于劳动力素质的提高，劳动生产率随之提高，于是劳动推动经济增长的动力加强。假定投入中劳动力的数量不变，由于劳动力素质的提高使得经济增长中实际劳动投入增加，使经济在节约资本和更多地利用劳动力的格局下增长和发展。这种增长和发展正是由于劳动力素质的提高而引起的。而劳动力素质的形成既有先天发育和遗传的因素，更多地包含后天营养、饮食卫生、医疗保健、教育、社会文明熏陶等因素。先天性遗传和孕产期因素，形成劳动者的遗传素质和体质素质；先天优生条件、医疗保健和教育形成劳动力的健康素质和智力素质。其中，教育可以提高劳动者的基本素质或整体素质。因为教育是依据人的发展和社会发展的实际需要，以全面提高人的基本素质或整体素质为根本目的，以尊重人的主体和主动精神、注重开发人的智慧潜能，注重形成人的健全个性为根本特征的活动。通过教育可以唤起人的主体意识，发展人的主动精神，形成人的精神力量，促进人生动活泼地成长，帮助人创造充满自信的、朝气蓬勃的人生。进而在此基础上培养和提高劳动者的认知能力、发现能力、学习能力、生活能力、发展能力和创造能力等。同时，教育还可以使人的素质得到全面发展和整体发展，因为我们的教育要求学生德、智、体等各方面并重，要求全面发展学生的生理素质、心理素质和文化素质，以适应经济增长和经济社会发展变化的需要。

---

① 周天勇：《劳动与经济增长》，140 页。

② 同上书，141 页。

三、教育的发展有助于劳动力配置结构的改善

经济增长不仅决定于劳动力的行为和素质，也取决于劳动力在各产业中的配置结构合理与否。这是因为经济增长必然要引起一系列结构性的变化，而一系列经济结构的变化则推动经济的增长。各产业之间形成良性的经济联系，结构优化形成的效益将会较快地推动经济增长和发展；而各种经济要素在各产业之间如果配置不当，产业之间经济联系不顺畅，结构扭曲将影响经济增长的速度。产业结构要随着社会经济需要的不断变化而进行不断的调整，而在产业结构中较之其他各种经济要素的变动，劳动力配置结构的变动是最难的。因为劳动力配置结构的变动与其他要素和产业结构的变动有所区别：（1）其他要素结构的变动和产业结构（指物质生产力结构）的变动是物质资源的变化，而劳动力结构的变动却是有意识和行为的经济人分布的变化；（2）发展中国家劳动力配置结构的变化关系到劳动力城乡分布结构变动、人口迁移、人的技能改变及提高、失业保障等一系列问题，比物质资源配置结构的调整难度要大一些；（3）劳动力配置结构的变动影响和制约其他要素结构和产业结构的变化。

综上所述，不难发现，劳动力配置结构能否及时合理地与经济结构整体协同调整，直接影响国民经济的增长速度。而劳动力配置结构的调整和改善要求劳动力能适当流动。劳动力在同一技术水平或不同技术层次的岗位之间、企业之间和部门之间的流动，可以使劳动者找到适合自己能力和偏好的职业，促使劳动力配置结构的改善和与经济结构的整体协调，从而促进整个经济的增长。很难想象，一个国家不存在劳动力流动，劳动力配置结构就能够合理，经济就会高速增长。而劳动者合理流动的前提条件是要有文化、懂技术，这显然只有通过多层次、多门类的教育来培养。许多研究结果表明：在教育程度和人口流动之间存在着一种稳定的联系。在其他条件相同的情况下，人们所受的教育程度与参与人口流动的可能性成正比。正如恩格斯所说，“教育将使年轻人能够很快熟悉整个生产系统，将使他们能够根据社会需要或者他们自己的爱好，轮流从一个生产部门转到另一个生产部门”[①]，从一个工作岗位转到另一个工作岗位。否则，如果没有教育过程的培养和帮助，没有充分的“教育准备”，我们所迎来的劳动力流动或转移，只会是一股股的“盲流”，不仅不会改善劳动力配置结构，而且会在一定程度上影响社会的安定。

本章小结

在现代社会，教育与经济之间存在着相互密切的联系。这种密切的联系具体表现为，一方面，经济发展决定教育发展，从现代经济与现代教育的关系看，经济发展对教育发展

① 《马克思恩格斯选集》，2版，第1卷，243页，北京，人民出版社，1995。

的基础和决定作用主要表现在经济发展决定教育的规模与速度，决定教育的结构，决定教育体制；但另一方面教育对经济发展也具有极其重要的促进作用，诸如教育发展为经济发展提供了前提条件，教育发展直接影响经济运行，经济发展是教育发展的函数等。而教育与经济相互密切联系的媒介是劳动力，因为现代社会的一切经济活动，从根本上讲，都是以人的劳动为动力和以人的需要为目的的社会经济活动。从各国经济增长和发展的趋势看，资源和资本竞争的时代已逐步被劳动者劳动的勤奋、劳动者所具有的素质，以及由劳动力素质决定的科学技术竞争的时代所替代。未来的增长与发展，一国劳动者的勤奋及其素质将决定该国的兴衰。因而，经济增长与劳动力的投入有着十分密切的关系，只不过劳动力的投入对经济增长的推动是一个复杂的经济过程罢了。理论上经济增长的劳动力动因可分解为劳动力行为、素质、劳动力资源配置等因素各自对经济增长的作用。在同等劳动力数量投入的情况下，由于劳动力的行为、素质、配置结构等不同，其推动经济增长的结果也不同。然而，无论是劳动力行为的规范、素质的提高，还是劳动力资源配置的合理，都与教育有着密切的联系。

思考题

1. 经济增长的本质是什么？
2. 经济发展的内涵包含哪几层意思？
3. 历史上产生了哪几次教育革命？教育革命与技术革命、科学革命、经济革命有何联系？
4. 如何理解经济发展对教育发展的制约作用？
5. 教育对经济发展的作用主要表现在哪些方面？
6. 试述教育、劳动力与经济增长的关系。
7. 一切经济活动，从根本上讲，都是以人的劳动为动力和以人的需要为目的的社会经济活动。从各国经济增长和发展的趋势看，资源和资本竞争的时代已逐步被由劳动力素质而决定的科学技术竞争的时代所代替。由此，你是怎样认识教育与经济发展的？

阅读导航

1. 张培刚主编. 新发展经济学. 郑州：河南人民出版社，1992

该书从发展中国家实际情况和根本利益出发，提出了比较全面、新型的发展经济学理论体系。内容包括：西方发展经济学面临的困境、工业化前的社会经济和文化、工业化与现代经济的兴起、现代工业建立和发展的基本条件、工业化与产业结构的转换等。

2. 秦宝庭. 教育与经济增长. 南昌：江西教育出版社，1992

该书对国内外当时已有成果进行了归纳分析，在理论与实践结合的基础上，系统地研讨了测算教育对经济增长的模型、指标、权重估计、教育水平的估算以及教育对经济增长的贡献。

3. 周天勇. 劳动与经济增长. 上海：上海人民出版社，上海三联书店，1994

该书从劳动方面来研究经济增长因素，着重分析了劳动行为、劳动力素质和劳动力配置结构这三个因素对经济增长的作用。

第三章

教育与人力资本形成

本章提要

本章围绕教育与人力资本的形成问题，主要探讨人力资本理论的形成与发展，人力资本在经济增长与发展中的作用，以及教育在人力资本的形成和发展中的作用等问题。

在经济发展的诸因素中，人是最基本的因素之一。一个国家或地区的人力资源状态，对于充分有效地利用物质资源、实现经济增长，都是极为重要的条件。如果说物质资本是经济起飞的先决条件之一，那么最终决定一个国家或地区经济发展成效的却是人力资本。因此，在谋求经济发展和向现代化推进的过程中，如何解决好人力资本的形成、积累和发展问题始终是世界各国面临的重大课题，也是教育经济学不可回避的重大理论问题。

第一节　人力资本理论的形成与发展

20世纪，随着教育与经济之间的关系引起全球范围的高度重视，教育由滞后跨入超前发展，并由此产生了一个新的概念，即人力资本，同时萌发出一个新的经济理论，即人力资本理论。

一、人力资本理论形成的背景和起因

1929—1933年资本主义国家爆发了世界性经济大危机，新古典理论“无言以对”，从

而使经济学陷入第二次理论危机。1936 年英国著名经济学家凯恩斯出版的《就业、利息和货币通论》，一反新古典学说的竞争均衡论、充分就业论、货币中性论等传统教条，提出有效需求不足、非充分就业均衡、不确定性和预期等新的理论概念，采用静态和比较静态的总量分析方法，提出一套“反危机”的理论和政策体系。从此，凯恩斯主义经济学就长期成为西方经济学主流学派，并不断被其追随者发展和完善。后来发展起来的所谓现代经济增长理论，就是把凯恩斯理论动态化的一个成果：它是把有关经济增长因素通过数理计量方法联系起来，建立数学模型，并据此推出结论。英国经济学家哈罗德和美国经济学家多马分别于 1939 年和 1946 年发表论著，提出一个反映储蓄率或资本积累率（S）与资本生产率（Q）或资本—产出比（i）对经济增长（G）的理论模型，用公式表示即

$$G=S\cdot Q(\text{多马模型})=S/i(\text{哈罗德模型})$$

在此模型中，由于假定 i 或 Q 不变，因而资本积累率 S 就成为唯一决定经济增长的因素。1956 年，美国经济学家索洛等人放松哈罗德—多马模型的假定条件（资本—劳动产出比不变），并在模型中加入了一个独立的“技术进步”因子，以说明在不增加资本和劳动要素投入情况下经济增长何以能实现长期均衡。与此同时，随着计量经济学的兴起和统计数据资料的丰富和完善，丹尼森等对若干国家经济增长因素进行了详细估算，结果发现产出总量要比要素投入总量的增长速度快，也就是除了（物质）资本和劳动投入量的贡献之外，还有很大一部分未能清楚解释的“增长剩余”。对于这种“增长剩余”的解释与争论成为当代西方人力资本理论形成的一个基本背景和起因。

关于人力资本的专门计量研究，一些统计学家和经济学家在 20 世纪 30 年代就已开始进行。例如，1930 年，达布林（L. Dublin）和洛特卡（A. Lotka）合作进行了人力资本的计量研究，估算了人力资本的个人收益现值，以此作为人寿保险合理购买量的衡量指标。1935 年，美国学者沃尔什在其发表的《人力资本观》一文中首次对人力资本价值进行了成本估算。1944 年，奈特（F. Knight）集中考察了经济增长中生产知识的社会对克服收益递减的作用。但作为完整的理论分支，并在数十年中在西方学界和社会中产生持续影响的人力资本理论，则是于 20 世纪 50 年代末 60 年代初在解释“增长剩余”的学术和实践背景下开始形成和发展的。当然，人力资本理论的形成，当时还有另一个来自发展中国家和发展经济学的背景。发展经济学家以人口兴衰及有关统计资料为经验，对发展中国家收入的个人分配性及收益增长的决定因素，特别是贫困问题及贫困对策给予了极大关注和深入的考察研究，结果发现，教育和培训人力资本方面的投资是发展中国家个人财富和收入及其分配的主要决定因素，教育和个人经济成功之间存在着某种紧密且有规则的联系。人力资本理论的开创者和代表人物主要是西奥多·舒尔茨和加里·贝克尔，他们二人都部分地因为对人力资本理论的开拓性研究而分别获得 1979 年和 1992 年的诺贝尔经济学奖。

二、舒尔茨对人力资本理论的开创性贡献

西奥多·舒尔茨是美国芝加哥大学著名经济学家、诺贝尔经济学奖获得者，主要研究领域是农业经济学和人力资本理论。关于人力资本理论，他连续出版了《对人的投资——一个经济学家的观点》、《由教育形成资本》、《人力资本投资》等一系列著作，全面系统地阐述了人力资本理论，并使之获得了特定的含义。

舒尔茨最初对人力资本问题的探索就起源于对“增长剩余”问题的思考。他在《教育的经济价值》一书中这样回忆说：“我自己在这方面的兴趣形成于1956—1957年。我对这种事实迷惑不解，我们经常衡量资本和劳动力的概念几乎无法解释一定产量时期发生的产量增长……我开始认识到，确定为资本和劳动力的生产要素不是不变的，但在一定时期可以改进，而且在作为资本和劳动力来衡量时，这些改进被忽视了。这也使我豁然明了，在美国许多人对自己进行大量投资，作为人的因素，这些人的投资对经济增长有一种渗透的影响，而人力资本的关键投资就是教育。”同时，作为发展经济学家，舒尔茨人力资本理论的学术思想也来自对发展中国家经济社会发展问题的经验观察和实证研究。他认为，发展中国家要实现工业化和经济快速发展的关键因素不在于物质资本的形成，而在于人的生产技能的提高，在于对教育的投资、人口质量的提高，等等。由此展开他的整个理论体系。舒尔茨关于人力资本理论的主要观点和贡献，归纳起来主要有以下几个方面：(1) 批判了传统经济学关于资本同质性的假定，认为研究经济发展的动力应引进包括物质资本和人力资本在内的总括性资本概念；(2) 批驳了传统价值观念阻碍人们正视人力资本问题的种种说教，认为人们通过向自己投资形成特定的人力资本，正是自由人可以得以增进其福利的一条正途；(3) 对人力资本的基本含义进行了多方面的界定，认为人力资本是对人的投资而形成的，体现在人身上的知识、技能、经历、经验和熟练程度等，在货币形态上表现为提高人口质量、提高劳动者时间价值的各项开支；(4) 把人力资本投资分为五大类，包括医疗保健、在职培训、正式教育、成人学习项目及就业迁移等，并对各项资本形成特别是教育资本的构成、计量方法和问题等进行了大量的理论和经验实证考察；(5) 论证了人力资本投资是经济增长的主要源泉，经济发展过程中人力资本投资收益率要高于物质资本投资收益率，以及人力资本较快地增长对于收入均等化的积极影响和国际经济关系改善的重大作用等发展经济学重大课题；(6) 研究了制度变迁与不断增长的人的经济价值之间的互动关系，从人力资本产权角度解释了有关制度变迁的社会选择，注意到了利用包括人力资本在内的广义资本概念对分析研究企业制度安排的重要意义。

三、贝克尔对人力资本理论的主要贡献

加里·贝克尔是美国著名经济学家，1992年的诺贝尔经济学奖获得者。如果说舒尔

茨对人力资本理论作出了开创性的贡献，那么，贝克尔对人力资本理论的最大贡献就在于，为这项理论提供了坚实的微观经济分析基础，并使之数学化、精细化和一般化。贝克尔把人力资本理论发展为以人力资本收入函数确定劳动收入分配关系的一般理论，并使这个理论成为“今日经济学中经验应用最多的理论之一”。具体地说，贝克尔对人力资本理论的主要贡献可以归纳为如下两个方面：(1) 对正规学校教育和在职培训在人力资本形成中的地位和作用、教育和培训投资的收入效应和收益率计量，以及人们在这方面的决策行为进行了深入的理论和经验分析。贝克尔认为：“唯一决定人力资本投资量的最重要因素可能是这种投资的有利性或收益率。”① 因此，人们是否进行正规和在职培训方面的人力资本投资，是由这些投资的边际收益等于边际成本的均衡点决定的，换句话说，只有教育培训的预期收益的现值至少等于其支出的现值时，人们才愿意接受教育培训。基于此，贝克尔深入分析了教育培训的支出和收入，职工、学生等主体的人力资本投资决策行为等问题，并得出一系列有经验支持的理论。(2) 对家庭在人力资本形成中的地位和作用以及家庭人力资本投资问题进行了经典的理论实证和应用研究。贝克尔把人力资本理论从教育经济学领域拓展到人口家庭经济学领域，把家庭视做一个人类自身的生产单位，把孩子视做“耐用消费品”，认为父母养育孩子、对孩子进行人力资本投资也是经过成本—效用分析的。从人力资本理论出发，贝克尔提出了有关孩子数量、质量及其相互关系的理论解析，认为随着家庭收入水平的提高，在孩子身上增加人力资本投资，或在自己身上增加资本投资，其收益率会较高，以此可解释现代西方社会妇女生育率降低、家庭小型化的经济原因。此外，贝克尔还用人力资本理论解释其他一些社会经济问题，并取得了一些引人注目的成果。

四、人力资本理论的不断完善

经过舒尔茨、贝克尔等一大批经济学家的长期艰苦探索，人力资本理论在经济研究的各个领域得到广泛应用，其影响遍布经济增长理论、发展经济学、人口经济学、劳动经济学、教育经济学、医疗卫生经济学、企业（家）理论、制度经济学等多个学科。首先经济增长理论仍是人力资本理论的前沿研究和应用领域。特别是 20 世纪 80 年代以来，世界经济发展过程中出现一系列新的矛盾和问题，发达国家经济增长出现连年衰退现象，发展中国家也因过分强调收入分配等社会性因素的政策意义而出现经济增长速度减慢倾向，世界各国的增长和南北收入差距越来越大。在这种实践背景下，美国经济学家罗默、卢卡斯和英国经济学家斯科特（M. Scott）等一批经济学家，从 20 世纪 80 年代中期开始纷纷发表系列研究论文，逐渐形成目前流行于西方国家的“新增长理论”浪潮，这标志着人力资本

① ［美］贝克尔：《人力资本》，73 页，北京，北京大学出版社，1987。

理论应用于分析经济增长进入到一个新阶段。所谓“新增长理论”，其实质就是将人力资本因素作为一个独立的变量引入经济增长模型，以此来解释国家经济增长中出现的新问题。他们将人力资本进一步区分为一般的和专业化的人力资本，认为专业化的知识技能和人力资本积累可以产生递增的收效并使其他投入要素的收益增加从而总规模收益递增，进而说明了人力资本是现代经济增长的决定性因素和永久动力，解释了各国经济增长的差异主要是由于人力资本积累率方面的差异所致。这就使人们对人力资本的性质及其在经济增长中的作用的认识大大地深化了一步。人力资本理论应用于研究发展中国家的经济发展问题，早期主要是在有关技术援助项目、人力计划及人才外流等问题方面的影响，现在已成为发展中国家的战略选择和政府决策的重要依据。在人口经济学和劳动经济学中，人力资本理论已成为一个重要组成部分。至于教育经济学，正是由于人力资本理论才成为经济学的一个新分支。其他教育经济学理论，诸如筛选假说理论、劳动力市场划分理论、社会化理论等都是在反驳和发展这个主流理论的基础上形成的。因此，人力资本理论几乎等同于教育经济学本身。① 医疗卫生经济学的新兴也主要是由人力资本理论中有关健康投资等问题引发的。同样，企业（家）理论研究的深入和产权制度经济学分析的独到都与人力资本理论的推广应用紧密相关。

综上所述，可以得出如下结论，经济学把关于“资本”的理论推广应用到人力方面，把人力作为资本的一个特殊的、重要的存在形态来认识和研究，是经济学理论深化和创新的基本要求和表现，是理论回应现实经济问题的必然结果。经过近半个世纪的传播和发展，“人力资本”现已成为普遍使用的经济学术语和日常用语，人力资本理论已被广泛应用于经济学各个相关研究领域，人力资本投资的重要意义已被社会各界，包括政府决策部门广泛认识和普遍关注。在西方发达国家，人力资本无论在理论研究上还是社会影响和实际行动方面，都相当成熟和深入，关于人力资本投资等问题已经成为总统竞选、政府决策、企业提高竞争力和国际经济事务中公开关注和讨论的焦点问题。同样，在许多发展中国家，也有越来越多的官员和学者认识到人的因素是经济现代化的决定性因素，提高人力资本投资是经济发展的根本问题并将人力资本理论作为战略选择和政府决策的重要依据，付诸实施于发展实践之中。总之，人力资本理论，作为“经济学中经验应用最多的理论之一”，在各国经济实践中正在发挥越来越显著的作用。

第二节 人力资本在经济增长与发展中的作用

所谓人力资本，是与物力资本相对应的概念，指的是凝聚在劳动者身上的知识、技能

① 在西方权威的《新帕尔格雷夫经济学大辞典》中，“人力资本”与“教育经济学”是同一个词条。

及其所表现出来的能力。这种资本，就其实体形态来说，是活的人体所拥有的体力、健康、经验、知识和技能及其他精神存量的总称，它可以在未来特定经济活动中给有关经济行为主体带来剩余价值或利润收益。简言之，人力资本的基本特征在于：

首先，与非人力资本比较，人力资本体现、凝结和储存于特定的人身上，与作为其载体或天然所有者的个人须臾不可分离，并经由这个人形成、支配和使用才能发挥职能；其他任何个人、组织或政府对人力资本的生产、形成支配和使用并从中获得收益，都不能无视或超越它的载体、归属体或直接所有者——个人而为之。在这个意义上说，人力资本是一种具有显著个体性或私人性的资本，个人拥有人力资本属于一种“天赋人权”。

这个基本规定性把人力资本与物质资本、知识资本和货币资本等非人力资本区别开来。物质资本是体现在机器设备等物质资料上的资本，又称做“资本品”；不仅包括机器设备、建筑物等固定资本，而且包括原材料、半成品等形成存货的流动资本。至于知识资本，是借助于外在化形态（如文字、音响、磁盘等）而存在的，可以带来预期收益的知识、技能等精神性存量，如文艺作品、科技工作者项目和情报信息资料等。知识资本显然是由人利用其大脑机能或人体特殊机制反映、再现和认识对象世界而创造出来的，但作为一种“外在化”了的知识存量，它可以独立于人体存在，因而，不可与体现在人身上的知识存量混为一谈，后者是作为人力资本形态存在并发挥作用的。金融资本显然是以上各种异质的实体资本（包括人力资本和各种非人力资本）的货币表现或金融形态，其与人力资本区别和联系是显见的。

其次，与非人力资本相比较，人力资本是为在未来获得预期收益而在目前投资而形成的人力，是资本化的人力资产，是可以进行货币计量、会计核算的，作为获得手段使用的人力资源。

在日常生活和相当的文献或学术著作中，“人力资源”和“人力资本”都是作为可以互换的同义语来使用的。但严格说来，这两个术语既相互关联，又外延有异。“人力资源”概念在人口经济学中指的是全体人口或社会劳动者人数，在劳动经济学中主要指的是全体人口或劳动力，在管理学中指企业劳动人事关系，总是侧重于表达人力的实体形态或数量方面的规定性，强调其稀缺性和有用性以及人力作为一种既存的或外生的资源应如何开发利用的问题。而人力资本强调投资收益回报、价值增值，所有者权益和人力的个体素质或精神存量的形成和积累。凝聚在劳动者身上的知识、技能及其所表现出来的能力是经济增长的主要因素，它是具有经济价值的一种资本。因此，舒尔茨认为，当代经济的增长、国家财富的构成，主要是人力资本带来的结果。他说：“当代高收入国家的财富是由什么构成的？主要是人的能力。当亚当·斯密写出他很有创见的《国富论》一书时，他还没有料到这些事实。在这些高收入国家中发生的现象是：来自财产方面的收入与来自工资薪金以及企业活动的收入相比是显著降低了。在美国，国民经济收入的 1/5 是来自人力资本。”[①]为此舒尔茨认为，全面的资本概念，应当包括人和物两个方面，即人力资本和物力资本。他说：“如果根据一种把人力资本、物力资本都包括进去的全面的资本概念去考虑问题，并认为所有资本都是由投资的方式产生的，那么这种想法既有裨益又妥帖正当。长期以来，人们就抱有一种顽固的偏见，认为资本只包括物质设施、建筑物、器材和物质库存等。这种偏见在很大程度上成为政府贬低人力资本投资、抬高物力资本投资固执态度的原因。”[②]

当然，人力资本与物力资本也是有区别的。舒尔茨指出：“人力资本的显著标志是它属于人的一部分。它是人类的，因为它表现在人身上；它又是资本，因为它是未来满足或未来收入的源泉或者两者的源泉。在人力无偿提供的地方，人力资本不是一种能出售的可转让资产。人们当然能获得它，但不是作为一种市场上出售的资产而是通过向自身投资。由此可见，没有人能把自己同他所拥有的人力资本分开。他必将始终带着自己的人力资本，无论这笔资本是用于生产还是用于消费。依据人力资本的这些基本属性，在解释这两类资本形成和运用于所涉及的经济行为时，人力资本和非人力资本之间产生了许多微妙的差别。”[③] 可以看出，舒尔茨把人力资本界定为资本的一种形式，它与物质资本的区别在于：人力资本的所有权既不能被转让，人力资本也不能被当做财富来继承和买卖，但它与物质资本一样，能够对经济起到生产性的作用，促进经济发展和国民收入增加。

众所周知，一个国家取得经济发展是由多种因素促成的，比如自然资源、人力资源、资本积累、科技进步、政治环境等，但对于经济增长和经济发展，古典经济学家和早期的经济发展理论大都强调物质资本积累的重要作用，而忽视了人力资本的重要性。如果说在早期，一国的经济增长和发展在很大程度上取决于自然资源和地域环境，而到了后来资本主义发展的近现代时期资本积累又一度成为经济增长和发展的主要动力，那么在科技飞速发展的当代，人的因素对于经济增长和发展的决定性意义便清楚地显示出来了。伴随着现代人力资本理论的问世，人们越来越深刻地认识到这一道理，开始关注人力资本对于经济增长与发展的至关重要的作用，甚至有人把它看做是经济增长与发展的决定性因素。譬如舒尔茨就断言：“人类未来不是由空间、能源和耕地所决定的，而是要由人类的知识发展来决定。”[④] 美国经济学家哈比森也表述了同样的观点。他认为，人力资源是国民财富的最终基础。资本的自然资源是被动的生产要素；人是积累资本，开发自然资源，建立社会、经济和政治组织并推动国家向前发展的主动力量。显而易见，一个国家如果不能发展人民的技能和知识，就不能发展任何别的东西。所以，在一个国家的经济增长与发展过程

---

① ［美］舒尔茨：《教育的经济价值》，129 页，长春，吉林人民出版社，1982。

② 同上书，130 页。

③ ［美］舒尔茨：《人力资本投资》，40 页，北京，商务印书馆，1990。

④ ［美］舒尔茨：《论人力资本投资》，42 页，北京，北京经济学院出版社，1990。

中，以人的知识、技能、健康等为主要内容的人力资本存量的增加对经济增长与发展的贡献，要比物质资本和劳动力数量的增加重要得多。

人力资本对于经济增长和发展的决定性作用主要表现在，像物质资本一样，人力资本也是技术进步的载体，并且是更具能动性的载体。众所周知，在当代科学技术革命的条件下，经济增长的根本动力源于技术创新与进步，在技术水平不变的条件下，实现经济增长只能靠增加投入，这时即使有高增长率也不意味着经济发展水平和效益的提高，甚至可能相反。当发生技术进步时，等量的投入能够带来更多的产出，从而经济能力与效率将同步改善。而人力资本既是技术进步的发动者，又是新技术的载体与传媒，通过它的作用将会导致生产过程中物的因素与人的因素的效率全面改善。因此，人力资本便成为推动经济增长与发展的决定性因素。

第一，一国人力资本存量越大，即人口与劳动力的科技文化水平和生产能力越高，劳动力质量便越高。从静态角度看，劳动力质量的提高将意味着在人口与劳动力数量一定的条件下，一国有效的劳动投入会增加。从动态角度看，劳动力质量提高则会向外扩展劳动边际产品曲线，抵消收益递减规律的作用。结果，同一劳动将会更有效率地推动物质的生产要素，导致人均产出或劳动生产率的不断增长。

第二，人力资本的提高还会导致物质资本生产效率的改善。在技术水平一定的条件下，连续地追加资本量其边际生产力是递减的，这将使经济增长遇到极限。然而，当人力资本不断积累和提高时，这种局面将会改变。一方面，人力资本的提高将通过劳动者技能的提高、技术操作工艺水平的改善而增进物质资本的使用效率；另一方面，人力资本的发展还会直接推动物质资本的不断更新，因为随着科学与技术的进步人们将会日益用更高质量、更高效率的新资本设备替换原有的旧资本设备。正是通过人力资本积累的这种能动的媒介作用，物质资本才得以不断地实现自身的更新与换代。

第三，人力资本在生产诸要素之间发挥着越来越重要的替代作用。现代经济的增长与发展已不像过去那样单纯依靠自然资源和人的体力劳动了，或者说不是仅依靠土地、物质资本和劳动力人数等生产要素的投入，而是越来越需要引入更多的智力因素来取代原来的生产要素。这一点，可从发达国家与不发达国家的经济增长因素分析中得到证明。在不发达国家，主要由教育所形成的人力资本对生产和收入的提高只能解释很少部分，生产中和收入中的大部分仍需由其他生产要素来说明；而在发达国家，人力资本对生产和收入提高的解释则占较大的比重。所谓列昂惕夫之谜，实际上体现的就是人力资本在整个生产要素中已占据了较大的份额，即“资本充足的国家出口的却是劳动密集型产品，原因在于投入这些商品中的劳动需要大量的人力资本”①，“由于经济的不断增长，人力资本与各种要素

① ［美］舒尔茨：《论人力资本投资》，92页。

相比较，其补充和替代作用已变得越来越重要”①。由教育所形成的人力资本在现代经济增长过程中正越来越多地替代着其他生产要素，并在整个社会生产过程中发挥着十分重要的作用。

第四，人力资本本身还具有收益递增的重要特点。人力资本存量不仅会弱化或消除要素收益递减状态，而且其自身对于经济增长的作用还呈现出收益递增的特性。人力资本主要含量是知识，包括科学知识、技术知识、管理知识等，它们按照专业化程度又可分为适用于大多数生产过程的一般知识和仅仅适用于特定生产过程的专业化知识。知识在生产和经济增长过程中发挥功能时具有两个重要特点：其一是连锁性，或叫外部性，即一种新知识或新方法在单个企业或部门的运用会很快对其他企业或部门产生示范作用，从而形成外部经济效应，这种情况在一般知识的场合表现得尤为明显；其二是累积性和扩张性，这指的是随着知识存量的增长其所蕴涵的生产能力将呈现倍增的扩张趋势或质的飞跃，这种情况在专业化知识的场合特别突出，当一种知识存量发展累积到一定程度而出现创新时，往往会带来生产方法的重大变革和生产能力的成倍增长。这种情况表明，用于发展科学、技术、教育等事业的人力资本投资与物质资本投资不同，它从总体上和长期上看具有收益递增的特点。随着人力资本的积累，社会的生产可能性边界将会以越来越快的速度向外扩展。正是这一特点，从根本上决定了人力资本积累或知识进步成为经济增长与经济发展的最重要因素，成为经济增长与社会进步的最强大的推动力。

此外，从思想观念、社会文化、伦理道德层面上看，人力资本的发展还将有助于重塑人的道德品格与精神素质，更新思想观念，促进人的全面发展，从而为经济增长与发展创造基本的前提条件。道理很简单，一国国民的思想观念、精神素质是关系一国经济能否起飞以及成功与否的重要因素之一。现代经济增长与发展不仅限于物质财富本身，而且还包括人们思想意识与道德观念的进化和更新，二者互为前提。一般的规律是，经济增长的发动者首先肇始于现代化观念的形成和创新精神的发展，这已为东西方各国经济发展实践所证实，熊彼特的创新理论与库兹涅茨的增长实证分析则从理论上科学地概括了这一点。一国国民的思想素质越高，奋斗精神越强，创新意识越浓，企业家精神越普及，对现代化的追求越迫切，商业道德水准越高，其经济增长与发展的动力便越足，成功的可能性便越大。反之，一国国民的思想素质越低，因循守旧，安贫乐道，懈怠懒惰，甚至道德水准低下，便越将持久地在低收入水平的贫困陷阱中挣扎。人力资本的这种作用是物质资本绝对无法替代的。因此，花大力气进行思想意识的调整与观念的更新，提高国民的市场化意识和参与竞争和经济发展的能力，便成为一个国家实现经济起飞和现代化的重要前提。

① ［美］舒尔茨：《论人力资本投资》，120页。

第三节 教育与人力资本的形成和发展

人力资本，作为一种体现在人身上、以人的知识与技能表现的资本，在一国经济增长与发展中的作用是不容否定的。那么人力资本又是怎样形成的呢？

按照西方教育经济学的观点，人力资本是在人类自身的生产和再生产过程中通过相应的投资而形成的。人类自身的生产是以家庭为基本单位或基础部门，以教育培训为主要手段或主导产业，以医疗卫生作为生理养护条件或社会保障措施，来进行的一种投入产出活动。通过这种生产活动，人身在生物或生理学意义上得以存在和成长，身心素质得以形成和提高，知识技能等精神存量得以增进。借助这种生产和再生产过程，人们利用一定的投资形式进行教育投资、健康投资等投资活动，从而形成各自的人力资本，并与其他形式的资本相结合形成一定的生产能力。

家庭，从社会再生产角度看，是以婚姻关系为基础、以血缘或收养关系为纽带，从事人类自身生产和再生产功能的基本单位。现实中的家庭尽管具有多种功能，但其基本功能就是人类自身生产和再生产功能，包括“种的繁衍”或“他人生命的生产（通过生育）”，也包括既存家庭成员“自己生命的生产”，如日常生活、文化娱乐、子女教育、老人赡养、家庭卫生保健、安全保护等。随着社会分工的不断细化，一些原来由家庭承担的功能逐渐从家庭中分化出来，由专门的社会机构或部门来承担，如家庭的教育功能、卫生保健功能等从家庭中逐渐分离出来，由专门的教育和医疗卫生部门来行使，这是社会化大生产的必然趋势，其情形就如同工业部门从农业中分离出来一样，是顺乎社会经济发展的历史逻辑的。但是，家庭作为人类自身生产的基本单位，其所处的基础地位和承担的特殊功能并非完全可由其他机构和部门来替代。对于人力资本的形成来说，家庭基于孩子成本—效用分析的生育经济决策，基于家庭生产函数和效用最大化的劳动—闲暇选择和家庭内分工关系的确定，以及各种经济变量约束下所进行的关于婚姻状况的理性选择和决策等，都是具有基础性的或关键性重要意义的经济活动。

医疗卫生，乃是一种以预防和治疗人体病变、维持和保护人体机能及身心健康为主要职能和任务的人类自身生产活动。医疗卫生服务主要包括两个方面的基本内容：一是临床医疗服务，即医院、诊所、保健中心等医疗机构应个人的医疗要求提供临床服务，治疗病患、解除痛苦、实施保健；二是公共卫生服务，包括防疫、饮食营养、生育保健、消毒禁毒、环境保护、性病防治等方面的服务，以达到提供良好卫生条件、培养良好的健康行为和改善公众的健康环境的目标。用于医疗卫生方面的健康投资可以通过以下几个方面的途径形成人力资本：健康使人具有较高的生产效率和创收能力；使人具有更高学习能力从而有更多的教育机会提高其文化科学技能；使人具有更多的时间和能力利用其他资本要素换取收益；使人具有更大的财力（因减少医疗费用）用于其他方面的投资。总之，医疗卫生促进人体健康和机能改善，本身就意味着人力资本存量的增加。

劳动力的国内流动，有利于国内劳动力的调剂，解决学非所用、用非所长的矛盾，减少人力资本的浪费。入境的移民经过专业培训，可以节省为培养这些人的教育投资。入境的移民是普通的劳动者，还意味着节省了这些人力的生育、抚养、入境前那段时间的保健费用。移民入境意味着人力资本的增加。

教育，作为人类自身生产的一种主导性部门，主要从事有组织的和系统的传授科学文化知识和训练有关专业技能，以提高国民素质、培养各种专门人才为基本目标和任务的活动。现代教育，主要由学校进行系统的初等、中等和高等的正规教育，由企业组织一般的或特殊的在职培训来实现，此外还有各种形式的社会办学，如函授教育、电视教育、扫盲教育、扶贫教育、老年教育等。现代教育是人力资本形成和发展的最主要途径。舒尔茨认为应把教育视做对人的投资，并把教育的成果作为资本的一种形式。他强调主要由教育形成的人力资本已成为人体必不可少的部分，它虽然不能被买卖，然而如果它能对经济给予有价值的生产性服务，那么它就是资本的一种形式。教育在人力资本形成和发展中的作用主要表现在以下几个方面：

一、教育是培养人的道德价值观念的最重要手段

人的思想道德素质是人的整体素质的重要组成部分，也是衡量一国人力资本发展水平高低的一个最重要方面。道理很简单，一国国民的道德水准、思想素质越高，奋斗精神越强，创新意识越浓，对现代化的追求越迫切，表明一国人力资本发展水平越高。

人的思想道德素质既包括道德素质，也包括思想素质和政治素质，三者相互联系、相辅相成、不可有所偏废。通过思想道德素质的培养，主要是要引导人们掌握基本的道德规范和思想观点，发展他们分辨善恶的能力以解决道德价值观问题。如果一个人只有某种道德规范的认识，而无这种道德上的需要，没有感到这种思想道德的价值，缺乏积极的态度和情感，那么就不可能用这种规范来调节他个人的行为。因此，思想道德素质的培养不能停止在一般的道德认识上，它的核心是要解决人的道德价值观，即引导人把一定的社会道德规范内化为自身的需要，通过自觉地运用道德规范去识别善恶、美丑、是非、公私、荣辱等，正确进行道德价值评价，坚定履行道德义务，转化为自身的品德。

当然，道德价值观，是被一定社会的经济基础决定的。因为道德价值观以社会意识和道德规范为内容，植根于社会经济关系中，随着社会经济制度的变革而变革，具有历史性；同时，不同社会制度下也有不同的道德价值观。但是，这并不意味着道德价值观只有阶级性，而无公共性。1980 年有 16 个国家参加的世界道德教育会议将其归纳为四个方面：一是社会价值标准：合作、正直、和蔼、孝敬长辈、社会正义以及尊重人类尊严、人权、

劳动尊严等；二是有关个人的价值标准：忠厚、诚实、守纪律、宽容、有条理、襟怀坦荡、上进心强；三是有关国家和世界的价值标准：爱国主义、民族意识、和平的公民责任、国际理解、人类友爱、民族间相互依存的意识等；四是认识过程的价值标准：实事求是的科学方法、辨别真伪、追求真理、慎于判断等。① 1993 年联合国教科文组织在北京召开的“面向 21 世纪的教育”国际研讨会，将人的道德、伦理、价值观列为 21 世纪人类面临的第一个挑战，明确提出：理想、信念和责任感、自立精神、坚强意志和良好的环境适应能力、心理承受能力，是 21 世纪人才的主要特征。很显然，这些道德价值观念不仅为世界所接受，而且也是我国国民所必须具备的基本素质。但无论从上述哪一个方面看，一国国民道德价值观念的形成都是与教育、知识的作用分不开的。因而考察一国国民道德价值观念的形成，实际上，在很大程度上是考察教育、知识与道德的关系。

古往今来，许多杰出思想家都曾论述过教育、知识与道德的关系。古希腊哲学家苏格拉底就曾提出过知识就是道德的命题。17 世纪英国资产阶级哲学家、教育家洛克（John Locke）说：“我敢说我们日常所见的人中，他们之所以或好或坏，或有用或无用，十分之九都是他们的教育所决定的。”② 19 世纪德国著名伦理学家鲍尔生认为，教育、科学知识是促进人类道德进步的重要力量，是构成人的美德的重要方面。马克思认为：良心是由人的全部知识和全部生活来决定的。马克思这里所说的良心，实际上指的是道德。上述哲人的论述表明，教育、知识与道德之间存在极为密切的联系。一国国民教育科学文化水平的提高、知识的增加，对道德价值观念的形成和进步有重大促进作用。正因为如此，为了保证经济和社会的稳定发展，通过教育来培养和提高人的思想道德素质已成为全人类共同关注的重点。例如 1994 年制定的《美国 2000 年教育目标法》把对学生进行良好思想品德的教育，定为美国八大教育目标的重要内容；日本在《21 世纪的教育目标》中指出：“只有重视思想素质的培养，才能保证人的健康成长”；英国全国课程设置委员会认为，“学校不能与道德相脱离，对学生进行道德教育是学校义不容辞的责任”；在我国，党和政府也一再强调将培养有理想、有道德、有文化、有纪律的现代新人作为学校德育的根本任务。

二、教育是提高人的智力素质的最重要途径

人的智力素质，是指人的科学文化素质，它包括下列含义：人所具有的文化知识、科学技术水平、生产经验和劳动技能。这是人类在认识、改造自然和社会过程中长期积累的知识结晶，是人本身逐步形成的认识和改造世界的能力。因此，人的智力发展，特别是人

① 参见［伊朗］S. 拉赛克、［罗马尼亚］G. 维迪努：《从现在到 2000 年教育内容发展的全球展望》，161 页，北京，教育科学出版社，1992。

② ［英］洛克：《教育漫话》，4 页，北京，人民教育出版社，1979。

的文化知识、科学技术水平的提高，已成为现代人力资本形成和发展的标志，在某种意义上可以说是唯一标志。因为在现代科学技术革命的条件下，尽管对人的身体素质要求也会随着经济的发展、劳动力价值提高得到相应提高，但社会生产对人的体力要求并没有随之提高。一个人即使体力很弱，或体质受到损害，如伤残、断肢或失明等，身体的一些器官已不能像正常人那样运转，但如果智力发育正常，并接受较高程度的教育，具有较高的科学文化知识，仍然可以用他的智慧为社会作出贡献，仍然可以看做具有较高素质的人。反之，一个人身体健康，具有较强的体力，但如果所掌握的科学文化知识甚少，他所能从事的工作就很有限，也很难为社会作出较大贡献，不会被认为具有较高素质。然而，人的科学文化知识的掌握、科学素养的提高、创造力的培养，都与教育有着密切的关系。

1. 人的科学文化知识的掌握与教育的关系

科学文化知识是一个不断向广延度和深刻度拓展的概念。这里所说的科学文化知识，主要是指人所必须具备的普通文化知识。例如，客观现实中的数学知识、物理知识、化学知识、语文知识、历史知识、地理知识等。这些知识的掌握都与教育有着直接的关系。从教育发展的历史看，教育发展经历过几个阶段，即原始教育、古代教育和现代教育。对教育发展的不同阶段进行分析，可以看出，尽管不同时期，教育的职能有所不同，但传递、积累和发展科学知识始终是教育的内容，尤其是现代社会更是其主要内容。无论社会科学或自然科学，都不是某一历史时代的产物，而是人类社会整个历史发展过程的结晶，是一个不断传递、积累和发展的历史过程。在这一过程中，学校教育是人类自觉地、系统地向受教育者传授知识和培养他们能力的教育形式。它把人类长期积累的知识，根据不同对象，经过有目的地选择、提炼、概括后才进行传授。循序渐进、由浅入深，按照受教育者所能接受的程度进行传授，使受教育者可以少走弯路，因此效率比较高。通过教育，一是可以把非熟练劳动力培训为熟练劳动力，通过对自然劳动力的加工，提高他们的技能、灵敏度和熟练程度，从而增加劳动者的智力水平；二是可以改变劳动者的劳动能力形态，把一个简单劳动力加工训练成为一个复杂的专门的劳动力。复杂劳动力在量上表现为多倍的简单劳动力，在质上表现为更高的智力。它在生产中，能够综观整体，运筹全局，解决关键性、全局性的问题，也就是能够进行创造性的复杂劳动，通过复杂的抽象思维，解决简单劳动力所不能解决的复杂问题。因此，一国教育的发展状况，会直接影响人口的智力素质，影响一国人力资本的形成和发展。

2. 人的科学素养的提高与教育的关系

科学素养（scientific literacy），是当今发达国家广泛使用的一个名词。在实用的意义上，一般指自然科学的科学素养，是被用来作为测试人们对科学技术知识了解程度的一种指标。一般要求的科学素养并非指专业学科上比较深奥的概念原理，而是指具备了这种素养中最基本的能力。美国学者克洛普弗（L. E. Klopfer）曾将科学素养的定义概括为以下五个方面：(1) 对重要的科学事实、概念、原理和理论的理解能力；(2) 把相关科学知识运用于日常生活的能力；(3) 运用科学探索过程的能力；(4) 对科学的特点和科学、技术、社会三者重要相互作用的总的了解；(5) 具有科学积极的态度和兴趣。① 当人们包含在上述五点中的知识理解力和技能得到充分的发展，就能在现代经济社会中成功地行使职能。如果缺乏基本的科学素养，人们很容易对世界上发生的许多事件感到困惑，不可能过上健康、安全的生活，也难以对经济社会的发展作出更大的贡献。因此，人的科学素养应是人力资本的重要内容之一。

科学素养的形成，同接受教育多少有对应关系。1994 年 12 月，中共中央、国务院发布了《关于加强科学技术普及工作的若干意见》，提出"要把提高全民科技素养"、"促进两个文明建设"作为"科普工作的中心任务，要从科学知识、科学方法和科学思想的教育普及三个方面推进科普工作"。《意见》中提及的科学知识、科学方法和科学思想三个方面正是对科学素养的概括，其中提及的科学普及工作的目标，也应是我国教育，尤其是中小学理科教育所应该达到的目标。

通过不同层次的教育，能够对人的科学素养的不同方面进行培养。例如，运用科学探索方法（如观摩、测量等）这方面的能力可以在初等教育阶段进行培养，而对科学的特点及其与技术、社会之间的相互作用的了解则放在中等或高等教育阶段进行培养。随着科学技术的飞速发展，在社会经济的许多领域内，吸引人的职业的技术性越来越强，掌握这些技术需要进行基本科学训练。当今，无论是出于思想还是现实方面的考虑，人们都需要掌握科学知识和提高科学素养。所以，有些国家在正规教育未能使学生的科学素养达到一定水平的时候，便通过再训练计划，或通过出版、广播、电视教育和科技中心这些非正规教育途径来弥补这一缺陷。

当前，我国各级学校正在实施从应试教育到素质教育的转轨，学校的理科教育即是对大部分将来并不从事理科研究和工作的学生进行不同层次的科学素养的培养，中学理科教育重视培养学生的基本科学素养，不是停留在背诵概念定义、应付考试上，而是要走出校门，了解并参与社会实践，熟悉科技知识在社会上的应用。这是因为：社会的现代化并不需要大多数在校生将来都成为学者专家，但是社会却永远需要各种人才，特别是那些基础知识比较广博、适应性相当强的"通适型"一般人才。所以，打基础宽而不求专，基础的内涵应强调人文、科学和能力的基础素养。当前，要大力淡化教学中的应试导向，对学校、教师、教学的评估也应有新的观念。

3. 人的创造力的培养与教育的关系

创造力是劳动者素质中最有价值的部分，也是衡量一国人力资本总体水平高低的重要

① L. E. Klopfer, A Structure for the Affective Domain in Relation to Science Education, *Sci. Education*, 1976, pp. 299-312.

指标。所谓创造力有许多解释，“一些人认为创造力是一种个人的癖性，而另一些人则将创造力与特殊的能力联系在一起。那些负责在儿童中识别和培养创造力的人采取后一种看法，将创造力与发散思维过程等同起来，或将创造力等同于一种解决问题的能力，即对可以有一种以上解决方法的问题提出多变的、独特的、精心考虑的解法”[①]。与上述观点不同的是，那些建立有关创造力思维和情感方面理论的人一般不为“创造力发散思维”的假设所囿，他们是从更广泛的人类机能方面来看问题。这方面最著名的理论中有一种由华莱士（M. A. Wallach）率先发展起来的四阶段论。第一阶段是准备，以每一可能方法对一个问题进行调查；第二阶段是潜伏，在此期间对该问题没有什么意识思维活动，但在准备阶段收集的观点和材料由于某种原因而贮存在灵魂的意识层之下；第三阶段是豁然开朗，当突然地体验到“啊哈!”的感觉时，常常是始料未及的；第四阶段是检验，也就是创造者以他自己的标准为基础去评估新观念。[②] 泰勒（I. A. Taylor）在肯定华莱士的观点时认为，必须承认创造力的等级层次，从最低到最高层次是：(1) 表现创造力或发展了一个独到的见解，这并不在乎其质量；(2) 技术创造力或以尽善尽美的技能创造产品的水平，如制作一把斯特拉迪瓦里小提琴，没有太多表现自发性的证据；(3) 发挥创造力或灵活运用材料去发展对旧事物的新用途或发展看待旧事物的新方法。比如就发明来说，像电话或白炽灯的发明在新的基本观念上并没有什么贡献；(4) 革新创造力或当要对已建立起来的各学派观点进行取舍时，能摆脱这些传统的影响，系统地对问题加以阐述的能力；(5) 应变创造力是一种很难获得的优秀品质，因为它要使最抽象、最观念化的原则在生产领域中具体化。[③]

当然，上述教育学家、心理学家大都是从自己所处的角度出发去看问题，因而所得结论也必然难以一致。在当代科学技术革命的条件下，人的创造力主要表现在新技术、新思想的提出上，但也表现在若干领域的技术成果加以综合利用，把前人的各种片断的、不成熟的思想放在一个体系里重新组装，由此创造出新的劳动成果，提出新的思想。比如美国“阿波罗”号飞船没有使用一项别人没有的技术，只是现成技术的综合；相对有些国家来讲，日本很少在重大技术上有所突破，但它却善于在别国先进技术的基础上进行综合和移植，创造出不少世界一流的产品。这种创造表现在综合上，因此综合也是创造。对一个国家，尤其是经济落后的国家来说，要摆脱落后，缩小以至赶上、超过发达国家的先进水平，非需创造力不可。所以，从社会经济发展的长远战略目标考虑，提高整个社会劳动者

① A. J. Tannenbaum, *Gifted Children: Psychological and Educational Perspectives*, Macmillan, New York, 1983.

② M. A. Wallach, Creativity, In: P. H. Mussen (ed.), *Carmichael's Manual of Child Psychology*, 3rd edn., Vol. 1, Wiley, New York, 1970, pp. 1211-1272.

③ I. A. Taylor, An Emerging View of Creative Actions, In: I. A. Taylor & J. W. Getzels (eds.), *Perspectives in Creativity*, Aldine, Chicago, Illinois, 1975, pp. 297-325.

的创造力十分重要。

人的创造力是社会环境的产物，确切地说，人的创造力是人的思维力、想象力与知识智力的结合，任何一个身体发育正常的人都具有创造的潜力，只不过创造的潜力有大小之分。比如，儿童的好奇心、求知欲、冒险精神等，本身就是创造的幼苗，只是由于每个人所处的家庭、社会环境不同，使许多人的创造潜力没有得到很好培养，从而形成了许多人创造力很低的状况。

教育，特别是现代学校教育对人的创造力的培养至为关键。创造学和创造工程之父、头脑风暴法的发明人亚历克斯·奥斯本（A. Osborn）认为，通过学校教育，可以帮助学生“（1）发现问题，或从不同的角度搜寻真正挑战的本质；（2）发现事实，为了更好地理解情境和想象可能解决的方案；（3）发现观念，旨在召集来自潜意识和下意识的观念并且到它们全部涌现出来后才对它们的质量进行判断；（4）找到解决方案，此时对诸观念的贴切性和适用性进行评价，从而选出最佳观念用以实施”①。当然，学校教育既能开发人的创造潜力，也能窒息人的创造潜力。要使学校教育起到开发人的创造潜力和创造精神的作用，学校教育在提高人的智力时，所追求的目标就不仅仅是传授前人的思维成果和知识信息，更重要的应该是让受教育者理解知识信息和解决问题的思维过程，实施以激发人的创造力为主要目标的教育，通过教育培养出能够充分发挥自身潜能、永不满足现状、对旧有事物勇于变革与否定、敢于推陈出新的人。

三、教育对人的身心健康也有着极大的影响

身心健康是人的素质中不可缺少的一项基本素质，它在人的素质要素中具有核心和关键的作用。因为一个人其他方面的素质再好，但体质虚弱，未老先衰，成天打针吃药，不能坚持工作，空有报国之志和建国之才，也不是理想的建设人才。因此，人的身心健康是人的整体素质培养的重点，是构成人力资本必不可少的重要内容。

人的身心健康包括两层含义，一是指人的身体健康，二是指人的心理健康。前者指人的身体生理机能的运转能力和人的发育健全程度；后者指人的感觉、知觉、注意、记忆、思维、想象、情感、意志、性格等方面的发展状况。世界卫生组织对健康的解释是：所谓健康并不是指无疾病、不体虚，而是指人在生理、心理以及社会生活各方面的健康情形。人是一个身心统一体，一个人患了疾病，医生不应仅限于了解病人的生理状态，还应了解病人的心理状态、情绪变化、性格特点、病人的社会环境和人际关系等心理社会因素，使病人不仅得到生理上的治疗，更重要的是得到极为有益的心理治疗，这样会显著提高医疗

① A. Osborn, *Applied Imagination: Principles and Procedures of Creative Problem Solving*, 3rd edn., Scribner, New York, 1963, p. 135.

效果。然而，无论人的生理素质的提高，还是心理健康素质的培养都离不开教育的作用。

1. 教育对人的生理素质的提高有着较大的影响

由于教育传播了关于疾病和环境卫生的常识，因而一般说来，受过一定教育的人，由于有了必要的保健知识和安全知识，患病、负伤、致残的可能性会小一些，而未受教育者由于缺乏必要的保健知识和安全知识，在相同条件下，患病、负伤或致残的可能性会大一些。教育程度高的人，由于较易接受科学知识，因而也容易听从医生的劝告，并且，在饮食起居等生活方式方面也更科学。这些都有助于受教育者个人身体素质的提高。因此，一般说来，教育程度高的人群，死亡率低。中国人民大学人口研究所对北京市顺义县、东城区、宣武区的调查所得资料（见表3—1）表明，教育程度与死亡率有密切的关系。各年龄组死亡率随教育程度的降低而升高，大学程度死亡率最低，中学次之，文盲半文盲人口死亡率最高。

表3—1 教育程度与死亡率的关系（%）

年龄	大学	中学	小学	文盲半文盲
30～34岁	0.36	0.70	1.03	2.95
35～39岁	0.44	0.79	1.25	4.27
40～44岁	1.36	1.55	1.72	3.31
45～49岁	1.33	3.16	2.44	4.20
50～54岁	2.45	4.16	5.14	6.53
55～59岁	6.95	6.62	8.84	11.41

资料来源：《人口研究》，1986（5）。

2. 教育能够使人保持健康的心理状态

健康的心理状态是人具备良好素质的基本条件。从心理测评的角度看，判断一个人的心理是否健康，通常有以下几项基本标准：一是要有正常的认识能力，能客观地反映外界事物，能进行正确的判断和推理；二是要有稳定乐观的情绪和积极健康的情感；三是要有正常的行为反应和良好的意志品质，有较强的耐受挫折的能力；四是要有一个正确的自我观念，能实事求是地进行自我评价，保持适度的自尊与自信。这些标准的实现，也有赖于教育的作用。教育不仅有助于人的生理素质的提高，也会对人的心理健康素质产生积极影响。因为教育，特别是心理教育是以增进学生的心理健康水平，促进学生个性的健全发展为目的的活动。心理教育的直接目标是广泛开展对各种心理疾病的防治，提高学生的心理健康水平，其根本目标是充分挖掘学生的心理潜能，培养其良好的心理素质，促进他们个性的健全发展，增强他们的社会适应能力。从教育目标的角度看，心理教育的直接目标可以认为是良好心理素质培养的基本条件，它与素质教育的总目标完全一致。这就是说，素质教育的目标中应当包括心理素质培养和心理教育的内容，而心理教育本身就是对素质教育目标的一种体现。因此，各级各类学校在开展素质教育的过程中，应把心理教育作为贯彻落实素质教育的一个突破口来抓，通过广泛开展心理教育，全面促进学生健康心理素质的形成。

综上所述，不难发现，教育在一国人力资本形成和发展中的作用，主要就是帮助人们树立正确的道德价值观念，提高人的智力素质和科学素养，激发人的创造力，培养和提高人的身体和心理素质。因此，充分开发人力资源，普遍提高全民教育水平，是当今全球开发人力资源以增强综合国力的大趋势，也是基于我国基本国情全面建设小康社会的必然选择。我国是世界上人口最多的国家，也是世界上劳动力资源最丰富的国家。在现阶段乃至今后相当长的一段时间内，全面强化人力资本投资，全面建设学习型社会，全面扩大人民学习机会，全面提高人民学习能力，把沉重的人口负担转化为丰富的人力资源优势，把教育大国发展成教育强国，把人口大国建设成人力资源强国，是全面建设小康社会、实现国家强盛的关键所在。

本章小结

人力资本理论作为西方经济学的一个新学派，是20世纪50年代末、60年代初在解释“增长剩余”的学术和实践背景下开始形成和发展起来的。人力资本理论的开创者和代表人物主要是美国经济学家舒尔茨、丹尼森和贝克尔。

所谓人力资本，是与物力资本相对应的概念，指的是凝聚在劳动者身上的知识、技能及其所表现出来的能力。在现代社会，人力资本的积累或知识进步已成为经济增长与经济发展的最重要因素，成为经济增长与社会进步的最强大的推动力。

人力资本对于经济增长和发展的决定性作用主要表现在，像物质资本一样，人力资本也是技术进步的载体，并且是更具能动性的载体。众所周知，在当代科学技术革命的条件下，经济增长的根本动力源于技术创新与进步，在技术水平不变的条件下，实现经济增长只能靠增加投入，这时即使有高增长率也不意味着经济发展水平和效益的提高，甚至可能相反。当发生技术进步时，同量的投入能够带来更多的产出，从而经济能力与效率将同步改善。而人力资本既是技术进步的发动者，又是新技术的载体与传媒，通过它的作用将会导致生产过程中物的因素与人的因素的效率全面改善。因此，人力资本便成为推动经济增长与发展的决定性因素。

按照西方教育经济学的观点，人力资本是在人类自身的生产和再生产过程中通过相应的投资而形成的。人类自身的生产是以家庭为基本单位或基础部门，以教育培训为主要手段或主导产业，以医疗卫生作为生理养护条件或社会保障措施，来进行的一种投入产出活动。通过这种生产活动，人在生物或生理学意义上得以存在和成长，身心素质得以形成和提高，知识技能等精神存量得以增进。借助这种生产和再生产过程，人们利用一定的投资形式进行教育投资、健康投资等投资活动，从而形成各自的人力资本，其中教育是人力资本形成和发展的主要途径。

现代教育是人力资本形成和发展的最主要途径。舒尔茨认为应把教育视作对人的投资，并把教育的成果作为资本的一种形式。他强调主要由教育形成的人力资本已成为人必不可少的部分，它虽然不能被买卖，然而如果它能对经济给予有价值的生产性服务，那么它就是资本的一种形式。教育在人力资本形成和发展中的作用主要表现在以下几个方面：教育是培养人的道德价值观念的最重要手段，是提高人的智力素质的最重要途径，对人的心理素质也有着极大的影响。

思考题

1. 简述人力资本理论的含义及主要特征。
2. 人力资本理论是在什么背景下形成的？
3. 试论舒尔茨、丹尼森和贝克尔对人力资本理论形成和发展的贡献。
4. 人力资本在经济增长和发展中具有什么样的作用？
5. 为什么说教育是人力资本形成和发展的主要途径？
6. 为什么说教育是培养人的道德价值观念的最重要的手段？
7. 试论教育在提高人的智力素质中的作用。
8. 西方人力资本在20世纪五六十年代对许多国家经济和社会发展决策起了很大作用。但到了20世纪60年代末和70年代初人们开始发现，教育投资并没有收到预期的效果，过度教育收益不大，并且还出现了许多社会问题、经济问题、教育问题。这种情况引起了教育经济学界对人力资本理论的怀疑，认为人力资本理论不够完善，有难以克服的弱点，于是西方又有些学者提出了新的理论和主张。请你分析一下这些新的理论和主张与人力资本理论的区别在哪里？

阅读导航

1. 中国教育与人力资源问题报告课题组. 从人口大国迈向人力资源强国. 北京：高等教育出版社，2003

该书就如何把我国沉重的人口负担转化为丰富的人力资源优势、把教育大国发展为教育强国、把人口大国建设成人力资源强国等方面进行了深入系统的研究。

2. ［美］西奥多·W·舒尔茨. 人力资本投资——教育和研究的作用. 北京：商务印书馆，1990

该书是舒尔茨1960年在美国经济学会年会上发表的题为《人力资本投资》的演说。在该演说中，舒尔茨对于人力资本观点作了非常系统的论述。这篇演说震惊了整个西方学术界，这不仅因为舒尔茨一向被认为是一位农业经济学家，还因为人们一般认为资本是有形的、物质的，而教育、在职训练、保健、人口流动等方面的投资也可以增加一国资本存量和加速经济发展的观念，对于当时的经济学界来说的确是很新鲜的。这次会议之后，人力资本成为经济学中一个非常热门的新兴领域，“人力资本”成了西方教育经济学的基本概念，人力资本理论也成为现代西方发展经济学的一个主要学派。

3. ［美］加里·贝克尔. 人力资本理论. 北京：中信出版社，2007

该书全面介绍了人力资本理论的创始人、诺贝尔经济学奖得主加里·贝克尔有关人力资本的系统理论、观点和研究方法。书中运用成本—收益法对教育投资进行了分析，作者认为对个人教育的投资和普通的商业投资相似，在决策时同样需要将成本与收益进行比较。《人力资本理论》还从经济学的角度对歧视、婚姻、家庭和教育之间的关系进行了剖析，让读者换一个全新的角度去了解自己的日常行为。人力资本理论是现代经济学发展历史上的一场革命，全面颠覆了人们对于生活、工作、储蓄、投资、教育、家庭、婚姻、子女等诸多课题的传统思考。

4. 靳希斌主编. 从滞后到超前——20世纪人力资本学说·教育经济学. 济南：山东教育出版社，1995

该书较全面地介绍了人力资本理论的形成、贡献与局限、面临的挑战与发展，同时详细地阐明了人力资本理论的产生与教育经济学形成之间的关系。

5. 李宝元. 人力资本与经济发展. 北京：北京师范大学出版社，2000

该书试图立足马克思主义方法论，积极吸纳现代经济学特别是人力资本理论的相关研究成果，对跨世纪中国经济发展及其战略选择，从人本经济学的观点给出较为系统的实证性描述分析和规范性考察论证。

第四章

教育与劳动力市场

本章提要

本章试图以竞争性劳动力市场的运作为起点，通过说明劳动力市场的概念、功能、运作机理，教育与劳动力市场之间相互作用的理论等一系列问题，研究教育具有市场价值的原因以及我国教育和劳动力市场相适应的对策思路。

教育经济学的核心存在于教育与劳动力市场的联系之中。① 教育在促进个人全面发展的同时，也在为社会培养着合格的劳动者。受教育者最终要走向劳动力市场，竞争性的劳动力市场作为一种劳动力资源配置的手段，试图帮助劳动力的供给方和需求方更容易地找到彼此。

在这个存在着诸多不确定因素的寻找过程中，劳动力的受教育程度有着特殊价值，市场倾向于赋予较高层次学校教育以较高的市场价值。教育和培训为什么会具有这么高的市场价值，一直是教育经济学界倾力探讨的问题。

第一节　劳动力市场概述

“劳动力成为商品”是劳动力市场得以存在的前提，劳动力商品的独特性使劳动力市场相对于一般商品市场有了许多不同的地方，这种不同既表现在劳动力市场抽象的概念、

① 参见［美］M. 卡诺依编著：《教育经济学国际百科全书》，9 页，北京，高等教育出版社，2000。

功能上，也表现在具体的分类、特征上。

一、劳动力市场的概念和功能

关于劳动力市场的概念，国内外学术界有着许多不同的看法。这里介绍的是经济学界普遍接受的一种劳动力市场概念，劳动力市场是指广义的、抽象的、以市场机制来调节供求的经济关系，把有关劳动力供求关系的问题都包容在劳动力市场之中。

必须承认，劳动力市场并不像橘子、钢材、圆珠笔以及其他相对标准化的商品市场那么容易理解。首先，我们必须弄清楚的是，在劳动力市场上作为商品进行交换的是什么东西。这里就涉及对“劳动力”一词的理解。对“劳动力”的解释通常有两种：一是“劳动者”；二是“体力和智力的总和”。如果按“劳动者”的解释，劳动力市场存在的前提——“劳动力是商品”就无从成立。因为按照马克思的经济理论，在资本主义社会，劳动者不能像在奴隶社会那样，由奴隶主自由买卖。《国际劳工组织章程》中的“Labour is not commodity”这句话也指劳动者不是商品。所以我们认为劳动力指的是“体力和智力的总和”。[①] 而人们付出的体力和智力活动，只有在生产过程中才能实现，是无法在市场上进行交换的。在市场上进行交换的，只能是劳动者劳动力（即智力和体力）的支配权。市场交换后，劳动者的劳动力就由雇主支配。其次，我们必须知道，劳动力是一种稀缺资源。它是人的一种体力和智力活动，能够提供各种效用来满足人类的不同需要，无论对劳动力供给者还是对劳动力需求者来说，它都是一种有用的资源。对于劳动力供给者，劳动力是一种谋生手段，他只有转让其劳动力的使用权才能获得赖以维生的收入；对于劳动力需求者来说，劳动力则是一种不可替代的生产要素，只有将它投入生产过程与其他要素结合，才能生产产品并从中获得相应收益。由于劳动量是由一定强度的体力和脑力消耗持续的时间长短来衡量的，而劳动时间是有限的，劳动力因而成为一种稀缺的资源。而与其他经济资源一样，在一定时期内，劳动力的供给是有限的，社会劳动总工时构成了劳动力可能供给的最高限。最后，社会对劳动力资源的需求是无限多样的。劳动力需求是由产品需求派生而来的，社会对产品需求的无限多样性，决定了劳动力要素用途的无限多样性。

于是，就产生了如何将稀缺的劳动力资源在多种可供选择的用途之间进行有效分配的经济学问题。在任何社会中，稀缺劳动力资源的分配都面临着一系列共同的问题，每一个劳动供给者和需求者都需要作出下列决策：（1）是否提供劳动力（是选择更多的劳动还是

① 即使把“劳动力”理解为“体力和智力的总和”一说也不大准确。从“人学的分析构架”来看，人自身不仅包括体力和智力，还包括“非智力因素”等。而它们实际上是从来就不能分开的。因此，劳动力的准确含义是：参与劳动的人的自身力量。

选择更多的闲暇与受教育时间）和是否需要进一步增加劳动力；（2）劳动力供给多少，劳动力需求多少；（3）从哪里获得合意的职种或职业。劳动力供求双方对上述问题的选择与决定过程，则是劳动力资源在社会各个部门的分配过程。如何解决、用什么方法解决劳动力资源分配问题，目前，有两大方法体系：一是市场分配制度，二是行政分配制度。

其中，运用市场分配制度对劳动力资源进行分配，是通过劳动力市场上劳动力使用权的转让与购买实现的。这种劳动力的交易一般是在价格引导下自发产生的，配置劳动力资源正是劳动力市场的基本功能。这种功能本身是有其内在规定性的：（1）劳动力使用权的转让与购买必须是完全处于自愿而进行的劳动力交换活动；（2）这种劳动力交换活动应该可以反应以劳动力交换为基础的劳动力供给和需求之间的关系；（3）上述活动和关系是一种普遍而非单个偶然的社会现象。

这种意义上劳动力市场的运作，形式上是劳动力供求双方一系列自由的劳动力交易活动。但这些交易实际上完成的却是劳动力资源在各个部门之间的分配。劳动力交易活动当事人的行为及动机怎样，构成了劳动力市场运作最基本的规定。首先，劳动力供给者必须是一个具有理性行为的自由人。所谓“理性行为”，即劳动力供给者普遍具有追求收入和福利最大化的动机，这种动机支配着劳动力供给者的行为；所谓“自由人”，即劳动力供给者对其劳动力具有自由的转让权，没有任何形式的人为依附关系，也不存在任何形式的超经济强制。其次，劳动力需求者必须是独立自主的经济人。所谓“经济人”，意指厂商以寻求利润最大化为经营动机，这个动机决定着厂商的劳动力需求行为；所谓“独立自主”，意指厂商作为独立的法人，他能够不受任何超经济力量的干扰，自主地决定其劳动力需求。很显然，只有劳动力供给双方作为“理性自由人”和“独立经济人”出现在劳动力交易舞台上时，才能发生劳动力使用权转让和买卖的自由交易活动，而正是这些活动才构成了井然有序的劳动力市场的实际运作。可以设想，如果对于劳动力供求双方规定的上述两个基本前提不存在，那么建立在劳动力当事人自愿基础上的劳动交换就不可能发生，劳动力市场也就不复存在了。

二、劳动力市场的分类

以上关于劳动力市场的决定让人感到抽象，而事实上，这个抽象的劳动力市场又可以从许多不同的角度划分出具体的类别。

1. 全国性劳动力市场和地方性劳动力市场

这是按照地域范围来划分的。如果劳动力市场上的买方和卖方在全国范围内互相寻求交易对象，如医生、工程师和艺术家等，那么，这种劳动力市场就称为全国性劳动力市场。如果劳动力市场上的买方和卖方只局限在一个地区内成交，这种市场就叫地方性劳动力市场。

2. 有组织的劳动力市场和无组织的劳动力市场

这是根据劳动力市场的机制对其进行划分的。劳动力市场机制是指用于履行各种公用职能（如招工、甄选、工作分配、工资支付、调动、解除合同等）的一套“惯例”。这套“惯例”是通过法律、沟通习惯、管理政策而形成的。它们的职能是确定雇员的权利和利益，并使人事管理具有法定性和规律性。根据上述定义，从有无控制雇佣关系的规则和习惯的角度看，可把劳动力市场划分为有组织的劳动力市场和无组织的劳动力市场。

有组织的劳动力市场通常包括三种：一是政府雇员的劳动力市场，这种市场从劳动力进入到退出的整个过程，都是根据立法和行政管理的规则来组织的；二是大企业中没有工会的劳动力市场，这种市场的组织性来自雇主的人事政策，这种政策是由人事部门提出和实施的；三是这样一种劳动力市场，它的一套“惯例”来自劳资谈判的协定和工会的工作准则。

政府雇员的劳动力市场是非个人的，具有技术性和高度的机密性。其特点在于职位稳定和工资较高。进入这些行业常常要经过竞争性的考试。许多合格的、稳定性强的政府雇员可以从事文职工作。而文职工作职位稳定，并有提升的机会。

雇主人事政策控制下无工会的有组织劳动力市场包括：无工会的大工业企业；白领行业中无工会的大企业，如银行、仓库、保险公司等；有工会的大公司中的非工会雇员。无工会的大工业企业对雇佣政策具有单方面的控制权，但实际上很可能也要追随有工会的竞争者的雇佣政策和工资率，以免遭到工会的批评，而且这种企业的工资和雇佣条件也要受国家法律的影响。在有工会组织的公司中未加入工会的白领工人并不受工会完全保护，但又从许多方面获得工会带来的利益。显然，雇主绝不会在工会雇员和非工会雇员之间提供不平等的待遇，否则就会在精神上产生坏的影响，并促使非工会雇员加入工会。

大多数工会化的职业是花费体力的、以小时计算报酬的蓝领工作。雇员们或者为大工业企业持久地工作或者受雇于一个临时性的行业，如建筑业，雇员与任何一个雇主的关系都是短暂的。在理论上这种劳动力市场的组织是双边的，是厂商和工会双方谈判的结果。在厂商力量较弱、工会力量较强的行业，工会常常可以支配企业，人事部门仍然可以作出政策性的决定，但这些决定一般要受检查，并通过劳资磋商。

无组织的劳动力市场一般是工人与厂商进行谈判的市场。在这种市场里，雇佣的习惯除受政府颁布的法律和法规约束外，几乎不再受其他任何约束。这种市场包括农场劳动者、家庭帮工、职业性办公室的雇员和小企业的雇员。在无组织的劳动力市场上，个人就业比较容易，无须强调正规的政策和程序，大都没有工会组织，福利很少。

3. 内部劳动力市场和外部劳动力市场

在一个企业内部，如果建立了一套正规的规则和程序用来指导和约束雇佣关系，我们可以说存在一个内部劳动力市场。与之相对的是外部劳动力市场。一个工人可以在一个特定的公司（内部市场）中晋升工作等级，或从其他厂商（外部劳动力市场）那里寻找更好的机会。就工人个人来说，在公司内部劳动力市场取得晋升的机会往往是极为重要的。因为行业的组织特征是有决定作用的，各个行业提供给工人晋升的机会也是很不相同的。当然，某些公司的训练和提升工作可能比同行业的其他公司做得更好，但没有一个公司能够创造实际不存在的提升机会。有些劳动力市场，虽然没有内部劳动力市场严格，但由于工人组成了强有力的工会组织，也会按照一套非常正规的规则约束买卖双方的行为。有的要求雇主必须从工会会员中雇用工人，或者厂商虽然有权决定雇佣对象，但是，也要受到工会与雇主协议的约束。在政府部门控制的劳动力市场上，即使没有大工会的存在，雇主也被要求按照旨在约束管理权限和保证公平对待雇员的原则办事。

4. 主要劳动力市场和次要劳动力市场

20 世纪 70 年代中后期，人们对城市中社会地位低下阶层的高失业率和低收入日益关切，提出了一种双元劳动力市场理论。这种理论认为，劳动力市场可以划分为两个独立的部分：主要劳动力市场和次要劳动力市场，两个市场同时运转。主要劳动力市场的就业具有以下几个特征：工资较高，工作条件优越，就业稳定，安全性好，作业的管理过程规范，升迁机会多。相对而言，次要劳动力市场的工作大为逊色：工资较低，工作条件较差，就业不稳定，管理武断粗暴，毫无个人升迁机会。次要劳动力市场的就业者多为穷人。两个劳动力市场的分界线主要在于劳动报酬，次要劳动力市场最令人瞩目的特点是，工资低，极易失业，此外，在次要劳动力市场，良好的教育与培训也无助于提高劳动者的报酬。

两个劳动力市场之间的流动率不大，大部分社会地位低下的劳动者几乎没有机会从次要劳动力市场流向主要劳动力市场，而主要劳动力市场上的劳动者宁愿暂时失业也不愿在次要劳动力市场上寻找工作。

三、劳动力市场的特点

在劳动力市场上出让和租售的是依附在人身上的劳动力，劳动力只能租让，人自身不能买卖而且劳动力和人是不可能分离的。因此，劳动力市场便有了许多不同于一般商品市场的特点。

首先，劳动力市场是一个有着更多抽象和概括色彩的市场。与其他商品市场比较起来，劳动力市场缺乏市场存在所必需的同类性。看起来，似乎每一个工人都是独特的，而且每一项工作在它的要求和条件上都是不同的。事实上，如果每种就业情况都是独特的，分配定律要么不存在，要么如此多变以至毫无用处。摆脱这种两难境地的方法是合理的抽象。我们必须暂时搁置关于工人和工作之间存在差别的先入之见，以便看到相似之处；也必须有选择地忽略工人和工作的某些特征，以便把注意力集中在另外一些特征上面。

运用这种方法，我们将发现在任何地区都存在相当多的工人，他们也许不是在每个方面都相同，但在技术上的相似，足以把他们连接到一条劳动力供给曲线上。另一方面，有大量的企业需要工人完成任务，这些任务可能在实际内容上各不相同，但却需要类似的技术。从集合的意义上讲，这些企业是劳动力的需求者。如果所有这些工人都有可能胜任每一种工作，如果每个雇主都有可能雇用任何工人，我们可以肯定地预料到他们的工资率和就业条件是有联系的。事实上，这样就已经形成了一个劳动力市场的概念。① 这个市场的许多特征就在于就业条件不是由单个个人或企业，而是由许多参与者的联合的相互作用所决定的。

其次，劳动力是活生生的、有着主观能动性的人，这使他具有了许多不同于一般商品的特征，与其他生产性投入，如土地和资本也有所不同。这种不同通过我们对生产过程的分析体现出来。生产函数是对生产过程标准的技术表达，这个函数简要表明了资本货物投入 K、劳动力投入 L 以及产出 Y 之间的关系，即 $Y=f(K, L)$。这里，劳动力投入 L 等于劳动力受雇小时数 n 乘以劳动力的平均技术水平 q，即 $L=qn$。而劳动力这种产品的特殊性，还需要第二种函数关系，这种函数关系称为“劳动提取函数”，即 $L=qne$，这里的 e 指的是劳动力在工作时间内努力工作的程度。当工人 B 在愿意以工资 W 作为回报的前提下，在一段特定的时间内服从雇主 A 的管辖时，一种雇佣关系就在以工资为收益的前提下建立起来了。在这种雇佣关系的合同中，雇主许诺的工资、工人付出的劳动时间是带有法律强制性的，但工人付出的努力程度和对工作的关心程度则不是强制性的。因而雇佣合同显然是不完整的。雇佣合同的不完整性是由劳动力商品的人类特征决定的，是劳资关系的一个必然特征。工人在工作中努力的程度受多种因素的制约。它取决于雇主监控劳动力劳动过程所花费的精力、雇主发给工人的工资额。同时，工人常常关心他们的工作环境（经济学家称之为工作的非金钱特征），他们可以因为受到鼓励而积极工作，也可以因为愤怒而消极怠工。在现代生产体系中，很多产出是靠群体来完成的，在这种情况下，工人之间是否协调也会影响工人对工作投入的程度。另外，劳动力的人类特征还表现在，他有独特的能力为自己的行为采取行动，重要的是进行人力资本投资。

当然，承认劳动力市场的许多人类因素不应妨碍我们对劳动力市场的探讨。因为，把劳动力视为一种商品，让它的均衡价格和数量由供给和需求来决定，是非常有用的一种方法。不如此，很难想象怎样能够研究工资率和就业。

最后，在劳动力市场上，劳动力的价格（工资率）不完全等于均衡价格。这与雇佣合同中劳动力工作努力程度的非强制性是息息相关的。雇主为了促使工人提高工作效率的通常方式是胡萝卜加大棒一起使。胡萝卜就是继续聘用和增加工资的许诺，大棒就是随时解

① 参见［美］萨尔·D·霍夫曼：《劳动力市场经济学》，6页，上海，上海三联书店，1989。

雇的威胁。使用这两种手段，雇主都要付出代价。奖励工人胡萝卜，雇主就得付出略高于其他地方的平均工资，而解雇一名劳动者意味着要为招聘、培训和评估一名新劳动者付出代价。相比较而言，前者或许对公司更为有利。对怠工的劳动力的惩罚除了解雇还可以是扣除公司支付的工资补贴。这样，支付的总工资是一种效率工资，因为它使公司和劳动者都获益，但它又是一种高出竞争工资的非市场工资，一般情况下，这种竞争工资是保证劳动者提供高效率的劳动所必需的。另外，同一类型劳动力的工资率可能不同而又相对稳定。在劳动力市场上，对同一类型的劳动力采用不同的工资率是正常现象，而不像在产品市场上，同种商品的价格一般都是相同的。这种工资率的差别在企业之间、行业之间和地区之间都可能存在。其原因一方面是由于信息流通的不完善，另一方面则来自最终决定工资水平的产品市场和劳动力市场的各种影响。并且，由于从事同种工作的劳动力在熟练程度、经验、资历等方面的差别，所以即使在一个工厂内部，从事同种工作的人工资率也可能有差别。此外，劳动力市场上的工资又是相对稳定的。在一定时期内，劳动力价格趋向于稳定，符合雇主和劳动力的利益，对厂商而言，他不愿使工资率随供求条件的每次变化而波动。工资率的稳定是保证企业良好经营的条件，工资率的不断波动会引起摩擦和猜疑，还会使雇员缺乏安全感。所以，当工资率变动时，厂商一般是对所有工人实行普遍的工资调整，或者至少根据某种计划和习惯提高个别人的工资。同时，大多数企业的工资等级与地区内其他企业的工资等级或者与地区内同行业的工资等级都是相联系的。

综上所述，不难发现，劳动力市场并不具有标准的完全竞争的特点。有趋向表明，现实的劳动力市场上，除非企业将工资水平扩大到一定程度，它很难通过提高工资将其他企业的劳动力吸引到本企业中来。而过分提高工资是有损雇主利益的。这样，劳动力市场便成为一个相对稳定的市场。

第二节 竞争性劳动力市场的运作

对劳动力市场特点的分析可知，现实中的劳动力市场并不具有标准的完全竞争市场的特点。所以，这里所指的竞争性劳动力市场其实是将现实中的劳动力市场抽象化、理想化而得到的一种模型。利用简化的模型进行分析不仅可以使理论表达得更为简洁清楚，而且也更容易揭示问题的实质。这是一种重要的经济学研究方法。

一、竞争性劳动力市场的运作过程

前已述及，我们是把竞争性劳动力市场作为现实劳动力市场的一个模型进行研究的。几乎所有的微观经济学模型都是以关于行为的一些非常基本的假定为基础的。这里对竞争性劳动力市场运作过程的分析也是一样，开始于一些基本的假定。

第一，假定所有的工人在技术上是相同的，而且在一切有关的方面也是一样的。用更正式的语言来说，他们是同质的。

第二，假定企业是以追求利润最大化为目的的。每个企业有自己不能改变的固定数量的土地或资本，它可以根据自己需要雇用足够的工人，直至实现最大的经济效益。同样，劳动力个人作为一个理性人，他的行为趋向必然是寻求以既定的劳动付出获得最大的劳动报酬，或者是以最少的劳动付出获得既定的劳动报酬。

第三，企业雇用工人的劳动力市场和企业出售其成品的产品市场，都被假定为竞争性市场。这意味着每个企业相对于市场来说是很渺小的，它自己雇用多少工人和生产多少产品的决策对整个市场没有什么影响。其结果是企业的工资率 W 和产品价格 P 都被当做“既定的”，这些价格受市场决定，不受企业自身行为的影响。

以下的分析都是在这些假定成立的前提下进行的。劳动者进入劳动力市场时面临的选择很多：他可以从事教育人的劳动，从事会计、统计或者管理的劳动，凡此种种都可以划分为许多不同类型的“职种”，例如，教师、驾驶员、会计师等。但是，劳动者无论从事哪一种职业，选择都是有成本的。选择的成本是用所放弃的机会的价值来衡量的，也就是经济学中所说的机会成本。比如，劳动者如果做教师，这个选择的成本就是做驾驶员或会计师工作收入的全部价值。基于选择的成本，理性的劳动者追求选择的“效率”。说一个选择是有效率的，是说这个选择的机会成本最小。就职业选择来说，即他放弃的职业可能获取的全部价值小于他从事的职业可能获取的全部价值。

从事某一职种可能给劳动者带来的价值是用劳动价格，即从事该职种每小时劳动的工资或被称为工资率来表示的。如果说对于不同的产品，存在一个相对价格体系，那么对于不同用途的劳动力来说，也存在一个相对价格体系。不同用途劳动力的相对价格体系反映的是不同劳动力之间的比价关系，这种劳动力比价调节着劳动力资源在多种用途，即职种之间的配置。竞争性劳动力市场的运作过程即在以上假设成立的前提下用劳动力比价调节劳动力配置以实现市场均衡的过程。我们研究这一过程的目的在于探求劳动力资源配置均衡的条件，以排除劳动力资源非有效配置的各种状态。

在讨论中，我们需要弄清以下两个概念：(1) 劳动力的工资率 W，即劳动力每小时劳动所得的工资。对于不同的职种，我们用下标 $i(i=1, 2, \cdots, n)$ 来表示，W_i 表示不同职种劳动力的工资率。而对于不同的产业，我们以下标 $j(j=1, 2, \cdots, n)$ 来区分。不同职种不同产业的工资用 W_{ij} 来表示。(2) 劳动力边际产品收益 MRP，即每多雇用一名工人，雇主所增加的收益。利用这两个概念，可以将劳动力资源均衡配置的条件表述如下：

第一，$W_{i1}=W_{i2}=\cdots=W_{in}$，即不同产业相同职种的工资率趋于相等，这是劳动力自由流动的结果。在劳动力供给者寻求物质利益最大化原则的行为倾向确定的情况下，如果一个企业或行业某一职种一定技术等级的劳动力工资率很高，超过其他行业和企业，这个较高的工资率会引导其他行业或企业的劳动力向该行业和企业流动①，增加社会对该行业和企业的劳动力供给；反之，劳动力则会通过流出某行业或企业，减少社会对低工资率行业或企业的劳动力供给。可见，在市场经济条件下，劳动力资源在各部门和各企业之间的分配，是劳动力供给在工资率引导下通过劳动力自由流动实现的，这是劳动力资源市场分配的典型模型。劳动力在不同职种间的流动会不断进行下去，直至等量（同质的）的劳动力获取的工资率也相同。这时，不同产业相同职种、同等劳动熟练程度和劳动强度的任一劳动者，已不可能通过改变自己的劳动供给来获得更大的利益，劳动力自由流动达到了均衡。

第二，$MRP_i=W_i$，即劳动力的边际产品收益与现行工资率趋于相等，这是在一个企业内部劳动力需求均衡的条件。对于任何一个雇主来说，劳动力和土地、资本一样，都是一种不可缺少的生产要素，雇主购买这种生产要素，是通过购买劳动力使用权而获得的，雇主必须支付劳动力供给者在合约规定时间和工作性质范围内从事劳动的报酬。在雇主看来，一方面，这种支付是他购买劳动力的价格，作为企业成本的一部分，即劳动成本；另一方面，劳动力能够与土地和资本组合生产产品或提供服务，其中只有一部分产品是劳动力要素努力的结果，这部分产品及其价值总量，按照柯布-道格拉斯生产函数的应用分析为75%左右。显然，雇主评判某一数量的劳动需求是否值得，完全取决于他为使用劳动力所付出的成本与因使用劳动力而增加的收益之间的平衡。在资本和土地等生产资料既定和技术进步不变的前提下，雇主追加劳动投入所带来的产值具有递减趋向。因此，雇主是否急需增加劳动需求，完全取决于新增劳动力的成本支出与其带来的产值增加之间的平衡。简言之，雇主会在劳动边际产品价值与现行工资率的平衡点处决定劳动力需求数量，因为这个平衡点对应的劳动力需求量会保证雇主获得最大利润。

假定劳动边际产品价值递减规律成立，而且雇主按照利润最大化条件（即劳动边际产值等于工资率）决定劳动力需求的行为趋向确定无疑，劳动力市场的需求方将这样运作：雇主们都将凭借事先经验估计和事后财务状况确定劳动力的边际产品价值，同时参照既定的市场工资率决定劳动需求。当事后财务状况所显示的劳动力边际产值低于雇主必须支付的市场工资率时，他将减少劳动需求；反之，雇主将增加劳动力需求量，直至劳动力边际产值与工资率相等时为止。这时，劳动力需求者不再可能通过改变自己的劳动力供给而获得更大的利润。

第三，$MRP_1/W_1=MRP_2/W_2=\cdots=MRP_n/W_n$，即各个职种劳动力的边际产品收益

---

① 但要注意劳动力流动是有成本的，包括跨地区迁移费、信息搜寻成本、离职成本、面试费、新企业未来不确定性的风险成本等。即使所在企业或行业工资率略低，有时也不见得会发生实际流动。因为存在流动成本，只有流动收益减去流动成本后还有足够的净收益，才可能发生劳动力流动。

与工资率之间的比例趋于相等，这是劳动力在不同职种间进行配置时达到均衡的条件。如果我们上面讨论的两个均衡条件确实成立，也就是说，劳动力的等量同质劳动要求相同的报酬，同时，雇主得到的劳动力边际产品收益等于劳动力边际成本（即工资率），那么，因为不同职种的劳动力创造产值的能力不同，也就是说，他们是不同质的劳动力，雇主支付的具体工资率也会有别。但是，劳动力边际产品收益与雇主付出的劳动力边际成本（即工资率）之间的比率应该是相等的。只有这样，劳动资本在各个职种之间的配置才会达到均衡。

二、竞争性劳动力市场的运作特征

根据以上从劳动力供求行为趋向的两个方面对竞争性劳动力市场实际运作的描述，不难发现，劳动力市场分配体系的运作显示了以下一些根本性特征：

第一，劳动力供给和劳动力需求的行为动机（或准则）及趋向是共同的、明确的。双方行为都意在寻求各自利益的最大化，并据此决定各自的供给行为（只不过双方的利益的具体内容不同罢了）。这是劳动力市场运作的必要条件。

第二，劳动力必须能够自由地在各个企业、部门和地区之间流动，不存在任何行政的规定或人身依附性阻碍这种自由流动。供给方能否自主决定劳动力使用权转让或是否为自由人，作为劳动力市场的基本规定之一，由劳动力能否自由流动来体现和印证。而劳动力的现实流动则是实现劳动力资源在各企业、各部门和各地区优化配置的充分条件。没有劳动力自由流动，调节资源分配的劳动力市场就失去了生命力。

第三，劳动力的现实流动总要以雇主的需要或接受为前提，因此，实际发生的劳动力流动无疑是劳动力供求双方达成一个新的劳动合约的结果。劳动力在部门、企业或地区之间的自由流动，无论对于劳动供给方还是需求方来说，都是受价格信号（即工资率）的引导。同职种相同技术等级的工资率差异，在劳动供给方和需求方利益最大化动机推动下，会自觉地按照工资率这一价格信号引导的方向调整自己的劳动供给走向和数量以及劳动力需求的对象和数量，结果自发完成了劳动力资源在社会各种用途之间的配置。可见，在竞争性劳动力市场条件下，劳动力资源分配从社会角度看，似乎是盲目的，因为它是许多单个劳动力供给者和需求者各行其是的结果。其实不然，社会各单个劳动力供给和需求者的调整行为都是自觉的和归一的，劳动力资源的社会分配，作为社会无数单个劳动力供给者和需求者自觉行为的总和，应当说，这一分配显然不是盲目的，而是一种自觉的有规律的社会过程。

第四，劳动力供求双方的行为都接受价格（工资率）信号的引导，这一信号引导或调节着劳动力资源在社会各种用途之间的分配。十分明显，价格（即工资率）作为劳动力需求与供给之间的一种比例，既是反映现有劳动力在各部门、各企业供求状况的显示信号，同时又给出了引导劳动力供求状况进一步调整的指示信号；它不仅引导劳动力供求行为的调整，而且受劳动力供求状况的左右，由劳动力供求双方利益的共同平衡点来决定工资率的水平或具体位置。因此，任何单个劳动力供给者和需求者都以这个社会决定的工资率为前提，按照各自利益最大化原则决定劳动力供给和需求的数量。

第五，在劳动力资源的市场分配体系中，并没有什么主持分配的人格代表，来充当圣诞老人的角色，也没有一个维护交易规则和市场秩序的人格化法官，来保证市场运作的规范性。这一点与行政分配劳动力资源的体系很不同。如果说在劳动力市场中有谁来主持劳动力资源分配和保证劳动力供求双方行为按照市场规则行事的话，那它绝不是具体的人或者人格代表（如政府），而是劳动力价格（即工资率）这只"看不见的手"与劳动力供给和劳动力需求之间及劳动力供求之间的优胜劣汰的生存竞争。竞争的规律会为劳动力供求双方恪守劳动合约并在合约范围内行事强制性地开辟道路。利益驱动和竞争是劳动力市场调节劳动力资源分配至高无上的权威，是劳动力市场的灵魂。①

三、竞争性劳动力市场运作的规范理论

前面在讨论劳动力市场的运作过程中，提出了劳动力市场配置劳动力资源时的一些均衡条件：(1) 等量同质的劳动力要求获得相同的工资 $W_{11}=W_{12}=\cdots=W_{1n}$；(2) 劳动力供给者的工资率等于其边际生产率 $MRP_1=W_1$；(3) 社会各个职种使用的各种不同质劳动力的劳动边际产品收益与支付的工资率之间的比例趋于相等 $MRP_1/W_1=MRP_2/W_2=\cdots=MRP_n/W_n$。如果以上均衡条件全部成立，那么，劳动力资源在各种不同用途（即职种）之间的配置就达到了一种均衡状态。每个职种的劳动力供给与需求双方的任何一方都没有进一步改变行为的趋向，同时任何改变资源配置的尝试，都已不可能在一个人情况不变差的情况下提升另一个人的境遇。这符合帕累托在研究"集合体效用"极大化问题时，提出的稀缺生产资源在多种用途之间最有效配置的状态，即任何重新改变资源配置的尝试，都已不可能在一个境况不变差的条件下来改善另一个人的境况。帕累托关于收入最有效分配的定义，同样适合于劳动力资源分配问题。劳动力资源最有效分配的状态可以定义为：每一个职种的劳动力供给与需求双方的任何一方没有进一步改变行为的趋向，同时任何重新改变劳动力资源配置的行为都不可能使任何一方增加利益。

市场力量能否导致劳动力资源配置达到上述一系列均衡，从而实现劳动力资源最有效配置的理想境界？从市场运作的机制来看，答案是肯定的。因为参与劳动力交换的劳动供求双方都具有尽可能寻求利益最大化的经济动机，并受该动机驱使，在可变的工资率这只

---

① 参见符钢战：《中国：劳动力市场发育的经济分析——从微观到宏观》，11页，上海，上海人民出版社，1992。

“看不见的手”的引导下，通过劳动力自由流动和生存竞争强制实现劳动力资源在各种用途之间最有效的分配。

但是，下列因素会阻碍劳动力资源达到最有效配置的理想状态：（1）劳动力供求双方或其中任何一方没有寻求最大利益的内在动机，从而对工资率变化缺乏敏感性，工资率变化对劳动力供求行为影响不大；（2）劳动力不能自由流动，或者是劳动力供给方不拥有自主选择职种和自身劳动力用户的权利；（3）劳动力供求双方或其中任何一方缺乏足够的劳动力供求价格信息，以至建立的暂时均衡不一定是“帕累托最佳状态”或劳动力资源的最有效配置；（4）社会存在垄断因素（或者存在垄断的卖，或者存在垄断的买），或者在劳动力供求双方形成非意愿的均衡。也就是说，劳动力供求双方尚有进一步改变行为的意向和获得更大利益的可能性；（5）政府对劳动力供求双方或其中任何一方的保护，削弱生存竞争所具有的强制力及其市场运作的有效性。

以上妨碍劳动力资源最有效配置的种种因素，都是对劳动力市场行为基础和运作条件的破坏和背离，其中没有一个因素是劳动力市场本身所固有的。消除这些非市场因素对劳动力市场运作的干扰，竞争性劳动力市场体系的内在力量——“看不见的手”（作为利益分配的杠杆引导劳动力供求行为）和“生存竞争”（作为劳动力供求双方服从这种分配的外部强制）正常发挥作用，经济将具有自动促使劳动力资源实现最有效配置的客观趋向。

第三节 教育与劳动力市场的相互作用

对教育与劳动力市场关系的研究贯穿于教育经济学发展的整个过程中，从人力资本理论到劳动力市场分割理论和信号假说再到不完全合同理论、效率工资理论等，理论研究越来越趋近于问题的本质。在这一节里，我们将对这些理论进行概要的介绍。

一、教育与劳动力市场相互作用的理论

前面对竞争性劳动力市场运作过程的分析中，劳动力市场被抽象成一个简单的模型。其中，劳动力被假定为同质的，也就是说他们在劳动技能、劳动熟练程度和可接受培训能力等方面都被认为是相同的。可是，在现实的劳动力市场中，参与各种劳动力交易活动的劳动力并不是同质的，他们在劳动能力、性格倾向、兴趣爱好等方面都是迥然不同的。在这样的劳动力市场上，雇主并不完全了解每个劳动者的特质，他们需要一些必要的背景来选择雇佣工人，包括种族、性别、资历在内的多种因素都属于这种背景。而在当今社会，教育显然是其中最为重要的一个决定因素。在劳动力市场上，受过较好教育的劳动者总是被赋予较高的市场价值，并被配置在劳动力市场中较好的位置上。关于教育为什么能成为

劳动力市场上的重要背景因素，人力资本理论、劳动力市场分割理论、信号理论从不同的角度进行了分析。

1. 人力资本理论——教育可以提高人的劳动生产率

人力资本理论在20世纪60年代初的发展打破了新古典经济学的一个经典假设——所有工人都是同质的，从而使劳动经济学进入了一个新时代。经济学家考察工人之间生产能力的差异时，把工人的技能看做是内生的，并且可以通过教育、培训来改变。这样，工人接受的教育和培训可以看做是对自己的投资，在这上面付出的成本可以通过未来物质和货币收入的增加来得到补偿并获取收益。而教育和培训的作用是，直接促进个体的认知能力在其所包括的范围内，即从能力天平这一端的基本计算和读写能力到另一端较高级的逻辑和分析能力的逐步提高。这些增长起来的能力代表了较高的生产率，从而使工人在劳动力市场上获取了更多的收入。也就是说，人力资本理论认为，雇主之所以会给较高学历的劳动力以更多的工资，是因为他们在受教育过程中得到提高的认知能力确实使他们有了更高的劳动生产率。

2. 劳动力市场分割理论——教育的作用在于维持劳动力市场的稳定

劳动力市场分割理论虽然也认为学校教育对于改造一个人是有效的，但又认为重要的变化并不是认知能力方面的那些变化。这一理论对教育市场价值的认识与它对劳动力市场的认识息息相关。劳动力市场分割理论认为，劳动力市场并不是一个连续的整体，它可以分为主要劳动力市场和次要劳动力市场两个部分。两者在就业条件和晋升机会上千差万别。教育的职能就是维持两个劳动力市场共同存在的格局，使其稳定发展。教育的重要作用不在于提高劳动者的认知水平，而是培养一些非智力素质，使其能够适应不同劳动力市场的需要。教育在那些将补充到次要劳动力市场上去的受教育者身上培育的品质包括守时、服从和对权威的尊重，而在主要劳动力市场潜在就业者身上培养的品质则包括自信和决策能力。决定劳动者能进入哪个劳动力市场的是他所处的阶层，并不是他所受的教育。而一旦进入劳动力市场，与劳动者的工作地位和收入密切相关的就是他是在主要劳动力市场还是次要劳动力市场工作，而不是由劳动者的边际生产率决定的。

3. 信号理论——教育是一种选择机制

信号理论直截了当地对人力资本理论提出了怀疑，它并不认为学校通过发展受教育者的认知能力和个性品质就可以提高个人潜在的生产能力。它坚持在劳动力配置过程中，学校不过是一种选择机制，起信号作用。信号理论是以劳动力雇佣的不确定性为依据的，即雇主其实不可能确信无疑地掌握求职者的实际生产率，很多情况下，甚至在雇用后的很长时间内仍然如此。雇主仅以某些与生产率有关及可以观察到的标志为依据来选择雇员，正规教育便是其中最为重要的标志。正规教育程度的不同表明了劳动力不同的纯智力和动机水平，因为在正规教育过程中，具有较高智力和动机水平的人可以用同样的成本获取更高的收益或者取得相同的收益只需较低的成本，他们在学习中会有更多愉快体验。这样，劳动力的智力和动机与他们的受教育程度在一般情况下是成正比的。同时，劳动力的智力和动机水平与其生产能力又是相关的，因而雇主们往往凭借受教育程度这一信号来预测劳动力未来的工作成绩，给予相应的待遇。即使以受教育程度预测劳动力的未来工作成绩有失偏颇，正规教育至少可以预测劳动者在工作中学习的能力以及接受在职培训的能力，影响通常在工作中实施的正规或非正规的培训的费用。于是，潜在的劳动力按照他们的受教育程度被分为不同的等级排列在劳动力的行列之中。雇主就根据这个行列顺序来分配工作，把高度生产能力的工作分给那些排在队伍前面的人员，然后依次往下分配。

1976 年，布劳格对他的人力资本理论调查进行了总结，他预言："种种迹象表明，人力资本研究将逐渐失去其光彩，被新的信号理论所吞没。"① 但迄今为止，这一预言还未被证实。也许人力资本理论的确已不像 20 世纪 60—70 年代那么盛行，但与信号理论相比，支持率还是要高得多。而信号理论尤其是强信号理论正越来越多地受到怀疑。因为如果教育的作用仅仅在于提供筛选信号的话，这种选择手段就过于昂贵了，完全可以由智力、行为测试等方法取而代之。而且，雇主最终是会了解劳动力的劳动生产率的，教育的信号特征不可能在劳动者整个事业中都起作用。只是在雇佣活动的开始，雇主们由于没有获得判断劳动者劳动生产率的充分信息，会赋予高学历的人以高的起始工资。

总之，从劳动力市场理论的进一步发展可以看出，人们越来越重视教育在提高受教育者非智力素质方面所起的作用。个体认知能力的差异只能部分地解释劳动力生产能力的不同，而其他一些与经济活动有关的品质，例如纪律性、可靠性、持久性等被认为更具有市场价值。在劳动力市场上，受教育程度仍然具有信号作用，但人们对受过更多教育劳动力的期望不仅仅是认知能力更强，而且还包括更易于管理、更善于合作、更能够组织协调等。

二、教育对劳动力市场的作用

劳动力市场要有效地调节劳动力的供给与需求，就必须遵循一定的规律，教育也是在这种规律作用下对劳动力市场的资源配置发生作用的。劳动力供求规律，是劳动力市场运行的基本规律，也可以称为劳动力价格规律，因为在市场上供求与价格之间是双向运动、相互作用的。当劳动力需求大于供给时，劳动力价格（工资）呈上升趋势；劳动力需求小于供给时，劳动力价格呈下降趋势。同样，当劳动力价格提高，劳动力供给增加；当劳动力价格下降，劳动力供给减少。劳动力的市场运行，正是在劳动力价格变化中调节着劳动

① M. Blaug, The Empirical Status of Human Capital Theory: A Slightly Jaundiced Survey, *Journal of Economic Literature*, 1976, p. 850.

力的供求，并使之趋向相对平衡。这也就是市场经济中“看不见的手”在对社会劳动调节方面的作用表现。

需要指出的是，如果说劳动力价格（工资）与劳动力供给是成正比例关系，那么，它与劳动力需求则成反比例关系，工资越高，劳动力需求越低。这是因为，在市场经济条件下，企业全部生产经营活动都是以追求最大化利润为目的的，而企业的这种利润动机必然对劳动力市场产生具体行为。这就是企业为了追求高额利润或是为了保持一定的利润水平，往往要控制或把费用趋向零限，特别是在劳动力价格（工资）水平上涨时，它必然要裁减劳动力或选用更熟练的劳动力或选用低工资劳动力来代替原有劳动力。这时劳动力需求就会受到冲击，影响劳动力需求平衡。但是，如果劳动力的受教育程度增加，其边际生产率提高，当劳动力的边际生产率等于或大于劳动力的边际成本时，在一定限度内劳动力价格提高（工资上涨），不会降低企业的劳动力需求，同时，企业的利润还会增加（见图4—1）。

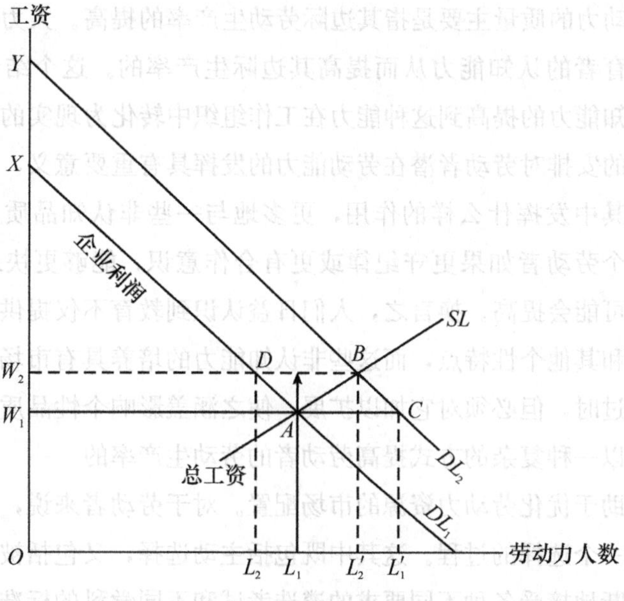

图 4—1　劳动力需求曲线图

图 4—1 中，当工资为 OW_1 时，劳动力需求量为 OL_1，若劳动力的边际生产率不变，当工资上升为 OW_2 时，劳动力需求量则下降为 OL_2，如因教育程度而使边际生产率提高，劳动力需求曲线可由 XDL_1 移向 YDL_2，则当工资维持不变时，劳动力需求量可增至 OL'_1；但因 C 点劳动力需求大于供给而为非均衡点，因此，势必提高工资至 OW_2 而达到新均衡点 B，与原均衡点 A 比较，工资提高了 W_1W_2，就业量增加了 $L_1L'_2$，故教育可能使工资提高而就业量同时增加。从另一方面来看，边际生产率的提高，不但可以增加劳动者的福利，同时也可使企业利润增加。从图中可以看出，原来总生产为 OL_1AX，劳动工

资为OL_1AW_1，企业利润为W_1AX。但当边际生产率提高后，总生产为OL'_2BY，劳动工资为OL'_2BW_2，企业利润为W_2BY。由此可见，教育导致边际生产率提高后，可使劳动力工资与企业利润一同上涨，并且增大了对劳动力的需求量。

那么教育为什么在劳动力市场中能够起到这种作用呢？我们前面介绍的人力资本理论、筛选假说、信号理论从不同的角度对这个问题进行了解释，三种理论之间的分歧是很大的。但随着研究的不断深入，人们认识到任何一种理论都不能充分地对这个问题作出解释。教育对受教育者，也就是潜在劳动者的影响是多方面的，教育与劳动力市场之间关系也是复杂的。现在，学术界对这个问题的解释从多个角度入手，突破了原有理论的一些局限，使其向着融和统一的方向发展。

首先，教育不仅能提高劳动者的认知能力，也能改善其非认知品质。从上文对劳动力供求规律的分析中不难发现，由于劳动者受教育程度的提高，出现了劳动力价格和就业容量同时上涨的情况，原因在于教育提高了劳动者的质量。从劳动力商品市场价值的角度出发，我们这里讲劳动力的质量主要是指其边际劳动生产率的提高。人力资本理论认为，教育是通过提高受教育者的认知能力从而提高其边际生产率的。这个结论或许没有错，但是，从受教育者认知能力的提高到这种能力在工作组织中转化为现实的生产力是一个复杂的过程。工作组织的安排对劳动者潜在劳动能力的发挥具有重要意义，而工作组织如何安排、劳动者可以在其中发挥什么样的作用，更多地与一些非认知品质，而不是与技术相关。也就是说，一个劳动者如果更守纪律或更有合作意识，能够更快地融入一个工作组织，其边际生产率可能会提高。换言之，人们日益认识到教育不仅提供知识，而且影响一个人的观点、动机和其他个性特点，而这些非认知能力的培养具有市场价值。这说明，人力资本的观点仍未过时，但必须对它加以扩展，使之涵盖影响个性品质的活动，同时必须认识到这类活动是以一种复杂的方式提高劳动者的劳动生产率的。

其次，教育有助于优化劳动力资源的市场配置。对于劳动者来说，教育不仅是能力培养的过程，而且是一个选择的过程。这其中既包括主动选择，又包括被动选择。从小学开始，受教育者就不断地接受各种不同要求的遴选考试和不同学科的标准化考试，这有助于他了解自己的能力水平。另外，在与同伴交往和学校组织的各种活动中，他不断地作出各种选择：是否需要同伴，喜欢哪种类型的同伴，是否积极参加活动，对哪些活动比较感兴趣，等等。这些选择构成了他的生活，昭示并塑造着他独特的个性。正是在接受教育的过程中，受教育者对于自己的相关特征和能力倾向逐渐有了一个清晰的了解。我们假设受教育者是理性的，那么，基于对自己的了解，在升学竞争中，他会作出恰当的选择。当然，受教育者的自我选择并不是唯一决定因素，他还必须参加严格的遴选以确定是否具备了相关的才能。这样，经历了一系列的主动和被动选择以后，受教育者归属了教育体系中的一个特定群体，这为雇主提供了了解他的信息。因为劳动力并非同质的，雇主不了解劳动力的边际生产率，而且他也不可能花费巨大的成本去逐个了解。他需要一些具有信号功能的劳动力背景特征，以便能够降低选择雇员的成本。而劳动力最终接受什么层次、什么类型的教育是建立在自我选择的基础上的，而且经过教育过程中的种种活动，我们有理由认为，对于自己的能力水平和性格特征，劳动力比雇主有着更多的了解。那么，根据其受教育状况对劳动力进行配置是有效益的，它防止了劳动力市场最初盲目的非最优配置。

三、劳动力市场对教育的作用

在大多数社会中，教育与工作紧密相连，学校教育是青少年的主要社会经历，而工作则是成年人的主要社会经历。劳动力市场把人的这两种经历联系起来，雇主或用人单位在劳动力市场上发布的劳动力需求信息会从各个方面影响学校教育的发展。

教育经济学家从社会本位的角度出发，认为学校的社会功能应该是培养数量适当，以及具有适当技能、行为的劳动者，以便为生产体系服务。也就是说，学校应该通过为现存经济秩序培养劳动者来体现“社会效率”，其成功的标准是学校在多大程度上提供了社会所需要的人才。教育规划在很大程度上是建立在对教育与劳动关系的这种认识基础上的。大多数规划方法都假定课程结构、招生人数和教学质量应符合劳动力的需求。也就是说，教育制度必须从属于生产制度，教育发展的最终目的在于满足劳动力市场上的劳动力需求。在这种思想指导下，劳动力市场的需求不仅影响着教育机构的专业设置、供给结构等，甚至教育机构本身的许多特点都是与劳动力市场上雇主或用人单位的特点相呼应的。

第一，劳动组织的等级森严和非人性化导致学校等级分明、官僚色彩浓重。学校和劳动组织一样都是等级森严的组织。在现代企业，公司结构是金字塔形的，大量底层劳动者在严格的监管和严密的规章制度下工作。而在企业的高层，则由少数管理人员负责企业的整体决策；企业的中层管理者既负有劳动的职责，又负有监督的责任。劳动者在等级制度中所处的位置决定了他的权利、地位、收入以及升迁的机会。在学校组织中也是一样，学校通过以校长为核心的校级管理人员、中层干部和骨干教师等对学校实行高度集权化管理。在教育活动开始之前，教师和学生的工作程序在没有师生参与的情况下已经制定完毕。课程与教学法的设计与计划、课程的顺序安排、教科书的选择以及评估方法等通常都是在教育专家的协助下，按照政治和行政管理程序制定的。而程序的制定和评估通常是由任课老师和其他专业人士来执行的，这些人士在学校等级中具有很高的地位，对学生也具有一定的权威。每门课一般都被划分为单元或子单元。这些单元被按部就班地教授并且常常由学生通过死记硬背的方式来学习以便通过各单元的标准化考试。这样一来，学生就无法支配自己的学习时间，也很难有对学习过程的真正投入，但又总是被期待着对各种要求作出正确的反应。

第二，学校对学生活动的控制和对学生积极性的调动是通过一套完善的外因激励和其他方式进行的，比如分数、升级以及获得更高层次的教育机会等。对大多数受教育者而言，人们接受教育的意愿是由教育活动之外的激励推动产生的，而不是来自教育活动本身的吸引力。像大部分劳动者一样，学生也被排斥在教学过程之外，被置于与其他学生为了学校的奖励和督导者的赞赏而去竞争的地位。因为学校是按照一种学生无法控制的组织方法和程序来规划、管理、监督和评估的，所以学校教育活动很少会激发出令人满意的内在驱动力。

第三，在对待不同的社会阶层背景、种族和性别的人时，学校教育与工作组织遥相呼应。在工作组织中，大部分报酬高、责任重和地位高的岗位一般都被教育程度较高和社会地位较高的人所占据。在学校里一般出身差的学生要比那些出身好的学生接受的教育更少，教育质量也要差得多。对农村居民、少数民族的孩子和妇女来讲情况也是如此。

第四节　教育对劳动力市场的适应

在市场经济中，一般把实现劳动力资源的最佳配置作为劳动力市场运行的理想目标，对于受过教育的劳动力来说也是一样，他们追求的是教育对劳动力市场需求的准确预测，灵敏适应，受教育者都能够找到适当的工作岗位，人尽其才，才尽其用，而且劳动力资源配置完全靠市场自行调节，没有任何摩擦，劳动力市场处于出清的状态。然而，现实中教育与劳动力市场的关系和这种理想状态存在着很大的偏差和矛盾。这是因为劳动力市场并不像理论假设中那样十全十美，而教育对劳动力市场的反应又有其自身的特点。就我国而言，一方面劳动力市场发育很不成熟，另一方面教育体制改革与经济体制改革不能同步，教育对劳动力市场的适应中存在的问题就更多了。

一、我国劳动力市场的特点

我国的劳动力市场是随着我国经济体制改革的不断深入逐渐建立起来的。由于建立的时间短，加之它所处的制度环境、社会结构以及体制和政策的原因，与西方发达国家的劳动力市场相比，我国劳动力市场具有一些突出的特点。

1. 政府宏观调控力度较大

我国劳动力市场的这一特点与其形成过程密切相关。改革开放前，我国一直实行的是国家宏观调控为主的计划经济体制，在劳动力分配上以统包统分为主。改革开放以后，社会主义市场经济体制逐步建立起来。其中，劳动力市场从一开始建立就有政府力量的参与。而且，劳动力市场的一个重要参与者国有企业，自 1984 年以来，虽然经历了二十多年的改革也并未真正实现自主经营、自负盈亏，中央和地方政府仍以各种形式、方法程度不一地控制着它的发展。这样，由于历史和现实的原因，在我国劳动力市场上，政府宏观调控这只“看得见的手”有时仍然会僭越它的权限，市场对劳动力资源的配置作用实际上受到了限制。

2. 劳动力的流动存在障碍

劳动力是比其他生产资料流动性更强的生产要素。因为劳动力资源天然是以劳动者个人所有的形式存在的，其可流动的最小经济规模是劳动者个体，这就为劳动力的流动创造了最基本的条件。另外，劳动者可以通过不断学习，更新自己的知识结构和专业技能，提高自己对职业变化的适应能力，降低劳动力资源的专用性，进一步扫清劳动力流动的实际障碍，所以劳动力本来应该是整个市场体系中流动性最强的资源。但由于制度壁垒和经济结构的原因，我国劳动力流动障碍重重。目前，国有经济所有权与经营权统一的经济制度、用工制度、工资制度、社会保障制度中没有理顺的一些问题都在影响着劳动力市场的发育。我国长期以来存在的户籍制度更是将地区之间、城乡之间的居民强制封闭分割。它不仅严格地将农村劳动力阻隔在城门之外，其实也限制了城市劳动力的流动，如中小城市的劳动者想进入大城市难，想进入北京、上海这样的特大城市就更难。这实质上是一种低效率的制度，是应该逐步取消的。另外，现行就业、福利统一的劳动制度阻碍着国有企事业单位劳动力的流动。

3. 我国劳动力市场是一个综合体系

由于经济、社会等各个方面的原因，我国现阶段并没有形成全国统一的劳动力市场，也不存在整齐划一的标准模式，而是一个由多种市场模式组成的综合体系。各种简单的或复杂的、规范的或不规范的、完善的或不完善的劳动力市场都包容在这个体系之中。综合体系内各类劳动力市场的发育水平很不相同，如经济发展水平不同的地区，其劳动力市场的发育水平很不相同；各种专门化人才市场的发育水平也很不一样。一般地说，经济发达地区劳动力的需求较大，劳动力的流动性较强，劳动力市场的发育程度也较高；相反，经济欠发达地区劳动力的市场发育就显得不足。而且，由于城乡壁垒的存在，对于城市劳动力市场来说，已具雏形的农村劳动力市场是相对独立的。这样，没有一个统一的劳动力市场，城乡之间、不同经济性质的企业之间、发达地区与欠发达地区之间的劳动力资源的流动仍然会存在着实际上的障碍。

4. 我国劳动力市场的信息化程度不高

信息是一种昂贵的资源，它也是劳动力市场的一个重要组成因素。现实世界是以信息的不完全为特征的。寻业者只知道劳动力需求的部分信息，雇主只知道某些劳动力供给的信息，连劳动力计划当局也不可能掌握全部的劳动力供求信息，尤其是难以掌握随时会变动的信息。特别重要的是，任何经济主体，不管是劳动力供给方，还是劳动力需求方，其信息的获得都不是无代价的，必须要付出一定的成本进行信息搜寻。不同类型、发育阶段的劳动力市场其搜寻机制也有很多不同，与该市场的一系列制度环境有关。就我国劳动力市场而言，市场因素正逐渐渗入，但行政配置仍占据主要地位。在这种情况下，市场型信息组织的发展只能处于次要地位，信息来源较为狭窄，信息化不可能达到一定程度。

二、我国教育适应劳动力市场需求中的问题

在劳动力市场上，雇主对劳动力的要求大致可以分为数量的要求、质量的要求和结构的要求。从数量、结构和质量上看，当前，我国教育和劳动力市场不相适应的问题依然存在。

1. 总量上的供不应求

长期以来，我国社会总资源对教育领域的投入就存在不足，教育发展的规模、速度受限，质量不高，因而劳动力后备力量的总体素质不能满足经济发展和劳动力市场对高质量劳动力的需求。

劳动力市场对劳动力类型和总体素质的要求并不是凭空而来或随意设定的，是由国家整个产业的配置状况和总体技术装备水平所决定的，有着鲜明的时代性和国别特征，我国在这方面的情况比较复杂，既有具手工操作技术特点的劳动，也有技术高度发展的产业部门。就一般情况和今后的发展走向看，我国的主要工业部门已经进入了机械化时期，并向高技术方面迈进，农业生产也迅速向商品化、机械化和科学化方向迈进，而服务业和知识产业正迅速与国际惯例和国际标准接轨，并向电子化方向发展。按照产业技术与劳动力的对应关系，我国在当前和今后不太长的一段时间里，劳动力的总体素质应当是：在中心城市和沿海发达地区，劳动力应当普遍具备高中以上文化程度，并掌握一定的专业技能或职业技术；在西部欠发达地区，劳动力应当普遍具有初中以上文化程度，并掌握一定的专业技能和职业技术。但我国教育系统曾经和正在提供的劳动力与这个要求还相差很远。

2. 供给结构上的失衡

与教育总量供给严重不足并存的是供给结构上的严重失衡。供给结构可分为层次结构、类别结构和地域结构，而在每一种结构上，我国的教育供给都存在着这样或那样的问题。

首先，在层次结构上，我国教育由于长期以来向高等教育倾斜过多，对基础教育阶段投入严重不足。而就我国国情而言，能为社会发展带来更多收益的却是基础教育。另外，高等教育本身的层次结构也不合理。按照现代产业对较高层次劳动力的实际需求，由研究生、本科生、专科生三层次构成的高等教育体系本应当为宝塔形，但我国目前却呈枣核形——两头小，中间大。

其次，在地域结构上，一方面大中城市、沿海发达地区的劳动力市场上高等教育人才就业困难，出现明显的人才高消费现象；而另一方面，广大农村、边远地区和中小城市急

需人才，求贤若渴，却应聘者寥寥。1997 年以来，国家教育发展研究中心和教育部学生司等有关单位，在全国范围内先后进行了有关高等学校毕业生就业状况调查，调查发现：毕业生在大中城市就业者占总数的 80.8%，而在县城就业者占 15.2%，去农村的仅占 4%。调查显示，越是经济发达、人才密集地区接受的毕业生越多，越是经济欠发达、人才稀缺的地区接收的毕业生越少。经济发达地区是毕业生的“流入地区”，欠发达地区是毕业生的“流出地区”，两极分化趋势十分明显。①

再次，类别结构上的供求失衡集中表现在高等教育阶段。虽然我国高等教育的种类结构经过逐年调整后渐趋合理，但文史哲、经济学、理学在校生比例仍然偏高。这些学科的很多学生从拿到入学通知书的那天起，就面临着失业的命运，因为我国现有的这类人才、专家已经偏多。而另一方面，一些应用学科、新型学科在校生比例偏低。我国原有这些学科人才的缺口就比较大，而且随着经济社会的发展，对以上学科的人才社会需求还将逐渐增大。显然，我国目前的这种教育类别结构有失合理。

3. 教育供给质量不能满足劳动力市场需求

这是指由于教育质量低下或某些专业人才不合格而引起的教育有效供给不足。在我国，大量薄弱中小学提供的低质量的教育机会和部分专业人才质量不合格都属于这种形式。薄弱中小学是相对于重点中小学而言的，是财政长期不公平倾斜的结果。由于资金、师资和校风等各方面的原因，薄弱中小学的学生虽然付出了同样的时间和精力，其教育收益却远远低于其他学校。在高等教育阶段，由于教育质量低造成的教育浪费现象同样存在。近些年许多高等专科学校都是由中等专业学校升格而来的，无论是师资、资料，还是设施、仪器和管理水平，都无法适应高等教育的需求。许多学校名为高等专科学校，它培养出来的学生在知识、能力等方面实际上与中等专业学校的学生没有任何差别。这些毕业生在劳动力市场上不能胜任与其学历相应的职位，使专科生的社会地位和声誉大大降低。另外，由于高等教育机会仍然不足，有些办学机构利用学生需要高学历的迫切心情，贪多求快，办了大量专科、本科自修考试辅导班，只图收取高额学费，却不管学生是否能拿到文凭以及文凭能否名实相符。这种“速成人才”在劳动力市场上的境遇可想而知。

三、教育不适应劳动力市场需求的原因

由于教育生产的周期长，受教育者只能根据当时的毕业生在劳动力市场上的际遇作出自己的教育决策。这与几年以后劳动力市场的需求难免会存在偏差。而且我国的劳动力市场建立的时间短，发育还不成熟。这样，我国教育不适应劳动力市场的需求就不是单方面的原因了。

① 参见国家教育发展研究中心编著：《2000 年中国教育绿皮书》，124 页，北京，教育科学出版社，2000。

1. 工资机制僵化，导致个人教育需求不足

在劳动力市场上，工资其实就是劳动力商品的价格，它标志着劳动力的价值。根据边际劳动递减规律，追求利润最大化的厂商付给劳动力的工资总是与其边际生产率相当的。劳动力所受的教育可以提高其劳动生产率，厂商因此会支付给他更高的工资。劳动力投入在教育中的时间、金钱、精力能获得超出成本的收益，他对教育的需求便会增加。可是，在我国，尤其是政府机关和事业单位，工资并没有完全实现市场化，刚性的工资制度依然存在，而且工龄对工资的增长往往起着非常重要的作用。这样，购买教育不仅要付出直接成本，更重要的，它的间接成本是非常昂贵的，教育的有限收益不一定能够补偿受教育者所付出的成本。许多人在权衡了就业与升学的利弊后选择了前者，他们虽然有支付教育费用的能力却没有教育需求。而教育需求的不足又限制了我国教育事业的发展和劳动力素质的提高。

2. 劳动力市场二元分化严重，引起教育的二元分化

城乡二元经济是我国现阶段经济发展的一个主要特征。经济发达地区和落后地区存在着较大的差别，主要劳动力市场和次要劳动力市场之间的界限分明。大城市和发达地区的大公司、大企业、大机构为劳动者提供工资待遇高、升迁机会多的工作，人人趋之若鹜，可称为主要劳动力市场。中小城市、农村、经济欠发达地区和大城市中一些较差的部门提供的就业机会收入较少，工作条件差，竞争性低，可称为次要劳动力市场。主要劳动力市场上人才供不应求，就业要求一再拔高，出现了人才高消费现象。因此，为了顺利就业，越来越多的人渴望接受高质量、高层次的教育，从中小学开始，入学考试的竞争进入白热化状态。在这种激烈的竞争过程中，重点学校和薄弱学校正越来越早地对学生进行分化。学生一旦被分流到薄弱高中或薄弱初中就几乎没有了升入大学，特别是重点名牌大学的希望，主要劳动力市场的大门对他们也就关闭了。即使接受过高中教育甚至专科教育对他们的生活际遇也不会有太大改善，因此这些学生往往早早就辍学了。这样，劳动力市场的二元分化实际上引起了教育的二元分化。一方面，高等教育在虚假需求的压力下不断膨胀；另一方面，基础教育的辍学率不断提高。这两种情况都是对教育资源的浪费。

3. 劳动力市场信息化程度不高，教育体制改革不彻底

在我国，由于市场型信息组织的发展还没有占据主导地位，信息化不可能达到一定的程度。有研究者对上海若干大学毕业生抽样问卷调查，有15%的人将“不知道哪些单位需要我，适合我”列为寻找工作的重要障碍；另有5%的人认为“找工作要投入的时间、精力和开支太高了”。这都是劳动力市场信息供给机制不健全的明证。这一现象的形成当然也有教育体制的原因。自1993年教育体制改革以来，我国教育事业发展有了很大改观，主动适应劳动力市场对人才需求的意识大大增强。毕业生在劳动力市场上与用人单位面对面，自主择业。毕业生的就业情况对学校的声誉和生源都有着很大影响，学校因此十分关心劳动力市场的需求。但是，学校并没有充分的自主权，它还是受到层层限制，不能根据

市场需求信息及时调整专业结构，培养适应经济发展需要的人才。这样，一方面劳动力市场提供的信息不充分，另一方面教育系统由于自身的原因，不能充分利用劳动力需求信息。教育类别结构的失衡正是由这两方面的原因造成的。

四、改变教育不适应劳动力市场状况的对策

教育培养的人才最终要走向劳动力市场，劳动力市场发育是否成熟，其运行机制是否科学，教育对劳动力市场的需求反应是否灵敏都会对教育适应劳动力市场的状况有所影响。因此，要改变目前我国教育不适应劳动力市场的状况，必须从教育和劳动力市场两个方面同时入手。

1. 建立市场决定工资机制，用工资调节劳动力分配

工资机制是劳动力市场运行的核心机制，没有健全的工资机制，就不会有劳动力市场的正常运行。在我国，工资机制的不健全已成为制约劳动力市场进一步发展和完善的障碍。在劳动力相对集中的国有企事业单位实行的还是行政定级的刚性工资制度；而在已形成单位用人自主、劳动者择业自由的领域，劳动力价格与总价格体系严重偏离，工资机制极不合理。要改变这种局面，就必须建立市场调节工资机制，即工资的形成和决定过程市场化。劳动力供求双方在劳动力市场上通过平等协商达成一致意见，形成双方都能接受的工资标准，以及各工种、各岗位之间的相对工资，进而形成全国范围的均衡工资率。市场决定工资机制的作用过程，实际上就是劳动力供求双方平等协商的过程和劳动力的市场议价过程。因此，通过市场决定工资机制形成的工资水平能够比较客观、公正、准确地反应劳动力价值的大小及其市场稀缺程度，从而引导劳动力的合理流动，促进劳动力资源的优化配置。这样，受教育者在劳动力市场上就能够取得与其教育程度相当的收益，实质上，它激发了人们对教育的需求。

2. 加强教育战略地位的观念，增加教育投入

在我国，要想使造就高质量劳动力群体的教育有一个历史性的改革和发展，人们对教育的价值、地位和意义的认识，首先必须有一个根本性的改变。根据世界各国在20世纪60年代共同创造“教育黄金时代”的历史经验，具有现代意识的教育新观念主要包括如下几个方面：(1) 教育立国的观念。与传统教育相比，现代教育在国家发展中所起的作用已经大大加强了。传统教育一般只作用于社会中少数人的特定年龄阶段，而现代教育作用于社会的每一个成员，并贯穿于人的一生，从而成为人们最基本的社会活动之一；传统教育一般只对社会和人的发展的某些方面发生影响，而现代教育已经渗透到社会和人的发展的方方面面，名副其实地成为人与社会发展的基础，是现代国家立民立国之本。(2) 教育投资是高效益投资的观念。从长远来看，教育绝不只是一种消费活动，它是投入在受教育者身上的一种人力资本。受教育者走上工作岗位后，这项投资开始获取收益，包括社会收

益和个人收益。这种收益远远大于成本，而且，比一般的物力资本投资更有效益。(3) 教育先行的观念。教育先行通常包含如下两层意思：一是教育投资的增长速度一般应适度超过经济增长的速度，以使教育部门有足够的物力、财力和人力着手为经济和社会未来发展的需要超前培养人才；二是教育部门在确定毕业生的培养规格以及教育内容、教育方式、教育方法时，要跳出现实需求的束缚，把经济和社会未来发展的需求考虑进来。

3. 建立市场中介组织，增强学校自主权

我国现行的劳动力配置多由准行政市场组织完成。它介于行政中介组织和市场中介组织之间，既以行政调配为主要职能，同时又具有促成供求双方互换信息的新职能。这种组织由我国原先完全行政型信息组织转变而来的，是改革开放的成果。但它也存在一些问题，主要是其市场性职能太薄弱，而劳动力市场发育的一个重要前提是市场型信息组织的建立。所以，目前重要的是加强准行政型信息组织的经济功能，促使其向市场型信息组织转换，并严格规范收费制度，提高服务质量。在此基础上，扩大服务范围，完善信息网络，强化服务监督。这样就能够大大降低信息搜寻成本，提高信息搜寻效率，有利于劳动力获取全面有效的信息，提高我国劳动力市场的信息化程度，受教育者在劳动力市场上就更有可能找到适合自己的工作，实现人尽其才、才尽其用。同时，我们要深化教育体制改革，给予学校充分的自主权，便于它们根据毕业生就业状况适当调整办学方向和专业结构，适应劳动力市场需求。

4. 清除劳动力市场的制度壁垒，建立全国统一的劳动力市场

二元经济是由特殊国情决定的我国经济发展的一个必然阶段，不是在短期内可以跨越的。但我们可以做到的是清除一些制度壁垒，减少二元经济结构对劳动力市场发育的障碍。改革开放以后，许多不合理的限制正在被逐渐打破，但许多地方仅从地方利益出发，仍然采取多种行政手段，如不给办户籍关系，不给办档案和劳资关系等，将实际上已经不能充分发挥才能的职工束缚在自己的单位中。这显然不利于充分发挥劳动者的积极性和聪明才智，在全国范围内实行劳动力的合理配置。

从发达国家劳动力市场的演变历史来看，由区域分割走向全国统一是一种历史发展的必然。因为从本质上看，劳动力市场与其他商品市场一样，失去了开放性和平等竞争的机制，也就失去了市场经济的优势。我国要建立全国统一的劳动力市场就必须逐渐消除重重制度壁垒。

具体来讲，第一，应尽快打破农业、非农业户口管理二元结构，建立全国城乡统一的户口登记管理制度。第二，要逐步放宽户口迁移的限制，以具有合法固定的住所、稳定的职业和生活来源为基本落户条件，调整户口迁移政策，根据经济、社会发展的客观要求和社会的综合承受能力，最终实现户口自由迁徙。第三，要逐步剥离各有关部门附加在户口管理上的诸多行政管理职能，还户口管理的本来面目。

前已述及，劳动力市场的正常运转依赖于社会诸多方面的协调和支持，而这些正是我国当前的薄弱环节，因而强化和建设与劳动力市场相配套的社会支持和调节系统，必将成为今后我国劳动人事制度改革的重点方向。目前维持失业者生活保障的社会保险和社会福利系统以及调节和解决劳动纠纷的社会仲裁系统都已经出台，提供专业培训的社会教育系统和提供求职与供职信息的信息服务系统也正在发展之中。这些支持系统目前虽然还很脆弱，却代表了整个社会劳动力系统的正确发展方向，因而具有强大的生命力。

本章小结

教育经济学的核心存在于教育与劳动力市场的联系之中。因此，对教育与劳动力市场关系的研究贯穿教育经济学发展的整个过程，人力资本理论、劳动力市场分割理论、信号理论从不同的角度进行了分析，三种理论之间的分歧是很大的。但随着研究的不断深入，人们认识到任何一种理论都不能充分地对这个问题作出解释。教育对受教育者，也就是潜在劳动者的影响是多方面的，教育与劳动力市场之间关系也是复杂的。一方面，教育能对劳动力市场的资源配置发生作用。这是因为，首先，教育不仅能提高劳动者的认知能力，也能改善其非认知品质；其次，雇主根据其受教育状况对劳动力进行配置是有效的，它防止了劳动力市场最初盲目的非最优配置。另一方面，劳动力市场对教育的发展也产生较大影响。这是因为，在大多数社会中，教育与工作紧密相连，学校教育是青少年的主要社会经历，而工作则是成年人的主要社会经历。劳动力市场把人的这两种经历联系起来，雇主或用人单位在劳动力市场上发布的劳动力需求信息会从各个方面影响学校教育的发展。就我国当前的情况来看，一方面劳动力市场发育很不成熟，另一方面教育体制改革与经济体制改革不能同步，教育对劳动力市场的适应中存在的问题就更多了。因此，要改变目前我国教育与劳动力市场不相适应的状况，必须从教育和劳动力市场两个方面同时入手。具体来讲，要建立市场决定工资机制，用工资调节劳动力分配；加强教育战略地位的观念，增加教育投入；建立市场中介组织，增强学校自立权；消除劳动力市场壁垒等。

思考题

1. 简述劳动力市场的概念和功能。
2. 简述劳动力市场的分类及特点。
3. 简述竞争性劳动力市场及其运作特征。
4. 分析教育对劳动力市场的作用。
5. 当前我国劳动力市场具有哪些特点？
6. 分析我国教育不适应劳动力市场需求的原因。

7. 近些年来，一方面每年有大量的高校毕业生找不到工作岗位，另一方面又有许多工作岗位找不到合适的人去做。请你运用教育经济学的相关理论分析产生这一问题的原因，并提出解决问题的对策。

阅读导航

1. 赖德胜. 教育、劳动力市场与收入分配. 经济研究，1998（5）

教育对收入分配有重要影响，而且这种影响随社会的发展而日见明显。因此，自20世纪50年代以来，各国政府都自觉地把发展教育看作是改善收入分配的重要措施，有关这一主题的文献更是汗牛充栋，现在已有70多个国家对教育收益率进行估算。全文利用中国社会科学院经济研究所收入分配与改革课题组的资料对中国城镇1995年的私人教育收益率进行估算，并对中国私人教育收益率的形成给出一个解释，并在此基础上提出了若干政策建议。

2. 沈琴琴主编. 劳动经济学. 北京：中国人民大学出版社，2013

该书广泛吸收劳动经济学科最新的前沿学术研究成果，对劳动经济的基本理论以及劳动经济理论在中国的应用作了较为详尽的讲解。全书共11章，包括导论、劳动力市场概论、劳动力供给、劳动力需求、人力资本投资、劳动就业与失业、劳动力流动、劳动力市场歧视、工资与收入分配、劳动关系、工会与劳动力市场。

3. 曾湘泉主编. 劳动经济学（第二版）. 上海：复旦大学出版社，2010

该书是作者根据国际通用的劳动经济学理论分析框架，紧扣中国劳动力市场运行的实际特点，在多年的讲课积累和企业管理咨询实践的基础上编写而成的。全书共九章，包括导言，劳动需求分析，劳动供给分析，人力资本投资，劳动力流动，工资的确定及制度设计，劳动力市场歧视，收入分配差距变化的趋势、成因及对策，失业等。

第五章

教育供给与需求

本章提要

本章围绕教育供求问题，主要探讨教育与劳动力供求的关系，分析教育需求与教育供给的类型及影响因素，揭示教育供求矛盾运动及其调节规律。

教育的供求关系是伴随着市场经济发展而产生的现实问题，它不仅涉及个体对教育机会的选择，而且关系到教育规划的制定和国家的教育投资政策，进而影响一国教育的发展和经济、社会的进步。所以，教育供求问题是进一步研究教育与经济关系的重要理论课题。

第一节　教育与劳动力供求

由于教育过程是劳动力再生产过程的一个重要的组成部分，从属于社会物质生产过程，因此，在分析教育供给与需求问题时，首先应从分析劳动力供求关系入手，进而揭示教育对劳动力供求的影响，以便在此基础上探讨教育供求关系及其与市场经济的联系，寻求建立适合我国国情的、切实可行的教育供求调节机制。

一、劳动力与劳动力资源

劳动力是指劳动者从事生产劳动的能力。“我们把劳动力或劳动能力，理解为人的身体即活的人体中存在的、每当人生产某种使用价值时就运用的体力和智力的总和。"① 在这里，马克思揭示了劳动力的三个特点：第一，劳动力存在于活的人体之中，它不能与活的人体相分离，每一个生存着的个人都有着不同的特点和经验积累。因此，与其他生产要素相比较，劳动力具有鲜明的个性特征，是一种特殊的生产要素。第二，劳动力不仅包括人的体力，还包括人的智力。劳动者体力与智力支出比例（一国从事体力与脑力劳动人员比例）反映了劳动力总体的质量。劳动力的质量和数量构成一国劳动力资源。第三，劳动力只有在劳动过程中才能表现出来，即在有目的地运用劳动手段作用于劳动对象的过程中，劳动主体所支出的体力和智力之总和，构成了现实劳动力。

劳动力资源又称人力资源，一个国家或地区的劳动力资源是指它所拥有的劳动力人口的数量和质量。劳动力资源的内涵是指劳动力数量与质量的统一，劳动力资源的外延包括潜在的劳动力资源和现实的劳动力资源。现实的劳动力资源是指劳动适龄人口中有工作能力，有意愿并积极谋职、任职者，以及劳动适龄人口之外的实际工作者（我国男子的劳动年龄规定为16～60周岁，女子为16～55周岁）。潜在的劳动力资源是指劳动适龄人口中有工作能力与意愿，但由于种种原因而未参加工作的人口，例如16岁以上的在校学生和失业者。潜在的和现实的劳动力资源共同构成一国劳动力资源的总和。

如果说劳动力资源的量主要受到人口总量、人口年龄结构及性别结构的影响，那么劳动力资源的质则主要受到一国教育发展水平的影响。因为劳动力资源的质是指一国劳动力所具有的知识技能和改造自然的能力，在具体劳动者身上，劳动力资源的质反映了劳动者主体的身体素质、文化技术水平、思维与操作能力及思想道德修养等因素，提高和改善这些因素主要依靠教育。在现代经济发展中，劳动力资源的质比劳动力资源的量更加重要，因而，要提高一个国家劳动力资源应以提高人口质量为重点，大力发展教育。

二、劳动力需求

劳动力需求是指企业在一定时期内愿意并能够购买的劳动力的数量。可见，劳动力需求是以购买欲望为前提、以支付能力为保证的，二者缺一都不能构成劳动力需求。

从理论上看，劳动力的需求量遵循劳动力的需求规律，这与一般商品的需求规律并无二致，即在其他条件不变的情况下，当劳动力价格（工资）上涨时，需求量减少，当劳动力价格下降时，需求量增加，劳动力需求量与劳动力的价格成反比关系。但是，劳动力商品不同于一般的商品，不同之处在于企业并不是为了消费而产生对劳动力的需求，在企业看来，劳动力与资金、土地、原材料、技术、机器设备一样，也是一种重要的生产要素，企业主在决定劳动力需求时，总是着眼于利益最大化，这样，在现实中，企业不仅仅考虑

① 《马克思恩格斯全集》，中文1版，第23卷，190页。

劳动力价格，而是主要考虑增加一个劳动力可能带来的收入与成本之比，在确定收入大于成本的前提下才会增加对劳动力的需求。只有如此，企业才能获得尽可能多的利润，实现利益最大化。为了对成本—收入作出准确的比较，企业往往借助于一种较为流行的劳动力需求理论——边际收益率理论来进行决策。

边际收益率理论的核心是将某种生产要素的边际收入和它的边际成本作比较。劳动力同其他物质生产要素都适用于这种理论。劳动力的边际成本，亦即追加使用一个单位的劳动力所需要追加的成本（如工资）。劳动力的边际收入，亦即增加使用一个单位的劳动力所带来的追加收入。当劳动力的边际收入高于其雇佣成本时，边际收益率为正，企业增雇劳动力能够获得更多利润，于是增加劳动力需求；当劳动力的边际收入等于其雇佣成本时，边际收益率为零，企业增雇劳动力变得无利可图，于是既不增加也不减少劳动力需求，这表明企业对劳动力需求达到了最大规模，实现了利润最大化；当劳动力边际收入低于其雇佣成本时，增加一个劳动力不但无利可图，反而亏损，为了减少亏损，企业就减少劳动力需求。可见，企业是根据劳动力的边际收益率而不完全是劳动力价格来决定劳动力需求数量的。也就是说，只要边际收益率为正，即使劳动力价格提高，企业对劳动力的需求仍然增加，而不是减少。

以上是从微观的角度来分析单个企业的劳动力需求，从宏观上看，劳动力总需求受制于多种因素，仅仅用边际收益率理论来解释是不够的，应当从以下几种因素来综合分析：

第一，经济发展水平。一般来说，在经济繁荣时期，一国的社会就业率就比较高，经济萧条时期，就业率就比较低，原因在于，经济繁荣时期，社会生产不断扩张，创造的就业机会就多，对劳动力的需求就会不断增加，经济萧条时期，情况则完全相反。这表明，经济发展水平高、发展速度快的国家和地区，社会的生产总量大，对劳动力的需求就多；经济发展水平低、发展速度慢的国家和地区，对劳动力的需求就少。所以，在我国沿海经济发达城市，尽管地狭人稠，却仍然不断吸引着许多来自中西部等经济落后地区的劳动力。

第二，产业结构。如果说经济发展水平决定着劳动力需求总量，那么，一国的产业结构决定着劳动力的需求结构。第一、第二、第三产业的构成比例决定着对体力劳动者、脑力劳动者及其不同熟练程度劳动力的需求比例。不同行业、不同职业内部的产品结构、技术结构亦决定着各类劳动力的需求总量及其比例。世界各国经济发展的一般趋势是，第一产业生产值占国民生产总值的比例逐渐下降，第二、第三产业逐渐上升，其中第三产业最突出，目前发达国家第三产业的比例已经超过50%，这种产业结构的变化必然引起产业及行业之间工作技能的迁移，从而导致对各类劳动力的需求比例发生变化，具体而言，这种变化致使对第三产业劳动力的需求日益增加，对第一产业劳动力的需求逐步减少。可见，劳动力需求结构及其变化在很大程度上受制于产业结构及其变化。

第三，技术水平。技术水平因素对劳动力需求所产生的影响十分明显，一方面，技术水平的提高和先进技术设备的应用使生产过程的机械化、自动化水平提高，操作技术趋于复杂，只需数量较少、质量较高的劳动力就可以完成以前大量的工作，这就是所谓的“机器排挤工人”现象，以至大大降低了对低层次劳动力的需求；另一方面，技术水平的提高和广泛应用导致一些新行业不断兴起，一些传统行业逐渐衰落，于是社会增加对掌握新技术的劳动力的需求，减少对不适应新技术要求的劳动力的需求。结果就会出现劳动力的结构性失业问题，即一些劳动者由于不能适应新技术的要求而找不到工作，一些新兴行业的工作岗位找不到拥有相应技术的劳动者，这两种情况同时存在。不过，从长期来看，科学技术是第一生产力，技术水平的提高可以推动生产力发展，增加社会总产量，进而扩大劳动力需求。

此外，纵观社会因素的影响，社会人口增长、人口年龄构成及其变动趋势、消费水平变化、社会文化背景以及人们的价值观念变化等，会影响到社会劳动力的长期需求。国际局势、国内政治状况、公众舆论以及劳资政策等因素，则对劳动力的短期需求发生一定的影响。总之，劳动力需求反映着由许多因素制约着的复杂的经济关系。

三、劳动力供给

劳动力供给是指劳动者在一定时期内愿意并能够提供给市场的劳动力数量。显然，劳动力供给的内在规定性也包括两个方面：一是供给的愿望，二是供给的能力，二者缺一即不构成劳动力供给。

一个国家或地区在一定时期的劳动力供给由三部分构成：一是劳动力的数量，二是工作时数，三是劳动效率。劳动力数量又由三部分组成：正在从业的人员、正在谋取职业的人员和潜在劳动力中准备进入劳动过程（市场）的人员（各级各类学校毕业生等）。工作时数是指工作日和工作周的多少。劳动效率是指单位时间内的劳动量。

劳动力供给涉及劳动者对其拥有的既定时间资源的分配，在既定的时间资源里，除了必需的睡眠以外，就是劳动和闲暇。在经济学中，假定劳动者都是理性的“经济人”，因此，劳动者在决定劳动力的供给时，往往着眼于利益或效用最大化。劳动者选择一部分时间作为闲暇来享受，选择其余时间作为劳动力供给，闲暇直接增加了效用，劳动则可以获得收入，通过购买商品和服务间接增加了效用。但是，在同一时间里，劳动者如果选择劳动就得放弃闲暇所能带来的效用，如果选择闲暇就得损失一定的劳动收入，二者不可兼得。劳动力供给，表面上看，是在劳动与闲暇之间作出选择，实质上是在闲暇效用和劳动收入效用之间进行选择。正是由于这一特点，劳动力商品的供求不同于一般商品的供求。

通常情况下，当某种商品价格上涨时，生产者就增加供给，以获得更多收入，价格下降，供给就减少，供给与价格是一种正相关的关系。如果 Y 轴表示商品价格，X 轴表示商品供给量，则商品的供给曲线 S 呈右上倾斜状态（见图 5—1）。

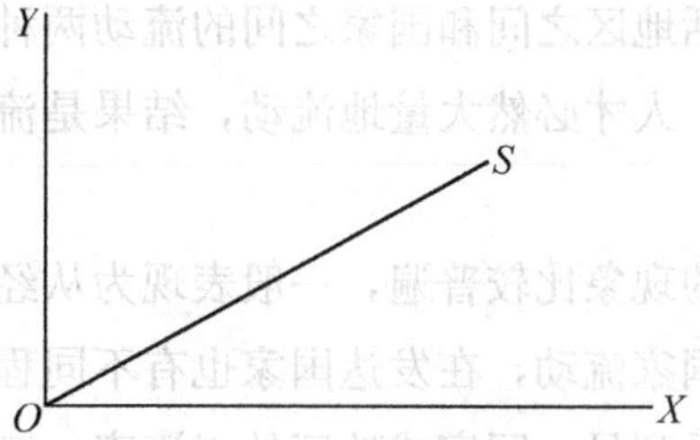

图 5—1　一般商品供给曲线

但是对于劳动力供给而言，情况就复杂一些。因为劳动力价格或工资水平并不是决定劳动力供给的唯一因素。当工资较低时，随着工资的上升，劳动者为较高的工资吸引将减少闲暇，增加劳动供给量，在这个阶段，劳动力供给曲线向右上方倾斜。但是，工资上涨对劳动者的吸引力是有限的，当工资水平已经上升至一定的较高水平时（此时劳动力供给也相对较大），人们的生活水平已达到很高程度，人们会更加珍视闲暇。因此，当工资达到一定高度而又继续提高时，人们的劳动力供给不但不会增加，反而会减少。这样，劳动力供给曲线 S 就呈现为向后弯曲的状态（见图 5—2）。

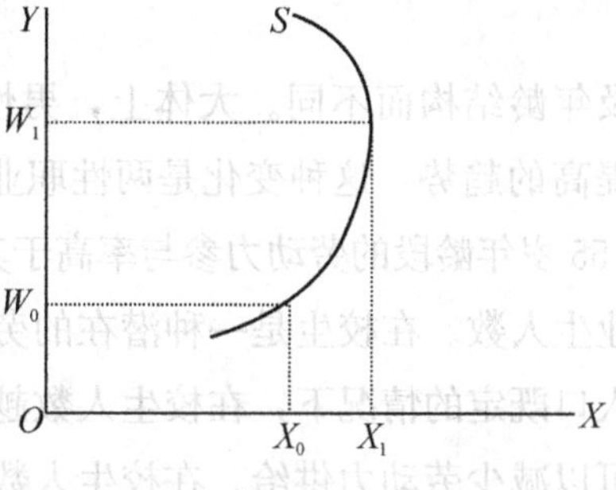

图 5—2　劳动力供给曲线

图 5—2 中，Y 轴表示劳动力价格，X 轴表示劳动力供给量，随着工资从 W_0 上升至 W_1，劳动力供给量逐渐增加，但此后进一步增加工资造成劳动力供给量下降。这表明，劳动力价格并不是决定劳动力供给的唯一因素。一般来说，影响劳动力供给的因素可分为金钱因素和非金钱因素两个方面，金钱因素有工资、家庭收入、晋级增薪机会等；非金钱因素有职业偏好、工作愿望、工作条件、个人创造力的发挥及职业声誉等。在多种因素的影响下，劳动力供给就显得比较复杂。

以上是从微观的角度来分析单个劳动者的劳动力供给，从宏观上看，影响劳动力总供给的因素有以下几个方面：

其一，社会人口总量和年龄结构。从理论上讲，虽然人口本身并不是劳动力资源，但是一定的人口是相应劳动力资源得以形成的基础。人口总量过少，可能造成劳动力供给不足，人口总量过多，就可能造成劳动力供给过剩，许多发展中国家正是如此。同时，一国人口的年龄结构和劳动年龄的规定也影响劳动力供给，适龄劳动人口越多，劳动力供给就越多。

其二，人力的流动，包括地区之间和国家之间的流动两种类型。由于国家、地区之间生活水平与工资报酬的差别，人才必然大量地流动，结果是流入地的劳动力供给增加，流出地的劳动力供给减少。

现代社会中，人才外流的现象比较普遍，一般表现为从经济落后地区向经济发达地区流动，从发展中国家向发达国家流动，在发达国家也有不同程度的人才外流，在表现形式上是某国某地区的专门人才受到另一国家或地区的工资率、工作条件、住房条件、个人才能发挥程度、生活舒适程度等因素的影响，因而放弃原有工作职位，去寻求新的工作职位。人才流动的条件是流动后的预期收益大于原先职位的收益与迁移（流动）的成本之和。如果流动后的预期收益小于后两者之和，人们宁肯在原先岗位上工作。当然，这种分析是排除了职业偏好因素的。

其三，劳动力参与率。所谓劳动力参与率，是指某类劳动力中具有工作能力与意愿、实际就业和积极谋求就业的人数与劳动力总人数的百分比。劳动力参与率越高，表明劳动力供给就越多。一般而言，发展中国家偏重劳动密集型产业，要求投入大量的劳动力，总劳动力参与率较高。而发达国家的资本密集型经济，由于资本、科技代替劳动力，因而劳动力参与率较低。

劳动力参与率也因性别及年龄结构而不同。大体上，男性的劳动力参与率比较稳定，而女性劳动力参与率有逐渐提高的趋势，这种变化是两性职业观念改变与家庭社会制度变化的结果。从年龄上看，25～55 岁年龄段的劳动力参与率高于其他年龄段的劳动力参与率。

其四，在校生人数与毕业生人数。在校生是一种潜在的劳动力资源，尚未进入劳动力市场，所以，在一国劳动力人口既定的情况下，在校生人数越多，现实的劳动力供给就越少，这意味着扩大教育规模可以减少劳动力供给。在校生人数取决于各级各类学校入学人数、毕业生人数和教育年限的长短。毕业生人数和类别不仅影响劳动力供给的数量，尤其重要的是还影响到劳动力供给的质量和结构。决定毕业生人数的主要原因不外乎教育年限的长短和辍学、留级人数。教育年限的长短决定各类劳动力供给的速度，为了使教育所培养的劳动力适时满足市场的需要，应使教育年限的安排具有高度的弹性。

综上所述，影响劳动力供给的因素是多方面的，只有综合考虑各种因素，才能准确把握劳动力供给的规律。

四、教育与劳动力供求的关系

任何社会形态下，经济活动都离不开劳动者的参与，换句话说，一定的劳动力供给是经济活动进行的必要前提，但是，同样可以肯定的是，过多或过少的劳动力供给都不利于经济的发展，只有劳动力供给与需求达到均衡或基本均衡时，才能有效地促进经济发展。长期以来，广大发展中国家普遍存在的一个突出问题就是劳动力供给严重过剩，它阻碍着国家经济社会的进步。因此，政府应从宏观上采取对策，对劳动力的供求进行准确、合理、适时的调节，以求得它们之间的平衡。对劳动力供求矛盾的调节，可采用经济、计划、行政、法律、教育等各种手段。其中大力发展教育和培训事业，对于调节劳动力供求矛盾具有特殊而重要的作用，具体而言，表现在以下几个方面：

1. 大力发展教育，有助于形成劳动力的合理供给

在人类历史的现阶段，劳动还是人们的生存手段。为了获取自身生存的物质生活资料，人们必然要参加社会劳动，通过劳动创造财富，获得报酬。在社会上谋得一定的工作岗位，是人们生活的必要条件。这样，劳动力总体中的主要部分，就形成对于社会经济的要素供给。根据劳动力供给的质量水平，可以将其大体上划分为高层、中层和低层三个层次。这三个层次劳动力的合理配置，是推动经济与社会进步的原动力。而这三个层次劳动力的合理供给，在相当大的程度上决定于教育发展的总体水平及其结构。现代教育这个系统包括普通教育、职业技术教育、高等教育和成人教育这样几个组成部分，每个部分都有各自不同的特点和功能，各个部分之间互相影响，组成一个合理的结构，根据国民经济和社会发展的需要，对劳动者进行不同层次和不同水平的专门职能和专业技能训练，使他们获得某种专门知识技能并成为某一层次的劳动力。因此，现代教育的各个组成部分是难以替代的。例如，普通教育是基础教育，它能够培养不具备专门技能和技巧的普通劳动者，但一般培养不出具有专门技能和技巧的技术、管理人才和技术工人。普通高等教育是专业教育的高级层次，它培养学生具有较高的专业理论知识和一定的实际技能。它能够培养出工程师，但培养不出技术工人；它能够培养出营养专家，但培养不出高级厨师。而经济社会发展所需的大量各类应用型人才，特别是我国目前经济社会发展迫切需要的中级管理、技术人才，则主要靠职业技术教育来培养。由此可见，现代教育的各个组成部分正是通过培养经济和社会发展所需的特定劳动力，来满足经济和社会发展对不同层次劳动力的需求。因此，大力发展教育事业，不断调整其结构，有助于形成劳动力的合理供给。否则，就会造成劳动力市场供需的失调，影响社会经济的发展。

2. 大力发展教育，有助于满足经济和社会发展对不同种类劳动力的需求

对劳动力的需求，是根源于社会消费的，由满足这种消费的生产单位提出的对生产要素的需求。一个社会要进行经济活动，一个企业要从事生产或服务活动，需要具备一定的客观条件——人财物要素，这就要对人力资源、物质资源提出需求。但是，这种资源的需求，又有着自己的前提——消费。在社会再生产运动过程中，消费既是生产的结果，又是生产的前提。社会上存在着一定的有支付能力的消费需求时，就导致经济单位从事活动，组织一定的生产或劳务。这样，各个经济单位就提出现实的、具体的、对于生产要素的需

求，各个微观经济单位对劳动力需求的总和，就构成劳动力的总需求。社会的消费需求是各种各样的，要满足社会上各种各样的消费需求，就要存在社会劳动分工。一般来说，社会劳动分工包括两个方面：其一是由社会产品种类不同所引起的分工，由此形成不同产业、部门、行业、企业的劳动力需求；其二是由劳动者所从事的工作内容不同所引起的分工，由此形成不同职业的劳动力需求。在现实的经济活动中，这两种劳动分工互相交叉，融为一体，二者相比，职业分工及其需求更为重要。这里主要研究职业需求方面。“职业”一词，有着多种含义，从经济角度看，它是指不同性质、不同内容、不同形式、不同方法的专门劳动岗位。同时，不同的职业，不仅包含着劳动内容、劳动形式的差别，而且包含着劳动者的体力、脑力消耗量的差别，从而包含着劳动质量的差别。对体力劳动者，一般要考虑其劳动作业的操作程序、使用的工具、设备、原料、所生产的产品、提供服务的种类及服务对象。对脑力劳动者一般要考虑其所具备的技能、学识、经历以及职务上所负的责任。由此可知，不同职业的差别往往很大，“隔行如隔山”，它们之间也是难以替代的。因此，劳动力需求的职业特定性很强，必须要有相应种类的劳动力供给才能满足。而教育正好能够根据经济对劳动力规格的不同需求，培养出相应种类的劳动力。比如从科类上看，我国的教育涵盖了理、工、农、林、医药、师范、文科、财经、政法、管理、体育、艺术及其他各行各业，教育的分科一般可以与社会现实岗位对劳动力的需求相对应。这就能够保证经济社会的发展对不同类别劳动力的需求。再从形式上看，我国现在兴办起来的各级各类学校，有教育部门、劳动部门、业务部门办的；有厂矿企业、农村乡镇办的；有人民团体、民主党派以及私人办的；有中外合资的；有教育部门和业务部门联办的；有业务部门与业务部门合办的；既有全日制学校，又有半工半读学校；既有就职前的教育，又有就职后的提高，形式多样，渠道多条，这就能满足社会上不同部门、不同所有制单位对劳动力的需求，保证经济社会的协调发展。

3. 大力发展教育，有助于促进劳动力的自由流动和供求平衡

在市场经济条件下，劳动力供求平衡主要是通过市场来调节的。这样，在劳动力市场上，劳动力作为生产要素应该是自由流动的。马克思认为这是一种规律。“大工业的本性决定了劳动的变换、职能的更动和工人的全面流动性……承认劳动的变换，从而承认工人尽可能多方面的发展是社会生产的普遍规律”，而且必须“使各种关系适应于这个规律的正常实现”①。在一国范围内，劳动力流动包括国内劳动力流动和企业内部劳动力的流动。国内劳动力流动包括劳动力在一国范围内的行业部门间、地区间的流动。这一流动的主要特征是以高劳动技能、高熟练劳动程度为主的智力型劳动力的流动。比如从乡村流向城镇；从内地流向沿海；从一般地区流向特殊地区；从生产领域流向非生产领域；从中、高

① 《马克思恩格斯全集》，中文1版，第23卷，534～535页。

级劳动力密集区流向一般劳动力密集区；从体力劳动过程流向智力劳动过程，等等。国内劳动力流动能够调节行业间、部门间、地区间、企业间劳动力的供求，促进劳动力，尤其是高素质劳动力的合理配置。企业内劳动力流动，主要是指企业内部劳动力的流动。这个层次劳动力的流动，是按企业内部生产布局结构，优化组合劳动力，适时调整劳动力，促使企业内部劳动力供求平衡。这一流动的主要目的，是要形成企业内部劳动力流动机制，刺激每个劳动者学文化、钻研技术，迫使劳动者产生在岗压力与发奋工作的动力。然而，无论是国内劳动力流动，还是企业内部劳动力流动，其重要前提之一，是要有高质量的教育作保证。如前所述，目前国内劳动力流动的主要特征是以高劳动技能、高熟练劳动程度为主的智力型劳动力的流动，尤其是高质量的职业技术劳动力。教育的主要任务之一，正是要把科学理论和技术转化为技能、技巧，直接服务于经济和社会，培养各类技术熟练的劳动者和技术、经济管理人才。可以说，在我国没有高质量的教育，就不会有真正的劳动力自由流动，因而就不会真正有劳动力供求平衡。因此，大力发展教育，有助于劳动力自由、合理地流动，实现社会劳动的合比例分配。

4. 大力发展教育，有助于缓解劳动力供求的矛盾

随着现代科学技术突飞猛进的发展，技术进步因素对劳动力需求的影响最大。改进技术，增加新技术设备、采用新工艺可以提高劳动生产率。生产过程的机械化、自动化水平提高使资本的有机构成提高，技术趋于复杂，只需用数量较少、质量较高的劳动力来工作就能生产出较多产品。技术水平提高的结果，使社会对受过较高教育的熟练劳动者和专门人才的需求增加了。此外，随着技术水平的提高，资本密集型、技术密集型企业会排挤劳动密集型企业，从而使产业结构发生变化。如上所述，产业结构的变化又带来对劳动力需求的变动，技术进步使社会在财富的增加、闲暇时间的增多、人口数量质量的提高等方面获得了必要条件。但同时会出现劳动力的结构性失业问题，即文化技术水平较低的劳动者难以适应产业技术结构变化而被排斥于就业队伍之外，从而造成劳动力供求矛盾的加剧。教育是使他们获得再训练以便重新获得就业机会和缓和劳动力供求矛盾的必要手段，因为现代教育是一种综合的教育，既包括职业教育，也包括技术教育，既包括职前教育，也包括职后教育。换言之，现代教育是使劳动者获得某种专门的劳动知识和技能，从而达到就业或就业后易于提高的目的。大力发展教育和培训事业，既可以使劳动者搞好就业前的定向培训，又能使就业者更新知识以适应生产发展的需要，还能使失业者重新获得知识、技能以适应新行业、新部门、新职业的需要，尽快就业，缓解这些行业、部门劳动力供求的矛盾。

第二节　教育供求

教育是一种培养人的活动，从其本身来看，确实有别于纯粹的商业性活动。但在市场

经济条件下，其产品是具有商品属性的。因而，教育同其他任何商品生产部门一样，都存在供给与需求的问题。

一、教育需求

教育需求是指社会、企业和个人对教育机会有支付能力的需要。需求不同于需要，需要是指人们的主观愿望，是需求产生的动力和基础，具有无限性的特点。而需求是指有支付能力的需要，只有具备一定的支付能力，需求才能得到满足，因而需求是有限的。所以，尽管人们对教育的需要是无限的，但是能够被满足的教育需要即教育需求却是有限的。

现实生活中，人们期望受教育，动机往往是多方面的。就学生来看，他们期望获得教育机会，可能是为了满足求知的欲望，以充实精神生活，也可能是为了获得某种知识和技能，为将来的就业做准备，还可能是为了更好地为社会作贡献，实现自我价值。从家庭来看，无论是书香之家或富裕的家庭，还是处于社会低层的贫困家庭，都希望子女接受更多的教育。前者希望子女能够继承已有的事业、成就与社会地位；后者虽然社会地位不高，但他们希望子女通过接受教育，从社会的低层进入社会的高层，这就是所谓社会阶层的移动。总之，无论从哪一方面的动机来讲，人们对教育的需要是无限的。国家应该在教育机会均等的条件下，在制定教育计划、教育政策时，以教育需求为依据，力求实现现有投资支持的教育供给。

如果按照需求的主体来划分，教育需求可以分为三类：个人对教育的需求、生产单位对教育的需求和国家对教育的需求。

1. 个人对教育的需求

个人的教育需求是指个人出于投资于教育将使他增进知识技能，进而在未来取得较高的社会地位和获得较高收入的目的而产生的对教育有支付能力的需要。教育需求是个人多种需要之一，当个人无法满足自己的全部欲望、需求时，就必须有所选择，并依次排列。由于教育与个人终生所从事的事业、前途、生活状况以及个性发展关系密切，所以，个人往往把教育需求的满足放在首位。越是具有较高文化水准的个人，对教育的需求就越大。具体来说，个人对教育的需求主要受到以下几种因素的影响：

（1）谋求职业和收入的需要。在社会上谋求某种职业是绝大多数人的共同需要，但是，人们为了获得某种职业，就必须具有该职业所要求的知识、技能等素质。由于教育能增进知识、培养能力、提高素质，一个人接受的教育越多，他的知识就越丰富，技能就越高超，职业选择面就越宽广，就越容易获得较高的职业等级。并且，职业等级与收入之间关系密切，职业等级越高，往往收入就越高，所以，一般来说，一个人受教育水平越高，收入就越高。为了将来从事更复杂的工作、获得更高的职位和更高的收入，人们必然会对教育产生迫切的需求。因此，在这个意义上说，人们接受教育的第一需要就是为了谋得较好的职业和较高的收入，换言之，绝大多数个人和家庭对教育的需求都是为了谋求一份好职业和较高的工资收入而产生的一种引致需求。[①]

（2）个人的学业成绩。个人的学业成绩对于个人的教育需求具有内在的决定意义。首先，学业成绩的优劣反映个人接受一定层次教育的能力。学业成绩优秀，表明个人对接受该层次教育得心应手、游刃有余，个人对教育的兴趣就越浓厚，从而会产生更高层次的教育需求；反之，学业成绩低劣，表明个人对接受该层次教育力不从心、难以胜任，个人对教育的兴趣就会减弱，以至降低教育需求。其次，"穷国办大教育"的基本国情决定了我国教育机会十分有限，我国只能采取选拔性的升学考试制度——中考、高考来决定个人能否接受更高层次的教育，在这种情况下，个人的学业成绩预示着接受更高层次教育的客观可能性，学业成绩越优秀，预示着升学的可能性越大，个人对更高层次教育的需求就更加迫切。学业成绩受到个人的主观努力、智力水平、学校环境和家庭环境等许多因素的影响，其中，个人的智力水平对学业成绩有着内在性、稳定性和持久性的影响，因而学业成绩对个人的教育需求有着显著意义。显然，在其他条件相同的情况下，个人智力水平、天赋能力越高，学业成绩就越优秀，就有能力接受更多的教育，"受教育越多，就越想受教育"[②]。所以凡是智慧较高的人，对教育的需求也就较高，在经济条件允许的情况下，他满足了第一级教育需求，还想满足第二级教育需求等，直至满足最高一层次教育需求为止。即使他得不到进入高一层次接受教育的机会，他也会通过自学去寻求知识与经验，以满足其求知的欲望。

（3）家庭及个人的经济条件。家庭经济条件对于个人的教育需求具有决定作用，在没有实行免费教育、奖学金、助学金或贷学金的情况下，这一因素的作用就更明显。因为需求是指有支付能力的需要，实现个人的教育需求必须具备相应的支付能力。假定其他条件相同，家庭经济条件优越，个人的教育支付能力就强，对教育的需求就旺盛；家境贫寒，个人尽管有迫切的教育需要，迫于支付能力不足，也只能对教育望洋兴叹，教育需要无法得到满足。可见，支付能力会直接限制贫困子女的教育需求。我国许多农村地区中小学辍学问题严重，一个根本原因就是家庭无力承担日益增长的教育费用。

（4）教育投资的预期收益率。在市场经济条件下，大部分人对教育的需求出于投资目的，所以个人的教育需求行为也具有追求利益最大化的目的，也就是说，个人日益将用于教育的费用当做一种投资，和追求利益最大化的一般经济投资一样，个人投资教育也会追求教育预期收益最大化。如果投资教育的预期收益率较高，个人就会增加教育需求；如果预期收益率低，个人对教育的需求就会下降，如果预期收益率为零，甚至为负值，许多人

---

① 参见盖浙生：《教育经济学》，台北，三民书局，1982。

② 《教育——财富蕴藏其中》，91页。

就会放弃就学机会而进行其他方面的投资。一个生动而有力的例证是，当社会上脑体倒挂现象严重时，“读书无用论”就会蔓延，人们对教育的需求就会减弱，原因就在于人们投资教育得不到应有的回报，预期收益率太低。虽然教育投资的预期收益率很难精确计算，但人们可以进行大致的估算，估算的指标主要包括：1）教育的机会成本，指个人由于接受教育而放弃的各种经济收入、闲暇等因素；2）教育的直接成本，指个人为接受教育而支付的各种费用，如学杂费等；3）教育的预期收入，指因接受教育所带来的额外收入和其他益处。显然，在教育的预期收入一定的情况下，教育成本越高，教育投资的预期收益率就越低；在教育成本一定的情况下，教育的预期收入越高，教育投资的预期收益率也就越高。所以，教育成本和预期收益的高低都影响着个人的教育需求。

（5）家长对子女的影响。家长对教育重要性的认识程度，对子女性别差异的看法，家长自己的抱负水平、人生价值取向等都影响子女的教育需求。一般来说，家长自己的人生抱负高，对子女就抱有较高的成就期望，就更重视、支持子女接受高层次教育。对教育的意义认识越深刻、越全面的家长会希望子女接受更多教育。有重男轻女思想的家长会更支持男孩接受高层次教育。另外，家长的文化程度、职业性质和等级都对子女的教育需求产生影响。

2. 企业对教育的需求

企业的教育需求，是指企业为了实现利益最大化而产生的对教育有支付能力的需要。它主要有两种表现形式，一是对受过不同层次和种类教育的劳动力和专门人才的需求引致出来的对教育的需求；二是对在职员工的岗前和在岗教育培训的需求。前者，企业要支付一定的工资；后者，企业要支付一定的教育培训费用，这两种支付都具有投资的性质，因为企业的目的是获得更多的经济收益。

企业第一种形式的教育需求是间接的，反映在对劳动力和专门人才的需求上，如果企业是完全自主经营、自负盈亏的，那么企业的教育需求取决于企业生产技术条件和受教育劳动力对其他生产要素的边际替代率。在这种情况下，对企业教育需求的分析可以运用边际生产率理论来进行，以建立教育投资和企业使用受教育的劳动力的相关关系。但是，如果企业不具有完全的自主权，那么要分析这种条件下的企业教育需求就显得较为复杂。不过，这并不妨碍我们运用边际生产率原理对企业教育需求进行分析。由于任何体制下的企业生产经营都以利润极大化为目标，并且必须遵循最小成本组合原则，所以技术条件便成为分析企业教育需求的前提条件。因为企业技术条件总是处于相对稳定和绝对变动之中，从生产经营状况考虑，企业必须不断地提高劳动者的技术水平，从而投资于教育，形成对教育的需求。

以上是从企业对教育需求的一般规律来分析问题的。但是，如果站在单个企业的角度来分析，企业对教育的需求，其情况要复杂得多。对单个企业来讲，受过某一层次或某一类别教育的劳动力需求量，取决于必须付给劳动力的工资对产品价格的比率，即实际工资率。而工资率又取决于企业的边际生产率。在一定的生产技术条件下，增加劳动力需求必然导致边际产量下降；而工资的增加又会提高成本和价格。在实际工资率与劳动力需求之间存在反比关系。如果在一国企业的有机构成中，技术和资金的比重不大，大量的企业属于劳动密集型，那么，技术创新缓慢和企业资金短缺的结果是，企业使用一般劳动力即能完成生产，没有迫切的教育需求。因为雇用受过较高教育的熟练劳动力，无疑会排挤现有普通劳动者，而且雇用受过较高教育程度的劳动力，必须支付更高的工资。因此，企业为了避免这类情况发生，常常会用低教育程度的劳动力替代教育程度较高的劳动力。此外，如果企业并未享有完全的自主权，它还要受到国家计划的干预，定编定员的劳动人事制度的制约以及刚性工资政策的影响，那就会使企业很难根据边际生产率原理产生对教育的有效需求。

企业教育需求的另一形式是在职培训，培训通常有两种形式：一般培训和专门培训。培训政策在某种程度上取决于就业的稳定性。在市场经济条件下，企业从自身利益出发，考虑到劳动力流动性大，往往乐于对专门培训投资而不愿支付一般培训。在计划与市场相结合的经济条件下，双轨制企业一方面希望有完善的市场环境，在竞争中追求最大利润，另一方面，又不得不依赖国家计划。企业产权边界模糊，必然导致按“两权分离”理论所实行的承包制企业的短期化行为。由于教育投资收益的长周期和投资义务的软约束，企业决策者因其任期目标内的个人政绩评判标准和企业职工渴望提高工资的压力，而缺乏企业的长期投资倾向。无疑地，短期化行为会使职工获得暂时的最大福利，然而其结果却是教育投资资金的缩小甚至被侵蚀。短期化行为还会导致对教育与人力及技术的相关性熟视无睹，对教育有效需求不足，进而又限制了企业生产创新的可能性，形成恶性循环。这就是为什么企业既抱怨找不到合意的工人，又不愿投资教育的原因。

3. 国家对教育的需求

国家对教育的需求，是指国家基于本国社会经济发展对各类劳动力和专门人才的需求而产生的对教育有支付能力的需要。

国家作为经济社会发展的规划者，对教育的需求不仅要遵循教育的边际收益与边际成本相等的原则，而且更重要的是要从社会整体的稳定、繁荣、发展出发来考虑问题。所以国家对教育的需求一般以教育规划的形式出现。在某些情况下，国家也可能采取行政手段、制定某些政策去引导劳动力市场的行为，从而达到提出教育需求的目的。例如，规定某些职业的就业资格，求职者欲谋得这些职位必须先接受教育，取得资格后才可能进入劳动力市场。

国家对教育的需求有着企业与个人无法比拟的优越条件，因为它可以颁布法律、制定政策，它可以利用宣传媒介引导人们的就业倾向，它可以利用某些就业指导机构来进行具体的就业就学指导。国家并不能随意决定教育需求，教育需求本身有着内在的要求。例如，一个时期的人口计划失控而带来的学龄儿童激增，但在相应时期国力并没有显著增长。国家不能因国力不足而限制这批儿童的教育需求，只能适当压缩其他开支而使儿童受到最基础的教育（义务教育），同时还得考虑他们的专业教育需求，不然就会形成新的就业难题。一般说来，国家对教育的需求取决于下列三个因素：

（1）经济发展水平。从根本上说，经济发展水平决定着社会对教育需求的规模和增长速度，经济发展水平不同，国家对教育的需求层次就不同。这是因为，在不同的经济发展阶段，社会生产对劳动者的知识、技能和素质的要求不同，从而对劳动者受教育程度的要求不同。在以农业为主的社会（包括工业化初期），人类社会生产主要局限于简单的农业和手工业，对劳动者的生产技能要求不高，在这种情况下，劳动者只需接受初等教育即可满足社会生产的要求，因此，国家对教育的需求比较少。在工业化比较发达的社会，尤其是在知识经济时代，由于科学技术的日新月异，社会生产变得日益复杂，对劳动者的知识、技能和素质的要求越来越高，相应地，社会对劳动者受教育程度的要求也逐渐提高，具体表现为越来越多的用人单位要求劳动者拥有高等教育学历。总之，生产发展水平不同，人才的需求水平就会有相应的变化。生产水平越高，人才的需求量就会增大，所需人才的教育程度也会相应提高。由此可见，国家对教育的需求必然会随着经济发展水平的提高而不断提高。

（2）社会人口状况。国家对教育的需求总是建立在一定的社会人口状况的基础之上的，人口状况不断变化，国家对教育的需求就不断变化。一国人口状况，包括人口总量、人口增长速度、年龄结构等，决定着国家的教育需求的基本规模和走势。人口基数大，增长速度快，人口构成年轻化，则在未来一定时期内，学龄人口所占比例会持续较高，国家对教育的需求量相应较高；相反，人口增长速度慢，人口构成趋于老龄化，学龄人口所占比例低，对教育的需求量相应较低。在人口年龄构成一定的情况下，一般来说国家对教育的需求量与社会人口总量成正比：人口总量越大，国家对教育的需求量也就越多；反之，社会人口总量越少，国家对教育的需求量也就越少。这就是我国当前虽然经济发展水平总体上尚不发达，但国家对教育的需求却十分旺盛的一个重要原因。

（3）社会政策。教育是一项重要的公共事业，因此，政府的行政干预、社会经济政策、教育政策都可能影响到国家对教育的需求，比如，国家降低助学金的贷款利率，提高就业者的学历要求，制定文凭工资政策等，都对教育需求有一定的刺激作用。在所有的政策中，义务教育和免费教育政策对教育的需求影响最大，义务教育涉及人数多、时间长，义务教育政策的变动对整个国家的教育需求都有重大影响。实施义务教育的年限越短，社会对教育的需求越大。反过来，义务教育的年限越短，社会对义务教育的需求也就越小。但是，义务教育的实施并不是随意的，它有深刻的社会经济根源。首先，实施一定年限的义务教育，提高全民族的文化素质和劳动力素质是社会经济发展的需要，是实施人权的需要；其次，提供义务教育，向青少年传播民主参与意识和社会主流价值观，是维护社会稳定、保证制度实施的需要。随着社会的不断进步和经济实力的增强，义务教育的年限和质量都会提高，从而进一步增大了国家的教育需求。

二、教育供给

教育供给是指一定社会为了培养各种熟练劳动力和专门人才，促进经济、社会和个体的发展，而由各级各类教育机构提供给学生的受教育机会。它包括“广义”和“狭义”两个方面。狭义的教育供给是指正规教育机构（诸如普通大、中、小学等）提供的教育机会；广义的教育供给还包括许多非正规教育机构（诸如成人教育、职业教育、在职培养等）所提供的教育机会。

教育供给的形成是指教育机会的现实构成，从社会劳动总量——国民收入中分割出来的教育投资，是形成教育供给的财力、物力保证，现有教育机构是形成教育供给的基地。这二者共同构成教育供给，教育供给形成教育机会，因此，教育机会提供者亦即教育投资者，它们是政府、各种团体组织、企业机构及私人机构，而教育机会供给量的形成则受制于社会的政治、经济、文化等多种因素。其中主要有：

1. 劳动力需求状况

“需求决定供给”是经济学上的一般规律，这表明，只有适应需求的供给才是有效的供给，才能实现供给的价值。这一规律体现在教育上就是，只有适应劳动力需求状况的教育供给才是有效供给。正因为如此，政府在决策教育供给的规模和结构时，总是着眼于经济社会发展需要、建立于劳动力需求状况基础之上的。所以，劳动力需求的数量和结构直接引导着教育供给的数量和结构。现代生产所需人力大致可以分为三类，社会对这三类人力的需求，决定着各级各类教育的供给。这三大类是：高层人力、中层人力与基层人力。这三种人力的合理配置，是推动经济与社会进步的动力。在不同时期，社会经济对劳动力的需求结构是不相同的，对各类人才需求量占总需求量的比例也不相同。从各国历史看，在工业化初期，每百万人口中，需要1万～1.2万生产工人和维修工人，而在这些所需的人员中，有5%左右的人从事管理工作，第一线监督人员占5%左右，工人约占90%。① 当工业化高度发展后，对技术熟练工人和白领人员的需求比例会增加，而其中的管理人员比例将进一步提高，工人比例会大幅度下降。不同层次的人力对教育的需求是不同的。一般说来，管理者、工程师等高层次人才需要具有高等教育程度，监督人员、秘书等需要中等以上教育程度，而一般工人只需中等教育程度。因此，劳动力需求结构对各级各类教育

① 转引自曲恒昌、曾晓东：《西方教育经济学研究》，64页，北京，北京师范大学出版社，2000。

的供给起着直接的导向作用。

2. 一国经济实力

教育是一种连续性的活动，教育机会的提供，要有足够的师资，足够的学校、设备及行政人员等，这些都需要大量资金来维持，换言之，教育机会的供给需要社会对其连续不断地投入大量的人力、物力和财力等资源，否则，教育规模难以扩大，教育机会的提供必然受到制约。而一国在一定时期内对教育资源投入的多寡，最终取决于一国经济实力，所以，一国经济实力是教育供给的前提条件。一般而言，一国经济实力越强，能够投入教育的资源就越充足，提供的教育机会就越多；反之，一国经济实力越弱，教育的供给就越少。这意味着，一国教育事业发展的规模和速度应建立在经济实力的基础之上，否则，如果脱离经济实力状况而一味“贪多求快”，不仅由于超出经济承受能力而使教育难以为继，而且还会产生教育过度、资源浪费等后果。

3. 教育投资体制

大致而言，教育投资体制有两种类型：单一型和多元型。单一型教育投资体制在实行计划经济的国家很普遍，其主要特征是，教育事业几乎被政府垄断，教育投资来源完全或者主要依靠政府的财政拨款，所以教育投入的多少主要取决于政府财力的大小，民间的教育投资热情受到抑制。多元型教育投资体制的主要特征是，不仅政府重视对教育的投入，而且个人家庭和企业的投入也占有相当的比重，这种类型广泛实行于市场经济国家。实践证明，垄断总是缺乏效率，单一的教育投资体制常常与教育资源浪费以及利用效率低下联系在一起。而多元型教育投资体制能够充分调动社会各方面的办学积极性和教育投资热情，大大拓宽了教育经费的来源空间，因而相对于同等经济发展水平下的单一投资体制，多元型教育投资体制的教育经费要充裕一些，教育机会的供给也要多一些。我国 20 世纪 80 年代以来的教育投资体制逐渐由单一型向多元型转变，在缓解教育机会供不应求方面起着明显作用。

4. 教育的单位成本

资源对于任何一个国家来说都是稀缺的，要使稀缺的资源得到有效的利用，投入前就必须进行成本核算，投入教育资源也不例外，也要进行教育成本核算。由于教育成本既包括社会成本，又包括个人成本，在分析教育供给时，教育部门一般并不考虑受教育者个人和家庭所支出的费用，而主要计算教育的社会成本，并且在社会成本中又主要计算社会直接成本，即国家、地方政府的财政拨款及企事业单位、社会团体、个人的各种拨款和捐赠款等公共支付的货币形式的成本，因而，所谓教育单位成本，就是培养一个学生所消耗的平均社会直接成本。教育成本分析的目的在于如何消耗较少的教育资源，使教育供给最大化。显然，在教育资源一定的情况下，教育单位成本越低，教育供给就越充足；教育单位成本越高，教育供给就越小。所以，教育的单位成本对教育供给也有直接影响。

从总体上看，教育的单位成本随经济发展水平的提高、物价的上涨而逐渐上升。但在一定的经济条件下，教育的单位成本不仅取决于教育的等级、层次和专业类型，还取决于学校管理水平。一般来说，教育等级、层次越高，教育的单位成本也就越高；专业教育的单位成本高于普通教育；理科高于文科；学校管理水平越高，教育资源利用率越高，教育的单位成本就越低。

5. 师资状况

在影响教育供给的各种因素之中，师资状况具有最直接的决定意义。这不仅是因为充足的教育供给离不开足够的教师，而且因为高质量的教育供给离不开高质量的教师队伍。师资状况对于教育供给具有不可替代的作用。师资状况主要包括数量、质量和结构等几个方面。师资短缺就会影响到教育的供给量，师资质量不合格，结构不合理，就会影响到教育供给的质量。在发展中国家，既存在着师资短缺问题，又存在着师资质量问题。就我国目前的情况而言，从师资方面来看，影响教育供给的主要不是教师数量短缺，而是教师质量问题、结构问题。我国高素质、高水平教师明显不足，这种状况不仅普遍存在于广大农村、山区、中小县城，而且在经济发达地区也不鲜见，这种状况不仅在中小学、而且在大中专院校也比比皆是。其原因主要在于，教师待遇低。教师待遇低不仅影响眼前，而且影响未来教师的供给；不仅影响教师供给的数量，而且由于最有才干的青年不愿从教，最出色的教师率先大量脱离教学岗位向其他行业、职业流动，因而对教师供给的质量产生了更明显的影响。所以，如果改善和提高教师的经济地位，不仅有助于从数量上，而且有助于从质量上保证教师的供给。

当然，除了经济待遇的因素外，人们对教师职业的偏好也影响教师的供给。某些人对教师工作有一种强烈的偏爱，不管教师职业收入高低，都不会影响他们对教师职业的选择。这种人虽然不是很多，但在一定程度上有助于教师供给的稳定。另外，教师供给状况与整个劳动力市场状况有关，当劳动力就业状况严峻时，即使教师工资相对低于其他行业或职业，人们会青睐比较稳定的教师职业，教师的就业率也会提高，教育供给就会增加。

6. 政府及社会对教育的重视程度

如果说一国经济实力能为教育的充分供给提供可能性，那么，政府及社会对教育的重视程度则决定了教育供给多寡的现实性。一般来说，政府及社会越重视教育，提供的教育机会就越多。政府及社会对教育的重视程度不应体现在口号上，而应体现在对教育的投入上，检验政府及社会对教育的重视程度的标准只能是教育投资实践。众所周知，日本是一个重视教育的典型国家，自明治维新时期以来，日本政府和国民就逐渐形成了重视教育这一优良传统，该国教育投资占国民生产总值的比例一直位居世界前列，即使在第二次世界大战后的经济困难时期也不例外。所以，日本的教育供给并没有因为经济实力的衰退而受严重冲击。以色列也是一个非常典型的例子，该国之所以能够强大并保持不衰，也是与其高度重视教育分不开的。有数据表明，以色列的教育经费一直不低于其国民生产总值的8%①，甚至高于日本。可见，政府及社会对教育的重视程度直接影响一国资源对教育投入的高低，进而影响教育供给的多寡。

三、教育供求与经济社会的发展

伴随人类社会的产生，教育现象就开始出现，就有了教育的供给与需求。但是在不同的社会经济结构、文化传统以及社会政治背景之下，教育供求存在的原因和表现形式各自具有不同的特点。

在传统农业社会中，经济技术水平低下，其一般的生产方法仍沿用古老的技术经验，对劳动者的技术、文化素质要求不高，因而对教育的需求量不大，教育需求与经济发展的关系并不十分密切。同时，落后的生产力水平也决定了教育供给有限，并且，这些有限的教育供给也主要是为了适应社会政治、文化、宗教发展的需要，我国古代"学而优则仕"的社会传统是这一特点的生动写照。总之，这一阶段的教育供求与经济的联系尚不密切，而与社会政治、文化、宗教等息息相关。

在工业社会发展初期，工业革命的结果使得生产方式中技术成分增加，劳动者只有接受过一定教育和训练才能适应生产的需要。这样，由经济发展需要而产生的教育需求也随之增加，这表明教育的经济功能逐渐凸显。在一定时期内，由于经济的迅速发展，一些地区开始出现教育供给不足的现象。随着科学技术的进步，生产中机械化、自动化程度的提高对劳动者技术和文化素质要求相应提高，在这种情况下，教育不仅需要数量上的普及，而且需要质量上的提高。学生素质能否适应工业生产的需要，也就成为经济发展和教育供求的核心问题。

当工业进一步向高级和精密的阶段发展时，生产过程更加复杂，市场竞争日趋激烈，于是研究发展与技术创新即成为经济发展与工业推进的动力。社会对高级科技人才、专业人才及技术人才的需要日益迫切。为了能胜任各项专业或技术性工作，每个生产者就必须接受更高程度的教育与训练。这一时期，高等教育的供给与需求都得到充分发展，发达国家甚至出现高等教育供给过剩的现象。

总之，在经济发展的各个阶段，教育机会的供给与需求是否适应经济社会发展的要求，始终是一个现实的问题。尤其在当今社会，教育供求与经济社会发展的关系十分密切，这一点不妨从教育供给和教育需求对经济的影响的两个方面加以分析。

就教育供给对于国民经济和社会发展的影响来看，我们知道，劳动、土地、资本和企业家才能是四种主要的经济资源或生产要素，如果说传统经济的发展主要取决于土地、资

① 参见《决策参考报》，1998-06-06。

本和劳动力数量的多寡，那么现代经济的发展则日益依赖于科技进步和人才质量的提高，尤其在当前科技发达的知识经济时代，高素质人才对于一国经济的发展具有不可估量的作用。只有拥有高素质的人才，才能掌握先进的科学技术，代表先进的生产力，推动经济的发展，大量低素质的人很容易成为社会经济发展的阻碍。所以，社会经济的发展离不开高素质、高层次人才，也就离不开高质量、高层次的教育供给，教育供给为一国社会经济的发展奠定了坚实的人才基础。尤其在现代社会里，教育的经济功能、政治功能、文化功能等比过去任何时候都更加突出，具体表现在以下几个方面：

首先，教育培养和供给的各种劳动力和专门人才，作为一种现实的生产要素，是构成国民经济运行的前提条件，缺少这种生产要素，国民经济运行就无法维持。

其次，教育培养和供给的各种劳动力和专门人才是国家和地区生产力配置的基本条件，一定劳动力和专门人才的供给，要求有相应的物质资源供给；反过来看，一定的物质资源供给，也要求有相应的劳动力和专门人才的供给。二者只有合理配置，才能最大限度地发挥效用，促进生产力的发展。

再次，教育的供给状况决定社会熟练劳动力和各种专门人才的数量、质量和结构，进而决定着国家和地区的经济效益水平乃至经济活动状况。

最后，教育的供给促进一国统治阶级意识形态的传播和政治民主化，有利于维护社会政治秩序的稳定；另外，教育供给对于社会优良传统文化的继承和发扬具有不可替代的作用。

总之，教育的供给，对一个国家或地区的经济社会发展具有重要影响，正因为如此，各国在制定经济政策和长期社会发展战略时，无不高度重视教育问题。不过，值得注意的是，教育供给并非越多越好，教育供给的数量必须与社会经济的客观需求结合起来才能有效地促进社会经济的发展，否则，会给整个社会的经济发展带来负面效应，这已被历史实践所证明。

教育需求对于国民经济和社会发展的影响主要有以下两个方面：

第一，教育需求的增长可以促进经济的发展。经济学认为，需求、投资和出口是一国经济增长的“三驾马车”，是一国经济增长的主要动力，教育需求作为需求的一种，能有效促进经济发展。如果将教育视为一种产业，那么这种产业具有两个突出的特点：一是涉及面广，我国各级各类学校共有2.3亿学生在接受教育，这是一个非常广阔的教育需求市场；二是关联性强，教育需求的增长可以带动大量相关行业的振兴，如服装、文具、印刷、交通行业等。这两个特点决定了教育需求对经济增长的影响是十分广泛而深刻的。

第二，教育需求的增长有利于就业问题的改善。首先，扩大教育需求可推迟青少年就业时间，降低青少年的劳动参与率，减轻社会就业压力；其次，扩大教育需求可以吸纳更多的人从事教育工作，以及与学校师生生活有关的服务性工作，增加就业机会；再次，扩大教育需求可提高更多劳动者的专业技能素质，增强其社会适应能力，有助于解决结构性就业问题。正因如此，世界各国普遍将扩大教育需求作为缓解就业紧张的一项重要措施，当就业形势紧张时，政府就会大幅度增加教育需求；反之，当就业形势良好时，政府增加教育需求的压力就相对较小。

总之，一方面，经济的发展和劳动生产率的提高，是以增加对受过较高教育的熟练劳动力和专门人才的需求，降低非熟练劳动力和非技术性劳动人员的需求为特征的；另一方面，没有这种熟练劳动力和专门人才供给的增长，一般来讲，也就没有经济的发展。这表明，经济社会的发展既产生了大量的教育需求，同时也离不开大量的教育供给。无论是从教育的供给方面，还是需求方面来看，教育供求与经济社会发展都是有密切关系的。

第三节　教育供求矛盾及其调节

教育供求，从静态的角度看，存在着平衡问题。但从动态的角度看，由于教育供给和教育需求是由不同的主体来承担的，教育的供给和需求都在随着时间的变动而变动。教育供求矛盾也就是指教育供求失衡，是指教育处于供给小于需求或是需求大于供给的状态。这种失衡既可能是供给不足所致，也可能是由需求膨胀所造成，还可能是供求双方共同作用的结果。当前我国教育供求失衡之顽症正是需求日益膨胀与供给不足所共同酿成的。

一、教育供求均衡

均衡的最一般意义是指经济事物中有关的变量在一定条件的相互作用下所达到的一种相对静止的状态。经济学中的供求均衡，是指在假定的完全竞争市场上供给与需求双方在某一价格上供给量与需求量这两个变量的相等。用图形表示的话，一种商品的市场均衡出现在该商品的市场需求曲线和市场供给曲线相交的交点上，该交点称为均衡点。均衡点上的价格和相等的供求量分别被称为均衡价格和均衡数量。因此，从某种程度上来说，供求均衡是在均衡点上的均衡，是一个点均衡，是瞬间的均衡。经济学上的均衡是相对的，而不均衡才是绝对的。

教育领域的“投入—产出”活动，在社会化大生产中要按比例来进行，其最终目标也是要使得教育供给与教育需求保持均衡。在经济社会发展的特定阶段或特定历史时期，社会能够投入到教育领域形成教育供给的物质资源总是一定的，教育供给总量的增加是有限度的。教育需求是指个人与社会对教育有支付能力的需要。在一定时期，经济社会的发展水平决定了社会对教育的支付能力也是有限的。教育供给和教育需求都是多方面的供给与需求，教育供给的总量应以社会对教育有支付能力的需求为限，社会总资源在教育领域的分配要能够满足这个需求量。满足教育需求的教育供给或教育供给满足了教育需求，就形成了教育供给和教育需求的均衡，亦即教育供求平衡，社会物质资源在教育领域的分配就是按比例进行的。

现实的教育供求矛盾中，教育供求状况呈现三种类型，即教育供求的“点平衡”、“域平衡”和“不平衡”。[①]教育供求的“点平衡”是指教育供给和教育需求严格相等。从理论上讲，在教育供求的均衡点处，教育供给全部实现，不多也不少；对教育有支付能力的需求全部得到满足；教育活动正常稳定，社会生活中不存在人才过剩或短缺，并能够人尽其才。教育供求的“点平衡”实际上是一种绝对均衡，是考察教育供求均衡的基础，因为对教育供求均衡的考察就是从这些平衡点出发，研究围绕着这些平衡点的各种影响教育有效供给的变量变动的倾向和趋势，观察教育供求矛盾运动从实际状况过渡到点平衡状况的客观动态过程。教育供求的“域平衡”指教育供给略大于教育需求或教育需求略大于教育供给时的状态。在这一状态下，教育供给与教育需求基本适应，教育活动相对稳定，社会经济生活不因人才短缺或过剩而发生剧烈变动。在这个有限的区域内，教育供求均衡是一种有条件的、相对的、可接受的平衡，又可称为教育供求的“准均衡”。

教育供求矛盾或“失衡”是教育供求差异超过一定的比率，教育活动运行出现较大幅度的波动，经济社会的发展进步受到较大的冲击，不为人们所接受的一种状态。当教育供求差异继续无限制地扩大，教育活动运行进入无序状态，必然对社会经济活动与人们的生活造成严重的损害，引发各种社会问题，这种状态称为教育供求的严重不平衡。

借助于教育供求的“点平衡”、“域平衡”和“不平衡”三个概念，可以对现实的教育供求状况作出符合客观的判断。在现实的教育供求矛盾运动中，不是教育供给大于教育需求，就是教育需求大于教育供给。但这并不能够影响以教育供求的“点平衡”为轴心来考虑围绕这一轴心上下波动的“域平衡”和远离这一轴心的“不平衡”的状态，从而判断与衡量教育供给与教育需求的状况。在现实意义上，“域平衡”和“不平衡”是教育供求关系的常态，当教育供求处于“点平衡”或可接受的“域平衡”时，教育供给是满足和适应或基本满足和适应各种教育需求的。

二、教育供求矛盾的表现形式

库姆斯（Philip H. Coombs）在 1968 年关于世界教育危机的报告中提出了以下观点：不论是发达国家还是发展中国家都明显存在的教育供求之间的矛盾一定会继续扩大，尽管在不同国家这一矛盾表现在教育结构的不同层次上。也就是说，在不同的时期和地域教育供求矛盾具有多种表现形式。一般商品的供求均衡主要是指在一定价格基础上的数量均

① 参见叶忠：《论教育供给有效性的衡量》，载《河北师范大学学报》（教育科学版），2001（2）。

衡。教育供求的均衡通常不是建立在价格基础上的均衡，而是建立在多种因素基础上的均衡，如社会发展和经济发展的需要、人口增长的需要和个人全面发展的需要等因素。教育供求均衡也不单纯是指数量上的供求均衡，还包括质量上的供求均衡、结构上的供求均衡。

数量失衡是教育供求矛盾的主要表现形式。它是指教育供给数量和教育需求数量之间的不均衡达到了影响教育正常运行的程度，即教育供给数量与教育需求数量严重失衡。数量失衡的实质是社会在一定时期内教育供给数量与有支付能力的教育需求数量之间的失衡。它主要有以下两种具体表现形式：供不应求与供过于求。供不应求型的教育供求失衡是指教育需求超过了教育供给能力。其形成可能是由教育需求增长方面的原因引起的，也可能是教育供给下降方面的原因引起的，还可能是需求的增长速度大于供给的增长速度引起的。可以说，这种供不应求的矛盾在我国非义务教育阶段将长期存在。供过于求型的教育供求失衡是指教育供给严重超过了教育需求而导致教育资源的浪费。其形成可能是由教育供给盲目扩张引起的，也可能是教育需求下降引起的，还可能是供给的增长速度大于需求的增长速度引起的。

质量失衡是指同一层次、同一类型教育供给质量与教育需求质量之间的严重不平衡，即教育供给质量与教育需求质量的严重失衡。质量失衡的实质是教育供给无法满足教育需求多样性矛盾的反映。由于经济发展水平的限制，师资队伍和管理水平的差异，教育体制、机制和教育政策偏差以及历史的原因等因素的影响，同一层次、同一类型的教育供给质量存在着很大的差异。同时，由于个人的经济条件、偏好和禀赋的差异以及人们对教育质量的主观期望不一样，导致人们对教育质量的需求存在差异。这种对教育质量有差异的需求也可能来自文化、宗教、语言上的差异，并且往往具有群体特点。可以说，不同人群对教育质量的主观需求也是有差异的，这将是未来我国教育供求矛盾的主要特征。例如，在我国基础教育阶段，教育质量失衡主要表现在中小学择校问题上。产生择校的原因主要来自教育供给质量客观上的差异，即在同一地区的同一层次、同一类型的学校之间的差异，简称校际差异。校际差异的成因是多方面的，由于客观因素的差异造成学校之间的差异是可以接受的，但也有是因为不合理的教育政策造成的。中小学教育要缩小校际落差，关键是要将工作重点放到扶持一般薄弱学校和促进基础教育均衡发展上来，减少学校落差，使更多的学生享受高质量的教育。

结构失衡是指教育供给结构和教育需求结构严重失衡。结构失衡是教育机会供求矛盾和教育产品供求矛盾二者的综合反映，其实质是教育供给与经济社会发展需求不相适应。随着经济、社会和科学技术的发展，产业结构不断变化，社会对劳动力的需求也处于不断变化之中。无论是劳动者的专业结构还是层次结构，都在随着经济社会的发展变化而发生变化，这必然导致社会对教育产品的专业结构和层次结构的需求发生变化。由于教育机会的需求最终取决于教育产品的需求，也就是说，人们选择专业主要是受劳动力市场的影响，社会对教育产品需求的变化会促使个人对教育专业结构和层次结构的需求发生变化。如果学校教育没有适应变化，仍然按照原来的专业和层次来提供教育供给，必然导致教育供给结构和教育需求结构的失衡。此外，决策者的决策偏好或失误也会导致教育供给结构和教育需求结构的失衡。某个时期政府的决策者如果不重视教育，政府对教育投入过少，或者过分发展某级某类教育，都会带来教育供求结构失衡。

教育结构失衡的另一种表现形式是教育的区域失衡，区域失衡是指教育区域供给和教育区域需求的失衡。区域失衡的实质是区域经济发展不平衡和教育投入偏差的结果。在广大发展中国家，由于资本的缺乏、生产力水平不高以及各个地区发展经济的客观条件存在较大差异，必然导致国家内部各个区域经济发展的严重不平衡。资本和人才大量流向经济相对发达的地区，使得部分地区经济发展水平较高，而大部分地区由于资本和人才极其短缺，经济发展相对落后。区域经济发展的不平衡是广大发展中国家的共同特征。特别是像我国这样典型的二元经济结构的国家，城市工业化的高速发展和农村地区的经济长期停滞不前，使得城乡之间、东部与中西部地区之间、沿海与内陆之间的经济发展水平极不平衡。而教育供给在很大程度上取决于经济发展水平，经济发展的区域不平衡必然导致教育供给的区域失衡：一方面在经济发达地区已经开始筹划延长义务教育年限，另一方面经济落后地区教育投入严重不足，不能满足当地教育发展的需求。尽管区域经济发展不平衡必然导致教育供求的区域失衡，但国家的教育财政投入体制和教育发展政策如果制定得当，在某种程度上可以缓解这种区域失衡的矛盾。

需要指出的是，教育供求矛盾的三种表现形式并不是孤立存在的，它们之间存在着复杂的关系，有时候甚至互相影响、互相渗透。在现实的教育供求矛盾中，这几种表现形式可能会同时存在，也可能在某一层次某一领域的教育中存在多种形式的教育供求失衡，只不过是何种形式的教育供求矛盾为主罢了。

三、教育供求矛盾的调节

教育供求既有总量上的矛盾，也有质量上的矛盾、结构上的矛盾，因而教育供求矛盾的调节，既要着眼于数量均衡，也要着眼于质量、结构的均衡。

1. 教育供求总量矛盾的调节

经济学上，当某种商品供不应求时，要实现供求均衡，思路不外乎扩大供给和压抑需求；反之，当某种商品供过于求时，就应减少供给和扩大需求。所以，从理论上看，调节我国教育总量上供不应求的矛盾，也应扩大教育供给和压抑教育需求。但是，教育机会毕竟不同于一般商品，受教育（尤其是义务教育）是人们不可剥夺的的权利，压抑人们的教育需求是不合理、不人道的策略，这种思路并不可取，正确、有效的思路应该是扩大教育供给，以满足社会和人们日益增长的教育需求，实现教育供求均衡发展。

第一，加大政府对教育的投资力度。世界各国政府都将教育视为一项重要的公共事务，政府对教育投资负有不可推卸的责任，并且，政府投资也是教育经费的一个重要而稳定的来源。但是长期以来，无论从相对意义上还是绝对数量上，我国政府的教育投资明显不足，这是一个不争的事实。所以，扩大教育供给，应该逐步加大政府对教育的投资。首先，提高财政收入占国民生产总值的比重，增强政府的教育投资能力。为此，应采取各种有效措施增加财政收入，如改革、完善现行的财税体制，加强财税监督管理，严厉打击偷税漏税行为，真正落实个人所得税制度等，有效地增强政府的教育投资能力。其次，进一步提高政府官员对教育在经济和社会发展中重要性的认识，并把教育投入状况作为一项考核政府官员政绩的重要内容，把是否真正重视教育投入与他们的升迁等个人利益联系起来，使他们改变“口头上重视，行动上忽视”教育投入的状况，下定决心增加教育投入。最后，制定专门的教育投资法，利用法律保障政府增加教育投入。鉴于已有的教育法规不能有效地约束政府的教育投资行为，参照国外经验，我们也应制定专门的教育投资法。在教育投资法中应明确规定各级政府应负担的教育投资量及变动情况、各项职责的具体承担者及违规后的相应处罚等。同时，执法部门对违反法规的单位或个人要依法严肃处罚，真正做到“有法必依、执法必严、违法必究”。这样才能有效地规范政府行为，保障政府增加教育投入。

第二，完善多元化的教育投资体制。以前，我国教育事业几乎一直由政府包办，个人和企业对教育的投资微不足道，这种单一型的教育投资体制限制了教育规模的扩大，难以适应社会和个人日益增长的教育需求。20 世纪 90 年代以来，我国教育投资体制逐渐向多元化转变，如逐步提高学杂费，增加个人的教育投资。但是，多元化的教育投资体制尚未成熟，还须进一步完善，使国家、企业和个人在各级各类教育投资中各有侧重，分别负担一定的比重。具体而言：(1) 义务教育投资一般主要由政府负担，特别是经济落后的农村地区更应坚持这一原则；(2) 高级中等教育投资由政府、企业和个人共同负担，其中普通高中的社会收益较强，应主要由政府和个人负担，普通职业技术教育投资主要由个人和企业负担，政府给予一定资助，特殊职业技术教育主要由企业负担；(3) 高等教育投资的主要负担者是个人和政府，企业也应通过参与办学、无偿捐赠、设立奖学金等方式负担一部分。

第三，坚持多种办学形式，大力发展私立民办教育。长期以来，我国一直将教育视为政府的事业，政府牢牢地控制着教育的举办权、管理权，限制、排斥私立民办教育的发展，导致教育办学形式呈现单一化的格局。自改革开放以来尤其是 20 世纪 90 年代以来，我国私立民办教育有了较快的发展，但与国外相比，我国民办教育发展仍然滞后，这是不争的事实。这种状况不利于调动社会办学积极性和挖掘民间办学潜力，会严重阻碍教育规模的扩大。对此，我们应采取相应措施，努力消除一切束缚私立民办教育发展的消极因素，为发展私立民办教育、扩大教育供给创造充分的条件。

首先，转变观念，废除一切束缚私立民办教育发展的思想枷锁。我国的民办教育要迈开大步，加快发展速度，首先要转变观念，提高认识。一是改变“单一依靠国家办教育”的观念，树立“全民办教育”的理念。毕竟，教育是全社会的事业，应依靠全社会的力量。我国地广人多，完全依靠国家兴办教育是难以承受的，很难满足人民日益增长的教育需求。二是改变“公办学校姓社，私立学校姓资”的观念。姓资姓社，最主要的标志体现在办学方向、办学内容和培养什么人的问题上，私立民办学校只要依法办教，坚持社会主义方向，坚持国家的教育方针，就是姓社，也完全不必担心。三是改变“兴办私立民办教育有悖于教育公平”的观念。教育的公平性主要体现在人人享有受教育的权利上，这是教育公平的基础。剥夺受教育的权利和机会，才是最大的不公平。虽然私立民办学校的收费标准比较高，但毕竟它为更多的人提供了接受教育的机会，使更多的人享受到教育权利，一部分学生付出较高的学费获得接受教育的机会，并没有减少贫困学生的入学机会，丝毫不会损害教育公平。

其次，放宽政策，允许投资举办私立民办教育者适当盈利。为了吸引、鼓励更多的社会力量发展私立民办教育，应该允许投资、举办私立民办教育者获得一定的经济利益，尽管我们并不提倡“以营利为目的”发展私立民办教育。可以把投资、举办者获得一定的经济利益看做他们的劳动所得，是对他们在发展私立民办教育方面所作贡献的物质报酬和激励，因而是合理的。也许有人认为，这样一来就会出现私立民办教育乱收费、教育质量低劣等现象。这种担心是可以理解的，但不必害怕。因为在公平竞争和自由择校的情况下，学生必定首先对不同学校的学费标准、教育质量等方面进行综合比较，然后才作出选择。投资、举办者即使为了盈利，也必须努力改善办学条件、提高教育质量，并且制定合理的收费标准，才能吸引更多的学生。否则，它的生源不足，盈利就无从谈起。此外，私立民办教育并没有完全脱离政府的指导、监督，政府仍然有责任有权力规范私立民办学校的办学行为，尤其是在财务和财产上进行监督、检查，这有助于防止私立民办学校收费漫天开价、教育质量低劣等现象的发生。

最后，政府应对私立民办教育进行一定的投资。政府对私立学校进行投资，这是世界各国发展私立教育的普遍做法。如 1975 年日本就制定了《私立学校振兴援助法》，在法律上规定了国家援助私立学校的责任①，又如，20 世纪 90 年代中后期，美国私立高等院校教育经费的来源中，政府拨款占 18.4%②。这是因为，从理论上看，教育在总体上可视为一种特殊的准公共产品，私立民办教育也不例外，也就是说，私立民办学校也具有社会效

① 参见李帅军：《日本私立学校经费来源途径举要》，载《高等教育研究》，1998 (5)。

② 参见范先佐：《筹资兴教》，236 页，武汉，华中师范大学出版社，1999。

益，按照利益获得原则，作为受益者之一的政府，也有责任和义务对私立民办学校进行一定的投资，积极扶持私立民办教育事业，只是政府投资占其办学经费的比例不必像公办学校那么高，按照国际惯例，一般以20%左右为宜。当前，我国的民办教育尚处于起步阶段，且多以自筹经费为主，在这种情况下，政府对私立民办教育进行适当的财政资助就显得尤为必要。除此之外，政府还应采取在办学用地上对私立民办学校予以支持、在税费上予以减免等扶持政策。

2. 教育供求质量矛盾的调节

由于教育供求质量方面的矛盾是指教育供给质量与教育需求质量之间的严重不平衡，即教育供给质量与教育需求质量的严重失衡。因此，各级各类教育应确实保证教育质量。没有教育质量就没有教育供求的均衡。在其他条件不变的情况下，教育供求的均衡与各级各类学校的教育质量成正比。各级各类学校确实保证了教育目标的实现，教育供给才算是满足和适应了教育需求。

第一，统筹城乡教育发展，逐步缩小城乡间教育的差距。长期以来，在城乡二元体制下，形成了一种忽视地区差别和城乡差别的“城市中心”的价值取向。国家公共政策优先满足甚至只反映和体现城市人的利益，例如过去的粮油供给政策、就业、医疗、住房、社会保障等各项社会福利等。教育作为一种准公共产品，长期以来也是实行这种“城市优先”的政策。例如，由于城乡分割的户籍制度以“农业”和“非农业”户口把中国公民分成标志鲜明的两大类别，也将城市儿童与农村儿童割裂开来，让城乡儿童在不同的制度架构中获取不均等的教育资源。因此，要保证教育供求在质量上的均衡，国家应制定城乡教育统筹发展规划，统筹城乡教育发展，逐步缩小乃至消除城乡学校在数量和质量方面的差距。

第二，合理配置教育资源，促进城乡教育均衡发展。在当今社会，教育不可否认地受到日益增长的社会、经济差距和不平衡状态的有害影响——但只要作出巨大的努力，教育是可以帮助克服这种差距和不平衡状态的。[①] 为了缩小教育供给中的质量差距，就必须合理配置教育资源，促进城乡教育均衡发展。为此，国家应尽快制定各级各类学校办学的基本标准，包括教职工编制标准、工资标准、学校建设标准、生均公用经费标准，规定限期各地区城乡所有各级各类学校达到国家规定的办学标准，并根据经济和社会发展状况适时进行调整。以此为基础将教育经费全面纳入财政保障范围，并在中央和地方各级政府财政预算中单列，以保证所有适龄儿童和青少年都能公平接受教育。近期内应按照修订后的《中华人民共和国义务教育法》和国务院的规定，实行义务教育经费由省级政府统筹，农村义务教育所需经费由各级财政分项目、按比例分担的体制。条件成熟时，实行按国家和

① 参见《学会生存：教育世界的今天和明天》，132页，北京，教育科学出版社，1996。

省制定的义务教育阶段办学标准，以县级为单位按影响教育经费需求与供给的因素，测定义务教育经费标准需求和标准财政供给能力，其经费的存量与增量缺口由市、省、中央财政逐级转移支付填平补齐。对非义务教育、中等职业教育和贫困省、少数民族自治区的高等教育，中央财政应采取专项转移支付予以支持。

第三，加强对各级各类学校的监督，千方百计促使学校提高教育质量。提高教育的供给质量就是要提供符合需求的教育机会和人才。为提高教育的供给质量，应对各级各类学校教育予以监督，包括教育决策、教育过程、教育质量和效益均要予以监督，这种监督当然离不开政府对办学单位的宏观监控。为此，政府应通过立法、资助、评估等一系列手段来确保教育供给的质量，以满足国家、社会、个人的教育需求。同时，教育供给还要受到社会各方面的监督、评判和导引。各种专业组织、新闻媒介、社会团体及用人单位都应通过各种方式促使学校提高教育质量。此外，办学单位应形成和建立自我监督、约束的机制，以约束学校的办学行为，千方百计去提高教学质量，适应与满足经济社会发展对教育的需求。

3. 教育供求结构矛盾的调节

教育供求结构矛盾是指教育供给过剩与供给不足两种情况同时存在，所以，相对于教育供求总量矛盾，情况更为复杂，不能单纯地扩大供给或减少供给来实现供求均衡，而应着眼于“扩大短缺的供给”与“减少过剩的供给”同时并举的原则，采取相应措施进行调节，才能有效地实现供求均衡。

第一，面向社会需求，制订合理的招生计划。教育供给是否合理、供求结构是否均衡首先取决于招生计划是否适应社会的需求。各级教育部门和学校在确定招生的专业类别及各专业人数比例时，应全面分析经济产业结构、劳动力需求结构、社会人口数量、国家经济实力等状况，以此为依据进行决策。一般来说，社会需求旺盛的专业则增加招生数，社会需求疲软的专业则减少招生数。衡量社会需求状况的一个重要指标就是就业率。所谓就业率是指某专业毕业生就业人数占该专业毕业生总数的比例，就业率的高低直接反映专业的社会需求状况。某专业就业率高，表明该专业的社会需求旺盛，应增加供给；反之，某专业的就业率低，表明社会对该专业的需求较少，应适当减少供给。

第二，运用价格机制，实行差别学费。经济学供求规律告诉我们，当需求大于供给时，价格会上升；当需求小于供给时，价格会下降。反过来，当价格上升时，供给增加，需求减少；价格下降时，供给减少，需求增加。可见，价格与供求关系相互影响、相互作用，利用价格工具可以有效地调节供求关系，实现供求均衡发展。学费在一定意义上就是教育价格，所以，运用价格机制，对不同专业收取差别学费也能有效地调节教育供求矛盾。具体而言，那些热门专业和应用型专业，由于市场适应性强、预期收益率高，社会和个人的需求旺盛，往往求大于供，对此可适当提高学费标准，既能够扩大这些专业的教育经费来源和增强这些专业的供给能力，也能够抑制过旺的教育需求，从而促使供求平衡。相反，冷门专业和基础专业往往需求不足，供给相对过剩，对此应适当降低学费标准，以刺激人们的教育需求，实现供求均衡发展。

不同专业学费标准的制定，除了考虑供求状况之外，还应考虑各专业的教育质量和教育成本。教育价格是教育价值的货币表现，教育质量高，教育价值就大，即教育对个人和社会的作用就大，教育价格应该提高；反之，教育质量低，教育价值就小，教育价格应下降。教育成本也是制定教育价格的重要依据，一般来说，教育成本高，教育价格就高，反之就低。

第三，提供充分的信息，建立通畅的信息传递渠道。掌握充分的信息是正确决策、选择教育供求矛盾调节措施的前提条件，换言之，信息不仅对于教育供给方还是教育需求方的决策都有着重要的指引作用，只有建立在充分的信息基础上，教育供求矛盾的调节对策才能有的放矢，产生较好效果。这些信息包括：社会对人才的需求状况及趋势；用人单位的工资待遇、发展前景；学校的师资力量、办学条件、专业设置、学费等。为此，应建立通畅的信息传递渠道，具体而言，包括以下三个方面：

（1）进行科学的教育预测。教育预测是通过研究过去和现在的经济和社会发展、科技与人口等社会因素与教育的相互依存关系，以及对未来一定时期内发展趋势的分析研究，为确定未来教育的规模、结构、内容、方式，为制定中、长期教育规划提供科学依据。科学的教育预测是建立在经济发展趋势预测、人口变化趋势预测、科学技术发展趋势预测、人才需求预测等基础之上的，它能够比较准确地反映教育供求趋势，帮助教育供给方作出正确判断，进行合理的教育供给规划。

（2）建立权威性的评估鉴定机构。评估鉴定是传播教育信息的重要方式，如果政府不对教育机构进行评估鉴定，就应鼓励私人自愿性鉴定机构承担这种职能。[①] 一般来说，政府的评估鉴定结果更具有权威性和说服力，政府应该发展这种机构，定期对各类教育机构的教育质量、办学条件和学术水平进行公正客观的评估鉴定，以帮助人们进行合理的教育需求决策，减少、避免盲目性。

（3）大力发展职业介绍机构。为了有效地调节教育供求矛盾，应在各地普遍建立职业介绍机构，负责收集、储存、提供和交流劳动力市场供求信息，除实施义务教育的中小学之外，其他各级各类学校每年应将其毕业生的数量、专业提供给职业介绍机构，所有毕业生亦应在职业介绍机构登记注册。与此同时，社会各部门和用人单位也应向职业介绍机构提出所需各类劳动力和专门人才的数量、质量、规格等要求，以及本部门、本单位的现状、发展前景、工资待遇等。这样，教育供求双方可取得直接信息。对各级各类学校的毕

① 参见世界银行编：《1998—1999年世界发展报告》，52页，北京，中国财政经济出版社，1999。

业生来讲，通过职业介绍机构了解用人单位的需求、录用条件和工资待遇等信息，可以选择理想的工作单位；对用人单位来讲，通过职业介绍机构了解毕业生的类别、专业、数量等方面的信息，也可录用到所需的劳动力和专门人才。

第四，建立财政转移支付制度，帮助落后地区发展教育。我国地区之间、城乡之间教育发展极不平衡。经济发达地区和城市，教育供给的数量充足，质量也比较高；广大落后地区和乡村，教育供给与需求都不足，体现在学校较少并且办学条件较差，辍学率较高。这是我国教育供求的地区结构不均衡的一般表现。在一定时期内，教育供给总量一般是固定的，只能调节供给的分布；需求总量及需求的分布都是可调节的。对此，通过财政援助调节教育需求和供给在地区之间的分布，对落后地区采取财政转移支付的方式帮助它们发展教育，减少地区之间儿童在教育机会、教育质量上的不平等。对贫困群体，可以发起一些援助性的项目，以刺激他们的有效教育需求，如给予贫寒学生教育贷款或赠与，发挥政府和社会团体的作用，建立赠与和贷款制度，根据个人学习成绩和家庭经济情况，提供相应的教育援助，使学生不因家庭经济困难而丧失教育机会，促进教育机会在地区间的相对均衡分配。

总之，经济社会的发展派生出劳动力需求与供给的矛盾，进而派生出教育供给与需求的矛盾。对教育供求矛盾进行调节，从某种意义上讲，有助于劳动力市场的供求均衡，又进一步促进经济社会的健康发展，经济社会的持续繁荣又为教育的发展提供坚实的物质基础。调节教育供求矛盾的根本目的就是使教育事业更好地为经济社会发展服务，实现教育与经济社会的良性循环。

本章小结

教育供求问题是研究教育与经济关系的重要理论问题。教育是一种培养人的活动，从其本身来看，确实有别于纯粹的商业性活动。但在市场经济条件下，其产品是具有商品属性的。因而，教育同其他任何商品生产部门一样，都存在供给与需求的问题。教育需求是指社会、企业和个人对教育机会有支付能力的需要。按照需求的主体来划分，教育需求可以分为三类：个人对教育的需求、生产单位对教育的需求和国家对教育的需求。教育供给是指一定社会为了培养各种熟练劳动力和专门人才，促进经济、社会和个体的发展，而由各级各类教育机构提供给学生受教育的机会。它包括“广义”和“狭义”两个方面。狭义的教育供给是指正规教育机构（诸如普通大、中、小学等）提供的教育机会；广义的教育供给还包括许多非正规教育机构（诸如成人教育、职业教育、在职培养等）所提供的教育机会。教育机会供给量的形成则受制于劳动力需求状况、一国的经济实力、教育投资体制、教育的单位成本、师资状况以及政府和社会对教育的重视程度等多种因素。教育供求矛盾也就是指教育供求失衡，是指教育处于供给小于需求或是需求大于供给的状态，具体表现在数量上的失衡、质量上的失衡和结构上的失衡。由于教育供求既有总量上的矛盾，也有质量上的矛盾、结构上的矛盾，因而教育供求矛盾的调节，既要着眼于数量均衡，也要着眼于质量、结构的均衡，三者的调节对策也不尽相同。

思考题

1. 简述劳动力、劳动力资源、劳动力需求和劳动力供给的含义。
2. 影响劳动力需求的因素有哪些？
3. 影响劳动力供给的因素有哪些？
4. 分析教育在调节劳动力供求中的作用。
5. 简述教育供给、教育需求的含义。
6. 简述教育需求的类型及其影响因素。
7. 影响教育供给的因素有哪些？
8. 试论教育的供求矛盾及其调节。
9. 教育是最大的民生。教育事关千秋万代、千家万户。党的十八届三中全会明确了教育领域综合改革在人才培养体制、考试招生制度等方面的攻坚方向。处在深水区的教育改革，亟待破解许多难点、热点问题，其中，中小学择校顽疾既是难点，又是热点问题。2014 年 1 月 26 日，教育部《关于进一步做好小学升入初中免试就近入学工作的实施意见》，不仅重申了义务教育阶段免试就近入学原则，而且指出小升初的具体操作路径，包括单校对口直升、多校划片以及随机派位等方式。2014 年 2 月 17 日，教育部又公布了 19 个重点大城市免试就近入学改革新政。2014 年 4 月 18 日以后，在一片观望、焦虑的情绪中，酝酿已久的包括北京在内的 19 个重点大城市小升初（包括幼升小）政策陆续尘埃落定。此番新政被视为回归义务教育本义、根治择校顽疾最具力度和突破性的政策安排。但对于政策本身及政策执行和实施效果，公众仍然心存诸多疑虑。为什么公众心存疑虑？请你运用教育供求理论谈谈自己的看法。

阅读导航

1. 杨葆焜主编．教育经济学．武汉：华中师范大学出版社，1989

该书是我国第一本列入《高等学校文科教育类专业教材编写计划》（1985—1990）的教育经济学教材。该书以我国社会主义初级阶段的理论为依据，探讨了教育与经济的关系，以及教育在社会发展和经济增长中的作用，论述了教育的社会经济功能，并以专章的形式论述了教育供求的关系。

2. 盖浙生．教育经济学．台北：三民书局，1982

该书分别就教育与经济发展、教育与人力发展、教育的需求与供应、教育成本、教育投资、教育收益、教育生产力、学校经营规模、教育计划、教育经费及教育经济学的展望等问题逐一加以阐述。

3. 林文达. 教育经济学. 台北：三民书局，1984

该书融合各家理论及实际，辅之以作者多年不间断实证研究所获得的结果，就包括教育与人力供需等有关教育经济学的基本问题进行了充分的论述。

第六章

教育与就业

本章提要

教育与就业有着天然的密切联系。本章将对教育与就业的一般关系、教育在解决就业问题中的作用、教育与劳动就业制度的相互适应等问题进行分析和探讨。

教育在本质上是培养人的一种社会活动，而人或劳动力是现代经济活动中不可或缺且日益活跃的重要因素，这样，以人的发展或劳动力的培养为中介，教育对经济发展具有积极推动作用。但这种积极作用是以教育培养的熟练劳动力或专门人才参与经济活动，并直接从事经济生产为前提条件的，也就是说，教育经济功能的大小有赖于教育培养的熟练劳动力或专门人才能否顺利就业，以及教育在解决就业问题中的作用大小。因此，教育与就业有着天然的密切联系。

第一节　教育与就业的一般关系

根据国际劳工组织的定义，就业是指在一定年龄内的人们所从事的为获取报酬或为赚取利润所进行的活动。① 就业是绝大多数成年劳动者及其家庭得以生存和发展的重要基础，同时社会就业状况在一国国民经济和社会发展中具有十分重要的位置。② 影响个人就

① 由国际劳工组织1982年第13届劳工统计大会提出。转引自《劳动经济与人力资源管理》（中国人民大学复印报刊资料），1998（6）。

② 西方发达国家通常以经济增长率、通货膨胀率、失业率作为监测宏观经济运行和进行宏观调控的三个首选指标。我国自1996年起，失业率的控制指标成为每年国民经济和社会发展计划的主要宏观调控目标之一。

业和社会就业状况的因素是多种多样的，且有着某种不确定性，其中教育的发展对个人就业、社会就业状况的影响和作用是十分显著的。

一、教育与个人就业

尽管职业之间无贵贱之分，但是职业之间在收入、社会地位、社会评价等方面总是存在或多或少的差别，因而人们总是很自然地会认为这种职业地位高，那种职业地位低。这是社会历史文化、民族传统和一定经济制度等多种因素的一种隐蔽反映。个人需要就业，每个人都必须工作，但一个人能够得到什么工作，以什么理由来分配人们去填补这个或那个岗位，谁更有资格竞争到一份好的职业，都是未知的，在任何一个社会，个人的教育、职业和收入都是环环相扣、须臾不离、三位一体的。受教育程度越高，获得高地位职业的可能性就越大，高地位职业则又意味着高收入。只是在传统农业经济社会当中，能够进入学校接受教育的是具有特殊身份，或者长大后要从事法律、医疗、牧师职务等学术性职业的少数人，大多数人从事的职业劳动只能或只需在早年就开始接触工作，就地当学徒；在现代经济社会中，绝大多数职业和工作岗位在招工和晋升时都有学历的要求。大量研究表明，在采用不同的社会经济制度和处于不同的经济发展水平的国家，教育、职业地位和收入之间都成明显的正相关。“就个人背景特征对职业成就与工资收入的影响所作的工资函数和轨迹分析表明，虽然有许多变量仍无法解释，但最大的单项指标始终是教育。”① 一般来说，待遇优厚的职业，相应地有较高的职业地位，而较高地位的职业需要较高的受教育程度和良好的职业训练，个人受教育的程度与类型是决定其就业状况和收入水平的关键因素。

1. 教育在个人就业素质和就业能力的发展中起主导作用

个人的就业素质是指作为劳动供给者在能力与观念方面的素质。在劳动能力上的素质即劳动力资源的质量；劳动力观念方面的素质是指看待和认识社会活动、劳动和就业问题的根本性的思想意识。劳动力的素质水平，往往从根本上决定了其就业状况。就业不仅是劳动力资源获得职业的过程，也是劳动力资源与物质资源在一定行业与职业中结合的状态。素质对就业者的职业发展起着关键性的影响。首先，素质决定了就业者对其职业变革、进化的适应能力，进而影响其是否能持久稳定地占有该职业；其次，素质决定了就业者的职业晋升与发展的机会；此外，素质高的就业者可挑选的职业范围更广，可以主动寻求自己的最佳职业。因此，就业者的素质不仅决定了其就业的层次，也决定了就业者就业选择决策的正确程度，以及就业者寻求职业、开拓职业的能力。现代经济越来越以知识为基础，社会和经济系统对就业者的素质提出了全新的要求。劳动者没有掌握符合知识经济时代要求的知识、语言和技能，其就业就只能如履薄冰，很有可能成为明天的失业者。就

① ［瑞典］胡森主编：《国际教育百科全书》，第3卷，401页，贵阳，贵州教育出版社，1990。

业者不仅要掌握本民族通用语言，也要掌握世界语言、计算机语言；不仅要掌握专业技能，还要掌握网络技术，否则在就业过程中的行动与沟通将受到制约。

个人的就业能力是指个体从事社会职业劳动的本领。一方面指个人在职业活动当中体现出来的自身的知识和技能；另一方面指个人在从事社会特定职业劳动方面的可造就性或潜力。因此，个人的就业能力不仅表现为就业者的知识和技能，还表现为就业者的智力和能力。在现代经济生活中，就业者的就业能力主要体现为社交能力、应变能力和创造能力三个方面。(1) 社交能力是指就业者在职业工作过程中与他人进行信息交流的能力。交流是否有效并实现预期的目标，取决于就业者自身的语言表达能力、对对方的认识能力、随环境变化而改变交流方式的能力。如果就业者能够有效运用社交能力，则可以实现信息交流的预期目标，甚至有额外的收益，并使得信息交流的成本费用降低到最低。(2) 应变能力是就业者对周围就业环境和社会环境变化的感知能力和采取相应行动适应或驾驭环境的能力。以知识为基础的各种职业劳动要求就业者时刻关注信息的变化、知识的变迁和技术的进步，这必然对就业者的应变能力提出了更高的要求。(3) 创造能力是就业能力的最高境界，是在工作过程当中创造新技术、新产品或提供新服务的能力，也是个人能力的最终集中体现。处于现代市场经济社会的每个就业者都直接面对不断创新的市场与产品，因为各种产品之间的差异比以前更大、可替代性更强，人们消费的稳定性也就更差，经常从一种产品向另一种产品转换。在这样环境中的个人要就业，就必须要具有创造能力。

影响并决定个人就业素质和就业能力的因素主要包括天赋素质、教育、个人兴趣、性格、社会实践活动、个人的勤奋和客观社会环境等。其中教育是个人就业素质和就业能力得以培养和发展的具体途径和方法，对就业者的素质与能力的发展起着主导性的作用。这是因为教育的根本职责就在于促进人的素质得到全面提升，促使人的各种能力得到全面发展。教育不仅能使就业者掌握就业必需的知识和技能，还能够改变其思维方式和培养创新精神，发展创造能力。随着科学技术的发展，已有的知识和技能会逐渐被淘汰或显得不够，就业者必须在接受一定程度的教育或职业培训，具备从事一定的职业劳动所要求的知识体系与技能之外，还要做好接受继续教育或职业培训的准备，以更新知识结构、获取新的劳动技能。“活到老，学到老”现在看来不只是治学的要求，还是个人在新的现实生活中生存和发展的必要条件。

2. 教育是个人提高就业收益的重要途径

如前所述，不同行业、同一行业的不同级别之间在收入、社会地位等方面存在着差别，个人从事不同的职业劳动，其就业收益是不同的。而影响个人就业收益的不仅有个人原有的才能、家庭背景及其他的个人特征，还有社会历史、社会制度的因素以及社会经济发展状况和水平等。但自人力资本理论问世以来，教育便成为人力资本投资的一个最明显的例子，它是提高个人就业收益的重要途径。现代社会的大部分职业工作，要求就业者必须接受过一定数量和质量的教育与培训，拥有一定的教育与培训证书才能上岗工作，被称为“资格工作”（qualified jobs）。一些收入较高、社会地位优越的职业就更是如此。美国劳工部将职业层次划分为 11 种，每一种层次的职业基本上都有明确的教育程度（学历）或职业培训要求。比如从事律师、医生、牧师等职业工作的就业者要求在取得学士学位以外，另有两年的专业在校学习时间；从事科学院和物理、生物、社会科学领域的工作要求具备博士学位；对于大多数专业工作来说，学士学位是最基本的要求，如机械工程、医药和环境美化设计等。因此，个人的职业竞争在某种意义上意味着教育程度高低的竞争。

人们在研究分析收入与教育水平的关系时，依靠抽样调查获得数据，先把就业者按教育水平分组，然后计算他们的平均收入，发现教育水平不同或学校教育年数不同的就业者具有以下三个普遍特征：(1) 不论是受过高等教育的就业者还是没有文化的就业者，两者的平均收入都随着年龄的增长而增长。当他们处于职业生涯的中期时，收入达到最高值，然后收入曲线就趋于水平延伸或开始下降。(2) 受教育程度越高的就业者其收入的增长速度也越快，在多数情况下，开始其职业生涯的起点工资也越高。(3) 受教育程度高的就业者达到其收入顶峰的时间比受教育程度低的就业者晚，而他们退休时的收入较后者高。这三个特征也明显体现在美国 1982 年男子平均收入与教育年数的关系上，如图 6—1 所示。

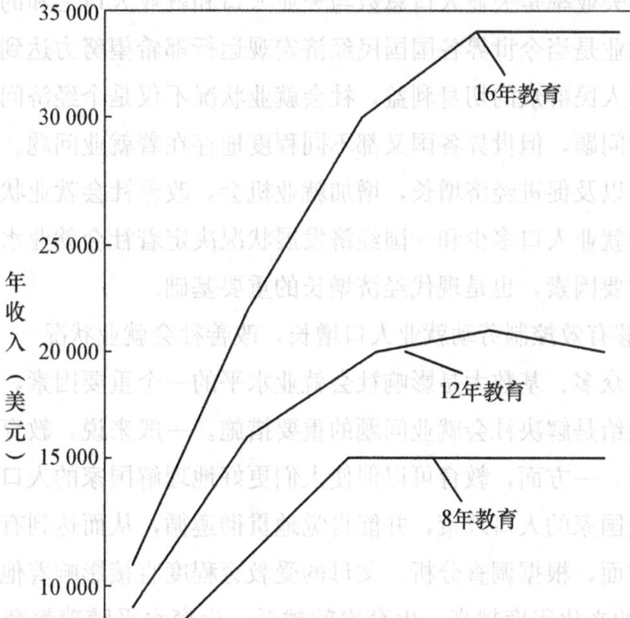

图 6—1 男子平均收入与其年龄和受教育年数的关系（1982 年）

资料来源：[美] 萨尔·D·霍夫曼：《劳动力市场经济学》，194 页。

研究发现的三个特征表明，教育一般会给个人带来较高的职业劳动总收入，即受教育程度高的职工挣的工资或薪水通常较高，相比之下，文盲、受教育程度低或者只持有低等教育证书的人则工资较低。当然，必须把重点放在就业者一生的总收入上，不能一味地强调某一时间阶段的收入差别。英国经济学家布劳格在分析教育与收入之间关系时，曾这样总结："我们从生活中的一个明显事实谈起，即在任意两个年龄、性别都相同的群体之间，即使他们受雇于同一个工厂，干同一个工种，受教育程度较高的那个群体的平均工资还是高于受教育程度较低的群体。教育与收入间存在的这种普遍的正相关，是现代社会科学最惊人的发现之一，它的确是适用于所有国家（不论是资本主义国家还是社会主义国家）劳动力市场的极少数几个可靠的一般结论。"①

二、教育与社会就业状况

人们一般用失业率来表示社会的就业水平。失业率能够控制在一定的范围内表示社会整体就业状况较好；失业率高，并超出了人们能够承受的范围表示社会整体就业状况较差，就业问题严重。失业是指有工作愿望的劳动者通过劳动力市场正在寻找工作或寻找不到工作的一种状态，失业率是失业人口总数与失业人口和就业人口之和的比例。有效控制失业率，实现充分就业是当今世界各国国民经济宏观运行都希望努力达到的主要目标。因为劳动就业事关亿万人民群众的切身利益，社会就业状况不仅是个经济问题，也是一个敏感的政治问题和社会问题，但世界各国又都不同程度地存在着就业问题。教育发展在有效控制劳动人口增长，以及促进经济增长，增加就业机会，改善社会就业状况方面起着重要作用。这是因为劳动就业人口多少和一国经济发展状况决定着社会就业水平，而教育是影响劳动人口增长的重要因素，也是现代经济增长的重要基础。

1. 教育发展能够有效控制劳动就业人口增长，改善社会就业状况

首先，劳动人口众多、基数大是影响社会就业水平的一个重要因素，降低人口自然增长率，减少劳动力供给是解决社会就业问题的重要措施。一般来说，教育的发展与人口的增长成反比例的关系。一方面，教育可以促使人们更好地理解国家的人口政策，教育程度较高的人更容易接受国家的人口政策，并能自觉地贯彻遵循，从而达到有效控制人口自然增长的目的；另一方面，根据调查分析，父母的受教育程度直接影响着他们的生育观。如表6—1所示，妇女的文化程度越高，生育率就越低，生育水平随着教育程度的提高而明显下降。此外，由教育程度决定的劳动性质不同，妇女的生育率也不同，从事脑力劳动的妇女生育率明显低于体力劳动妇女的生育率。这种情况的出现，一是因为较多接受教育的妇女由于学习和就业的需要，生育年龄推迟；二是因为父母受教育的状况直接影响到对教

① 转引自［瑞典］胡森主编：《国际教育百科全书》，第3卷，223页。

育的需求，父母的教育程度越高，就越希望子女接受更多的教育，更注重对子女的教育投入，从而引起子女抚养成本的提高；三是因为妇女教育水平提高，就业机会增加了，从而提高了生育成本，也在一定程度上限制了其对子女数量的需求。

表 6—1　　我国不同文化程度妇女生育状况（1981 年）

文化程度	生育率（‰）	孩次比例（%）		平均孩次
		一孩率	多孩率	
大学	41.99	88.55	1.23	1.72
高中	64.62	81.86	3.41	1.23
初中	68.30	70.39	9.15	1.44
小学	87.39	44.35	26.75	2.02
文盲、半文盲	95.47	32.10	40.19	2.44

资料来源：国务院人口普查办公室、国家统计局人口统计司编：《中国第三次人口普查资料分析》，129 页，北京，中国财政经济出版社，1987。

其次，影响就业的主要是劳动年龄人口的规模，在我国指的是男 16～60 周岁和女 16～55 周岁的人口总和。众所周知，即便是劳动年龄人口，由于各种原因也并不是百分之百地需要就业。因此，国际社会通常采用“劳动力参与率”概念。受教育年限的延长，可以形成劳动力供给的滞后效应。伴随社会经济的发展变化，现代基础教育逐渐普及，而且普及的程度越来越高，高等教育正走向大众化，受教育的需求也日益增加，各国教育规模不断扩大，教育部门吸纳了大量的劳动就业人口，延缓了新成长劳动力进入就业队伍的时间，从而缓和了就业压力，限制了失业人数的增加。如果说，古代社会由于社会经济发展缓慢，社会生产力发展水平不高，教育的规模小，结构单一，投资量低，吸纳的教育人口也相对较少，对当时社会劳动就业状况的影响可以忽略不计，那么，现代社会的教育在事实上已成为一个巨大的经济部门，其对一国现时劳动就业状况产生的影响已是不可忽视的。这样，受教育年限的延长，教育规模的扩大，直接降低了劳动力参与率，从而对社会就业状况产生积极的影响。因此，应当大力发展教育，一方面提高新生劳动力的就业素质和能力，另一方面形成劳动力总量供给的滞后效应，缓解社会就业压力。

2. 教育发展能够促进经济发展，从而改善就业状况

首先，教育通过培养各种熟练劳动力，来促进经济发展，增加劳动就业机会。在现代市场经济条件下，任何经济部门的发展都必然以人为主体。如果没有足够数量和质量的劳动力，任何经济部门都不可能有真正的发展，而没有经济部门的发展也就不会吸纳更多的劳动力就业。特别是高新技术部门和某些第三产业部门，一般都表现出对就业者文化素质要求高的特点。加之社会已有的适合本部门需要的劳动力注定不会太多，因而使得这些部门对教育的依赖程度更高。而现代教育的各个组成部分正是通过培养经济发展所需的特定劳动力，来促进国民经济中特定产业的发展，从而吸纳更多的劳动力就业。

其次，教育促进科学技术的发展，使得劳动就业机会的增加成为可能。现代经济发展

越来越依靠科学技术，科技进步靠人才，人才培养靠教育，这是现代经济发展的客观规律。现代生产是科学技术的物化。这个性质决定了现代教育是制约现代生产的中间环节和决定性因素。教育通过对生产中最重要、最活跃的主体因素——人的培养，使科学技术较快地转化为现实生产力。无数事实证明，科学技术的发展，有赖于教育，没有教育也就没有科技进步，现代教育可以再生产现代科技。而另一方面，科学技术的普及、应用以及转化为现实的生产力，更有赖于教育的先行。因此，教育正是通过培养大批能够掌握和应用先进生产工具的技术工人来推动科学技术转化为生产力和促进经济发展的，并以此为契机使得劳动就业机会的增加成为可能。

最后，教育通过培养创业者，从而增加新的劳动就业岗位。现代教育不仅可以增强劳动力的就业适应能力，而且在一定程度上造就了一大批创业者，成为“自我雇佣的人”，同时也带动其他人就业。联合国教科文组织于 1995 年发表的《关于高等教育的变革与发展的政策性文件》中指出：“在‘学位＝工作’这个公式不再成立的时代，人们希望高等教育的毕业生不仅是求职者，而且也是成功的企业家和工作岗位的创造者。”这已经明确要求现代教育不仅要培养大量的现有职业岗位的就业者，而且要培养毕业生逐渐成为新的职业岗位的创造者。

3. 教育部门本身的发展，也在很大程度上增加了就业岗位

关于教育对社会就业状况的影响，人们一直以来重点考察的是其中的长期效应，而忽视短期内的积极影响。事实上，教育发展在短期内也对改善社会就业状况有着明显的积极作用，主要体现在教育部门本身的发展，直接为劳动者提供了大量的就业岗位。在现代社会，教育部门是传播知识、应用知识和创新知识的巨大产业部门，直接吸纳了大量的劳动就业人口。“在美国，教育是一个宏大的产业部门，即使不是最大，也肯定是极大的产业部门之一。1975—1976 年度，在各级正规教育部门至少有 300 万教师，近 6 000 万学生，花费了美国人民 12%以上的国民生产总值。”①教育过程凝结了众多教师、管理人员和辅助人员的活劳动。在我国，各级各类学校可以直接为全社会提供占从业人员总量 4%的就业机会。同时根据估算，教育对 GDP 的直接贡献率一般为 4%～7%②，高于其他许多行业，间接增加了大量的劳动就业岗位。

三、教育与就业关系的复杂性

上面我们是从教育对个人就业过程及社会就业状况产生的影响角度来进行分析的，而

① ［美］柯恩：《教育经济学》，12 页，上海，华东师范大学出版社，1989。

② 参见胡瑞文：《思想解放 大胆探索》，见《中国教育改革发展二十年》，76 页，北京，北京师范大学出版社，1999。

且我们认为这种影响是积极的。然而，这种积极影响只是“存在”而已，它未必能确定地展示给我们。因为无论是教育发展，还是劳动就业都要受到多种不确定因素的制约，无数的偶然、无数的可能、无数的作用方式，都有可能改变这种积极影响，教育与就业之间的关系是复杂的。

1. 教育与就业的非同步性

现代市场经济社会，各级各类职业和专业学校都日趋以办学主体的身份，较多地根据劳动力市场的供求变化所提供的信号来决定招生规模、专业设置、培养规格等，这使得教育发展对社会劳动力需求的变化十分敏感，变通性很强。但也应看到，劳动力市场供求变化的信号一般只能表明供求不平衡的大体趋势，却不能准确反映其数量界限。而且，由于办学主体自主决策，难有一个明确全面的计划，即使劳动力市场供求数量清晰，各办学主体间也无法平衡其生产规模与能力，更无力左右全局。再加上教育培养就业者具有周期长、见效慢、滞后时间久的特点，教育发展与就业需求难以同步。因此，教育与就业并不总是一致的。例如，在劳动力市场中出现某一方面的人才供不应求的信号，而且其就业需求数量清晰，各自主决策的办学主体（也有学生）的反应是大量涌向这一专业，纷纷扩大或新设该专业。经过一定年限的培养，即便就业需求没有变化，该专业人才供给量也很有可能已大于需求量；若是需求减少，情形则更糟。

就教育与个人就业而言，个人对某职业和专业的选择变化，多少都反映了劳动力市场对人才规格和数量的供求变化。但个人反映的市场变化是眼前的，而劳动力市场得到的需求满足是一段时间以后的，二者之间有变化时差。因而个人的反映在很大程度上是一种期望，期望接受教育以后能够找到工作，而劳动力市场的需求则建立在客观的现实基础上。需求什么，需求多少，不以毕业生的愿望为转移。此外，由于教育对个人来说，还具有消费的价值，个人接受教育时往往带有个人价值观，不一定完全出于眼前接受教育与未来职业报酬之间关系的考虑。即使个人期望从教育中得到的收益是上学决策的关键因素，然而任何人的预期收益都是不确定的，其未来收入也同样不可能被完全预见到，许多学生对他们自己接受教育以后的职业选择也同样是不确定的。而劳动力市场对人的需求，完全是一种经济价值观，服从于利益。因此，很多国家存在着毕业生失业率与不充分就业率居高不下的现象。例如，美国在 1983 年，工程专业毕业生就业率为 83%，教育为 24%，文理科为 38%[①]；英国 1982—1983 年获学士学位的大学毕业生，至 1983 年底未能找到工作的除临床医学、牙科以外，其余均在 5%以上，大部分在 10%以上[②]。

---

① 转引自 E. L. Boyor，*College*，*The Undergraduate Experience in America*，Harper & Row Publishers，N. Y.，1987，p. 268。

② 参见教育发展与政策研究中心编：《发达国家教育改革的动向和趋势》，391 页，北京，人民教育出版社，1986。

2. 教育深化与知识失业

由于在很多国家并存着两种不同的经济结构，即传统部门和现代部门，发展中国家尤甚。接受过一定教育的知识劳动者往往嫌传统部门的报酬太低而不愿俯就，纷纷涌入现代部门求职。但是，现代部门的就业岗位又是有限的，不可能按照知识劳动者的供给数量，根据不同的受教育水平充分吸收各级学校的毕业生。于是，随着教育的迅速发展，学校培养出来的知识劳动者的总量就越来越多于现代部门所能提供的就业岗位或就业空位的数量，加上技术的不断更新，现代部门对求职者的文化和专业素质要求越来越高。现代部门面对众多的从各级各类学校毕业的求职者，自然水涨船高，首先聘用受过高等教育的学生，然后考虑招用中学毕业生，最后才会雇用小学毕业生，也就是说，由于求职者供过于求，首先被拒于现代部门之外的是小学毕业生，其次是中学毕业生。在这种情况下，现代部门就倾向于雇用受教育程度较高的人去做原来由受教育程度较低的人做的工作。这样，本来小学毕业生胜任的职务，现在由中学毕业生代替了，本来中学毕业生胜任的职务，现在由大学毕业生代替了，这种情况被称为教育深化（educational deepening）或教育过度（over-education）。

知识失业是与教育深化相伴而生的现象，或者说，它是教育深化问题的一个侧面。由于受教育者的供过于求而现代部门又跳级雇用较高受教育层次的毕业生，以致在求职竞争中，中小学毕业生往往被拒于雇佣单位的大门之外，甚至大学毕业生也不免遭受同样的命运。尽管在一些国家中受教育者在总人口中所占的比例较低，受过程度较高教育的人在总人口中所占的比例更低，在现实的经济生产中具有一定知识、技能和专长的劳动者也是相对稀缺的，但大量受教育者还是不免沦为失业者，形成知识失业的状况。

教育深化和知识失业的一个结果是有不少国家教育事业不切合实际需要地扩张。在教育发展的初期，失业者主要是文盲，为了免遭失业的危险，人们把子女送去上小学，于是，小学教育扩张。随着小学教育的发展，小学毕业生的失业率上升。为了防止失业，小学毕业生不得不进入中学，于是中学教育扩大。与此同时，小学教育也要继续扩大，一方面使找不到工作的文盲接受初等教育，一方面为进入中学准备升学的阶梯。到了中学毕业生也难以找到工作时，他们要求升入大学，于是大学教育扩大。与此同时，中学教育也自然要继续扩大。总之，在教育深化和知识失业的影响下，一些国家不得不扩大大学教育，也不得不扩大中小学教育。就业状况的每一次恶化，都要求把各级教育作一次扩大。因此，一些国家出现了一种似乎难以置信的情况：某一级教育毕业生就业越不利，上一级和这一级教育就需要越快速地发展，政府扩大教育投资的压力就越大。其结果只能是很多毕业生或从事与其所学不符的职业，或充任职业要求很低的职位，造成社会和个人两方面的浪费，毕业生就业的收入也随之下降。

第二节 教育与就业问题的解决

就业问题作为市场经济的伴生物，是当今世界发达国家和发展中国家普遍存在的难题。我国人口众多，自然资源相对贫乏，经济和社会发展又处于社会主义初级阶段，因而，就业问题是当前和今后相当长时间我国社会面临的突出问题。解决就业问题是改善人民生活和维护社会稳定的重要途径，如何治理就业问题成了社会经济生活中一个亟待解决的问题。就业问题本身不是孤立的，它与经济、社会的发展有着密切的关系，解决就业问题是一个社会系统工程，不能只是片面地强调劳动力的安置问题。在现代经济发展条件下，要妥善解决社会就业问题，大力发展教育事业也是必不可少的重要途径。

一、就业问题

教育和就业之间虽然有着密切的关系，但它们毕竟是两个问题，不能简单地把它们混为一谈。就业问题的产生和解决有它自身的规律性，只有先对就业问题的性质和特点，以及产生的根源有比较清楚的认识，才能对教育在解决就业问题中的作用有较为深刻的理解。

1. 就业问题存在的客观必然性

从历史上看，就业问题先后经历了劳动力严重短缺和劳动力过剩两个时期。在当代社会化大生产和市场经济条件下，劳动力供过于求的矛盾不断突出并逐渐成为劳动力供求关系的主要方面，失业问题成为就业问题的代名词，这是市场经济和社会化大生产的必然产物。

社会化大生产的发展，资本有机构成的提高，必然排斥劳动力，客观上形成就业问题。社会再生产过程实际上是不断扩大的再生产过程，而扩大再生产不可能只靠外延扩大，也不可能只维持原有技术构成。当技术构成提高，即使是速度慢于外延型扩大再生产的速度，也会造成劳动力需求相对减少，如果采取内涵型扩大再生产，则直接引起对劳动力的绝对排斥。随着社会生产力的不断发展，科学技术的日益进步，必然带来对劳动力需求的减少，从而使一部分劳动力失去与生产资料结合的机会，当这部分劳动力人口在被新的部门或行业接纳之前，便处于一种事实上的闲置状态。对于劳动者个人来说，这种闲置也许是短期或暂时的，但从全社会来看，总会存在着相当数量的闲置劳动力滞留在失业状态中，形成就业问题。可见，以技术构成不断提高为特征的社会化大生产对劳动力需求的绝对或相对减少是不可避免的。我国社会主义市场经济建设正是要大力发展社会化大生产，要基于社会化大生产运行，当然不可能改变科学技术和劳动生产率提高而排斥劳动力这一普遍存在于社会化大生产过程中的一般规律。

随着市场经济的发展和社会化程度的提高，社会分工不断深化，由此必然引起产业结构不断调整，导致生产要素的重新配置，使一些新兴产业部门逐渐发展起来，一些过时的传统产业部门则逐渐衰落，甚至被淘汰。从这些部门游离出来的劳动者如果不能及时更新技术，不适应新兴产业部门的需要，就会失业，造成新的就业问题。

在市场经济条件下，竞争机制发生作用也使就业问题成为必然。竞争机制不但作用于一般的商品市场，而且也通过劳动力市场发挥作用，优胜劣汰使生产要素得到合理配置。从企业来看，有些企业由于经营不善，管理落后，效益低下，最终导致破产倒闭，而破产倒闭的企业员工在一定时间内将处于失业状态；即使在市场竞争中立于不败之地的企业，为了继续保持市场优势，也会加强内部管理，特别是通过降低成本，提高劳动生产率，减少消耗而将劳动力与生产资料保持在最佳结构状态，这也使素质和劳动效率较差的劳动者被裁减而使他们需要重新就业。从劳动力本身看，由于社会分工不同，就业机会不等，素质较好的劳动力也会因企业倒闭或其他原因而失去工作；再者，由于个人能力的差异，在同行业、同部门内部，客观上也存在着强者排斥弱者，低素质劳动者失去工作岗位进入失业行列。因此就业问题是市场经济发展过程中不可回避的现实问题。

2. 当前我国就业问题存在的根源

上述三个方面在不同经济制度的社会都会对就业问题的产生起作用，只不过所反映的社会关系和表现的具体形式有所不同。就我国现阶段而言，就业问题严重还有着深刻的现实根源。

首先，人口总量和劳动力供给人口相对过剩。一国就业状况的好坏最终取决于劳动力供给和劳动力需求的平衡情况，劳动力供给又取决于一个国家或地区劳动年龄人口总量、劳动力参与率等。我国是一个拥有 13 亿人口的发展中大国，劳动力资源极为丰富，虽然随着计划生育政策的逐步实行会降低人口出生率和人口自然增长率，但由于人口基数过大，新增劳动力绝对数仍将大幅度增加，形成现阶段经济发展过程中的巨大就业压力。从劳动力参与率的状况来看，由于在社会主义初级阶段，劳动仍然是人们谋生的基本手段，客观上也要求劳动者和生产资料相结合，使劳动的权利转变为劳动者获取生活资料的一种福利，这种“权利—福利”型就业，使得劳动力参与率极高，比发达国家平均水平要高出近 13%。在我国劳动力供给居高不下的同时，我国经济发展派生出劳动力需求严重不足。经济发展过程中经济增长向集约经营转变，生产过剩与严重买方市场导致劳动要素不断为资本、技术所替代，众多企业经济效益长期维持在低水平上，致使停工、停产和生产能力利用不足的企业数量大幅度增加，从而对劳动力的需求不断减少。这样，劳动力市场供求总量矛盾是形成我国严峻就业问题的重要原因。

其次，经济体制改革过程中大量体制性冗员释放。当前我国转变经济体制的重要内容之一是建立现代企业制度，而现代企业制度的核心是落实企业自主权，特别是用人自主权。由于长期以来，我国公有制企业尤其是国有企业实行行政性安置就业，使企业沉淀了大量的富余人员。现代企业制度的试点和推广，一方面减员增效是国有企业摆脱困境的必然选择，许多破产、濒临破产企业的职工和关停企业的职工以及根据劳动合同被正常解聘的职工加入了失业者的行列；另一方面，由于现代企业制度的建立、企业市场竞争主体地位的确立，最根本的是保障企业用工自主权的落实。现代企业制度的建立和企业追求利润最大化的目标，使国有企业对大量富余人员进行必要的排挤和释放，直接加剧了当前的就业问题。再加上事业单位实行定编定岗，一些富余人员不得不被排挤出就业队伍。

再次，经济结构调整产生大量结构性失业人员。经济结构的调整和升级是一国工业化的实质性进展，也是评价和衡量经济发展不同阶段的最重要标志。随着国民经济实现快速、持续、协调发展和全球经济一体化过程中竞争的不断加剧，客观上要求企业调整产品、技术、组织、地区、产业和所有制等经济结构。经济结构调整过程中的职工就业岗位转移时滞和部分职工技术技能相对落后，使得结构性失业人数急剧增加，就业问题日趋严重。

最后，劳动者的就业观念滞后。实行市场经济体制，建立现代企业制度，推行市场就业制度，需要人们转变传统的就业观念。长期以来，我国国有企业和城镇集体企业职工拥有比较稳定的就业保障。但是，近年来，由于大部分国有企业和城镇集体企业陷入了持续亏损、停产半停产、破产的困境，导致在较短的时间内有上千万的职工失业或下岗。许多失业职工和下岗职工对突然失去就业保障缺乏足够的心理准备和承受能力，在这种打击下往往感到茫然和失望，在寻求重新就业和参与市场就业竞争方面也显得比较消极被动。出现这种局面与传统计划经济体制下形成的落后就业观念在一定范围内存在并继续发挥着作用是分不开的。其具体表现是：(1) 不少劳动者仍然希望依赖政府，消极等待就业安排。一些劳动者，特别是失业人员与企业下岗职工根据自己的习惯认识，认为政府不会不管自己，政府有责任、有义务在自己失去工作岗位之后，为自己重新安排工作。有些人宁愿待在家里拿救济，也不愿意走出家门去寻找就业机会，使得就业问题的解决只有政府与社会的积极性，严重影响了就业问题的解决。(2) 一些劳动者在择业时贪图轻松安逸，对职业劳动挑肥拣瘦。计划经济体制下的普遍就业，导致了城镇劳动者劳动行为的“贵族化”在当时是不争的事实。当前就业形势日益严峻，下岗职工成千上万的时候，仍然有不少劳动者未能转变自己的观念，在择业时总是希望能够找到劳动环境舒适、工资待遇优厚、上班时间合适、离家距离较近的工作，拒绝接受条件较差的单位和岗位，结果在我国失业保障水平较低的情况下，出现了结构性失业与自愿性失业并存，失业人员把大量就业岗位让给外地打工者，而自己则陷入失业困境的现象。(3) 一些劳动者留恋国有经济单位，害怕个体劳动“丢份”。传统就业观念对个体劳动的偏见，使得不少劳动者和下岗职工在寻求职业时的首选目标还是以国有经济单位为主，认为干个体不光彩、“丢份”。有些下岗职工已经开始从事一些服务性劳动，有了合法的劳动收入，仍然认为自己没有工作，还把劳动关系放在原单位，希望政府安排自己就业。根据北京市宣武区职业介绍中心对 254 名下岗人员的一份调查显示，有 77.8%的人选择工作要离家近，只有 38.9%的人选择能发挥专长；在回答再就业所选择何种企业类型时，排在前三位的分别是国有企业、集体企业和合资企业，不到国有企业就不算就业的思想仍然存在。① 这种只认公有制经济单位的传统就业观念，与我国当前公有制单位对劳动力的绝对吸纳量下降、不再是增加就业量的主渠道的客观实际相去甚远，严重影响再就业工程对就业容量的使用。

3. 如何认识就业问题的存在

在社会主义市场经济条件下，就业问题的存在是一种客观事实，不可能完全消灭它，也不应该消灭它，因为就业问题的存在有着两面性。从不利的方面来看，失业使部分劳动力失去了工作也失去了生活费的来源，生活水平会降低，其社会地位也会下降。长期失业还会带来婚姻家庭等方面的问题，也会引起失业人员对政府的不满等。失业人员无工作还会在社会上游荡，成为社会不稳定的一个因素。大批失业人员的失业会降低社会消费水平，从而影响经济的发展速度。因此，不少市场经济国家都把失业问题作为社会发展的“头号敌人”，把降低过高的失业率作为政府工作的重要内容。

从有利的方面来看，失业不是一种浪费，一定量的失业人员是市场经济下劳动力的“蓄水池”。它有利于企业根据生产经营状况及时吞吐劳动力；有利于用人单位选择合格的或高素质的劳动力；有利于对失业人员的就业引入竞争机制，促使失业人员努力提高自身的素质；有利于使在业人员产生可能“失去饭碗”的危机感，从而努力做好本职工作，争取职业的稳定和收入的提高。这些无疑是社会进步所需要的。

总之，就业问题的存在既是市场经济条件下的客观事实，也是市场经济建设所需要的。在现实社会生活中，失业率不可能为零。过高的失业率不利于国民经济的快速、持续、稳定发展，不利于社会的安定；但是过低的失业率同样不利于社会主义市场经济的正常运行。因此，应将就业问题控制在适度、合理的水平。

二、教育在解决就业问题中的作用

失业是市场经济的伴生物，是当今世界各国普遍存在的难题。失业的根本原因在于劳动就业人口的供给与社会经济发展对劳动力的需求不相适应。从根本上解决社会就业问题是一个极其复杂的系统工程，但我们也应当看到教育在缓解劳动力供求矛盾、促进劳动力供求平衡方面所起的重要作用。就劳动力需求而言，经济发展是增加就业机会、解决就业

① 参见陶伟等：《再就业工程中的政府、社会与个人行为》，载《经济论坛》，1998 (2)。

问题的根本途径。我们在上一节已经就教育通过促进经济发展和培养创业型人才来增加劳动力需求等内容作了阐述。就劳动力供给而言，劳动就业人口的总量、结构以及质量必须与劳动力需求相适应，才能有利于就业问题的解决，而良好的教育对于劳动就业人口总量的有效控制、结构的改善、素质的提高均能发挥积极作用。这里主要强调教育的作用是通过改善劳动力供给结构与转变劳动者就业观念，从而促进社会就业问题的解决。

1. 通过教育的改革与发展，改善劳动力供给的结构，优化劳动力资源配置

当前我国就业问题存在的一个重要原因，是劳动力供给结构的现状与国民经济的产业结构、技术结构和地区结构的不相适应。当代科学技术的发展使得经济生产要求劳动者具有广泛的科学文化知识和技能，生产工艺的不断变革又要求从业者不断更新知识。经济的高速增长也造成产业结构的变化，一些行业消失了，一些新的行业产生了。据统计，美国1949—1965年间约有8 000种职业从劳动力市场消失，同时又出现了3 000种以上的新职业；德国劳动就业人口中只有50%从事原来学习的职业。① 当前我国的产业结构正处在调整和升级过程中，也必然会出现类似的现象。这种劳动职业的变更使得就业者不适应经济社会发展的要求，就出现了这样的现象：一方面存在着大量的剩余劳动力，另一方面又有许多经济部门找不到自己所需要的劳动力；一方面有大量的劳动力找不到工作岗位，另一方面又有许多工作岗位找不到合适的人去做。解决劳动力的这种结构性就业问题，关键在于使劳动力供给的结构适应于社会经济发展过程中的产业结构、技术结构等的变化，使就业者的劳动素质和能力适应于科学技术进步和生产发展的要求。教育作为劳动力再生产的重要手段，其任务就在于为社会经济发展培养各种合格人才，以满足经济发展的要求。因此，可以通过加快教育发展与深化教育改革，来改善劳动力供给的结构，优化劳动力资源配置，减少劳动力结构性失业。

首先，教育发展有助于改善劳动力供给的结构。劳动力供给一般是指一个国家或地区在一定时期内的劳动力资源总量，它包括现实劳动力资源和潜在的劳动力资源。在劳动还是人们的谋生手段时，人们必须要参加劳动才能获得报酬。获得一个工作岗位，是人们生活的必要条件。这样，劳动力总体中的主要部分，就形成社会经济的要素供给。可以看出，它是与职业、工种相联系的，具有一定的倾向性。不同的工种需要有不同的劳动力来进行供给，如长期从事计算机研制工作的人员必须是受过专门的计算机教育的人才才能胜任。因此，对现存的劳动力资源进行有计划的教育培训可以改善劳动力供给的结构，有助于适应不同工种和岗位的要求。

其次，教育发展有助于劳动力的合理流动，从而促使劳动力资源的优化配置。在市场经济条件下，劳动力资源的配置主要是通过劳动力市场的供求关系进行的，具有较大的灵

① 参见顾明远、薛理银：《比较教育导论——教育与国家发展》，268页，北京，人民教育出版社，1996。

活性。在劳动力市场上，劳动力作为生产要素是可以自由流动的。这一流动的主要特征是以提高劳动技能、提高劳动熟练程度为主的智力型劳动力的流动。比如，从乡村流向城镇，从内地流向沿海，从一般地区流向特殊地区，从生产领域流向非生产领域，从中、高劳动力密集区流向一般劳动力密集区，从体力劳动过程流向智力劳动过程。这些劳动力流动能够调节行业间、部门间、企业间劳动力的供求，促进劳动力资源尤其是高素质劳动力资源的合理配置。

最后，教育发展影响着劳动者的劳动适应能力。劳动力的结构性就业问题能否顺利解决，与劳动者的劳动适应能力也有着密切的关系。一是随着现代科学技术的发展及其在生产中的广泛应用，新的产业和新的行业将会不断涌现，而某些原有产业、原有行业将会衰落，甚至被淘汰，这样，在趋于衰落或被淘汰的部门与行业中就业的劳动者，就面临着转换工作岗位或另谋职业的问题。在这种情况下，劳动者变换工作岗位的次数就会增加。据有人统计，日本劳动者平均一生要变换 4 次以上工作岗位，美国平均要变换 6 次以上。我国目前加速调整产业结构、产品结构，也出现了企业职工更换职业，加速流动的趋势。二是在市场经济条件下，要把企业推向市场，参与竞争，必然会因种种原因导致一些企业破产倒闭，在这些破产倒闭企业工作的劳动者也有一个职业变换和另谋出路的问题。上述劳动者要顺利实现劳动岗位的转换、职业的更动，就不得不提高自己的劳动适应能力。国际劳工组织在一份报告中指出，凡是重视职业培训、劳动者素质高的国家，劳动力的适应能力就强，就业问题就容易解决。这就要求国家建立起恒久性的“在岗职业培训”制度，帮助劳动者更新知识，使之适应生产发展的需要；组织失业者参加失业教育，使失业者重新获得新知识、新技能以适应新行业、新部门、新职业的需要，尽快就业。

2. 通过教育宣传，帮助劳动者转变劳动就业观念，促进就业问题的解决

经济体制改革的市场取向决定了我国就业问题的解决必然要发挥劳动力市场在劳动力资源配置中的作用。因此，解决就业问题是以作为市场主体的劳动者转变就业观念，树立与市场经济相适应的现代就业观为前提的。但是，人们的就业观念作为一种意识形态，其形成有一个较长的过程，其转变有相当的难度，因此，要转变人们的就业观念有一段较长的路要走。一般来说，人们的就业观念要受到职业的社会评价和对劳动力市场竞争就业的认识与接受程度的影响，这种就业问题更多需要依靠教育途径来解决。

首先，通过教育建立正确的职业社会评价，帮助人们树立正确的职业观。职业是社会分工的产物，离开了社会就没有职业可言。社会对职业的评价在很大程度上影响着人们就业观念的转变。如社会上对某些职业缺乏应有的尊重，把某些职业看成是“低人一等”；有些劳动条件差、劳动强度大的职业，又没有较高的收入，这样，人们的就业观念就直接制约了其对这些职业的选择。传统就业观念不仅直接作用于劳动者的职业选择，而且作用于有关的职业政策。职业政策的不公，必然影响社会劳动者对某些职业的选择，往往是

“走投无路”者不得已而择之，使得这些职业的发展受到制约，带来劳动条件差、收入少等后果，反过来又作用于劳动者的职业选择，形成恶性循环。教育在建立正确的职业社会评价方面的作用主要表现在：一是通过教育能够改变特定的社会文化，树立良好的社会风气，逐步改变传统的职业等级观，树立社会分工不同、“行行出状元”的职业平等观；二是通过教育能够提高社会科学文化水平和劳动者素质，从而改善劳动环境和条件；三是教育能够提高国民的素质，提高参政议政的水平，促进有关职业政策的改革。

不可否认的是，在社会各种职业间是存在着差别的，诸如经济收入的多少、劳动条件的好坏、地理位置的优劣、知识构成的繁简、操作技能的难易等。这些差别反映在人们的头脑中，必然会形成他们对职业之优劣的认识和评价，并由此产生或喜或恶之情感。但各行各业都是社会物质生产或精神生产这个总体系的一个部分，不能仅仅考虑主观的个体需要，更要考虑客观的社会需要，这就是劳动者的职业观或择业观问题。一个人如果没有树立起正确的职业观和择业观，其他方面的素质再好，也很难正确对待职业选择问题，其就业观念就会与现实格格不入。特别是在我国经济文化还不太发达的时期，职业选择问题尤为突出。这是由于目前社会生产力发展水平的限制，社会还不能向每个人提供自主选择职业的条件，满足择业的愿望，即每个人还不能做到自主自由地选择自己喜爱的职业去从事；同时也由于人对职业的认识水平受到历史、社会条件的局限，所以人对职业的选择和职业对人的需要之间形成的反差，会在今后一段时间里长期存在。而大力发展教育是有助于这一问题的解决的。教育担负着为各行各业培养熟练劳动力和各种技术人才的任务，其中的主要职责之一就是要帮助学生了解职业和认识自己，使他们热爱所学的专业，乐于从事未来的职业，能够自觉地根据社会的需要和自己的特点，来确定未来的生活道路。这样就有助于个人转变传统就业观念，树立正确的职业观。

其次，通过教育宣传，帮助劳动者树立市场就业是市场经济条件下实现就业的一般途径的观念。市场经济就其本质而言，是一种自由和自愿交换的经济，所有生产要素都要进入市场，参与市场交换活动，从而使生产要素在更大范围内流动，在市场这只“无形的手”的作用下，实现资源的优化配置。劳动力资源作为一种生产要素，在市场经济条件下，不可避免地要进入市场，在市场机制的作用下，作为供给方的劳动生产要素与作为需求方的资本生产要素相结合，实现劳动者的就业。当然，劳动力市场由于某种原因出现严重失衡时，也同样需要借助市场以外的力量——政府的力量。但一般情况下政府往往并不是通过行政手段直接配置劳动力来强制实现一定意义上的充分就业均衡，而是通过影响市场体系中的其他市场进而影响劳动力市场供给或需求，促使劳动力市场基本实现社会能接受的近似均衡或非均衡。可见，在市场经济中，政府不可能直接进行劳动力资源配置，市场是就业的主渠道，是实现就业的一般途径。

虽然我国的市场体系还不够完善，劳动力市场发育水平不高，但在就业领域用市场就业机制代替行政配置机制的改革方向是明确的。我国经济体制改革的市场取向不会改变，劳动就业制度的改革也就不会逆转，劳动力市场正在成为我国实现就业和解决就业问题的一般途径。因此，广大劳动者必须认清形势，转变传统就业观念，树立劳动力市场就业的观念。教育在这种观念转变过程中的作用主要表现为：一是通过教育宣传，帮助未来的劳动者理解并认同市场经济体制，掌握市场经济的规律，自觉地准备投身于社会主义市场经济建设当中，用市场就业的眼光看待自己将来的就业与职业选择；二是通过毕业生分配制度改革，促使这些“准劳动者”认真面对市场，放弃依赖政府安排就业的幻想，自主就业，逐步让他们形成职业无贵贱、劳动最光荣、就业是手段、生存是目的的思想，并逐步认识到只要通过自己诚实的劳动为社会提供服务，创造财富，获得相应的收入，就是就业，就能得到社会承认，就能实现人生的价值；三是教育能够提高劳动者的科学文化素质，使得新的就业观念更易接受，同时也使得受过一定程度教育的劳动者更容易在劳动力市场找到自己满意的工作，反过来又会促使劳动者就业观念的转变。

再次，教育通过提高劳动者的劳动素质与能力，帮助劳动者树立竞争就业是效率优先的必然选择的观念。市场之所以要在资源的配置中起基础性作用，一个重要的前提是竞争机制能充分发挥作用。在劳动力市场的人力资源配置中，竞争机制同样也要充分发挥作用。在劳动力市场上，作为生产要素的劳动者由于技能、体能、知识结构、文化素质的差异，导致劳动力的使用价值存在差异。劳动力需求主体为保证自己在其他市场上的竞争力，在劳动力市场上会自发遵循效率优先的原则，选择劳动力的最主要尺度是能否带来最高的劳动生产率和经济效益。这样，市场机制的作用使得只有那些最具竞争力的劳动力，才会得到劳动需求主体的青睐，获得就业机会，争取到有较高收入的岗位。这种效率优先的选择是市场经济体系中竞争规律、价值规律不以人的意志为转移的必然结果。市场既不会服从于某种权威、权力，也不会迁就弱者，而是“适者生存”。我国当前的劳动力市场是一个典型的要素盈余的非均衡市场，劳动力供大于求，就业岗位不足，导致需求主体处于明显的优势地位，效率优先的选择更有条件。这决定了劳动者只能接受效率优先原则下的就业竞争，通过竞争获得就业机会。

在我国由于长期的大锅饭、刚性的就业配置，广大劳动者的竞争意识被销蚀了，就业竞争的观念十分淡薄，人们不习惯用竞争的眼光评判自己的职业选择过程。其实，当就业竞争到来之时，只要清楚了竞争的必然性，用竞争就业的观念作前提，就可以冷静地分析自己的竞争实力，判断自己的职业竞争优势，并通过竞争获得就业机会。当前我国绝大部分失业者与下岗职工正是缺乏这种竞争就业的观念，在就业竞争面前，显得束手无策。他们大都文化素质相对较低，在科学技术迅猛发展、工艺技术加速更新的条件下，其竞争劣势显而易见。但是，如果他们以竞争就业观念为先导，将竞争放在接受教育、重新学习、掌握新知识之后，竞争的结果可能就会完全不同。因此，教育在其间的作用主要是通过提高劳动者的科学文化素质，帮助劳动者树立竞争就业观念，鼓舞参与竞争的勇气，增强劳动者就业竞争的实力，发挥竞争优势，让劳动者能够顺利实现就业。

最后，教育通过提高劳动者的劳动适应能力，帮助劳动者树立流动就业是资源配置的客观要求的观念。从某种意义上说，市场经济是资源配置的一种方式。市场机制以利益最大化为目标，以竞争为动力，用价格传递信息，引导市场主体作出供给、需求决策，促使资源在部门、地区、行业之间流动。市场配置资源的过程表现为：经济单位以价格为信号，扩大或缩小产出水平，从而引起资源的流入和流出；生产者之间的竞争，使生产要素向劳动生产率高、经济效益好的经济单位流动和向生产要素短缺的生产部门转移，从而实现资源的优化配置。因此，广泛的流动性是市场机制配置资源的客观要求。市场资源的广泛流动性决定了劳动就业的流动性。从微观领域来看，企业在价格信号的引导下，扩大产出规模时要增加劳动力的需求，引起劳动力的流入；在缩小产出规模时减少员工，会引起劳动力的流出。企业在竞争推动下提高劳动生产率，提高生产装备水平时会引起具备相应技能的劳动者流入，同时又迫使技能不相适应的劳动者流出。这决定了微观经济单位内的劳动关系不可能处于凝固状态，而是处于一种随时可能松动的状态。从宏观领域来看，当经济单位在市场中丧失竞争力，最终被市场淘汰时，会引起劳动者流出破产单位，流入劳动力市场；当传统产业部门完全丧失活力，最终被新兴产业替代时，会引起劳动力从传统产业流出，向新兴产业流入。这决定了劳动力的流动不会是个别现象，而是全社会范围内存在的普遍现象。

因此，劳动者应充分认识到流动就业的必然性和必要性，以流动就业的观念来指导自己的就业过程。教育可以通过提高劳动者的劳动素质与劳动技能，提高劳动者的劳动适应能力来帮助劳动者树立流动就业的观念，顺利实现职业的流动和岗位的转换，并在流动就业的过程中发掘自己的多种潜力，实现劳动者的最大价值。因为国有经济单位并不能保证竞争不败，也不可能维持稳定的生产水平，所以不可能与劳动者建立固定劳动关系，使劳动者的择业一劳永逸、“从一而终”。树立了流动就业的观念，劳动者就不会一旦上岗便安于现状，而是会根据岗位的需要不断学习，充实自己，完善自己的能力结构，随时保持自己的竞争实力。可见，劳动者树立流动就业的观念，离不开教育在其中的作用与影响。

此外，不仅仅是劳动者要转变就业观念，政府与用人单位也要转变就业观念。政府要能够适应市场经济体制改革的需要，创造良好的劳动力市场运行环境，保证实现市场就业、竞争就业、流动就业的新观念；用工主体要树立科学用工、规范用工的新观念。教育在这种就业观念转变中的作用主要是促使新的就业观念深入人心，认同并自觉接受新的就业观念。只有劳动者、政府和用人单位树立了新的就业观念，社会就业问题才能顺利得以解决，各种解决社会就业问题的措施才能具体实施。

第三节 教育与劳动就业制度的改革

当前，劳动就业制度改革是解决我国就业问题的重要途径，也是市场经济建设的重要内容。从教育与就业的关系、教育在就业问题解决过程中的作用来看，只有教育体制、教育结构、教育内容以及大中专毕业生就业制度等方面与劳动就业制度的改革相适应，教育才能在缓解就业压力中释放出应有的能量，为解决当前日益严峻的就业问题作出更大贡献。也只有这样，教育才能够得到真正健康的发展。

一、劳动就业制度

劳动就业制度决定着劳动者的就业、就业方式以及劳动力资源的配置效益，并由此而直接影响社会资源的合理利用。不同的劳动就业制度模式决定了不同的就业方式，以及劳动力资源的配置效益。

1. 劳动就业制度的含义

劳动就业制度是指国家关于劳动就业方面的方针、政策、办法、措施、法律等的总称。它在不同的社会发展阶段具有不同的制度形态，并对就业产生着深远的影响。

劳动就业制度按其地位和作用划分可以分为两个大的方面：一是主体制度，二是配套制度。主体劳动就业制度是指国家关于劳动就业方面最主要的指导思想或政策办法，它主要指的是国家在劳动力资源配置方面的政策、措施、办法等。配套劳动就业制度指的是围绕主体制度而制定的一些处于辅助、补充地位的有关劳动就业方面的政策、措施，它主要有社会保障制度、职工培训制度、工资制度等。其中劳动就业的主体制度一般有计划就业模式和市场就业模式，以及它们的各种变式。

劳动就业制度的计划模式，是指劳动力资源的配置由国家计划统一操办，其特点是：(1) 劳动力资源配置的主体是国家，劳动者的就业完全由政府包办，劳动者本人没有自主择业的权利，企业也没有选择劳动力的权利，只能听从国家的计划安排；(2) 作为生产要素的劳动力不能自由流动，用工的企业既不能自主引进劳动力，也不能随意辞退职工；(3) 劳动力的工资、福利、保障与就业密切结合，完全由国家承担。

劳动就业制度的市场模式，是指劳动力资源完全由市场进行配置，其特点是：(1) 劳动力资源配置的主体是市场，劳动者的就业完全由市场来调节，劳动者有完全的自主择业的权利，用人单位也有完全的用工自主权，既可以自主地引进职工，也可以自主地辞退不称职的职工；(2) 用工的单位与提供劳动力的劳动者完全由市场来维系，工资主要由劳动力的供求状况来决定，而工资水平的变化又会引起劳动力市场劳动力供求发生变化；

(3) 医疗、住房等福利都由劳动者本人与社会福利机构共同解决，社会保障制度健全。

以上两种模式的变式主要是计划与市场相结合的双轨运行模式（即“双轨制”），指劳动力资源由计划和市场共同进行配置的一种劳动就业制度模式。

2. 我国劳动就业制度的改革

新中国成立到现在，我国劳动就业制度的演变大体上经历了两个阶段：一是计划经济条件下的“统包统配”制，基本上属于完全的计划模式；二是改革开放后到现在一直使用的计划与市场相结合的双轨运行模式。这两种劳动就业制度在当时的社会主义经济建设和社会安定方面起到了积极的、重要的历史作用。但随着社会经济的发展，特别是社会主义市场经济体制确立以后，这两种劳动就业制度的弊端越来越明显地暴露出来，面对沉重的就业压力，劳动就业制度已经到了非改不可的地步。

（1）“统包统配”制。这种劳动就业制度起源于我国20世纪50年代中期，形成于20世纪60年代后期，是国家宏观经济高度集中统一、生产资料所有制以及生产经营方式单一化的产物。其主要特点是：劳动者就业完全由政府包办；劳动力配置靠行政调配，价值规律不起作用；企业无用工自主权，只能执行国家招工计划；工资、福利、保障全部由国家负担；劳动力无法流动，既不可能辞退职工，又不允许职工自由流动。这种劳动就业制度一直沿用到20世纪80年代改革开放前，经过多年演变，逐步形成了以劳动指令性计划为龙头的，由劳动计划、就业制度和用工制度三位一体的结构。劳动计划即指令性的“人头”计划；就业制度即“统包统配”；用工制度即“国家固定工”制度。

在新中国成立初期，“统包统配”制是一种全新的事物，对当时的我国社会、经济发展作出了积极的贡献。但其弊端也随着社会经济的发展日益显露出来，主要表现为：首先，这种劳动就业制度强化了不合理的所有制与产业结构，人为地堵塞了多种就业渠道和门路。一方面素质好的劳动力被优先安排到国有企事业单位，以至当时需要得到发展的集体所有制经济在劳动力数量和质量上都受到限制，长时期处于发展缓慢的状态。至于个体、私营、外资经济等非公有制经济就更是无法得到发展。另一方面，由于新中国成立初期国家采取抑制轻工业、大力发展重工业和国防工业的政策，“统包统配”的劳动就业制度对于重工业过重、轻工业过轻、商业服务业严重不足的产业结构起到了强化作用，使得人们的就业渠道和门路受到严重限制。其次，“统包统配”劳动就业制度使整个国民经济长期处于效益低下、发展缓慢的状态，并使国家财政背上了越来越重的包袱。“统包统配”制由于把着眼点放在尽可能多地安排城镇职工就业上，靠牺牲效率来追求高就业率，导致当时的国有经济中普遍存在人浮于事、“三个人的活五个人干”的现象，产生了直到现在仍困扰国有经济发展的恶果，严重制约了整个国民经济的发展。最后，“统包统配”就业制度使得劳动力配置结构不合理，导致劳动力资源浪费严重，并束缚了人们自谋职业的主动性和积极性，也助长了人们不科学的就业观念。这种劳动就业制度的弊端远不止这些，因此当改革开放的浪潮波及全国各地时，改革“统包统配”就业制度已是当务之急。

(2) 劳动就业的“双轨制”。随着我国商品经济的发育，以及适应经济建设、改革开放的需要，自十一届三中全会以来，我国劳动就业制度逐步向计划和市场相结合的劳动就业“双轨制”转变，就业机制逐渐地被一分为二：一块受市场调节，劳动力自由流动，自主谋职；另一块仍然受行政调节，由政府控制，企业和职工没有独立决定劳动力进入和退出的自主权。整个就业领域表现为典型的双轨运行，其特征主要是：市场机制在农村和城镇非国有经济领域发挥广泛作用，农村劳动力就业由传统体制下的社区行政化转为市场化，城市个体、私营、“三资”等非国有经济中吸收劳动力的数量越来越多，他们的劳动行为完全受市场因素影响，受市场供求规律支配，形成灵活的就业和失业机制；国有经济仍然是以计划配置为主，实行统包统配。实行统包统配的国有企业职工享受国家提供的各种社会福利，如医疗、住房、物价补贴等，而实行劳动力市场配置的非国有经济领域的劳动者则不能享受国家提供的这类福利措施，他们必须自己到市场上去购买，国家只为他们提供相关的政策规范。

双轨运行的劳动就业制度在从传统计划经济体制向社会主义市场经济体制转换的过渡时期，作出了积极的贡献。它在一定程度上调整了不合理的经济结构，扩大了就业渠道，增加了就业机会；它为与社会主义市场经济相适应的劳动就业制度的形成打下了一定的基础；它促进了人们传统就业观念的转变，逐步树立起适应市场经济发展的自主就业、竞争就业的新观念；它还在一定程度上间接或直接地促进了劳动法律、法规的建设。但是，劳动就业的“双轨制”，从一开始就注定了它具有过渡性和阶段性的特点。随着社会主义市场经济体制的确立，其在现实运行过程中表现出的矛盾和困境越来越突出，矛盾主要包括：国有经济部门劳动效率低下；在国有经济部门和非国有经济部门之间存在着进入、退出的制度障碍，劳动力在这两个部门之间的流动性较差；劳动力资源的配置根据两套法则进行，不利于统一的劳动力市场的形成，等等。这些现实矛盾和困境随改革的进一步深入而不断加剧，给就业问题的解决设置了制度障碍，严重制约了我国就业问题的解决。因此，劳动就业的“双轨制”必将为与市场经济相适应的、国家宏观指导下的市场竞争就业模式所取代。

(3) 国家宏观指导下的市场竞争就业。由于现行劳动就业的“双轨制”与社会主义市场经济体制建设目标之间存在着不可调和的矛盾，当前改革现行劳动就业制度，建立国家宏观指导下的市场竞争就业模式势在必行。这种劳动就业制度模式改革的取向包括：劳动力要素从行政配置转变成为市场配置，使市场在劳动力资源配置中起基础性作用，劳动力直接进入劳动力市场，竞争就业；培育和发展统一开放的劳动力市场，让所有劳动者都能平等地进入，鼓励劳动力合理流动；建立和完善劳动预备制度，对新生劳动力就业前追加若干时间的职业培训与相关教育，有效提高劳动者的素质，同时缓解就业压力；进一步推行学历文凭证书、职业资格证书的“双证”就业制度，培育和开发劳动力市场，促进职业技术培训；巩固和完善以全员劳动合同制为中心的用人制度，确立用人单位与劳动者的平等、自愿、协商关系，同时实现企业用人上的双向选择，劳动力能进能出；政府转变在劳动就业领域的职能，变直接的行政干预为通过制定相关的政策法规来对劳动力市场实行宏观间接调控。

二、大中专毕业生就业制度改革

与我国劳动就业制度改革相适应的是我国大中专毕业生的就业制度改革。大中专毕业生就业制度是国家劳动就业制度的重要组成部分，既是教育与社会就业发生关系的重要媒介，也是教育与劳动就业制度发生关系的重要纽带。它是由国家的政治、经济制度决定的，在不同的历史时期，由于社会政治、经济发展需要的不同，决定了作为熟练劳动力和专门人才的大中专毕业生的就业制度各有不同。与劳动力市场就业制度相适应的是，我国大中专毕业生就业必须建立新型的就业机制，使之成为毕业生就业的体制保障。

1. 大中专毕业生就业制度的沿革

纵观新中国成立以来大中专毕业生就业制度的历史，与劳动就业制度的改革相一致，大致可以把它划分为两大不同的发展时期。第一个时期是改革开放前计划经济的“统包统分”时期，第二个时期是改革开放后循序渐进的“市场就业”时期。而后一个时期又包括“供需见面”、“双向选择”和“自主择业”三个不同的发展阶段。

(1) 从新中国成立到20世纪80年代中期的“统包统分”。新中国成立以后，党和国家为了广泛吸收青年知识分子参加社会主义建设事业，彻底改变旧社会大中专学生毕业即失业的状况，毕业生计划分配就业制度，随着集中统一的计划经济体制的确立而逐步建立起来。从新中国成立到1985年，为了适应我国计划经济体制，保证国家重点建设项目、重点单位、边远地区对专门人才的需要，引导人才有序流动，大中专毕业生就业制度由开始的大行政区之间调剂变为国家统筹分配，直至形成后来的在国家统一政策管理下，实行分级负责、相互调剂的计划体制，始终没有离开以“统”和“包”为特征的国家负责安排、按计划分配的就业制度。

“统包统分”的大中专毕业生就业分配模式是当时我国高度集中的计划经济体制的产物，顺应了当时的历史条件，并显示了其独有的优越性，对促进我国当时的政治、经济发展起过重大作用。它保证了十分有限的人力资源，特别是熟练劳动力与高级专门人才，投入到国民经济的重点部门、地区和单位，加快了经济建设的步伐；在新中国成立初期，它保证了大中专毕业生的充分就业，及时地把一批又一批的毕业生，送到基层、边疆和祖国最需要的地方；它有利于实现人才的供求平衡，保证了社会的稳定和发展。

但社会在发展，当社会历史条件发生改变以后，原有体制的弊端也就不断显现出来。

在随后的几十年里，我国政治经济领域发生了日益深刻的大变革，使得“统包统分”的毕业生分配就业制度与社会需要越来越不相适应，那种大中专学生的培养费完全由国家包下来，毕业后全部由国家按指令性计划分配的模式，弊端越来越明显。首先，人力资源难以合理配置，影响了人才的合理利用。学校设置的专业有上千种之多，不同学校的办学条件不同，就是同一专业，校际之间的水平也往往存在很大差距。同时，毕业生就业的决策权集中于政府，毕业生和用人单位作为劳动力供求双方的主体却无权决策；毕业生的兴趣与志愿，以及用人单位对毕业生使用方向的要求，也各不相同。如此复杂的情况，供需双方全凭组织安排，用一些简单的数字计划包揽所有情况，是很难做得科学合理的；况且计划又统得过死，学校、学生和用人单位互不见面，互不了解，极大地限制了毕业生个人意愿的发挥，束缚了企业的用人机制，势必产生人才使用上的学非所用、用非所长的积压浪费现象。其次，缺乏竞争机制，影响了学生学习的积极性、企业用人的规范性与科学性，以及学校办学的积极性。学生由于一进入大中专学校就进了当国家干部的保险箱，端上了铁饭碗，使一部分人的竞争意识和择业观念淡薄，学习缺乏内在动力，又无外在压力；学校只管培养不问“销路”，自我封闭，墨守成规，缺乏主动适应经济建设和社会发展的动力和活力；企业的用人全凭“等、靠、要”，养成了依赖性，失去了主动性，以至需用脱节，所学无用，人才浪费。

(2) 改革开放后我国大中专毕业生就业制度。十一届三中全会以后，随着政治、经济、教育，特别是劳动就业制度改革的不断深入，大中专毕业生就业制度也开始进行改革。其发展过程大致经历了供需见面、双向选择、自主择业三个阶段。

中共中央于1985年5月颁布了《关于教育体制改革的决定》，把毕业生就业制度的改革正式提上了日程，提出“在国家方针政策指导下，由本人选报志愿，学校推荐，用人单位择优录取”，即“供需见面”，其特点是学校与用人单位通过计划内的供需见面落实大中专毕业生的就业，而毕业生与用人单位并不直接见面。尽管这一改革并未真正实现学生与用人单位的“供需见面”，但它的实行结束了长期以来指令性计划的分配体制，为大中专毕业生就业制度的进一步改革打下了基础。改革的第二步是“双向选择”，1989年原国家教委提出在过渡阶段，实行以学校为主导，向社会推荐就业，毕业生与用人单位在一定范围内双向选择的办法。其特点是由于当时劳动力市场尚未形成，大中专毕业生仍然供不应求，社会上还不具备公平竞争的环境，因此主要由学校为主导，向社会推荐毕业生就业。其程序是毕业生和用人单位在一定范围内双向选择，由学校推荐，毕业生选报志愿，在一定范围内选择职业，用人单位择优录用。这种改革是根据现实的条件和环境制定出的过渡性方案，它的实施，把竞争机制引入了学校，但同时也体现了计划与市场双轨运行的特点。改革的第三步是“自主择业”，1993年《中国教育改革和发展纲要》再次明确了毕业生就业制度改革的目标是改革毕业生“统包统分”、“包当干部”的就业制度，实行少数毕业生由国家安排，多数由学生“自主择业”的就业制度，其突出特点是：大部分毕业生将按照个人的能力、条件进入市场参与竞争，而不再依靠行政手段由国家保证就业；用人单位也只能用工作条件和优惠待遇吸引毕业生，不能等待国家用行政命令的办法调派毕业生；大中专学校作为就业工作的中介，主要为“自主择业”的毕业生提供服务。

改革开放以来大中专毕业生就业制度的改革是与我国劳动就业制度的变革相一致的，保证了用人单位能够及时得到急需的人才，同时也为广大毕业生选择满意的岗位提供了机会与条件，从而实现了人才资源的优化配置；由于在就业领域引入了竞争淘汰机制，激活了学生自觉学习的内在动力，有力地促进了学生的成长与成才；毕业生就业制度的改革增强了学校的自主权，也增强了学校之间的竞争，促进了学校内部机制的改革和专业设置，使教学内容更加适应社会主义市场经济建设的需要。

2. 大中专毕业生新型就业机制的建立

伴随我国社会主义市场经济体制的确立与完善，大中专毕业生就业制度的改革必然朝着市场化方向迈进。面对千差万别的职业，毕业生在求职时往往不知所措，难以找到自己合适的位置；而对于用人单位来说，如何从成千上万的求职者中选拔适用的人才，也面临种种困难。一方面教育的迅速发展使得目前大中专学生的稀缺矛盾在逐步下降；另一方面机构改革使得传统的毕业生就业渠道的吸纳能力下降，再加上我国户籍、编制、各种指标和档案管理等劳动人事制度没有进行根本性的改变，限制了毕业生就业制度改革。因此，尽快建立一个比较适合我国劳动力市场特点的大中专毕业生就业机制，加强对毕业生的就业指导，使毕业生顺利就业，已是迫在眉睫。

当然，大中专毕业生就业机制的建设本身是一个系统工程，它涉及整个社会劳动人事制度、就业制度的改革，涉及企业和其他用人部门的用人制度的改革，涉及各种行之有效的规范的建立，以及消除各种在毕业生就业方面存在的不正之风等。但我们认为，当前更主要的是建立包括各个学校本身毕业生指导机构在内的中介机构，使之成为联系社会和学校、毕业生和用人单位之间的桥梁，在毕业生就业市场预测、信息服务和渠道沟通方面真正起到作用，从而帮助高等学校毕业生更好地从学校走向社会。为此，各大中专学校应建立毕业生就业指导中心，这种就业指导中心至少要具有以下几个特点：

首先，就业指导中心应该成为毕业生就业过程中的指导性部门。如何选择适合自己的职业，如何去求职，是关系到毕业生能否顺利就业的重要因素。在选择职业中有职业观的问题，在求职时有求职技巧的问题，如何处理好个人的理想和社会需要之间的关系，如何在现实的求职过程中恰当地表达自己的意愿和充分地展示自己的能力和素质，以及在求职的过程中如何与他人进行沟通等，往往直接关系到求职的成败。毕业生就业指导中心应该在职业观和求职技巧等方面给予毕业生比较充分的帮助，使得他们能够比较恰当地处理理想和现实的关系，掌握合适的求职技巧，克服求职过程中的各种困难。

其次，毕业生就业指导中心应该在毕业生的双向选择中，发挥提供和传递信息的作用。尽管毕业生自己也可以通过各种不同的途径获得各种就业信息，但是，就其个人来说，对于各个不同的用人单位的信息仍然是缺乏了解的，对各种就业信息的了解是非常有限的。因此，就业指导机构所提供的就业信息应包括两个方面的信息：一是为毕业生提供各种用人单位和部门的需求信息，包括整个劳动力市场对各种不同类型人才的需求信息；二是向用人单位和部门介绍和推荐毕业生，反映毕业生的基本情况——他们的专业特点和素质、能力，为用人单位提供各种所需要的材料，帮助他们了解学校的毕业生。

最后，就业指导中心应该在毕业生和用人单位之间发挥桥梁和纽带作用。这种作用既指沟通学校和社会的联系，为毕业生与用人单位之间的各种交往提供服务，积极组织安排各种有利于毕业生就业和用人单位选择毕业生的招聘会或供需见面会；也指在学校和社会之间建立各种必要的联系和规章制度，提供一定的规范，创造良好的政策环境，从而做到既保护毕业生的利益，使他们能够获得比较合适的工作，同时也维护用人单位的利益，使他们能够选择到他们所需要的人才。就业指导中心的桥梁和纽带作用应该是学校的一种重要责任，尽管国家已经提出对大中专学校毕业生实行不包分配、自主择业的政策，但对学校本身来说，如何使得自己的毕业生能够比较顺利就业，仍然是不可回避的责任，也是衡量一个学校办学水平和质量的标志。

三、与劳动就业制度改革相适应的教育改革

如前所述，劳动就业制度的变革深刻影响着教育的改革和发展。就我国目前劳动就业制度的改革实践而言，虽然还不够完善，但改革的方向是十分明确的，即所有劳动者在国家宏观指导下市场竞争就业是不会逆转的，并且对推动社会经济发展和就业问题的解决起了积极作用。相对来说，教育的改革和发展，滞后于我国劳动就业制度的改革，不能适应经济社会发展变化和劳动力就业制度改革的需要。因此，必须加快教育的改革和发展，以求适应劳动就业制度的改革。

1. 大中专学校的学科和专业调整是市场就业制度的根本要求

市场竞争就业意味着劳动者能否顺利就业主要是看劳动力市场上某种规格和类型的人才的供求均衡状况。因此，我们可以认为，作为接受过专门教育培养的毕业生或受教育者面临就业问题时，尽管存在许多原因，但最根本的原因是学校教育的学科和专业结构本身与整个社会经济改革和发展的不相适应。客观地说，目前我国学校的学科建设和专业结构同整个社会经济的发展仍然存在着比较大的差距，对学校的学科和专业进行必要的调整和改革，使培养出来的人才的规格、类型与劳动力市场需求相适应，是市场竞争就业制度的根本要求。

第一，根据社会经济发展的要求调整一些学科。目前我国学校教育的学科更多地仍然是以学科本身为依据和基础，如数学、物理、化学等，而不是以现实社会经济建设和发展的需求为基础和依据进行建设学科，如材料科学、环境科学等。就前者而言，它更多地考虑学科本身的要求和规律，学科本身的完整性和统一性，这种要求是应该的，但它应只是学科发展要求和根据的一个方面，即学科的建设同时也应该考虑对社会和经济发展的适应，这两者是缺一不可的。现代社会和经济的发展已越来越呈现出一种综合的特点，所以，在学校教育的学科建设当中，应该更多地考虑根据社会经济建设和发展的具体领域对过去传统学科进行改造和调整，新建一批更具有综合性的新兴学科，或者对传统的学科进行充实和更新，使其能够更好地适应社会经济的发展，从而使得毕业生也能够更好地适应市场经济条件下劳动力市场的需要。

第二，根据社会经济发展的实际需要，加强学校教育的专业调整。现在学校的许多专业往往是根据自己学校的学科来进行建设的，包括设置教学计划和课程体系、安排教学内容、规定培养目标等。许多大中专学校的专业常常就是这个学校的某个一级学科，或者是其中的某个二级学科，有的甚至是其中的某个三级学科。把专业作为学校教育的一种人才培养模式是有一定道理的，问题是这种专业的设置究竟是应该以学科为依据？还是应该以社会经济发展的实际需要为依据呢？我们过去专业设置一般过于对口，即完全按照社会经济发展和科学技术的具体要求进行人才培养，以至于所培养的人才具有的知识、能力和素质结构都过于狭窄，缺乏一定的适应性。在这种对口培养中，专业划分得过细。因此，要改变过去那种过于狭窄的对口，强调更广泛的适应性。不过要增加所培养人才的适应性，不是简单地按照一级学科来设置专业，而是应该继续扩大人才培养对社会经济发展的适应性。例如掌握一些“通用性”技能与知识的人才，在劳动力市场上很受欢迎。这样，学校应打破严格的专业界限，在课程设计上尽可能地降低专业色彩，多开展一些通识教育。否则，毕业生和受教育者在劳动力市场就业时难免会出现问题和危机。

第三，增强学校教育的开放性，促进学科和专业的改革。市场竞争就业制度要求人才的供给必须与劳动力市场的需求相吻合，否则就会出现就业问题。这样，作为专门培养熟练劳动力的教育部门，就必须要改变过去封闭办学的状况，通过获取劳动力市场的需求信息，进行相应的学科和专业结构的改革与调整。目前学校教育的各种改革尽管也在不断进行，但这些改革往往只是学校自己的事情，而没有广泛地吸收社会各个方面参加的改革，特别是人才培养方面的改革。社会经济文化部门的看法，特别是毕业生就业部门的看法与意见，在很大程度上并没有真正进入学校校园。这种状况影响了学校培养的人才规格与类型同劳动力市场需求之间的衔接。实践也已证明，只有劳动力需求部门直接或间接地参与了学校的人才培养，而学校在人才培养中也充分考虑了用人单位的意见，教育所培养出来的劳动力才能在劳动力市场上具有非常好的竞争力和就业机会。

2. 教育结构的调整是劳动就业制度改革的重要基础

劳动力市场对劳动力与人才的需求，既表现为一种数量的需求，也表现为劳动力层次与人才学科专业结构的需求。目前高等学校毕业生在就业过程中出现三个明显的问题：一是各个不同学科和专业的毕业生在就业中的处境不同，有的学科和专业毕业生能够比较顺利地获得工作，而有的则感到压力很大；二是高层次和高学历毕业生挤占本科和专科层次毕业生就业市场的状况；三是高等学校毕业生本身的综合素质不高，知识面比较狭窄。[①] 这三个问题都在一定程度上和教育结构有关，即教育结构与劳动力需求结构不相适应的问题。因此，要通过教育结构的调整，顺应劳动就业制度的改革，改善毕业生的就业状况。

第一，通过教育结构的调整，加强人才培养的特色。我国的中等和高等专业学校通过近几年的合并、合作办学等方式的体制改革，已经有了非常大的改变。但在办学模式和人才培养模式上的过分统一性问题越来越突出。我国要建立的劳动力市场应当是开放的劳动力市场，而开放的劳动力市场对人才的需求是多种类型和多种规格的，对某一类型与规格的人才需求总是十分有限的。我国目前各个不同层次和类型的学校在办学模式与人才培养模式上没有自己一定的特色，出现了许多学校盲目向高层次学校看齐的现象，使得各个不同层次的高等学校逐渐失去了自己的办学特色和恰当定位，也使得自己学校在人才培养模式上与其他高等学校雷同。近几年来劳动力市场上存在的高层次和高学历毕业生挤占其他层次和学历毕业生就业市场的现象，其重要原因之一就是一些学校在人才培养上没有发展和形成自己的特色，以至自己所培养的毕业生在就业上非常容易被高层次学校毕业生替代，并在一定程度上造成了毕业生就业的紧张和压力。这是我国目前教育结构中存在的一个十分突出的问题，直接影响了劳动力市场人才供求的平衡。

因此，要通过教育结构的调整，加强人才培养的特色。我们应当看到，随着社会主义市场体制的建立和逐步完善，特别是随着科学技术的发展，我国社会生产力水平在不断提高，而这种社会生产力水平提高的一个非常重要的标志就是整个社会和经济结构的分化程度不断提高。这对学校的人才培养提出了新的、更高的要求，注重各个学校在人才培养中的特色是十分必要的。这种特色可以体现在毕业生的知识结构方面，也可以体现在毕业生的能力与素质方面。在劳动就业制度实施市场竞争就业的条件下，仅仅依靠高层次和高学历是不能在劳动力市场占据优势地位的，更重要的是学校在人才培养方面的特色。没有特色，就不可能真正形成在劳动力市场上的竞争力。

第二，通过调整现有的教育结构，以适应第三产业发展的需要。第三产业的大发展是现代经济的一个重要特征，是促进市场发育、扩大劳动就业机会的重要途径。目前我国第三产业在国民经济中的比重正逐步提高，但与第一、第二产业相比仍然偏低，在未来的相

① 参见谢维和、王洪才：《从分配到择业——大学毕业生就业状况的实证研究》，北京，教育科学出版社，2001。

当长的时期内，第三产业将有一个大的发展，吸纳的劳动就业人口势必有增无减，劳动力市场对从事第三产业的劳动力和人才的需求将日益旺盛。为此，要通过调整我国原有的教育结构，以适应劳动力市场对第三产业劳动力与人才的需求。我国现有的大中专学校的专业结构大量是培养第二产业劳动力和人才的，虽经几年的改革和调整，状况有所改变，但对第三产业所需要的熟练劳动力与专门人才的培养仍然不能满足第三产业发展的需要。从近几年学校毕业生就业市场的情况来看，供不应求的专业多数仍然与第三产业有关，如营销、计算机、外语、信息等。所以有必要对教育结构以及专业结构作适当的调整，扩大第三产业的专业招生人数。同时，我们还应当看到，教育培养的人才对第三产业的发展有着反向的推动力，社会上从事第三产业的劳动力越多，对第三产业发展的贡献就越大。因此，一方面要通过教育结构的调整，积极创造条件，开设与第三产业有关的新专业，培养第三产业发展所需要的熟练劳动力与专门人才；另一方面各类高等教育、中等专业教育以及职业技术教育还应当具有超前意识，根据第三产业未来发展的趋势，提前设置一些新的专业，以满足和促进第三产业发展和劳动力就业的需要。

3．学生知识、能力和素质的综合发展是市场就业竞争的必要准备

劳动力市场就业制度是一种竞争性就业制度，竞争机制的作用使得只有综合素质较高的劳动者能够获得就业机会或较优越的工作岗位。教育与市场就业制度相适应，关键是要培养毕业生与受教育者的综合素质，提高他们在劳动力市场的竞争力。无论我们毕业生的就业机制如何完善，不管学校教育的学科、专业和教育结构如何科学合理，如果没有高等学校毕业生本身的素质和能力，所有这些都是没有意义的。

知识是构成人才的一个最基本的方面。在现代社会中，知识也已经成为一种非常重要的资本。从人才的角度看，知识面代表了一个人的视野，代表了他对社会和事物的领悟能力，代表了他对事物发展变化的预测能力，代表了他对自己命运的掌握程度，代表了他对自己的信心。没有宽广的知识面，就不可能对生活有深刻的领悟，就不可能发现生命的真正价值，就不可能真正享受生活的乐趣，更不可能在劳动力市场上得到认可。因此，我们的学校教育应注重提高学生的知识素养，拓宽学生的知识面。

能力是沟通知识与实际的“桥梁”，没有一定的能力，知识也只能束之高阁。教育要不断提高学生的各种综合能力，这种能力不是仅仅在书本上可以学到的，而是要在实践中不断锻炼而形成的；另一方面，教育应当教会学生能够发现自己的用处，而不是等待别人去发现，因为世上总是“千里马常有，而伯乐不常有”。能够对自己的能力有所认识的人，当然同时也会知道自己的不足，知道不足就能进步，并因知道自己的能力而充满自信。同时，还应当教会学生学会认识别人、认识社会、知道社会的需要，这样才能知道自己努力的方向，使自己的价值充分体现出来。所以，能力不仅是指拥有一技之长，而且是指拥有认识自己、认识社会的能力。今天我们的社会已经从“关系社会”向“能力社会”转变，

这是有真才实学者能够有所作为的理想环境。教育过程中，应当把提高学生的能力作为永恒的目标和追求，不断发展学生的综合能力，只有这样学生才能在劳动力市场上顺利就业，实现自身的价值。

提高学生的素质已经成为各级各类学校人才培养模式中的一个根本性问题。在劳动力市场上，素质也已经成为用人单位衡量和选择毕业生的一个基本标准。没有一定的素质，尽管学科和专业非常合适，用人单位也不一定录用这个毕业生；相反，尽管某个毕业生在学科和专业方面不一定合适，但他具有比较高的素质，用人单位同样也会考虑录用。虽然现在人们对素质的具体含义还存在着不同的看法，但有一点是可以肯定的，即素质可以表现为学生在面对各种新情况时的一种适应能力，可以反映在学生应用各种知识和能力时的迁移能力，可以体现在学生的各种社会交往能力等方面。总之，素质不是单一的，它是综合性的。没有这样的素质，毕业生也不可能在劳动力市场上具有很强的竞争力。

这里需要指出的是，影响就业的因素是多方面的，有时不是单单教育所能解决的。但教育应在自身的改革和发展过程中，为劳动者或毕业生的就业做好充分的准备。这样首先就应包括知识、能力和素质方面的准备。当然，学生自己更应当为就业做好准备，除了在自身的知识、能力和素质方面做准备外，还应该充分地了解劳动力市场的状况，以及各个不同领域和行业就业的情况。学生应该对生活、对工作、对未来都有充分的准备，要在心理上、在做人上、在创业态度上、在对未来的设计上等一切涉及就业的方面都应有所准备，只有这样，才能够满足市场竞争就业的要求。

本章小结

就业是指在一定年龄内的人们所从事的为获取报酬或为赚取利润所进行的活动。就业是绝大多数成年劳动者及其家庭得以生存和发展的重要基础，同时社会就业状况在一国国民经济和社会发展中具有十分重要的位置。影响个人就业和社会就业状况的因素是多种多样的，且有着某种不确定性。其中，教育在解决个人就业和社会就业问题中起着十分重要的作用。这种作用主要表现在：通过教育的改革与发展，可以改善劳动力供给的结构，优化劳动力资源配置；通过教育宣传，可以帮助劳动者转变劳动就业观念，促进就业问题的解决。当前，劳动就业制度改革是解决我国就业问题的主要途径，也是市场经济建设的重要内容。从教育与就业的关系、教育在解决就业问题过程中的作用来看，只有教育体制、教育结构、教育内容以及大中专毕业生就业制度等方面与劳动就业制度的改革相适应，教育才能在缓解就业压力中释放出应有的能量，为解决当前日益严峻的就业问题作出更大贡献。也只有这样，教育才能够得到真正健康的发展。

思考题

1. 简述就业的含义。

2. 简述教育与个人就业的一般关系。

3. 简述教育与社会就业的一般关系。

4. 为什么说教育与就业之间的关系是复杂的?

5. 当前我国就业问题存在的根源是什么?

6. 试述教育在解决就业问题中的作用。

7. 2013年的高校毕业季被称为“史上最难就业季”，而2014年全国高校毕业生已突破700万，达到727万，签约率非常低。请你运用教育经济学的相关知识谈谈对这一问题的看法。

阅读导航

1. 厉以宁. 教育经济学. 北京：北京出版社，1984

该书是我国早期有影响的教育经济学著作之一，该书站在经济学的角度研究了教育与经济之间方方面面的问题，并专门论述了教育在解决一般性就业、结构性就业、个人职业选择性就业中的作用。

2. 谢维和，王洪才. 从分配到择业——大学毕业生就业状况的实证研究. 北京：教育科学出版社，2001

该书围绕大学毕业生就业这一社会普遍关心的问题，在大量具体可靠的实证材料和数据的基础上，对高等学校毕业生就业模式的大转型现象作了细致的分析和描述。

第七章

教育投资

本章提要

本章围绕教育投资问题，主要探讨教育投资的性质与特点，分析教育投资主体的行为动机，研究教育投资应由谁负担、怎样负担等问题。

任何一种实践活动，都要投入一定的人力、物力和财力资源。教育作为培养人的一种社会实践活动，也必然要投入一定的资源。否则，教育活动就无法进行。那么，教育投资从何而来，教育投资应由谁负担，将是本章探讨的主题。

第一节　教育投资的性质与特点

教育投资，也称教育资源、教育投入等，是指投入教育领域中的人力、物力和财力的总和，或者说是指用于教育训练后备劳动力和专门人才，以及提高现有劳动力智力水平的人力和物力的货币表现。一定的教育投入（支出）是教育发展的物质基础。本节首先从投资与消费的特点来分析在现代生产和教育条件下，用于教育的支出的性质与分类，进而总结教育投资区别于一般经济投资的特点。

一、教育投资的性质

1. 投资与消费

投资与消费是社会生活中非常重要的支出行为。首先，我们对“投资”或“投资行为”进行界定。投资原是经济学的概念。根据经济学文献的解释，投资有学术上的和一般用途上的意义。对经济学者来说，“投资意味着实际资本形成——存货的增加量或新生产的工厂、房屋或工具”①，认为只有当物质资本形成时才会出现投资。而在一般用途上或商业上的投资则指的是以资金赚取金钱的行为，例如购买证券股票或储蓄等，诺曼・D・摩尔在《投资、财政与商业辞典》中就将投资定义为“将资源用于获取所得或其他有价目的的行为”②。尽管两种定义角度不同，但对投资一词的核心——投资动机的理解却是一致的：以资金赚取金钱自然是以获利为动机的，而资本形成也有赚取利润的动机在内。因此，我们可以将投资定义为一种以获取收益为目的的资源支出。任何投资都是以获利为动机的，也就是说，只有当支出会给他们带来大于投资成本的收益时，人们才会投资。人们的投资行为取决于三个要素：投资收益、投资成本以及对未来的预期（即投资风险的承担）。其中，投资规模与收入水平、投资收益率成正比，与投资的风险成反比，同时投资规模还受制于此项投资的收益率与其他项目投资收益率的对比，此项投资的收益率应不低于其他项目投资的收益率，而且此项投资的收益应大于成本。

根据这样的定义，购买国债、股票、证券以及储蓄等活动都属于投资活动，而我们平时用于购买面包、衣服、汽车、电器以及用于休闲娱乐如音乐会、电影等的投入就不具备投资的特点，这些投入的目的并不是为了日后产生更多的新的经济利益，而是为了直接满足拥有者生理和心理的欲望、需求、享受、爱好等效用，我们把这些投入称为消费支出。判断某种支出行为属于消费支出还是投资性支出就要看这种支出行为是为了获取经济收益还是为了满足消费效用。

2. 教育投资的性质

前面我们分析了投资和消费的特点，那么用于教育的投资属于何种性质的支出，是属于纯消费性支出还是纯生产性投资，或是二者兼而有之？根据投资和消费行为的特点，并结合现代教育的特点分析，我们认为，在现代生产和社会条件下，教育投资既是一种消费性支出，更是一种生产性投资，后者的地位和作用日益显现和重要。

一方面，用于教育的投资直接地表现为消费性特点。首先，教育事业的进行总是要消费一定的人力、物力和财力，但教育过程本身却不能直接生产出任何物质财富。教育是一种花钱的事业，从个人来说，学生及其家庭因就学须支付一定的学杂费、文具费、生活费，还可能损失许多就业的可能收入；从社会方面来讲，国家为发展教育事业需要建筑校舍、添置设备、聘请教师等，一切都需要花钱，同时，伴随着科技的迅猛发展，新的教学手段和技术不断出现，教学设备更新速度又在不断加快，还要不断改善教师的教学和生活

① ［美］保罗・A・萨缪尔森、威廉・D・诺德豪斯：《经济学》（上），182页，北京，中国发展出版社，1992。

② Norman D. Moore, *Dictionary of Business*, *Finance and Investment*, Inventor's System, Inc., Ohio, 1975, p. 219；转引自林文达：《教育经济学》，382页，台北，三民书局，1984。

条件，再加上物价上涨的因素，教育各方面的花费都在逐年递增，但教育过程中却不生产任何物质资料，教育的所有经济收益都是在教育过程以外发生的。通过教育形成的人力资本，固然可以改善和提高人的未来收入状况，促进社会经济增长，但那是在教育过程结束之后，劳动力投入物质生产过程以后才发生的；就教育本身而言，只能消耗人力、物力和财力，其直接产出是学生知识和能力的获得，身心各方面素质的提高。同时，从效用的角度来看，教育不仅能直接满足学生的精神需要和心理享受，如好奇心和求知欲的满足及同学的尊重等，而且教育还可以“改善学生日后的消费爱好和消费质量”①，因而教育效用首先表现为消费效用，教育支出首先是一种消费支出。

另一方面，在现代生产和社会条件下，教育支出的投资属性越来越明显。不论是个人还是社会，投资于教育都是有利可图的事情，可以获得很高的经济与非经济的预期收益。从社会的角度来讲，教育在提高国民素质和道德水准，促进社会稳定和发展方面所起的作用自不必说。随着现代生产和经济的发展，科技知识在生产过程中运用得越来越广泛和深入，教育日益成为现代经济增长的决定因素，脑力劳动者日益成为社会生产的主体。人在教育过程中获得的知识、技能和能力——人力资本正越来越多地替代物质资本和自然资源，极大地提高了资源的利用效率和劳动生产率，增加了国民收入，促进了经济的高速发展。西方国家经济发展的事实证明了这一点，很多经济学家也对此进行了实证研究，例如有研究表明在东亚，每增加一年的教育会导致真实的 GDP 增加 3%。② 同时经由教育所形成的人力资本的一个重要特点就是它依附于人本身，即只要人生存，其资本的效力就可以继续发挥，因此，教育作为一种人力资本的投资，其回报率也要比非人力资本投资高得多。从个人的角度来说，教育支出也可以使受教育者获得很高的经济与非经济的预期收益。一方面，通过教育，可以提高劳动者的生产能力与配置能力，从而提高个人未来的收入水平。所谓生产能力是指受教育程度较高的劳动者与等量的其他生产要素相结合，能产出更多的产品。配置能力或分配能力，用舒尔茨的话讲是“处理非均衡状态的能力”，也即个人根据社会经济条件的变化重新配置其个人资源（如财产、劳动、时间等），以获得更高收益的能力。在经济环境不断变化的情况下，谁的配置能力最强，最先察觉经济条件和市场机会的变化，并迅速作出反应，重新配置自己的资源，谁就能够抓住经济增长带来的种种机遇，取得最多的经济利益。一般来说，所受教育越多，对变化的反应和判断能力越强，其收入水平就会越高。另一方面，教育不仅意味着个人收入水平的提高，还包括职位晋升机会的增多，在城乡、区域、行业间流动机会的增加以及代际效应等。

教育投资具有投资和消费双重属性。如果教育投资的作用主要表现为增加劳动技能与劳动生产率，体现在提高整个社会的产量或个人的货币收入，则该项支出就是生产投资性

① ［美］舒尔茨：《论人力资本投资》，12 页。
② 参见朱舟：《人力资本投资的成本收益分析》，38 页，上海，上海财经大学出版社，1999。

支出；如果教育投资主要是增加受教育者的精神享受和心理满足，则该项支出就是消费性支出。但实际上，教育投资两重属性的划分是相对的，有时一项具体的教育投资可能既给受教育者带来生产力的提高，也带来心理享受，即同时具备投资性和消费性的特点。此外，这种相对性还受到投资环境及劳动力市场供求状况的影响。英国著名经济学家阿瑟·刘易斯在谈及发展中国家高等教育问题时指出："大学教育是消费服务还是投资服务的问题，简单地取决于相对需求而言的供给。在那些每年都有大量无法就业的文科大学毕业生的国家里，大学教育主要是一种消费服务。"① 也就是说，当个人通过教育所获得的劳动技能或知识已因技术进步而遭淘汰，或在经济发展过程具有一定劳动技能的劳动者的供给超过了社会经济发展对教育的需求时，则这笔对个人而言的生产投资性支出，从整个社会经济的角度看就属于消费性支出。

3. 人们对教育投资性质的认识

教育的投资与消费之争并非自古有之，只是到了近现代才出现的。人们对教育支出性质的认识也是随着社会经济的发展、教育作用的多元化而逐步深入的。在社会生产力发展的不同时期，教育的作用与功能是不一样的。根据马克思的劳动力再生产理论，教育作为劳动力再生产的基本途径而成为重要的生产要素是在近现代才出现的。

在狩猎和农耕时代，由于自然资源相对丰裕，更由于工具的落后，在进行生产活动时，人们只能用蛮力借助于简陋的工具和畜力从自然界获取有限的资源为己用，劳动者只需一定的体力和非常有限的一点关于自然界和社会的知识就足够了，而且这种有限的知识，通过父辈、邻里、族亲即可获得，此时劳动力再生产主要以体力再生产为主，智力再生产在当时的社会生产中根本不占据什么重要地位，教育，尤其是正规的学校教育基本上是与整个社会生产活动相分离的，作为专门为上层阶级服务的一种奢侈品，它纯粹是一种消费品。

进入工业社会以后，科学技术在生产过程中得到了广泛的运用，社会生产过程和工艺操作变得日趋复杂，这直接导致了对劳动力要求的变革，仅靠蛮力已不能满足机器生产的需要，它要求工人必须具备基本的读写算能力，也只有从这个时候起，教育才开始从上层阶级的特权走向了世俗化，教育的生产功能才逐渐受到重视，它的显著标志就是英国的工业革命要求普及初等教育。正是机器与读写算能力的结合才使得资本主义社会像变魔术般使社会财富不断涌现，使它在不到一百年的时间内创造出比以往任何时期所创造的物质财富总和还要多的物质财富。

进入20世纪中叶以后，以电子计算技术和信息技术为标志的新的科技革命以难以想象的速度推动着人类社会向前发展，电子化、信息化、全球化成为现时代最鲜明的特征，

① ［英］阿瑟·刘易斯：《经济增长理论》，231页，上海，上海三联书店，1990。

技术更新速度加快，产品寿命周期缩短。如果说20世纪创造的物质财富超过人类历史创造的全部物质财富的话，那么现在可以说，50年甚至更短的时间创造的物质财富就可超过全部历史创造的物质财富。新的科技革命极大地改变着社会的生产活动，也对人的素质提出了更高的要求。如果说工业社会对工人的要求只需读写算能力就能熟练地操作机器，则信息社会和后工业化社会对工人的要求就必须具备较高的文化素养和较强的创造力；如果说读写算还可以通过传帮带和经验来达到，现代新型劳动者的培养则须臾也离不开学校教育和职业培训。教育的生产功能，在现代社会里变得越来越重要、越来越突出。各国纷纷加大教育投入，并视之为一种非常重要的投资。理论界在重新审视教育支出的性质，尤其是20世纪60年代人力资本理论的提出，教育投资遂成为教育经济学的一个核心问题。

但在我们国家，无论是在理论界还是在政府部门，对教育投资性质的认识还存在偏差。长期以来，教育一直被视为一种纯消费性的福利事业，到了20世纪80年代以后，随着教育对社会生产和经济的巨大作用日益充分地表现出来，越来越多的人已改变观念，把教育视做生产投资或具有生产性的投资。但还有很多人仍然只看到教育的消费性，没有看到教育的巨大经济价值，并没有把教育放在优先发展的战略地位，不愿增加教育投资，甚至将教育经费挪作他用，还有的地方政府非但不给教育增加投入，反而伸手向教育要钱，把教育当做一种“产业”来开发，用以补贴政府财政的缺口。同时很多人又走向了另外一个极端，只看到了教育的生产性忽略了教育的消费属性，把教育投资完全等同于物质生产投资，不顾教育的内部规律和社会经济发展的现实，盲目扩大教育规模，重复建设，造成教育畸形发展。对教育投资性质的任何错误认识和决策都将严重影响对教育的投入，影响一个地方经济和社会的发展。

二、教育投资的分类

对教育投资可以按不同的标准进行分类。

1. 按投入要素可分为人员支出和物质支出

投入教育的人力资源包括教育者和受教育者。教育者包括教师、教育机构和学校的各类管理人员、教辅人员、工勤人员等，其中最重要、最核心的部分是各级各类学校的教师。受教育者即各级各类学校的学生。

投入教育的物力资源指用于教育领域的各种物质资料的总称，包括固定资产和材料、低值易耗品，前者包括土地，各种建筑物，教学科研仪器设备，图书资料，为教学、科研、生活服务的水、电、气等设备；后者包括为教学、科研、生活服务的各种材料、燃料、试剂及仪器、仪表、工具、文具、零配件等低值易耗品。

2. 按投资来源可分为政府、企业和个人家庭的教育投资

一般而言，教育投资的来源，根据其来源渠道和来源主体可以进行如下两种划分。一

是从现实和统计的角度看，教育投资的来源可划分为：（1）政府财政预算内教育经费拨款；（2）各级政府征收用于教育的税费；（3）企业办学教育经费；（4）校办产业、勤工俭学和社会服务收入用于教育的经费；（5）社会团体和公民个人办学经费；（6）社会捐资、集资办学经费；（7）学费、杂费；（8）其他。二是从理论上看，教育投资的来源可划分为政府、企业和个人家庭三大主体对教育的投资，因为在现代社会经济条件下，教育投资最终来自国民收入。教育发展虽然可以增加国民收入，但不能直接创造国民收入，教育投资只能来自国民收入。国民收入经过初次分配和再分配，形成了国家集中的财政收入、企业收入、劳动者个人收入三部分。国民收入的分配由国家、企业、劳动者个人三部分构成，教育投资也基本上由这三者分担，即国家的教育投资、企业的教育投资和个人的教育投资。上述这两种划分实际上代表了两种不同性质的结构类型：前者反映了教育投资的现实来源及构成，适用于对教育投资的来源进行实证性分析，后者反映了教育投资的理论来源或最终来源及构成——教育投资从理论上讲最终都来源于个人、企业和政府这三大投资主体，这种分类较适合于对教育投资来源情况进行理论上的分析。

3. 按投资发生可分为直接教育投资和间接教育投资

所谓直接教育投资是指投资主体直接投入教育领域的资源。如政府、企业、团体对教育的直接投入；国内外个人对教育的捐资；受教育者个人和家庭为受教育者支付的学杂费、书籍文具费、生活差距费等。间接教育投资是一种机会投资，是在教育过程之外间接发生的，指社会和受教育者因进行教育可能放弃的收入。包括社会对教育投入的人力物力没有用于其他方面可能放弃的收入和达到法定劳动年龄者因受教育而未就业可能放弃的收入。

4. 按投资对象可分为正规的三级教育投资和非正规的成人或继续教育投资

前者以培养后备劳动力和专门人才为目标，而后者则用于更新已就业的劳动者和专门人才的知识技能，提高他们的智力水平。其中，学校教育投资是教育投资中的主要部分，但随着科学技术的不断发展、终身教育的兴起，各类成人教育或继续教育在教育总投资中的比重不断增长。

三、教育投资的特点

在现代社会里，用于教育的支出是一种投资。但这种投资并不是简单的物质生产投资，其投资对象、投资目的、投资效果和投资主体均不同于物质生产投资。教育投资是以人为对象的投资，其投资来源和主体既包括了政府也包括了个人和企业，教育投资的目的和效益也远比物质生产投资要复杂得多。总之，教育投资具有自身的特点。

1. 教育投资具有非营利性

一般的物质生产投资是以营利为目的的，其理想是以最少的投入追求利润的最大化，并以货币去衡量；而教育投资则不然，尽管人们在认识上越来越把教育作为生产性投资，但这种投资的效益不是在教育领域，而是通过物质生产领域表现出来的，教育自身并不能回收投资，创造利润。此外，教育不仅有经济效益，而且有巨大的非经济效益。因此，国家和社会投资教育，个人付费接受教育，虽然其结果会给个人和社会带来许多直接和间接的收益，但从根本上说，并不以营利为目的。当然，对于教育投资的非营利性要正确理解，教育投资的非营利性并不等于不收费，私人和团体提供经费举办学校，可以适当提高学费，但这些学费是用来补偿不断攀升的教育成本的，而非教育的价格。私立学校不能仅以营利为目的，收费标准也不能过高，只能略高于成本。教育投资的非营利性决定了教育的发展离不开国家的投资，虽然当前我们强调投资主体多元化，但绝不能因此而推卸国家的责任。

2. 教育投资具有连续性

用于培养高素质劳动者的教育投资，不是一次性的，而是一种需要不断追加的、具有连续性的投资。这种连续性是由教育过程的连续性决定的，无论是在教育的不同级别，同一级别的不同阶段，或是在同一阶段的不同年限之间，教育都是一个连续不断的过程，教育程度每增加一年、一个阶段、一个级别，都需要追加一次投资。随着新的科学技术革命及其在生产中的运用，教育投资更具有连续性。第一，科学技术和生产的发展，对劳动者的教育程度要求越来越高，从而要求普及教育的程度逐步提高，例如一些西方发达国家已开始普及高等教育。第二，在科技革命条件下，知识和技术更新和老化的周期大为缩短，这就决定了接受教育不是一次性的，而是终身的。第三，科技革命引起产业结构、技术革命的改变，从而加速劳动者的劳动转换。劳动转换从绝对意义上说，是劳动者在不同生产部门间的转换和流动，从相对意义上说是同一生产部门中由于采用新技术，使劳动者职业“无形磨损”的期限缩短。为适应这一状况，也必须对劳动者进行再训练、再教育，要求劳动者全面发展。这一切都使教育投资更加具有连续性，那种指望受过一次教育就可以终生受用的时代一去不复返了。

3. 教育投资收益具有迟效性

在物质生产部门，由于劳动时间和建设周期长短各不相同，不同经济投资项目经济效益周期长短不一。例如纺织、食品等部门的建设和收益较短，能源、钢铁、交通、基础设施等建设周期、经济收益周期较长，而教育投资的周期则更长。这是因为，把受教育者逐步培养成社会所需要的专门人才，要经过较长时间的学校教育过程。如培养一个中等文化程度的劳动者，一般需要 12 年左右，培养一个合格的大学生则需要 16 年左右。在此期间，只有人力、物力、财力的投入，而没有任何的产出。同时，还需要经过受教育者个人到经济部门寻找工作，适应工作环境，发挥劳动技能这一过程，即把所学知识运用于实际工作还有一个“知识转化”的过程，就使得教育投资的周期更长，教育的收益往往要经过

10年、20年才能够实现。根据这个特点，要求我们在处理国民经济各方面的投资时，要保证教育投资的超前增长，否则，经济和社会未来的发展将会因劳动力和专门人才的数量不足、质量不高而受到严重影响。

4. 教育投资成本具有递增性

教育培养每一个毕业生的平均费用是不断增长的。随着经济和科学技术的发展，教育的人员成本和物质成本都在不断上升。教职员工的工资、福利水平随着居民收入水平的上升而不断上升，学生助学金、奖学金的标准也在不断提高。同时，用于教育的各种固定资产和低值易耗品等数量在增加，质量在不断提高，为了保证教育质量的不断提高，固定资产需要不断更新，教学环境和条件需要不断改善，也就需要更多的投入。此外，居民收入水平的提高，学校固定资产价值的增加，不仅使教育直接成本上升，也使教育间接成本不断上升。再加上物价变动的因素，教育成本上升的趋势就更为显著了。从各国三级教育的生均教育成本变动的历史统计中我们也可看出这种趋势。这与物质产品的生产随着劳动生产率的提高，其单位成本降低的特点大不一样。教育的这一特点，也决定了教育投资应当是递增的，在校学生人均教育费用应逐年增长。

5. 教育投资的经济补偿和收益具有间接性、潜在性

教育投资与物质生产投资的经济补偿和收益的直接性不同，它的经济补偿和收益具有间接性和潜在性。由于教育投资的直接成果不是独立的物质产品，而是劳动者智力和素质的提高，即人力资本的形成，此时收益是潜在的，只有当这些劳动力投入到物质生产领域并和生产资料结合以后才能生产出物质产品，潜在的收益才能转变为现实的收益，因此教育投资的成本只能用其他经济领域内的劳动成果及收益进行补偿，只能通过国民收入的分配与再分配过程来实现，就教育过程本身而言，其投资的补偿和收益，只是潜在的、间接的。

6. 教育投资具有多效性与长期性

教育投资所形成的人力资本，不仅能为受教育者本人带来种种经济和非经济的预期收益，如收入水平的提高，职位晋升机会的增多，在城乡、区域、行业间流动机会的增加，个人文化修养和精神生活方面的增进等，而且还能为社会或他人带来一定的经济收益和精神满足，具体表现为促进社会生产率的提高和经济的增长，改善与提高社会文明程度和民族文化素质等。在西方经济学中，往往把这种效果称为教育投资的“外溢效果”、“正邻近效应”、“外部效益”等。同时，由于教育投资的直接产品——人力资本的形成是依附在人体之上的，其产生效益的时间要比物质资本长得多，甚至可以使受教育者终生受益。一般来说，教育投资的收益及受益期限可以用受教育者毕业后的工作年限来衡量。当然也要受到劳动者的健康状况、寿命长短、受教育年限以及科技进步及知识更新速度等的制约。

第二节　教育投资主体的行为分析

前已述及，教育投资主体从理论上看最终可以分为政府、企业和个人家庭对教育的投资。而每一个投资主体的任何投资行为都要受制于其特定的行为动机以及由此决定的行为方式。本节将从理论的角度，重点分析这三大投资主体教育投资的行为动机。

一、个人家庭教育投资的行为分析

个人对教育的投资实际上多表现为受教育者个人家庭对教育的投资。自从 19 世纪下半叶各国纷纷建立公共教育制度以来，教育从完全由受教育者个人或家庭负担转变为政府和社会的主要投资领域之一，各国政府纷纷出面直接参与对教育的投资、组织和管理。个人教育投资支出在整个教育投资来源中所占的份额都比较低。在我国也是一样，虽然近几年来个人家庭对教育的投资支出比重有较大幅度增加，但它却经常被研究者所忽略。从理论和现实来看，个人教育投资状况不仅是政府和社会确定教育投资规模、投资风险以及制定教育投资政策的基础和出发点，而且影响到个人家庭对教育的评价，影响教育投资来源乃至教育自身的发展，此外，如果算上个人的间接投资，个人家庭对教育的投资总额将会成倍地增加，因此个人对教育的投资是教育投资来源中不可忽略的主体之一。

1. 个人家庭教育投资的一般行为动机和目的

个人对教育的投资，作为个人投资活动的重要组成部分，总的来讲同样符合一般投资原则，只是与其他投资活动相比，个人对教育投资的目的或行为动机不同而已。具体讲，个人对教育进行投资，其动机和目的无非出于以下两点考虑：

（1）通过调整与接受教育满足现时期的家庭精神生活或个人心理需求。从社会心理学的角度看，教育是人们在满足吃穿住行及安全需要之后的一种较高层次上的、带有个人自我完善性质的需求。用经济学的术语讲，教育是一种能满足人们特殊消费需要的“耐用消费品”，这种消费品“甚至比物质的耐用消费品更加经久耐用”①，可使受教育者终生受益。随着人民生活水平的提高，个人和家庭对教育消费效用的追求日益增长，成为个人教育投资行为的重要动机之一。

（2）通过调整与接受教育获得相应的知识、技能及相应的品质，形成人力资本，从而最终取得一定的经济收益。在现代社会里，在个人的受教育程度与其未来的收入水平呈高度正相关的情况下，追求教育投资的“资本性收益”是个人对教育的投资（尤其是高等教

① ［美］舒尔茨：《论人力资本投资》，26 页。

育投资）行为的主要目的和动机。

2. 个人教育投资的一般行为方程及影响因素

如前所述，个人教育投资行为同样符合一般的投资行为方程，同样受到教育投资收益率、个人收入、投资风险及其他因素的影响，用公式表示如下：

$$I_p = Y_p(e, 1/S, \Delta Y, L)$$

$$\frac{E}{I_p} = \frac{E'}{I'} \qquad \sum_{i=1}^{n} E_i/r > I_p$$

以上即是个人对教育进行投资的一般行为方程。其中，I_p 表示个人对教育的投资，Y_p 表示个人家庭的收入，E 表示教育投资的收益，r 表示市场贴现率，e 表示教育投资的收益率，S 表示教育投资的风险，ΔY 表示个人的边际收入水平，L 表示影响个人教育投资的其他非经济因素，$\sum_{i=1}^{n} E_i/r$ 是指个人从学校毕业到退休时因接受教育而获得的额外收益的现值，此现值与个人在校期间总的教育投资之比，即是个人的教育投资收益率 e。方程中的系数（e，$1/S$，ΔY，L），可视为系数中各种因素在个人收入一定的情况下对个人教育投资支出的综合影响，为分析上的方便，在此把它称为个人的教育投资倾向。所谓个人的教育投资倾向，是指由教育投资的收益率、风险、个人的边际收入及其他非经济因素所共同决定的、个人教育投资支出占个人收入的比重。一般讲，在一定的社会经济条件下，教育投资的收益率 e、教育投资的风险 S、个人的边际收入水平 ΔY，以及价值观念、文化传统等其他非经济因素 L 都是比较稳定的，相应地，由此所决定的个人教育投资倾向也是相对比较稳定的。那么，若用 b 表示个人的教育投资倾向，则个人对教育投资又可表示为：

$$I_p = b \cdot Y_p$$

从以上两方程中可以看出，个人对教育的投资支出受到以下因素的影响：（1）个人对教育的投资支出与教育投资的预期收益（或收益率）成正比。如果视教育支出为投资，个人对教育的垫付为在未来获得收益，在可供投资的多种选择中，对教育的投资则取决于个人教育收益率，收益（或收益率）越高，个人对教育的投资支出越多，反之个人对教育的投资则越少。如果教育投资的预期收益足够高，个人在一定时期甚至会放弃其他方面的投资而对教育进行投资。（2）个人对教育的投资支出与教育的投资风险成反比。由于教育投资收益的迟效性、间接性和不确定性，个人投资教育是要承担风险的，并且这种风险会随着时间的延长而增大，投资风险越大，个人对教育的投资会越谨慎，反之个人对教育的投资则越多。（3）个人对教育的投资支出与个人家庭的收入尤其是其边际收入成正比。个人家庭收入水平越高或收入增长的速度越快，个人对教育的支出——作为一种特殊“耐用消费品”的支出——就会越多。另外，个人对教育的投资还会受到社会观念、文化传统等其他非经济因素的影响，比如，社会普遍崇尚教育和知识，比较重视人才的培养和使用，将会促使个人对教育进行投资，否则将会制约个人对教育进行投资。总之，个人对教育的投资是以上因素综合作用的结果。

3. 个人教育投资的具体决定

现代教育（尤其是学校教育）按其性质和功能一般可划分为普通教育（或基础教育）和专业教育两大类。由于两类教育的效用和收益均不一样，个人对不同类型的教育投资行为必然不同。

从效用上讲，普通教育固然能改善个人未来收入，但其消费效用更为明显，可视为一种能满足人们特殊消费需要的“耐用消费品”。对普通教育的投资，可以使投资者获得一种心理上的收益或精神上的满足。那么仅从支出的角度讲，个人对普通教育的意愿投资将主要受个人家庭收入水平和由此决定的消费支出结构的影响，按照恩格尔定律，家庭的消费结构会随着收入水平的提高而发生变化，用于食品的消费占家庭消费支出的比例逐渐减少，娱乐和奢侈品的消费逐渐增多，教育作为一种高级消费品会随着个人收入水平的提高而增加。不仅如此，由于与专业教育相比，普通教育投资成本要低得多，接受专业教育一般比接受普通教育所需的投资要高出十几倍到几十倍；同时接受普通教育“财务选择权”收益也较多（普通教育的接受者更有可能接受进一步教育）；此外，由于劳动力市场不确定性的存在以及信息不完备的情况，个人对未来情况的了解较为有限，普通教育作为非专用性强的人力资本投资，其风险性远远小于专业教育。这样，普通教育的收益率就要比专业教育高，根据个人教育投资的行为方程，个人对普通教育的投资倾向将保持在较高的水平上，或者说，个人对普通教育的投资将会在其收入中占据较大的份额。

专业教育不仅能使投资者获得一定的心理收益和精神满足，更能直接增加投资者——受教育者的知识、技能，形成一种能提高其未来收入水平的人力资本。与普通教育相比，专业教育作为“资本品”的效用更为明显。而且专业教育投资的收益率极高（与物质资本投资的收益率相比），从某种程度上讲，对专业教育投资往往决定着一个人的一生成长和前途。因此，尽管专业教育的投资成本比普通教育要高得多，承担的风险也比较大，绝大多数家庭还是愿意优先考虑对专业教育的投资，也就是说，个人对专业教育的投资主要取决于个人对其预期收益、投资风险及其他因素的判断，他们往往会冲破个人家庭收入水平的制约，牺牲一定的即期消费，压缩一定的基本生活支出，动用一定的储蓄，乃至举借一定的债务来对专业教育进行投资。

4. 个人教育投资的规模

个人对教育的投资，从理论上讲，一般可划分为三个层次，即对教育的实际支出、意愿投资支出和最大可能的投资支出。在社会经济条件和个人收入水平一定的条件下，个人对教育的投资支出一般只能达到其意愿的投资水平上，最多达到其最大可能支出水平。在个人实际教育支出小于意愿投资水平、最大可能投资水平的情况下，如果个人教育投资规模过小，投资意愿和潜力均未发挥出来，可以采取直接提高对个人教育的收费标准来增加个人对教育的投资，但收费标准的提高幅度不应过高。如果把收费标准提得过高，超出个人对教育的意愿投资水平甚至超出最大可能投资水平，那么个人将会因教育收费过高、投资收益过低而放弃对教育的投资，不再去接受这种对他来讲无利可图或使其难以承受的教育。当然也可以通过改变某些参数，如调整个人教育投资的收益率、降低教育投资的风险及其他因素来提高个人意愿教育投资水平，进而进一步提高个人对教育投资的规模和比率。

二、企业教育投资的行为分析

企业作为社会经济活动的主体，也是主要的教育投资主体。企业的教育投资，是指企业出于某种行为动机而对教育的投资。由于企业的性质及其所追求的利益目标决定了企业教育投资与个人教育投资和政府教育投资有较大的差别。

1. 企业教育投资的一般行为动机和目的

企业是从事生产、流通和服务等经济活动，为满足社会需要并获取利润，进行自主经营，自负盈亏，实行独立核算的经济单位，是社会经济活动的主体。从根本上说，企业生产的目的是服从于社会生产的总目的，但它不像政府那样，直接自觉地为满足全社会日益增长的物质和文化生活的需要，它也不像劳动者个人那样，是为自己的全面发展创造条件。在市场经济条件下，企业投资的目的就是为了使价值增值，为了追求预期的最大经济利益——利润。这是所有企业在投资中共同追求的一个基本目标，是所有企业投资行为的一个共同特征，也是一个公认的基本经济前提和理论假设。

企业对教育的投资，作为企业整个投资的一个重要组成部分，应该说同样是出于对“利益”的内在追求，相应地，其投资行为也同样应符合使“利益”最大化的基本准则。既然企业对教育投资所遵循的仍然是“利益”最大化原则，那么，根据市场经济中“利益”最大化的基本准则，企业对教育的投资支出，原则上讲，至少应符合以下两个基本条件：

其一，企业的教育投资支出所能取得的预期收益按市场贴现率贴现后应不低于其投资成本。假如用 $E_1 i$ 代表某一时期（年）企业教育投资的收益，r 为贴现率，I_i 为企业教育投资，n 为企业教育投资取得收益的整个期限，用公式表示即为：

$$\sum_{i=1}^{n} E_1 i/r \geqslant I_1$$

其二，企业教育投资的预期收益率应等于或不低于企业对其他方面投资的收益率。假如把企业的投资只划分为物质资本投资和人力资本投资两部分，用公式表示则为：

$$\frac{\sum_{i=1}^{n} E_1 i/r}{I_1} > \frac{E_2}{I_2}$$

式中，I_2、E_2 分别为物质资本的投资与物质资本投资的收益。①

上述两个条件即是决定企业对教育投资的基本准则。也就是说，只有那些能为企业带来较高收益的教育投资才会为企业所采纳和实施。当然，在现代市场经济条件下，随着社会经济的发展与文明程度的提高，同时也是由于现代企业（公司）财产法人制度的建立，企业在追逐利润和经济利益这一目标的同时，非经济的或者说社会性的利益也日益成为很多企业尤其是大中型企业（公司）所追求的重要目标之一。对教育的投资也是一样，企业既可能为追求货币性的经济利益而对教育进行投资，也可能为追求非货币化的精神享受或心理满足而对教育进行投资。

2. 企业教育投资范围和方式的选择

在市场经济条件下，既然企业对投资收益的追求既包括货币性的利润，也包括非货币性的心理满足与精神享受，那么根据前面对企业教育投资行为动机的分析，企业既可能为追求货币性的经济利益而对教育进行投资，也可能为追求非货币性精神享受或心理满足而对教育进行投资。也即是说，在现代市场经济条件下，企业的教育投资范围一般主要集中在：（1）能为企业带来直接经济收益的教育，如对企业职工的在职培训，各种类型的职业技术教育，以及与自身发展密切相关的高等专业教育等；（2）能为企业带来非经济收益——主要是为获得良好的社会声誉和树立企业形象而进行的公共活动的一部分，如对基础教育的投资和对教育机构提供无偿捐赠等，这种捐赠由于在税前列支因而可享受政府税收的减免；（3）企业对教育机构的研究合同、培训合同支付的费用，这是发达国家高等教育经费的主要来源，在我国，现在也正在逐步形成这种制度和机制。

由此可见，在现代社会经济条件下，企业的教育投资范围还是比较宽的。不仅包括用于企业内部的教育投资，如开展职工培训，而且还包括用于企业外部的教育投资，如对普通教育的投资与资助。无论是企业的内部教育投资还是外部教育投资，对整个教育事业的发展都有促进作用。在政府的公共教育经费相对说来数额有限的条件下，一个企业越能认识到发展教育的重要意义，越能支出较多的金额来发展企业自身的职工教育或资助其他类别的教育，那么社会的总教育投资就越多，对社会也就越有利。

企业负担教育投资的方式取决于企业规模的大小。在现实中企业的规模总是有大有小，其投资能力也大小不一，那么受其规模和投资能力大小的制约，即使所有的企业都愿

---

① 参见袁景州：《教育投资经济分析》，102～103页，北京，中国人民大学出版社，1996。

意对教育进行投资，其投资方式也将会因此而有所不同。一般而言，大中型企业因其实力雄厚、资金充足，往往会采取自己办学或设置培训机构的方式对教育进行投资，如日本松下电器公司的松下电器工学院和松下电器商学院，丰田公司的丰田工业大学，日立公司的日立工业专科学院，东京电力公司的东电学园大学部，三井不动产公司的不动产大学，大荣百货公司的大荣流动大学等，都是企业自办的教育机构，每年培训大批职工。教育培训内容均为本企业岗位所需的基础技术知识和实用的业务知识。而小型企业，因其规模小，财力、物力有限，无力举办正式的学校或培训机构，往往只能采取向由社会或政府主管的学校或培训机构提供一定资助或捐赠的方式，或者采取企校、企业联合办学的方式对教育进行投资。企业对教育投资所能采取的方式，从理论上讲大体表现为以上两种。当然，在现实中，企业具体会采取什么样的投资方式，除了决定于企业自身的行为动机、规模、投资能力等因素外，同时还会受到其他因素的影响，如市场发育程度，国家、社会办学及其对教育的投入情况，以及国家对企业教育投资采取什么样的政策等。受这些因素的作用与影响，企业在实际中所采取的教育投资方式也会因此而呈现出一些比较复杂的特点。

三、政府教育投资的行为分析

政府的教育投资是指由政府决策并由政府提供资金的投资。从目前世界各国看，虽然教育被普遍视为一种介于“私人产品”与“公共产品”之间的“准公共产品”，或者说，教育既具有一定的“私人性”，又具有一定的“公共性”，但政府对教育的公共投资，则是决定各国教育能否正常、稳定发展的一个最关键的因素。就我国而言，各级政府对教育的投资，在我国整个教育发展中更是起着决定性的保障作用。因此，对政府的教育投资行为进行比较具体而全面的分析，了解政府在对教育投资的过程中所具有的内在行为特征及规律，无论对教育自身的发展，还是对整个教育投资及社会资源利用效率和配置效果的提高，都将具有十分重要的理论和现实意义。

1. 政府教育投资的一般行为动机和目的

政府作为社会公共利益的代表，其行为动机不同于个人和企业这两种投资主体。比如，个人和企业的投资动机主要是为了追求各自的经济利益，满足其私人或集体利益的需要，而政府投资则是为了满足社会全体公民或大多数人的需要，或者说是为了特定的公共利益与需要。当然，在不同的社会经济发展阶段，因受社会的、经济的以及政策性等因素的制约与影响，政府的公共职能或社会公共需要往往会具有不同的内涵与外延，相应地，政府的投资行为动机也会因此表现出一定的差异性。一般来说，在传统的高度集中的计划管理体制下，因政府被视为有能力解决一切经济问题，有能力直接协调整个国民经济活动，并能够最大限度地促进经济发展和居民物质文化生活水平的不断提高，因而它不仅具有其固有的政治及社会职能，同时还被赋予了广泛、全面参与组织管理整个社会经济活动的经济职能。与此相应，传统体制下的政府投资行为动机主要就是为了满足其全面参与整个社会政治和经济活动的需要。在传统计划管理体制下，政府之所以对教育进行全面的投资，很大程度上就是为了对人力资源，尤其是对具有一定知识和技能的劳动力资源进行有计划地开发和利用。但在市场经济条件下，因政府只被作为市场与市场调节的补充者和校正者，政府的职能则被限制在市场不能发挥和不能正常发挥作用的领域内，或者被主要用于弥补和消除市场调节所可能带来的种种缺陷与不足等，也就是说凡是市场能解决的问题由市场解决，政府只能做市场所做不到的事情、做不好的事情，政府只解决市场所不能解决的问题。按西方经济学中的公共产品理论，政府作为整个社会经济活动的一个“生产部门”，其职能主要是为了“生产”和提供具有公共利益或效用的“公共产品”与“准公共产品”，满足社会的公共需要及其对社会公共利益的追求。那么，与之相适应，在市场经济条件下，政府的投资行为动机就是为了追求和满足这种所谓的公共利益与需要，并尽可能降低和消除市场调节所可能产生的种种缺陷与不足。

（1）发挥政府作为社会公共利益代表的作用，满足社会对教育的“公共需要”。

社会公共需要，即“一般的社会需要”，是指与个人、集团的个别需要相区别，由国家集中剩余产品提供，主要由公共产品满足，并且社会公众不需缴费或少量付费即可享用的社会共同需要。满足社会公共需要能维持一定的政治经济生活秩序，使社会再生产正常运转，是人类社会存在和发展的要求，而满足的程度又是社会经济发达程度的反映。随着社会进步和经济发展，满足社会公共需要的内容必然增多。

在现代社会经济条件下，教育作为传授知识、技能和培养各类社会专门人才的主要手段和途径，不仅具有特定的生产和经济功能与价值，同时也具有十分广泛的社会、政治及文化功能与价值。不过，在上述的教育功能与价值中，教育的经济价值因其所带来的收益主要为受教育者本人所得，因而往往成为个人追求的重要目标和对象，相应地，教育的经济价值一般可以通过个人的努力和市场的自动调节而有效地得到实现。而教育的社会、政治及文化价值，一般来说只对整个社会或国家具有十分重要的意义，对个人则往往显得无足轻重，或者说，教育的社会、政治及文化价值能够引起一些人的关注和重视，但从总体上来说不会成为大多数人所追求的重要目标。这样，在特定的社会经济条件下，教育的社会、政治及文化价值一般不可能像其经济价值那样能够通过个人和市场的力量得以实现。因此，即使是最崇尚市场机制的西方国家，通常也把教育部门看做是公共部门或准公共部门，也就是市场失灵的部门。美国经济学家雷诺兹就把教育叫做“准公共物品”，认为在这里市场是行不通的，“社会可能决定给予津贴甚至免费分配”①。市场在教育部门之所以会发生失灵，是因为教育具有很高的外部经济效益，即由于教育所带来的巨大的社会效益

① ［美］雷诺兹：《微观经济学》，237页，北京，商务印书馆，1982。

远远高于私人收益，私人企业或单个企业在市场机制调节下，就会追求私人利益或个别利益而忽视巨大的社会利益，从而给社会造成损失。这样，教育一般只能作为一种社会或国家所追求的共同需要和公共利益，由代表公共利益的政府来满足和实现。那么，在这种情况下，政府对教育的社会、政治和文化价值的追求，以及满足社会或国家对教育的这些政治、文化等价值与功能的公共需要，就成为政府对教育进行投资的主要行为动机之一。

(2) 充分发挥政府作为“社会公平”维护者的作用，实现教育的机会均等。

在现代市场经济下，教育的经济价值不仅体现在国家财富的增加上，而且也是使个人收入增加，收入分配趋于平等的重要因素。按照西方人力资本理论的观点，通过教育而获得了知识与技能的提高的人，既提高了生产能力，又增加了获取收入的能力。因此，教育经济价值既在于它是经济增长的源泉，又在于它使工资和薪金结构发生变化，使个人收入分配的不平等减少。但现实的情况是，受个人家庭经济状况的制约，并非所有的人都能通过自身的努力而获得教育的这种经济价值，以及这种经济价值所带来的种种经济收益与满足。这是因为，教育经济价值及其收益的获得，从现实的角度来看，必须以个人能正常地接受必要的教育或培训为前提，假如教育完全通过市场的途径向个人提供，就意味着个人接受教育的机会与状况将受到个人家庭收入水平的制约。这样，在市场经济条件下，如果不考虑其他因素影响，那些低收入者尤其是其子女很可能因其家庭收入水平过低而得不到应有的教育或培训，从而无法通过教育获得种种收益和满足。由于在现代社会经济条件下，教育已成为决定一个人未来收入水平高低乃至成为决定一个人前途命运的关键性因素，一个人如果不接受教育或少接受教育，对终生的收入将是不可弥补的损失。这样，社会就有责任和义务来保障每个人都能享有平等的接受教育的权利，即实现教育的机会均等。而要想实现教育的机会均等，单纯依靠市场的力量是不行的，这正如美国前总统克林顿所言，“市场确实是了不起的，但市场（特别是在全球的经济中）不能给予我们安全的街道、清洁的环境、平等的教育机会、贫穷婴孩的健康孕育以及健康而可靠的晚年”①。在个人收入存在一定乃至较大差异的情况下，要想实现教育的机会均等，比较现实而适宜的做法只能是由政府对教育进行投资、由政府创办教育，免费向居民提供教育服务，或者对个人提供相应的教育投资补助，如学费补助或减免等，以便消除个人家庭收入过低而对个人正常接受教育所形成的制约和限制，使那些低收入家庭的子女也能平等地受到比较良好的教育。

(3) 充分发挥政府投资主渠道的作用，以弥补和补充个人家庭、企业单位对教育投资的不足。

在市场经济体制下，受教育自身属性和特征的决定与影响，个人、企业和政府一般都

① ［美］比尔·克林顿：《希望与历史之间》，17页，海口，海南出版社，1997。

有其特定的投资领域和范围。根据市场经济的内在要求，在对教育进行投资的过程中，原则上讲，首先应充分发挥个人和企业对教育投资的积极作用，这应是市场经济体制下安排教育投资时所遵循的一个重要准则。但个人和企业对教育进行投资存在两个问题：第一，个人和企业的教育投资来自个人和企业的收入，个人和企业的收入是国民收入分配中的主要部分，但这部分收入属于不同的企业和不同的劳动者个人所有，它是分散的，每个企业和个人所能支配的仅仅是归他们所有的部分。这就决定了企业和个人的收入，无论其绝对量或是相对量，在国民收入中都不占主导地位，因而个人和企业对教育的投资是有限的。而国家及其各级政府集中的财政收入，在国民收入分配中是居于主导地位的。所谓主导地位，不是就其绝对量和相对量而言，而是指财政收入的高度集中性，它由政府掌握，可以在全社会范围内重新分配。因此，从国家财政收入在国民收入构成中的地位来看，政府应当充分发挥国家教育投资主渠道的作用，以弥补个人和企业对教育投资的不足，保证整个教育的正常发展。第二，即使个人和企业有较强的教育投资能力，但个人和企业的教育投资作为一种“自发”性的投资，很容易受到一些因素的干扰或影响，使本应由个人和企业提供的投资可能因此出现一定的供给不足或短缺；同时，任何个人或民间组织都不具无限的存续能力，从而也会影响到整个教育的正常发展。在这种情况下，政府作为整个社会经济活动的最后调节者，也需要对教育进行必要的补充性投资，以弥补个人和企业对教育投资的不足，保证教育的均衡发展。

(4) 发挥政府作为公共权力代表的作用，保证教育与经济社会发展的协调与平衡。

我国的教育体制，无论如何改革，都需要保证教育与经济社会发展的协调与平衡，而促使教育与经济社会发展协调与平衡的调控主体，又只能是代表公共利益的政府，政府作为公共权力的代表从公共利益出发来协调教育与经济的运行。在市场不断发展、社会对教育需求千变万化的情况下，政府作为公共权力的代表来协调教育与经济的关系，就显得更为重要。当然，在新的经济体制下，政府作为公共权力的代表已不可能再通过指令性计划或隶属关系而直接对教育进行宏观调控，而是通过宏观政策来调节教育的发展。因此，政府在教育方面的宏观调控职能主要表现为确立教育发展的战略重点、协调教育发展的规模、速度和学校布局。

所谓教育发展的重点，是指国家在一定时期内对整个教育发展中必须予以重点关注、重点资助和扶持的方面。所谓教育发展的规模、速度和学校布局，说到底就是办多少学校、办什么学校，在哪里办学以及招生多少的问题。这些都不可能完全通过市场和各个学校去解决，而必须更多地依赖于国家的控制和干预。这一是由于国家较之具体学校更了解和掌握社会经济发展对教育全局的需要，便于统筹兼顾；二是由于国家可以运用手中掌握的教育拨款手段实施直接调节，如通过增加或减少对某类学校或某些专业的拨款，扩大或限制该类学校和专业的招生；通过教育投资方面的倾斜政策，资助边远或落后地区教育的发展，以缩小教育的地区差别和调整学校的地区布局结构等。这不能不说是现代市场经济条件下，政府之所以应对教育进行投资的又一重要原因。

从以上的分析中不难看出，在市场经济条件下，政府教育投资的行为动机主要是为了满足社会成员对教育的“公共需要”，是为了实现教育的机会均等以及弥补个人和企业教育投资的不足，保证教育与经济社会发展的协调与平衡。这种种行为动机，其实也是政府对发展教育所应承担的责任和义务。正是由于具有这些责任和义务，决定了政府在整个教育投资和教育发展中起着十分重要和不可替代的作用。

2. 政府对教育投资的范围

既然在市场经济条件下，政府对教育投资的动机主要是满足社会对教育的公共需要，弥补市场调节的缺陷，实现教育机会均等，保证教育的协调发展。这样，政府教育投资的范围就主要限于个人和企业不愿进行或无法进行投资的领域，或者说凡是个人和企业能够有效投资的领域，政府不应参与其中。也就是说，政府对教育的投资，主要取决于社会对教育的需要与个人和企业对教育投资的具体情况，在社会需求一定的情况下，个人和企业对教育的投资越多，政府对教育投资则越少；反之，政府对教育的投资则应越多。比如，在义务教育阶段，由于义务教育近乎纯公共产品，社会利益远大于个人利益，个人和企业均不愿投资，政府就应该成为投资来源的主体，而不是最后的供给者和调节者。而在非义务教育阶段，尤其是高等教育阶段，个人收益率远远大于社会收益率，个人和企业愿意也有能力进行投资，向个人征收部分或大部分经费作为成本补偿既无可厚非也是很有必要的。政府对高等教育投资过多，等于用全体纳税人的钱为少部分人服务，反而增加了教育的不公平，也不符合“谁受益谁付费”的市场原则。因此，在非义务教育阶段，政府是教育投资来源的补充者和调节者。

3. 政府教育投资行为的偏差及矫治

根据前面的分析，政府应对教育进行必要的公共投资，以弥补市场的缺陷和不足。然而由于政府本身的行为偏差，在现实中，政府对教育的投资与社会需要之间存在着一定的偏差。

根据现代西方公共选择理论的研究，政府是公共利益的代言人，虽然其职能是为了满足社会的公共需要，实现社会的公共利益，但政府本身并不像传统经济学所认为的那样，是一个理想的、超凡入圣的行为主体，它的行为在很大程度上受制于政府成员的具体行为，而这些政府成员固然具有其“公共性”的一面（他们服务于政府部门），但他们也有“私人性”的一面，同样具有追求自身利益最大化的理性和行为动机，再加上受现实社会经济活动的复杂性以及信息的不充分性等因素的制约，政府的行为也会像市场一样产生一定的盲目性和随意性。

同理，具体到教育投资这一领域，政府的教育投资作为整个政府投资的重要组成部分，受教育自身属性与政府自身缺陷的制约，也会表现出一些固有的行为偏差。首先，由于在现实中需要由政府满足的公共需要很多，如国防、行政、教育、交通等，而公共资源却是有限的，政府必须对多种备选的方案进行权衡与选择。在这个过程中，会受到多方面的压力，而来自教育的压力远不如国防、行政的压力大，这样，受利益集团压力、政府官员意愿及教育本身的迟效性等的影响，虽然政府也认为对教育的投资应予以优先保障，但现实中教育支出总是处于不太重要的位置上，导致教育投入不足。其次，受地方和部门利益的影响，各级政府以及政府中的各个职能部门为了追求政治上的声誉、权力上的满足以及方便自身对所需专门人才的需要，而不顾效率地扩大对教育的投资，纷纷建立起一些从整体上看并不十分需要的学校或专业，这一点尤以高等教育为甚。再次，由于随着科技的发展，社会对教育的需求变得很复杂，需求信息往往不完备、不准确甚至是虚假的，因此，即使政府有按科学合理的原则安排教育投资的动机，但在具体进行时也会出现一定的随意性和盲目性。最后，因教育的投入产出一般具有多样性、间接性和迟效性，且不易进行测定和考核，而政府对教育的投入又主要来自依靠行政手段无偿征收的国民收入，这就使政府对教育投资的安排往往既缺乏有效而强有力的预算约束，又无法得到比较可靠的监督控制，导致教育投资的低效与浪费。在现代市场经济条件下，政府对教育的投资不仅会像市场一样表现出不规范和低效率，而且也会具有一些难以克服的固有缺陷。所以，正像发挥市场的作用必须注意市场调节具有一定的内在缺陷和不足一样，发挥政府的作用也同样应考虑政府自身所具有的内在缺陷与不足。

第三节　教育投资的合理负担

上一节我们从理论的角度对教育投资的三大主体——个人、企业、政府的教育投资行为进行了规范性分析：在市场经济条件下，个人、企业和政府作为不同的市场主体，都有其特定的投资行为动机以及由此决定的投资意愿和投资行为方式。个人家庭、企业从各自的利益出发，自发投资于教育；政府则从公共利益出发，弥补教育消费与分配过程中的市场缺陷，自觉地干预教育事业的发展，并发挥着教育投资来源主渠道的作用。三者都有各自的教育投资范围与领域。但仅仅对投资主体的行为进行分析并未具体地回答各主体在教育投资来源中的地位如何，教育投资负担的结构如何，在教育投资总量中，每一个投资主体应负担多大份额等问题。本节将进一步分析这些问题，即教育投资的合理负担与补偿或称教育成本分担与补偿问题。

教育投资分担与补偿是随着教育观念的改进、人们投资意愿的增强、教育财政日益紧张而出现的。第二次世界大战以来，随着科学技术的迅速发展，教育的经济价值日益凸显，教育投资生产观日益深入人心，个人投资教育的收益日益丰厚，但教育成本却在不断上升，教育完全由政府当做一项福利事业来兴办，不仅不合理，而且在日益膨胀的教育需求面前也不太可能。加之20世纪70年代以来，世界范围内的经济危机使各国财政普遍十分拮据，与此同时，随着居民收入的提高，居民对投资教育的意愿也日益增强，为教育投资的合理分担创造了良好的条件。在这种情况下，1984年美国经济学家约翰斯通提出了教育成本分担与补偿理论。

一、教育投资合理负担的理论基础和原则

实行教育成本分担与补偿并不是政府的一项随意的政策，而是世界各国教育发展的共同趋势。其依据的客观原则与理论基础主要有以下两条：

1. 收益结构原则

所谓收益结构原则，是指为了有效地分担教育成本，使成本分担合乎经济公平的要求，教育成本的支付应与收益相配合，谁受益，谁承担，收益多的人应分担较多的成本，收益少的人分担较少的成本，因而政府与个人在负担教育成本时应依据各自的收益来决定，同时不同的个人在负担教育成本时也应依据收益而定。这是市场经济条件下经济公平的内在客观要求。经济公平强调的是投入与收益相对应，它是在平等的环境下通过等价交换来实现的。根据这一原则，政府和个人都从教育中获得了好处和利益，两者都应分担相应的教育成本。至于分担的份额，就应根据社会和个人收益的大小来确定。当社会收益大于个人收益时，政府就应多分担教育成本；反之，当个人收益大于社会收益时，个人应成为教育成本的主要分担者。

2. 能力结构原则

能力结构原则，即以分担能力作为确定教育成本分担标准的依据，是指所有从教育中获得好处和利益的人（无论是直接的还是间接的）都应按其支付能力大小支付教育成本，能力越大，支付越多，能力越小，支付越少。这是社会公平的内在客观要求。因为依据边际效用递减的规律，能力大的人，其超额财富的效用较低，这样，富有的人多支付教育成本是公平的。制约社会和个人分担能力大小的因素包括各自所掌握的财力（即财力分配格局）以及各自的支出水平和支出结构。首先，在一定的经济发展水平下，教育成本的分担能力取决于财力分配格局。当财力分配比较集中时，财政收入规模比较大，可供政府支配的财力较丰富，社会的分担能力较大，政府成为教育成本的主要分担者；反之，当财力分配比较分散时，个人的收入水平较高，可供个人支配的财力较丰富，个人分担能力较大，个人则成为教育成本的主要分担者。其次，在一定的财力分配格局下，教育成本分担能力还取决于各自的支出水平和支出结构。就社会而言，当财政的收支对比关系十分紧张时，教育成本的分担能力就得不到保证。而且，政府的财力，在安排支出时，首先必须保证纯公共产品的提供，之后，国家才可能将剩余的财力用于准公共产品的提供。同时，有限的

财力还要用于教育之外的其他准公共产品的提供，这就极大地制约了社会对教育成本的分担能力。就个人而言，其分担能力取决于家庭的支出水平与支出结构。当生活支出水平相对收入水平较高时，其收入的大部分将被生活支出所消耗，结余少，储蓄能力低，其教育成本分担能力也较低。家庭支出首先是私人产品的开支，然后才有可能将剩余财力用于包括教育在内的准公共产品的支出。同时，家庭支出结构也是制约个人分担能力的重要因素，特别是在消费支出结构中食品支出所占的比重，即恩格尔系数更是制约个人分担能力的重要因素，过高的恩格尔系数势必减弱个人的教育成本分担能力。

上述两条原则是从不同的角度说明了教育成本分担的理论依据，收益结构原则决定了对教育的需求，而能力结构原则决定了教育供给的可能，两者相互关联，缺一不可，在具体选择上是以前者为主还是以后者为主，还必须受制于一定的经济发展条件、个人收入状况以及人力资本存量。在发展中国家经济比较落后的情况下，个人收入水平较低，成本分担能力较低，人力资源缺乏，教育收益率较高，为了保证教育的发展，应以能力结构为主确定成本分担的标准；随着经济的发展，人们的收入水平不断提高，成本分担能力也将不断提高，而由于人力资本存量相对充足，教育收益率会有所下降，此时，应以收益结构原则来确定分担标准为宜。

二、教育投资合理负担与补偿模式的构建

以上是从个人家庭、企业单位、政府等不同教育投资主体的角度来考察教育投资体制改革，但对于不同类别的教育，由于各自具有不同的性质和特点，其投资的分担与补偿模式应当是不一样的。

1. 义务教育投资的合理负担

义务教育是公共产品，按照公共产品财政的要求，提供公共产品是政府的责任。政府之所以要把义务教育作为公共产品来提供，主要是因为，义务教育是一个国家民族文化素质的基础，也是一个国家民主进程的基础。按照美国著名经济学家米尔顿·弗里德曼(Milton Friedman）的说法，义务教育对社会来说是具有“正邻近效应”的教育，即“儿童受到的教育不仅有利于儿童自己或家长，而且社会上其他成员也会从中得到好处，我孩子受到的教育由于能促进一个稳定和民主的社会而有助于您的福利，由于无法识别受到利益的具体的个人（或家庭），所以不能向他们索取劳务报酬”①。但对受教育者来说，义务教育却具有外部不经济的特征，即它的私人效益小于社会效益。这样一来，如果义务教育不由政府来提供，而由那些只关心个人目标最大化的私人提供将达不到社会最优水平而存在效率损失。此外，从公平的角度来看，义务教育由政府作为公共产品来提供，可有助于

① ［美］米尔顿·弗里德曼：《资本主义与自由》，84页，北京，商务印书馆，1986。

最终达成社会公平。这是因为，义务教育阶段涉及的主要是劳动人民子女受教育的问题，免费提供义务教育，有助于广大劳动人民的子女有均等接受教育的机会，而均等的教育机会又能缩小收入分配的差距和实现社会公平。因为在现代社会经济条件下，“要缩短各人贫富之间的差距，设法增加贫困者的所得，一个最有效的捷径就是投入更多的资本在低所得者的身上，使他们因为接受较多的教育与训练之后，加速增加他们的投入”①。这样，社会就有责任和义务来保障每个人都能享有平等的接受教育的权利，即实现教育的机会均等。如果义务教育机会均等没有保障，在非义务教育乃至人力资本市场上就更不可能有公平竞争的机会，原有的收入差距不仅会继续下去，甚至还将进一步扩大，因此，无论是从公共产品的角度，还是从实现社会公平的角度，政府都应承担起义务教育的全部财政责任。实施义务教育是政府的一项重要财政职能。

2. 高级中等教育投资的合理负担

在现代社会，世界各国虽然都把教育作为每个公民都能享受的一种基本权利写进了自己的宪法，把实现教育机会均等和教育民主化作为努力追求和奋斗的目标，但受生产力发展水平的制约，除发达国家和少数新型工业化国家已把义务教育制度从初等教育延伸到整个中等教育，并基本保障了人人都能接受初等和中等教育外，目前世界上相当多数国家还没有能力把整个中等教育作为人人都能享受的免费教育来普及。中等教育对大多数人来讲，仍然是一种非义务和非免费的教育，因而仍是一种主要应由个人负担部分经费的教育活动，在我国一段时间内也不例外。

但是，若从高级中等教育的内部来看，因普通高中所传授的知识主要是普遍适用的基础性知识，即主要是包括科学技术知识在内的一般文化知识，其应用范围不仅广泛，而且具有较强的社会、文化功能；而职业技术教育所传授的基本上是一些专门化的知识和技能，具有较强的针对性，其运用范围往往十分有限（如很多职业技术教育所传授的知识只适用某些行业、公司或企业等）。这样，一般而言，普通高中的公共属性（或收益的外在性）要大于职业技术教育的公共属性。因此，这两类教育投资分担与补偿的模式也应有所不同。

普通高中给学生带来的不是直接的经济收益和社会地位的提高，而是一种教育选择的权利，即只有读完高中才能获得选择进入更高层次的教育——高等教育的机会或权利。这种权利是具有较高经济价值的。因为没有这种权利，就不可能进高等学校，也就不可能享受高等教育带来的经济收益和社会地位的提高。因此，为了体现利益获得原则，适当拉开普通高中与义务教育的收费差距是合理的。然而，从另一方面看，尽管普通高中能给受教育者带来教育选择的权利和经济利益，但由于它传授的是一般科学文化知识，应用范围广泛，并具有较强的社会、文化功能，因此其社会收益大于个人收益。同时普通高中给个人

---

① 盖浙生：《教育经济学》，14页。

所带来的收益并不是现时可以实现的，而只是一种间接的滞后的收益，投资风险较大。所以普通高中应实行以政府财政投入为主，包括个人在内的其他多种渠道筹措经费为辅的体制。与此同时，政府特别应当注意对那些是家庭贫困、品学兼优、孤残学生、革命烈士子女、优抚家庭子女的高中学生提供资助，把普通高中学生纳入国家资助体系，使他们能够公平接受普通高中教育。

虽然各类职业技术教育都是为社会培养具有一定专门职业技能的熟练劳动者，并都能为受教育者带来一定的收益，但若从职业技术教育的自身特点以及这种教育的受益情况看，至少可以将其划分为一般性或普通职业技术教育和专门或特殊职业技术教育两大类。普通职业技术教育所教授的内容不以特定的行业和企业为对象，学生所学到的知识运用于绝大多数行业和企业。因而这类职业技术教育的准公共产品特征十分突出，即它的外部效益十分明显。这就意味着政府应对这类职业技术教育负起责任。同时受过普通职业技术教育的职工，能更快地适应工作环境，缩短掌握使用机器的时间，并且，一般而言，其创新欲望和能力都较强，因而这些职工能给企业带来较高利润。这样，企业也应支付部分职业技术教育成本。而受教育者个人在接受这类职业技术教育后流动性加强，个人受益大幅度增加，因而也应负担相当一部分教育成本。但考虑到中等职业学校学生主要来自中低收入家庭，加之中等职业学校毕业生主要就业领域是加工制造、低端的服务行业以及技术含量不高的生产性单位，工资水平普遍不高，其分担成本的比重不宜太高，并且对涉农等专业和家庭经济困难学生应逐步实行免费教育。特殊职业技术教育所教授的内容以特定行业和企业为对象，学生所学到的知识，只适用于特定的行业和企业，因而学生接受这类职业技术教育的机会成本较大，毕业后不具流动性。这样，企业就应该负担特殊职业技术教育的全部或绝大部分成本。总之，中等职业教育应实行政府、行业和企业及其他社会力量等多渠道依法筹集经费的成本分担机制。

3. 高等教育投资的合理负担

高等教育作为教育体系的一个重要组成部分，在整个教育中居于一种比较特殊的地位——既是初等、中等教育的延续和发展，又是对初等、中等教育在更高层次、更高程度上的深化；同时又位于整个正规教育体系的终端，成为联结整个教育体系与整个社会经济活动的重要纽带与窗口。

由于高等教育是作为一种终极性和专门性的教育活动，不同于以传授普通基础知识为主的初等、中等教育，它是为整个社会经济活动直接服务的，是为了给社会培养和输送不同类型的高层次专门人才的。也即是舒尔茨所讲的“高等教育这种人力资本投资是为了迎合由于经济增长而造成的需求”①。这就决定了高等教育的发展，无论是在规模上还是在

① ［美］舒尔茨：《论人力资本投资》，22页。

结构上，都必须以社会经济发展对各类高层次专门人才的需求为前提，必须适应和符合这种劳动力的再生产对不同知识和技能的直接需求。从这个角度上看，高等教育仍然可视为公共产品。但是，若从总体上看，高等教育基本上可视为一种收益内在化的“私人产品或服务”。与基础教育不同，高等教育所传授的知识与技能对个人来说是一种比较特殊的资本，即人力资本；这种特殊的人力资本不仅存在于受教育者体内，为个人所直接拥有，同时能提高受教育者的收入，为受教育者带来种种收益或满足；而这种收益或满足除了客观上有利于他人及社会外，基本上主要由受教育者个人直接获得。因此，高等教育投资的负担，应当考虑上述特点。

(1) 个人应成为高等教育投资的主要负担者之一。

由于高等教育总体上可视为一种收益内在化的“私人产品或服务”，而且这种服务能给学生带来一定的预期收入和各种非货币性满足，那么从权利与义务对等这一公平角度看，个人应负担部分高等教育投资，或者说，学生个人原则上至少应按教育的成本价格交纳部分学费。至于学费的确定，应遵循以下三个基本原则：

第一，学费应是教育成本的一部分。由于教育成本分别由社会和受教育者个人或家庭负担，故按负担主体划分，可分为社会成本和个人成本。社会成本有广义和狭义之分，广义社会成本指社会（包括受教育者个人或家庭）为培养学生支付的直接和间接的教育费用；狭义社会成本指除受教育者个人或家庭以外，由社会支付的全部教育费用。个人成本，指受教育者个人或家庭亲友为其子女接受教育直接支付的全部费用，以及达到法定劳动年龄的受教育者因受教育而未能就业而可能放弃的收入。学费应是社会直接成本的一部分，即不包括社会间接成本与个人间接成本，因为间接成本难以计量。由于学费是社会直接成本的一部分，而教育社会直接成本的主要负担者是政府，那么学费只能是社会直接成本相对较小的部分。根据世界一些国家的经验，学费一般占高等学校年生均培养成本的25%左右。我国现行《高等学校收费管理暂行办法》第五条也明确规定，“高等学校学费占年生均培养成本的比例最高不得超过25%”。

第二，学费标准的确定应考虑多数居民的承受能力。个人家庭教育投资作为居民消费支出的一部分，其比例取决于居民收入水平和消费支出结构，因而学费标准的确定必须考虑居民的经济承受能力。如果学费标准过高，将会剥夺多数居民受教育的权利，教育将成为富人子弟的专利。如果学费标准过低，一方面会使学费失去教育成本分担的价值，另一方面可能造成虚假的教育需求。

第三，学费标准的确定在不同性质的学校应有所不同。这里所说的不同性质的学校主要是指公立学校和私立学校。按照国际惯例，私立学校的学杂费比公立学校高。

至于学费标准的选择，各国在实践中有两种做法可供参考和借鉴。一是对所有学生规定统一的学费标准，不考虑不同学生、不同家庭的收入水平，对家庭经济困难的学生实行学生资助。其好处是权利平等，操作相对简单。二是将居民按收入水平分组，按收入水平级别征收不同标准的学费，达不到规定收入水平下限的学生免缴学费。这种做法考虑了学生家庭的收入水平和支付能力，但权利不平等。这种做法要求有较高的社会经济条件，即居民收入货币化、公开化，以便分组。如果不具备这样的条件，采取学生申报和开具证明，可信度太低，成本太高。

目前大多数国家采取第一种做法，少数国家采取第二种做法。鉴于我国居民收入远未货币化、公开化，宜对所有学生规定统一的学费标准，但统一标准并不意味所有学校学费一样。由于不同学校、不同专业所消耗的资源不同，收益不同，学生入学成绩不同，课程成本不同，应该允许学校根据不同情况制定收费标准，国家则通过规定学费的上限或根据不同学校、专业规定几种上限及通过对超限高收费的学校扣减国家拨款等方式来对学费进行宏观调节。对于那些私人收益率低，但公共收益率高或国家急需的专业，如师范、煤炭等特殊专业，仍应采取免收或低收费的方式鼓励学生报考并以合同方式规定其毕业后的就业义务，对贫困学生则应实行以贷学金为主的资助制度。

(2) 政府仍应是高等教育投资的主要负担者。

高等教育尽管从总体上可视为一种收益内在化的“私人产品或服务”，但它的外部效应十分显著，因此仍然可视为公共产品。受过高等教育的人，其文化素质、专业技能与没有受过高等教育的人相比都有显著提高，因而这些人对于社会民主的弘扬、社会道德的净化以及社会生产率的提高都会产生巨大的作用。同时高校本身也常常成为高新科技的“发源地”，世界几大高新科技工业区都是紧依著名大学而建就是明证。因此，高等教育对于社会的外部效应是巨大的，作为这种收益代表的政府，自然应补偿其成本。

当然，我们说应加大政府对高等教育的投入，并不意味着政府对所有的高等院校一律要增加投入，而是应对高等院校——教育投资的直接运用者区别对待，采取一种“分类”区别投资管理的体制，即高等院校的创办与管理可由中央政府、地方政府、企业及私人分别承担进行。其中，中央政府主要管理并重点投资那些教学与科研力量雄厚、水平较高且在整个社会经济发展中具有举足轻重的作用的院校，以保证这些代表着一个国家高等教育发展水平的重点院校能够健康稳定地发展，并保证国家和社会的一些特殊需要及重点需要能得到有效的满足；其他大多数院校，则由地方政府、公司企业及私人根据各地区及社会的需要与可能分别进行投资与管理。与此同时，还应把所有的院校按投资来源划分为三种类型：一类是公益性（公立）院校，其投资主要由政府承担并由政府直接管理；一类是半公益性院校，其投资主要由政府、公司企业和个人共同承担，但政府投资应占较大比重；一类是非公益性（私立）院校，其投资主要由个人承担，政府只提供少量甚至不提供补助。其中，除了公立院校主要由政府直接管理外，其他大多数院校主要由院校自主管理，由院校自主决定教育投资的使用以及专业的设置等，以适应经济社会发展的需要。

(3) 企业也应负担和补偿部分高等教育经费。

企业是教育成果的摘取者和教育投资的主要受益者。在现代市场经济条件下，企业间的竞争在一定意义上说，就是技术竞争和人才竞争，因此，企业拥有的劳动力和技术人才的数量、质量是企业能否生存和发展的重要条件。面对日益激烈的市场竞争，企业必然要通过劳动力市场招聘受过良好教育的劳动力和技术、管理人才。而这些受过良好教育的劳动力和专门人才进入企业后，就会促进企业劳动生产率的增长，使企业的利润大幅度增加。按照“人力资本”理论，教育投资可以带来经济效益，或者说，生产成本中本来就应当包括教育费用。因此，从收益结构原则出发，企业也应参与高等教育投资的负担与补偿。这种负担与补偿可以通过以下途径来进行：

第一，直接创办和管理高等院校。根据发达国家的经验，由公司企业出资兴办各种高等职业教育院校和培训中心，不仅可以根据自身需要，培养各级各类人才，而且是使高等教育朝大众化、普及化发展的一条重要途径。如美国有 1 000 多家大公司和大企业都办有自己的大学，其中有多所企业办的大学还享有硕士、博士学位授予权。我国也有企业办大学（尤其是成人高校）的历史，这些高校不仅积累了相当可观的教育资源，而且在职业技术教育方面有其独特的优势。随着现代企业制度在我国的逐步建立以及高等教育体制改革的进一步深化，对那些应用性、工艺性和单科性的高等院校可交给大的公司、企业集团创办和管理，由公司企业根据各自的实际情况进行投资经营和管理，主要为本行业、本公司和企业的发展培养所需人才。

第二，向学校提供捐赠。捐赠是由外国政府、公司企业或者是私人对于教育事业的协助。捐赠既可以是无条件的给予，也可以是有条件的资助。如果是前者，受援学校不必考虑偿还问题；如果是后者，受援学校应满足捐赠者提出的诸如代培、技术转让等交换条件。

第三，向学生提供资助。向学生提供资助是国外公司企业向高等教育投资的重要形式。对向学校提供捐赠和向学生提供资助的公司企业，政府通常给予税收的优惠和激励。随着我国经济的发展，在960万平方公里的大地上，已经出现了一大批富有生命力的企业和关注我国教育事业的、具有远见卓识的企业家，他们是党和政府实行学生资助制度的有力协作者。对捐资助学的公司企业，应根据所尽义务大小，享受相应的权利，如资助者有权决定资助形式、对象、范围，也可要求被资助者毕业后到该部门工作一定的时期。当然，资助也可以是无条件的。政府对出资支持助学事业的公司企业应加强宣传，这样既有助于扩大助学事业在社会上的影响，也有助于提高这些公司企业的知名度，从而产生双重效应。

第四，向学校提供研究、培训费用。公司企业向高等学校提供研究、培训费用，以获取高等学校的科研成果和培训企业有关人员，是发达国家公司企业投资高等教育的重要途径。在我国，现在也正在逐步形成这种制度和机制。

总之，教育投资的合理负担是一项复杂的系统工程，需要具体情况具体对待。

本章小结

教育投资，是指投入教育领域中的人力、物力和财力的总和，或者说是指用于教育训练后备劳动力和专门人才，以及提高现有劳动力智力水平的人力和物力的货币表现。一定的教育投入是教育发展的物质基础。在现代生产和社会条件下，教育投资是以人为对象的投资，投资的目的和效益也远比物质生产投资要复杂得多，其投资具有非营利性、连续性、递增性，其收益具有迟效性、间接性、潜在性等特点。教育投资主体从理论上看，可以分为政府、企业和个人家庭。在市场经济条件下，个人、企业和政府作为不同的市场主体，都有其特定的投资行为动机以及由此决定的投资意愿和投资行为方式。个人家庭、企业从各自的利益出发，自发投资于教育；政府则从公共利益出发，弥补教育消费与分配过程中的市场缺陷，自觉地干预教育事业的发展，并发挥着教育投资来源主渠道的作用。三者都有各自的教育投资范围与领域。实行教育投资分担与补偿并不是政府的一项随意的政策，而是世界各国教育发展的共同趋势。其依据的客观原则与理论基础主要是收益结构原则和能力结构原则。但对于不同类别的教育，由于各自具有不同的性质和特点，其投资的分担与补偿模式应当是不一样的。

思考题

1. 谈谈你对教育投资性质的认识。
2. 教育投资具有哪些特点？
3. 个人家庭教育投资的一般行为动机和目的是什么？
4. 企业教育投资的一般行为动机和目的是什么？
5. 政府教育投资的一般行为动机和目的是什么？
6. 教育投资的合理负担必须遵循什么样的原则？
7. 义务教育投资负担模式应该怎样构建？
8. 高等教育应该建立什么样的成本分担机制才合理？
9. 从2014年开始，国家将对所有的研究生实行收费上学，你是如何看待这一改革的？赞同与否，请说明你的理由。

阅读导航

1. ［法］雅克·哈拉克. 投资于未来：确定发展中国家教育重点. 北京：教育科学出版社，1993

该书着重阐述了如何制定教育政策、确定教育发展战略和建构教育发展策略，试图为各国制定教育政策、确定教育重点和发展战略、吸引财政援助、实施各种计划项目提供成功的经验和发展的教训。

2. 苌景州. 教育投资经济分析. 北京：中国人民大学出版社，1996

该书从马克思主义劳动力再生产原理出发，同时在合理借鉴、吸收西方人力资本理论一些基本原理及分析方法的基础上，对教育投资进行了系统的经济分析与论述。

第八章

教育资源的利用效率

本章提要

本章从揭示经济学中效率的含义入手，界定了教育资源利用效率的含义，并对其进行了分类，介绍了教育资源利用效率的计量方法，分析了教育资源利用低效率的制度根源，提出了提高我国教育资源利用效率的对策思路。

教育过程的进行，是以投入一定量的活劳动和物化劳动，即以消耗一定量的人力、物力和财力为条件的。既然要消耗一定的人力、物力和财力，就存在着节约和浪费的问题。在教育过程中，对人力、物力和财力的有效利用，就是教育资源的利用效率问题。

第一节　经济学领域效率的基本含义

“效率”一词是经济学上的概念，是指输入与输出之比、所得与所费之比、效用与消费之比、投入与产出之比，是以一定量的输入求得最大的输出，或是以较小的输入求得一定量的输出。因此，可以这样认为，尽管经济学并非是效率研究的提出和开创者，但真正赋予效率深远意义的则是经济学。

在经济学中，几乎没有比“效率”这一概念应用得更广泛的概念了。有人类就会有生存和发展问题，也就会有经济活动，而一切经济活动无不是以“效率”为前提的。对于效率的研究是贯穿经济学发展始终的一个主线，从古典经济学到新古典经济学，再到新制度经济学，都体现了对效率研究的深入。因此，经济学领域对效率含义的理解是我们研究教育资源利用效率的基础。

效率（efficiency）一词来源于自然科学，原本是物理学、机械学中的概念，后又应用于相应的工程领域。它被定义为有效输出量对输入量的比值，是一个数量的概念。而真正对效率开展集中研究的则是经济学。经济学意义上的效率主要包括生产效率与资源配置效率两种形式。所谓生产效率，是指生产活动中如何根据各种资源的物质技术联系，使最符合生产要素性质的经济联系建立起来，生产出尽可能多的物品和劳务；资源的配置效率是帕累托效率，即对于某种资源配置，如果不存在其他可行的配置，使得该组织中的所有个人至少和他们在初始时情况一样良好，而且至少有一个人的情况比初始时更好，那么，这个资源配置是最优的。新制度经济学派认为，鉴于现实生活中人的有限理性、信息不完全、交易成本大于零等约束，任何时点上的资源配置只能是次优选择，其中，制度因素是影响经济资源配置效率的内生变量。

随着人们对效率问题的重视，这一概念被引入社会活动的各个领域，使用者不断对其内涵和外延进行演绎，使之得到充实和扩展。在社会活动领域，效率的最一般含义是以较少的投入获得较大的收益，它的内容是劳动生产的质和量，表现在社会关系上意味着一定社会主体劳动力的不同付出和相应的报酬差别。效率的研究非常普遍和广泛，不同的研究者从不同的学科和视角出发，会有不同的看法。认为效率是指“系统产出增量与投入增量之比，也可理解成某项事件的边际效用”①；“是使用价值的出量对劳动工时的入量的比例”②；“是指资源的有效使用和有效配置”③；“可以分为生产效率和资源配置效率，前者要求以最低的成本生产产品，后者是指资源配置达到帕累托最优”④；“是配置效率的简称，是指在投入和技术确定的条件下，使既定经济资源产生的满足程度最大化的状态”⑤；“是最有效的使用社会资源以满足人类的愿望和需要”⑥。

笼统地讲，经济学就是一门研究在一定条件下，人们如何将有限的资源在若干种可供选择的用途上进行配置，以便最大限度地满足人类欲望的科学。因此，无论经济学家们怎样给经济学下定义，其核心都离不开“将有限资源在几种可供选择的用途上进行配置和使用”⑦ 这个主题。效率是资源的有效配置和使用，它体现的是产出与投入的比例关系，侧重于用量来进行表述或描述。只不过不同的学者对产出和投入的不同理解，导致了效率定义的具体表述有所变化。

---

① 孟繁华：《教育管理决策功能模型》，载《教育研究》，2001（3）。

② 邓云洲：《效率与公平：源于教育经济学的讨论》，载《广州大学学报》，2000（5）。

③ 厉以宁：《经济学的伦理问题——效率与公平》，载《经济学动态》，1996（6）。

④ Richard G. Lipsey，*Economics*，Harper & Row Publishers，1987，p. 31.

⑤ Paul A. Samuelson，*Economics*，McGRAW-HARPER Book Company，1989，p. 971.

⑥ ［美］保罗·萨缪尔森、威廉·诺德豪斯：《微观经济学》，10 页，北京，华夏出版社，1999。

⑦ Lionel Robbins，*An Essay of the Nature and Significance of Economic Science*，Macmillan Publishing Company，1946，p. 16.

第二节 教育学领域效率的含义

从经济学的角度去认识，教育过程是教育资源的投入、利用和教育产品产出的过程，是教育者和受教育者共同参加的双边的劳动过程。这一劳动过程尽管不直接生产物质产品，创造物质财富，而是培养和提高受教育者的素质和劳动能力，但它与其他劳动过程一样，都是在一定的时间中进行的，都要"耗费人的一定量的肌肉、神经、脑等等"①，都是自身体力和脑力的消耗过程，是教育者和受教育者耗费一定量的活劳动和物化劳动的过程。因此，同物质生产过程一样，教育过程也有一个"投入"与"产出"的问题、"劳动耗费"与"劳动成果"的问题，即教育资源的利用效率问题。

由此可见，教育领域内的效率与经济领域内的效率在含义上并没有太大的差别，教育领域内的效率从本质上讲是指"资源配置的结果要使效率最大化，即教育资源配置要形成一定的优势结构"②。如果有限的教育资源配置得当，使用得当，就能发挥更大的作用，具体表现为：用有限的教育资源获得教育规模与教育质量的较大发展；如果有限的教育资源使用不得当，配置不合理，就只能发挥较小的作用，具体体现为投入一定的资源却不能使教育规模得到扩大和使教育质量得到提高。

早在20世纪初，随着第二次工业革命和现代生产的迅速发展，教育生产功能论兴起，在工业发达国家受功利主义和商品经济的影响，讲求效率的观念也被引进教育领域。1910年美国教育领导人之一的巴格利（William Bagley）出版了《教育管理》一书，指出教育管理是一个经济问题，投在学校的每一单位货币、时间、能量都应获得最大的红利。随后有关教育资源的有效利用问题受到了教育界的广泛关注，具体表现在：(1) 批评当时学校系统的浪费及无效率；(2) 要求对学校教育成果作出衡量，学生的质与量都要计量；(3) 为防止资源浪费，对学校预算进行量的分析，形成成本分析的热潮；(4) 出现了很多研究教育效率的专家，这类专家分两部分：一是教育学者，他们提供教育生产活动的服务和咨询工作，二是1911年以后各大城市成立的效率局所聘用的效率工程师；(5) 对教师教学能力的计量评价；(6) 学校建筑及设备利用率的计量。③

20世纪20年代中期以后，由于受到教育界重视学生人格素质的人士的反对，以及计量教育效率方法本身的某些缺陷，使讲求效率的高潮有所下降。但是，对学校教育资源利用效率的研究一直未停，1935年，罗素（John Rule Russel）与雷耶斯（F. W. Reyes）发表了关于高等学校学生人数与成本支出的相关研究成果。20世纪40—50年代相继出现了

---

① 《马克思恩格斯全集》，中文1版，第23卷，194页。

② 王善迈：《教育经济学简明教程》，172页，北京，高等教育出版社，2002。

③ 参见杨葆焜：《教育经济学》，239页，武汉，华中师范大学出版社，1989。

很多关于教育投入—产出分析和教育成本分析的研究。20世纪60年代，成本—效益分析技术首先在美国、加拿大和欧洲发展起来，随后又相继在世界不少国家得到推广和运用，对教育经济学的研究领域作出了开拓性的贡献。

我国是一个人口众多，资源相对不足的发展中国家，社会为教育提供的资源是有限的，要培养出同现代化要求相适应的数以亿计高素质的劳动者和数以千万计的专门人才，发挥我国巨大人力资源的优势，满足经济社会发展和人民日益增长的物质和文化要求，更要合理配置教育资源，提高教育资源的利用效率。

但由于研究者处于不同的研究背景和研究视角，对“效率”的解读还是有所差别的，因此关于与教育资源利用效率同样内涵的概念，目前国内还有多种不同的表述方法，即教育经济效率、智力投资经济效果、教育的经济效力、教育投资内部经济效率等。

“教育经济效率”是与教育经济效益相对应的概念。目前国内持这种说法的人很多，很多版本的教科书都沿用了这种表述。持这种观点的人认为，将教育的投入与产出的比较称为“教育经济效益”，是照搬生产部门关于“经济效益”的概念。由于在许多场合不进行“外部”与“内部”的区分，统称“教育经济效益”，这就容易引起误解。事实上，教育投入与教育直接产出的比较，只能说明教育过程中教育投入使用效率的高低，而不能说明教育经济效益的大小，故持这种观点的人认为，用教育经济效率来说明教育过程中教育投入使用效率较为贴切。

“智力投资经济效果”是厉以宁教授最早提出的概念，它是与教育的社会经济功能相对应。所谓智力投资经济效果，即“智力投资这一经济活动的劳动消耗与所得成果之比，也就是智力投资的投入与产出之比，而不涉及由此在社会和经济各方面所引起的后果”①。智力投资经济效果的提出，依据的是经济效果的定义。什么是经济效果？“经济效果是指人们的经济活动中的劳动消耗（包括物化劳动消耗和活劳动消耗）与所得到的成果之间的比较。简单地说，是指投入与产出之比。各种劳动消耗就是投入，各种成果就是产出”②。但使用这一概念的不足之处在于：“经济效果”更侧重于对教育成果的考察，其着眼点主要在产出上，只要一个单位能培养出数量更多、质量更高的人才，就会被认为教育的经济效果是好的，而对为获得这一成果究竟付出多少代价则往往容易被忽视。“教育的社会经济功能是指教育在一国经济和社会发展中的作用”③。显然，“教育的社会经济功能”这一概念的内涵要比“教育经济效益”宽。它包括教育在就业、国际收支平衡、收入分配、社会经济与社会发展目标、财政收支等诸多方面对社会和经济直接与间接的促进作用。

“教育的经济效力”是华东师范大学邱渊教授提出的概念。与此相对应的概念是“教

① 厉以宁：《教育经济学》，211页。
② 同上书，209页。
③ 同上书，245页。

育的经济成效”。邱渊教授认为“教育事业的全部社会效益体现于教育工作本身发挥功能和教育成果发挥作用两个阶段”①。“教育工作的经济效力是教育事业的功能在其诸过程和各机构中经济特征的数量表现。它表明着功能阶段的经济效益”②。教育工作经济效力体现于“教育结构的组合效力”和“教育机构的工作效率”，通过教育工作培养出来的教育成果具有经济效用，在社会实践中，教育成果发挥经济效用的结果，成为“教育成果的经济效益”。“教育成果的经济效验”，是可以验证的教育成果的经济效益的简称。以教育成果的经济效验为重点表现的教育成果的经济效益，有时又可进一步简称为“教育的经济成效”。

“教育投资内部效率”是袁连生和袁强提出的表述方法，它是与“教育投资外部效率”相对应的概念。他们认为，教育投资的效率是教育的产出与投入之比。按教育的结果，可以把教育产出分为内部产出与外部产出。内部产出是教育过程的直接结果，包括学生知识技能的提高、思想品德的变化、身体素质的增强。教育的外部产出是指教育对社会经济的作用和贡献。教育的外部产出与教育投入之比，为教育投资的外部效率。教育投资的外部效率是教育对经济增长贡献大小的度量；教育投资的内部效率则是教育过程本身效率的度量。③

上述这些不同的观点体现了一个共同的特点，即将教育的经济贡献分两个阶段来进行研究，并在每一阶段分别提出一个概念来表述该阶段的研究内容，反映了一个粗线条的轮廓。教育内部经济效益与教育外部经济效益的划分，教育内部经济效率与教育外部经济效率的划分，以及教育经济效率与教育经济效益的划分，都属于粗线条的划分。但是，这些表述似乎显得过于混乱，并且几乎都属于经济学原有的概念，使人难以很好地把握。其实，投入教育过程的一般也是人力、物力和财力，它们的总和，即教育资源。既然称为资源，就有一个利用效率的问题。基于这样的分析，我们认为，用“教育资源的利用效率”来概括教育投入与教育直接产出的比较，较为合适。

教育资源利用效率，从宏观角度讲，是指整个社会全部教育活动的投入产出状况，或国家为教育部门所投入的资源的利用效率；从微观角度讲，即探索一定部门、一定地区或学校教育活动中的投入产出状况，特别是学校教育过程中的教育资源的利用效率。

对教育的投入与产出的配合通常有三种方式：（1）产出配合法。在投入一定的情况下，以产出的不同配合，产出内容以及体现的价值量不同，反映教育资源利用效率不同。（2）投入配合法。在产出量一定的情况下，以投入的不同配合、内容与数量不同，反映教育资源利用效率不同。（3）投入—产出配合法。以不同的投入产出的不同配合方式、内

① 邱渊：《教育经济学导论》，135页，北京，人民教育出版社，1995。
② 同上书，135页。
③ 参见袁连生、袁强：《教育投资内部效率探讨》，载《教育与经济》，1991（2）。

容、数量及其相关程度，反映教育资源利用效率不同。其计算极为复杂，包括量与质两方面。量的方面可加总，但质难以计量，虽可对不同质的量加总计算，但要做到标准化、科学化很困难，甚至是不可能的。所以教育资源利用效率的分析一般都是借助于假设来进行的，即假设学校处于理想状态：学生努力学，教师认真教，教学内容合理，教学方法得当，学校管理有方；假设整个教育系统有序，即教育结构合理，不存在教育浪费等。这些假设如能成为现实，则教育资源能将得以最大程度利用。但事实上上述诸方面假设并非等同于现实，不同地区，不同学校，对于这些假设具有不同的满足程度。这样，计量出的教育资源利用效率只能是有条件的和相对的。因此，对教育资源利用效率的考察研究，还必须注意下列问题：

其一，投入与产出应有可比性，标准与口径应同一，排除不同经济发展水平和不同投入水平的影响，排除生均费用上升趋势的影响，才能找出效率的高低。不具有可比性的内容，就很难说明效率的高低。

其二，指标必须客观，排除主观因素影响，保证抽样和指标的合理性及结论的科学性。例如，作为样本标准，应取全国同类学校的平均数或一定数量同类学校的平均数，也应考虑合理递增率或物价提高的指数、地区差价等，否则难以作出较准确的评价。

其三，在考察微观教育单位内部教育资源的利用效率时，必须以外部经济效益为前提。这是因为，如果教育培养的人才与经济社会发展的要求不相适应，那么微观教育单位教育资源的利用效率再高，也不可能产生较好的外部经济效益。例如，高等和中等专业学校的某些专业设置，如果不符合国家经济结构的需要，学校输出的人才学非所用时，培养的学生数量越多，内部资源利用效率越高，其浪费越大。因此，提高外部经济效益是提高微观教育单位教育资源利用效率的目的和出发点。而微观教育单位教育资源的利用效率又是实现外部经济效益的基础。微观教育单位教育资源利用效率的提高，其总和必然体现为外部经济效益的加强。二者是互相制约的。

第三节　教育资源利用效率的考核与评估

既然教育过程是教育资源投入和人才产出的过程，这就同其他投入产出过程一样，也存在一个对资源利用效率进行考核和评估的问题。

根据教育自身的特点，对教育资源利用效率的考核和评估一般是从两方面进行的：一是从单个因素的角度进行考核，即分别考核各种资源的利用效率；二是从整体因素的角度进行考核，即综合考核教育资源的利用效率。因而，对教育资源利用效率的考核和评估便分为两类：教育资源利用效率的单项考核与评估和教育资源利用效率的综合考核与评估。

一、教育资源利用效率的单项考核与评估

教育资源利用效率的单项考核与评估主要包括三类：人力资源利用效率的考核与评估、物力资源利用效率的考核与评估和财力资源利用效率的考核与评估。

1. 人力资源利用效率的考核与评估

提高人力资源的利用效率，是一切工作领域的最基本要求。教育过程也不例外。教育过程中的人力资源包括：教学人员、行政人员、工勤人员等。教育过程中人力资源的利用效率，主要指每一教职工负担的学生数和每一专任教师负担的学生数。一定的教育工作者，在一定时间内培养的人才数量越多，人力资源的利用效率就越高，反之，则低。因此，尽可能降低教育过程中人力资源的投入量或减少活劳动消耗，提高单位教育工作者的学生培养数量，是提高教育过程人力资源利用效率的主要标志。用数学关系式表示如下：

$$\text{人力资源利用效率}=\frac{\text{年在校学生总数}}{\text{年在校教职工总数（专任教师总数）}}$$

学校在教职工人数不变的情况下，增加培养的学生人数，或者是在培养学生人数不变的情况下，减少教职工人数，都反映了教职工利用率的提高。但是，在教育过程中确定多大的师生比例才最为合理，这是项比较复杂的工作，需要根据各级各类学校的培养目标、课程分类、教师工作量等具体要求来进行计量。目前，在我国一般是根据国家教委制订的编制标准来对学校人力资源利用效率进行考核和评估。

2. 物力资源利用效率的考核与评估

教育过程中的物力资源，是国家和社会用于各级各类学校教育资金的物化形式。它体现为教育过程中物化劳动的占有和消耗，是培养熟练劳动力和各种专门人才不可缺少的物质技术条件。其主要内容包括：教育设施、教学仪器、实验设备、图书资料、文体器材等等。衡量教育过程物力资源使用效率的综合指标主要有：每一学生占有固定资产利用率和每一年固定资产消耗额。分项指标主要有：固定资产利用率、全年低值易耗品及材料利用率、实验设备利用率、实验室利用率、图书利用率、校舍利用率等。目前我国各类学校一方面缺乏必要的物质技术装备，另一方面现有的物质技术装备利用率又不高，实验室、仪器室等实际使用时间不足。考核物力资源利用率需要根据不同情况，从上述不同方面分别予以计量、分析。在同级同类院校之间进行比较时，应尽量剔除不可比因素，才能得出具有说服力的结果。

3. 财力资源利用效率的考核与评估

教学过程中的财力资源，其实质是人力资源、物力资源消耗的货币反映。其反映的形式表现在财务活动中的各科、节、目中。学校的财务活动，是随教育过程中教学、科研、行政管理等各项活动同时运转的，有其自身的分配、使用规律。我国学校的教育资金一般

分为预算内资金、预算外资金两种形式，每种资金的运转都包含着收入（政府渠道和非政府渠道）、分配、使用、结算四个环节。这两种形式和四个环节都有其静态和动态表现，在随教育过程的运转中，对资金都有一个如何发挥最大效益的问题。目前衡量教育过程财力资源利用效率常用的指标有：每一学生每年培养费用和每一毕业生周期培养费用。由于培养不同规格的学生需不同的培养费用，培养同一规格的学生在不同的年度有不同的培养费用，所以衡量教育过程财力资源利用效率的指标一般只宜在同级教育、同类学校、同一专业、同一年度进行分析比较。教育过程消耗的财力可分为工资、补助工资、助学金、奖学金、公务费、修缮费、业务费、设备购置费等不同项目，所以对财力资源利用效率常常也需要再分项进行分析。

二、教育资源利用效率的综合考核与评估

任何教育过程，都是在时间中进行的。教育资源的利用效率，就是指在一定时间内具体一个教育单位资源的投入和产出的比较，不同教育单位教育资源的投入和使用情况不同，其效率就不一样。具体讲，任何教育过程，都是教育资源的消耗过程。而任何资源的利用和消耗，都存在着一个资源效能的发挥程度问题，都有一个劳动的有效性和产出效果的大小问题。这些都属于教育资源利用效率问题。因此，教育资源的利用效率就是：教育产出与教育投入之比或教育成果与教育资源消耗之比，用公式表示如下：

$$教育资源利用效率=\frac{教育成果}{教育资源消耗}$$

由上式可以看出，“生产”相同质量的教育产品，教育资源消耗越少，效率越高；消耗同样的教育资源，质量相同的教育产品越多，效率越高，反之，则效率低。

照此，假设教育质量相同，就能对不同教育单位教育资源利用效率进行比较分析，因为在不同教育单位之间，只要师资水平、教学物质技术基础、学生来源等条件大致相似，进行分析比较是可行的。

然而，教育资源的利用效率绝不单纯是量的概念，而首先是质的概念。也就是说教育资源利用效率首先是教育产品是否符合经济社会发展需要的质的对比，之后才谈得上资源消耗与教育产品之间的量的对比。换言之，只有当教育成果是“有用的”，学校“生产”了满足经济社会发展需要的教育产品，才谈得上教育资源具有经济效率，才能进而在资源消耗和有用教育产品之间进行量的比较，或者说对教育资源利用效率的高低进行比较。因此，要对教育资源利用效率进行综合考核和评估，就必须对教育产品的质和量同时进行考查。一般来说，数量的考查比较简单，但要使教育产品的质量数量化，又是一件十分困难的事情。

那么，怎样考核教育产品的质量呢？这可根据不同级别、不同类别学校的不同情况，引入质量系数，分别进行考核和评估。

所谓质量系数是指用来表示教育产品质量的两个变量之间的密切程度或比率的数。当这个数越接近1，表示两个变量间接关系越密切，教育产品的质量越高；越接近0，表示两个变量间的关系越不密切，教育产品的质量越低。

对于高、中等专业学校和职业技术学校教育产品的质量系数，通常是根据其毕业生就业率的高低来进行考核。其公式为：

$$质量系数\ n=\frac{就业人数}{毕业人数}$$

随着市场经济的广泛推行，高、中等专业学校和职业技术学校的毕业生再也不能由政府统包统配了，而必须通过劳动力市场进行择业。因此，在市场经济条件下，对上述学校教育产品的质量评价主要就应当看毕业生进入劳动力市场后被用人部门录用的情况，即就业率的高低。在一定时间内，在社会上存在着职业空位的情况下，在同类学校中，一个学校的毕业生在劳动力市场上被录用的比例越高，就业率越高，就越能说明学校的专业设置、课程结构等符合社会经济发展的需要，教育产品质量高；反之，就说明学校教育产品的质量低，因而必须调整课程、专业设置，以适应社会经济发展的需要。当然，劳动力市场的情况是相当复杂的，一个人在劳动力市场上是否被录用，一个学校的毕业生在一定时期内就业率的高低，取决于多种因素。因此，不能以此作为评价教育产品质量高低的唯一标准，研究高、中等专业学校和职业技术学校教育产品质量科学的完备的计量方法，还需要继续探索。

对于普通中小学教育产品的质量系数，是把平时所运用的合格生数、不合格生数、退学生数、优秀生数综合起来作为一个变量来进一步精确化，其公式为：

$$质量系数\ n=\frac{\begin{array}{c}学年初全体在校生数-不合格生数-退学生数\\-留级生数+\sum 优秀生加权数\end{array}}{在校生总数}$$

式中不合格学生原则上应根据德、智、体三方面综合衡量以后确认，即德、智、体三方面有一方面不合格就应视为不合格。如德育方面严重违纪违法的应视为不合格；在智育方面有两门或两门以上主课不及格的应视为不合格；在体育方面达不到国家锻炼标准的也应视为不合格。退学和留级生主要是由于某方面不合格或中途各种原因而退学的，实际上也是一个教育质量的问题，因此，有必要在普通中小学教育中建立这一指标，以考核其教育产品的质量。优秀生加权数可等于合格以上某一质量水平的人数乘以这一质量水平和合格质量水平的差数与合格水平的比率，这个比率可称为加权比率。如果用百分制表示质量水平并且把60分定为合格质量水平、85分定为优秀的话，那么85分的加权比率即为0.4。

投入一定量的教育资源的目的是培养一定数量和质量的劳动力与专门人才。为综合考核微观教育单位教育资源的利用效率，必须建立教育的资源投入与教育产品的数量、质量综合性指标。所谓综合指标是把一定数量教育费用培养出的学生数量与人才费用质量系数综合起来考察教育成果的指标。而这个指标是在利用教育成果与教育资源消耗之比和质量系数的基础上建立起来的，其公式为：

$$\text{教育资源利用效率}=\frac{\text{教育成果}\times\text{质量系数}}{\text{教育资源消耗(教育费用)}}$$

在培养学生人数相同的不同学校间，人才费用质量系数大，教育成果综合指标就高，教育资源利用效率也高；在人才费用质量系数相同的学校里，培养的学生多，教育成果综合指标就高，教育资源利用效率也高。因此，有了综合性指标，就可以对同类学校教育资源利用效率进行考核与评估。

例如，有甲、乙、丙三所同一类型的中学，其万元经费培养学生分别为 15、16、14 人，教育质量系数分别为 0.8、0.6、0.9。其教育资源利用效率为：

甲校＝15×0.8＝12 人/万元

乙校＝16×0.6＝9.6 人/万元

丙校＝14×0.9＝12.6 人/万元

由计算结果可以看出，丙校较甲、乙两校教育资源利用效率高。但如果不考虑质量因素，显然是丙校教育资源利用效率差。这说明单纯的数量指标不具有说明教育资源利用效率好坏的属性，能够说明教育资源利用效率好坏的只有同时考虑质和量的综合性指标。

第四节　教育资源利用的低效率及其制度根源

与教育资源有效利用相悖的是教育资源的浪费，或曰教育浪费。对于教育资源的浪费或教育浪费有多种解释。按照联合国教科文组织的定义，“浪费”这个术语“在教育领域里被用来描述阻碍一种教育体制实现其目标的各种障碍”①，日本学者新堀通也把目标实现功能没有得到发挥的状态称为浪费②，有的学者把教育中的浪费等同于“学校中的失败”③，而《国际教育百科全书》的定义则是：“所谓教育浪费就是指留级生重读和辍学生就读过的总学年数”④。那么，教育浪费的是什么呢？有学者认为“是人的学习时间、学

① 联合国教科文组织：《1970 年至 1980 年期间初等教育中的浪费》，载《教育展望》，1984 (3)。

② 参见瞿葆奎主编：《教育学文集·教育与社会发展》，560 页，北京，人民教育出版社，1989。

③ M. A. Brimer and L. Pauli, *Wastage in Education: A World Problem*, UNESCO, 1971.

④ ［英］洛克斯利：《教育浪费》，见《国际教育百科全书》，第 9 卷，601 页，贵阳，贵州教育出版社，1990。

校设施与设备”[①]，而美国著名教育学家杜威（John Dewey）则认为，教育浪费的问题并不只是金钱或物力的浪费，“最根本的浪费是人类生命的浪费，儿童就学期间生命的浪费和后来由于不适当和谬误的准备所造成的浪费”[②]。由此可见，教育资源的浪费或教育浪费既包括显性浪费，也包括隐性浪费，其内容主要包括以下几个方面：

一、留级与辍学

在西方一些教育著作中，教育资源的浪费或教育浪费主要是“用来解释留级生与辍学生在学生时代待在学校的总年数”。“留级生是指留在原年级重新再读该年级课程的学生；辍学生是指尚未读完注册的整个教育阶段，未到最后毕业就中途离校的学生”[③]。留级之所以被认为是一种浪费，正如有些学者认为的那样，是因为：“（1）留级生待在学校的时间比预定的长，因而减少了学校招收新生的人数；（2）留级生使学校的经费受到损失，提高了培养一个学生的经费开支；（3）留级助长了辍学，使教育体制内的机会均等出现了倒退现象。由于不能按部就班地升学和大多数学生来自农村和社会经济地位低下的家庭，因而产生了不平等的现象。”[④] 因此，在留级与辍学两种现象中，留级造成的浪费更大。浪费的是什么呢？第一年投入的教育资源与学生自身的投入（时间、精力、金钱等）被浪费了。更值得注意的是，由于第二年的大部分时间用于重复学习第一年已经学过的东西，这不仅本身是一种浪费，而且其结果可能是使学生厌恶学习，降低学生为未来而学习的动机。这些都表明教育投资的利用存在问题。

导致留级现象产生的原因是多方面的，但学校本身的原因是主要的。如果学生发展正常，不存在特殊的学习障碍，学生留级就可能是教师造成的。因为学生没有达到高一年级所要求的水平往往与教师对学生的关注、教师的教学方法和态度等有联系。教师的教学工作往往只注重教学内容，教学的进度只取决于每一科目的内容量，学生的学习过程被忽视了。忽视学生学习过程的教学进度无论如何总会对一些学生来说太慢而对另一些学生来说太快，势必会造成部分学生达不到规定的升级要求，于是只能留级重复原来的学习内容以达到升级资格。因此，从注重教学内容转向既注重学生学习过程又注重教学内容，可能有助于减少留级造成的教育资源浪费。

那么，能否利用升级制度来减少教育浪费，即从行政上规定取消留级，让学生一律自

---

① M. A. Brimer and L. Pauli, *Wastage in Education: A World Problem*, UNESCO, 1971.

② ［美］杜威：《教育中的浪费》，见赵祥麟、王承绪编译：《杜威教育论著选》，45～46页，上海，华东师范大学出版社，1981。

③ ［英］洛克斯利：《教育浪费》，见《国际教育百科全书》，第9卷，601页。

④ W. D. Hadad, *Educational and Economic Effects of Promotion and Repetition Practices*, Staff Working Paper, No. 319, World Bank, Washington, DC, 1979.

动升级。对这一问题历来有着不同的看法，拥护留级反对自动升级者，常有一套教学上的假设用来作为理论根据。其中最常听到的一种说法是，既然小孩成熟度和学习能力不是千篇一律的，那么让后进的儿童多读一年对他们有好处。反对留级制度的人则竭力反驳说，留级不但不能改进后进生的学习状况，反而会影响学生的自我评价。因此，倘若留级不能提高后进生的学习成绩，反而伤害了他们的自尊心的话，那么，在留级标准实际上尚不可靠的情况下，让留级生觉得自己是失败者，似乎不太公平。显然，要解决这些问题，需要进行大规模的实验研究。目前比较一致的看法似乎是，自动升级至少跟留级一样可取。由此看来，问题的关键就不应该是强调自动升级，菲薄留级或推行强制教育，而应该是一视同仁，想方设法来提高整个学校教育质量的问题。如果学校教育质量不高，学校没有使学生掌握实际的知识和具备较好的能力，而只是在形式上让他们统统毕业，没有留级的自动升级同样会造成教育的严重浪费。不求质量的效率与求质量但效率低下都是对教育资源的浪费。

辍学就是中途停止上学。它一般限于义务学校教育阶段，指义务学校教育阶段未满修业期限就中途离校的情况。辍学也被视为一种教育浪费。因为辍学的学生没有达到所就读教育阶段的教育目标，而且他们与修完了义务教育课程的人相比更可能又沦为文盲。造成辍学的因素是什么呢？联合国教科文组织 1980 年在关于一篇教育浪费的报告中，通过使用相关资料分析的方法，分别找出了留级和辍学的决定性因素。该报告的结论是："辍学与决定教育供求的因素有密切关系，而留级的情况如何则多半取决于教育制度的内部因素。"① 世界银行的洛克斯利（W. Loxsley）则认为，"学习成绩不好是造成留级的重要因素，一旦学生的留级次数超过了规定限度，那么，该因素最终便会导致学生辍学"②。上述分析更多的是从学校教育系统内部因素入手。其实，造成辍学的因素，既有学校教育系统内部的因素，如升级制度、教师、课程与教法、选择的标准等，也有外部因素，如个别差异、家庭的社会经济与文化水平等。学校课程落后于社会与个人需求，教学方法主要是说教式的和侧重于记忆的，这些会愈来愈造成学生失去对学校的兴趣，产生厌学情绪，以至中途离开学校流入社会。教师是热情还是冷漠，是幽默还是呆板严肃，是具有献身精神还是厌倦教学工作等，会对学生学习动机产生迥异的影响。而厌学情绪的产生往往成为辍学的先兆。外部因素，如家庭经济困难、父母受教育的程度及其对学校教育的态度等是造成学生辍学的因素，有时甚至是主要的因素，如我国农村学生辍学不少就是经济上的原因所致。正由于外部因素的影响，单靠学校教育系统内部的改进不可能根除辍学现象。

---

① UNESCO，Wastage in Primary and Secondary Education：A Statistical Study of Trends and Patterns in Repetition and Drop-out，CSR-E-37，*Division of Statistics on Education*，Office of Statistics UNESCO，Paris，1980.

② ［英］洛克斯利：《教育浪费》，见《国际教育百科全书》，第 9 卷，607 页。

二、学校教育与实际工作相脱离

如果说留级和辍学现象主要产生于义务教育阶段，那么，学校教育与实际工作相脱离的现象则主要见于义务教育后的教育阶段，尤其是高等教育阶段。其结果是，一方面人才奇缺；另一方面人才过剩而失业现象严重。前者使职位空缺得不到填补造成物质资源的浪费，后者则是人力资源的浪费，而且与人才过剩相伴随的失业状况对社会稳定也是危险的。虽然失业问题并非是完全靠教育所能解决的，但学校教育与实际工作相联系有助于减少失业者，尤其是受过较高程度教育的人的失业率。受过学校教育的人相当一部分找不到适当的工作，固然与提供职位的工作部门有关，但也不能不说与学校教育的不适应性有关。这种不适应性既有专业结构的不合理又有教育内容或课程设置不恰当。因此，学校毕业生能否成功地找到工作应该成为衡量义务后学校教育是否成功地满足社会多方面需求的一项准则。

学校毕业生失业或就业不足不仅对个人、对社会都会产生不利影响，而且也会影响到学校教育系统自身的发展。当劳动力市场上知识劳动者过剩时，往往就会发生委屈就业的现象。实际上，当大学毕业生未能找到与自己所学专业对口的工作时，为了自身的生存，他们便会满足于不需要很高才干的职位，如一个只需中学毕业文凭的空缺职位，而把中学文凭持有者推向一些资格要求更低的职位。这样，用人单位和雇主也会提高对空缺职位求职者的教育要求，而排除文化程度较低的申请者。由此就会产生两个具有同等破坏性的严重后果。“第一是未来的求职者们为了力求获得最大的成功机会，展开了一场无休止的学业文凭竞赛。除了消耗公共财力之外，追求更高的资格，加剧了受教育机会和效果上的不平等。因为失败者往往是在社会和种族地位上处于劣势的人。第二是正式的教育资格证书在获取工作时至关重要，可是，一旦得到了工作，它的用处就越来越小。由于青年人越来越意识到学历的虚假性，于是他们便从开始怀疑演变到对整个教育持消极态度。”①

近年来，我国大学毕业生出现的就业难问题，尽管原因很多，但从某种意义上讲，也是学校教育脱离实际工作的结果，同样是教育投资的浪费。随着我国社会主义市场经济的发展，分配制度、用人制度改革力度的进一步加大，脱离实际工作的学校教育的后果会愈来愈严重，没有合适的就业知识与技能恐怕是造成大学毕业生就业难问题的原因所在。因此，加强学校教育与实际工作部门之间的联系，是解决大学毕业生就业难、降低教育浪费的必要举措。

三、学校教育与实际生活相脱离

这个问题与学校教育脱离实际工作是密切联系的，某种意义上可以说学校教育脱离实

① ［法］贾拉德：《青年失业与教育》，见《国际教育百科全书》，第9卷，676页。

际工作是学校脱离实际生活的一部分。杜威曾对这个问题给予了足够的重视，认为“一切浪费都是由于学校和现实隔离开来”[①]，“学校的最大浪费是由于儿童在学校中不能完全、自由地运用他在校外所得的经验；同时，另一方面又不能把在学校里所学的东西应用于日常生活”[②]。正如让·托马斯所论，受过教育但在实际生活中却没有能力运用那些从学校得来的知识和才能的青年，会给社会带来和文盲问题一样巨大的危险。

对发展中国家来讲，学校教育脱离实际生活的情况在农村尤为严重。一般来说，学校教育要为当地经济发展与社会发展服务，可农村学校教育的学术性、城市化和现代化并不能适应大多数农村青年的学习需求和生活需要，在农村学校中学到的东西绝大部分与城市的生活环境有关，农村学校教育与农村的实际生活之间的联系被隔断，结果是引诱和鼓励受过教育的人离开农村，而不是促使他们留在农村发展自己所在的社区。农村学校的主要目标似乎成了为学生流入城市做准备。这样一来，“教育扩展对农村经济发展产生了有害影响。因为受过教育的人移居城市中心地区，这就夺去了潜在的生产率较高、创造力较强的劳动力”[③]。于是，“教育农村化”的主张就被提出来了。教育农村化最重要的方面是“用适合农村的课程替代明显的学术性和书卷气的教育。适合农村的课程会使学生产生对农村生活的责任感，降低脱离农村的比率，并且能传授相当数量的、促进农村经济发展的农业知识”[④]。但这又有潜在的危险。如果义务教育阶段强调适应农村的生活环境，义务教育就可能成为一种打折扣的教育或者片面的教育，会进一步拉大农村学校教育质量与城市学校教育质量之间的距离，扩大城市和农村居民之间的差别，这显然是与促进社会平等的目标相悖的。而且，教育农村化还会导致农村青年接受更高层次学校教育的机会远低于城市青年。教育农村化也未必就能留住人才，“只要造成移民的结构条件继续存在，试图通过用更多的农业和职业课程来更换教育内容，是不大可能扭转从农村向城市流动的趋势”[⑤]。农村学校教育无论是联系农村生活实际还是脱离农村生活实际，都会产生不利的后果。权衡利弊，在保证一定质量的基础上加强与生活实际的联系，增强学校教育的适应性，可能是减少教育投资浪费的正确导向。

除此之外，就我国的具体情况来看，学校教育脱离实际生活的主要因素，一是义务教育的应试教育模式、高中阶段的升学预备教育模式。我国的普通中小学不管地域环境、生源师资、设备设施以及当地社会经济发展需要，一律教读一本书、上一套课、执行一种质量标准，年复一年地制造着大量陪读生、复读生，湮没了学校的特色优势、泯灭了学生千差万别的个性特长。在这种单一办学模式之下往往是单一的人才类型，文、理之外，可供

① [美] 杜威：《教育中的浪费》，见赵祥麟、王承绪编译：《杜威教育论著选》，46页。

② 同上书，52页。

③ [美] 福斯特：《经济发展与教育》，见《国际教育百科全书》，第3卷，263页。

④ 同上书，264页。

⑤ 瞿葆奎主编：《教育学文集·教育与社会发展》，378页。

学生选择的发展方向少之又少，因此，学生毕业后就很难适应经济社会发展千变万化的要求。二是各类教育结构的失调和边缘不清，如职高、技校、中专在招生、学制、分配、待遇等方面莫名其妙的差异及其与专科教育在学制、课程等方面的似是而非，造成了中等专业教育一会儿炙手可热，一会儿生源不足和择业困难。三是片面追求教育体系的完整，譬如，曾有一段时间，我国中等职业技术教育与普通高中教育有一个5∶5或6∶4的规定，但各地经济社会发展状况千差万别，对劳动力的需求各不相同，一味追求比例的结果是大批职业高中虚有其名，从而也导致教育脱离实际，造成教育资源的浪费和利用效率的低下。

我国教育发展过程中存在资源浪费和利用效率低下的问题，其原因固然很多，但最深层次的原因是教育产权与职责的模糊。

首先，教育产权界定不清，导致整个教育普遍存在资源利用效率低的问题。

产权一般被认为是财产权利的简称，也可理解为资源稀缺条件下人们使用资源的权利。产权界定清晰，保护合理，人们在具体的交易活动中就会支付较少的交易费用，或者说，人们在既定的产权安排下就会有效地提高资源利用效率，否则，就会由于权利界定不清而产生低效率问题。教育部门虽然是非物质生产部门，但它在为经济社会提供重要生产要素的同时，也需要消耗大量的资源，因此教育也有资源利用效率的问题。由于资源的有限性，投入到教育领域的资源更为稀缺，因此必须明确界定教育产权，以实现对教育资源的排他性使用。只有如此，才能有效地增加教育资源投入量，减少教育领域内由于“搭便车”、预算软约束等造成的教育财产损失，以降低教育的交易费用，提高教育资源利用效率，增加教育的供给，满足广大人民群众对教育的需求。

但众所周知，我国传统计划经济体制下的所有制结构以单一公有制独统天下为典型特征。在这种情况下，作为人力资本专业化生产部门的教育，相应地亦采用由国家（政府组织）“包”下来的单一所有制形式，逐渐形成了以政府财政拨款投资、统一集中计划管理和条块分割归属办学为基本特征的教育制度体系。在向市场经济体制转轨的过程中，虽然私立民办教育有较快的发展，但公办教育占据绝对优势地位的局面在短时间内是难以改变的。与这种经济体制和教育体制相适应，在教育所有权和管理权的制度安排上，政府既是管理主体又是办学主体，通过行政系统划分归属权，直接举办各级各类学校。而学校仅是政府生产部门的附属物，招生及入学考试、课程设置和教学规范全由政府统一计划安排和管理，学校没有调配人、财、物等教育资源的自主权。由于政府的过度干预，使投资者、办学者、管理者与学校教职工各方在财产方面的责、权、利关系难以理顺。而在学校的代理关系中，作为委托人的政府或社会公众和作为代理人的学校管理者与决策者，同为怀有利己动机的经济人，其行为目标都是为了自身利益或效用的最大化。一般来说，代理人不可能无条件地将委托人的利益或效用最大化作为自己的行为准则。由于都是在运用别人的财产，委托—代理的各个层次都缺乏成本—收益核算的意识和手段，致使教育资源闲置、浪费严重，有时甚至被侵吞挪用，使本来就不足的教育投入难以发挥应有的效用，结果造成公共投资主体成本庞大、无力支撑而宏观社会效益又非常低微，家庭个人投资能力充裕而因可免费“搭便车”坐享教育收益故无投资积极性的两难困境。这样，本该由政府管理干预的基础教育，特别是义务教育，政府却无力应付，下放给地方和各个微观办学主体“多渠道”筹资办学，而本该由社会各界和家庭个人进行多元投资、自主办学的中等职业技术教育和高等教育却因政府部门垄断控制而供给不足，致使教育的供给与社会需要因迂回曲折、条块分割的行政性计划和组织系统阻隔而经常发生错位、脱节现象。

其次，教育部门普遍缺乏动力机制，也会导致教育资源利用低效率的产生。

有了明晰的产权并不一定能保证教育运行是高效的。为了使教育高效运行，还必须构建有效的动力机制。那么，怎样才能构建这种动力机制呢？从产权经济学的角度来看，这种动力机制的形成是通过企业追求剩余索取权来实现的，因此，剩余索取权是为保证企业有效率的运作而存在的。教育不等于经济，学校也不是企业，在现实中，有时尽管制度规定上，可能不存在剩余索取权，但在组织的实际运行中肯定要存在各种变化的剩余索取权形式。因此，不管是否将其称为剩余索取权，学校产权设计中不能不考虑动力机制，只有存在一个有效的动力机制，学校才会成为一个灵活、高效、能适应社会快速变化的组织。但长期以来，教育部门普遍被划为公共部门，教育产品也被简单地当做公共产品来对待。比如，公立学校由于是政府举办的公共部门，不是私人签约的组织，其非人力资本财产是公有的，为政府所控制，政府既是学校的所有者、投资者，又是学校服务的消费者，自然就不存在剩余索取权问题。即使是私立学校，由于财产权的界定不明晰，学校中财产的归属不清楚，各种财产所有者的权力和责任界定不清，投资者是否可以得到回报，应得到什么样的回报，学校的利润归谁所有等问题也没有明确的答案。因此，也就谈不上什么剩余索取权问题。结果是教育部门所属的各级各类学校每年都培养了大批人才，产出了许多知识成果，而这些成果在投放社会以后，却没有使教育部门及其各级各类学校得到丝毫的价值实现或补偿。因此，教育部门及其各级各类学校只表现为投入的责任，却没有产权的收益权；教育成果的享用部门只表现为收益的使用权，而没有付出的责任，它们享用的几乎是完全的“免费午餐”，致使教育部门缺乏自身的发展动力，收益几乎全部外在化了。

当然，这并不意味着教育部门及其各级各类学校丧失了追求剩余索取权的动机，因为根据“经济人”假设，人总是追求自身利益（包括主观效用）的最大化。这种“经济人”假设在教育领域同样适用，无论是作为教育管理部门的教育行政机构，还是作为教育服务提供者的各级各类学校，都存在着难以泯灭的、通过某种不正当途径获取好处的欲望和动机。在这种欲望和动机的支使下，诸如教师放下教书育人的“正业”不务而通过办商店等“副业”来搞“创收”，政府某些教育主管部门把依权办学发文凭作为“生财”之道，少数学校竞相计划外扩招自费生赚钱而无法保证生源及教学质量，成人教育、研究生教育搞所谓"先上车后买票"，造成人才市场文凭、学位鱼目混珠及"劣币驱良币"的恶劣效应。这些现象无疑都是导致教育资源利用效率低下的深层制度原因。

最后，教育活动缺乏有效的约束和规范，也必然导致教育资源利用的低效率。产权从客观上使财产的责、权、利有机地统一起来，内生出一种基于自身利益需要的财产营运的约束功能；同时，产权通过对财产实际占有主体进行定位，对其拥有的权限进行了界定，能有效地约束和规范行为人的经济活动，从而能够协调经济主体之间的行为摩擦，维护正常的经济社会秩序，而这个层次的产权就是产权经济学中的剩余控制权。对教育来说，剩余控制权也是极为重要的一类产权，因为教育投资与消费是一项风险高、不确定性大的交易。教育投资与消费中存在着许多无法通过合同规范的权益，存在着许多"意外事件"，并会由此产生许多纠纷，这些不确定事件最终谁有处置权，对教育投资与消费者来说都是极为重要的。由于公立学校教育资源主要由政府支持，自身既没有风险也没有压力，学校管理者只要完成教育计划规定的任务就可以了，这样一来，教育资源是否得到了合理配置和充分利用、教学质量是否达到了社会的要求就很难建立评价标准，也就必然会影响到教育资源利用效率的提高，加剧教育供求矛盾。

第五节　提高我国教育资源利用效率的对策思路

教育的低效率，主要由于教育的权利与责任安排的不合理，也可以说是由于产权与职能的错位。所以，理顺教育产权关系，实现教育产权制度变革，是确立教育发展新机制，提高教育资源利用效率的必要前提条件。

关于教育产权，随着我国经济体制和教育体制改革的不断深入，在教育界已有人作过探讨，例如，有人认为："教育产权就是拥有已举办起的教育机构财产的权利，即人们围绕特定的教育财产而结成的权利关系。""教育财产包括学校或其他教育机构的物质资料（硬财产），也包括教育机构在办学过程中的学校作风、教育特色以及由此形成的教学经验和教育思想，还有由整个办学（历史）过程凝聚成的良好'名牌'社会效应等'软教育财产'。"[①] 这种探讨是十分有益的，但这种理解大大限制了教育产权的范围，从概念角度看，这种理解基本上只涉及教育活动中交易主体之一——学校，而对教育活动交易的其他主体——学生、家长、政府以及学校内部的教师与校长的产权根本没涉及。一个完整的教育产权的界定应该是对教育活动中各个主体的权利界定，以及面对教育活动中不确定性与不完全信息时，对教育剩余索取权与教育剩余控制权的架构。

① 张铁明：《教育产业论》，281页，广州，广东高等教育出版社，1998。

然而，教育产权虽然与企业产权有着一定的共性，但教育领域毕竟不同于一般的社会经济生产领域，教育产品和财产也不完全等同于企业的产品和财产。因此，界定和运作教育产权必须考虑教育本身的性质和特点。教育，作为经济社会发展的一个重要组成部分，按西方公共产品理论所作的比较完善的解释，是一种介于纯粹公共产品和纯粹私人产品之间的准公共产品。当然，将教育从整体上看做是准公共产品，并不意味着教育是同质均匀分布的铁板一块，实际上，各级各类教育的性质有很大的差异，它们在受益外在性和排他性上表现各异。

从教育的具体内容看，那些涉及全社会利益的教育，如基础性、普及性的教育，所有社会成员都可以从较高的国民素质中受益，可将其作为公共产品。而公共产品具有效用上的非排他性和利益上的非占有性，所以，作为社会的代表——国家和政府应是这类教育的主要提供者，应承担其主要费用，家庭个人则主要承担一些零星分散的个体性材料开支。承担这一层次和类别教育的学校应是政府举办的公共部门，不是私人签约的组织，其非人力资本财产是公有的，为政府所控制。因此对这一层次和类别的教育，宜列为公共事业加以管理和发展。至于在义务教育阶段允许私人或民间举办高收费的学校，这是因为我国现阶段居民对义务教育的需求与供给还存在明显差别。从需求来说，有一部分家庭对教育质量和办学条件要求较高，一般学校满足不了；从供给来说，居民收入水平差别在市场经济条件下明显拉大，少数富裕家庭有条件支付较高的学费。高收费学校和学生与巨大的义务教育规模相比，其数量很少，不影响义务教育属公共产品的大局和性质，这在实施义务教育的发达或发展中国家也都普遍存在。

对这类教育进行产权变革，主要是要引入竞争机制，即通过不同的学校举办者、办学者之间的互相竞争，提高教育质量，使教育资源达到优化配置，从而提高教育经费的利用效率，如美国的公立学校私营管理、特许学校以及教育券便是极有借鉴意义的例子。公立学校私营管理是由营利性的私营公司管理公立学校及其教育。教育券则是发给学生一定金额，由他们自由选择他们希望去的学校，如私立学校或教会学校。用于教育券的经费并不增加公共教育经费预算，它只是把原先应拨给公立学校的经费转而交给学生直接支付给他们所选择的学校。通过这种手段，鼓励公立学校提高教育质量，并惩罚其失败。[①] 特许学校是美国学校重构的重要形式之一。它“是一种新型的公立学校，主要由公共教育经费支持，由教师团体、社区组织、企业集团或教师个人申请开办并管理，在相当程度上独立于学区的领导与管理。特许学校在享受相当自主权的同时须承担相应的责任，而办学者必须提出明确的办学目标并与地方教育当局为此而签订合约。一旦学校不能履行其职责并达不到预先商定的目标时，提供经费资助的政府有权中止合同”[②]。创办特

① 参见赵中建：《政—企—教联手，共创教育的未来》，载《教育参考》，2000（1）。

② 赵中建：《今日美国特许学校》，载《教育发展研究》，2000（7）。

许学校，其目的在于给予学生与家长更多的选择权利，在学校之间形成竞争的氛围，因此，与一般公立学校相比，特许学校在获得更大自主权的同时，也要承担更为明确的责任。对照这样的变革模式，在我国承担这一层次教育的学校的学校权力和教师权力显然需要大大加强。这种加强不仅仅是课程设置问题，还包括学校管理的各个方面。其目的是让学校和教师在“提供什么服务”、“怎样提供服务”这样一些最基本的问题上具有决策权，因为学校和教师是掌握相关问题信息最高的决策层次。由学校和教师对这些问题进行决策有利于改变学校过去较为僵化，对外界变化反应不敏感的问题。因此，在我国这一层次教育产权配置问题的核心是如何给学校和教师以恰当的权力，以及这些权力如何在学校内得到理性的运用。

对于那些外部效应不强，基本上属于学生本人受益的教育，如实用型、操作技能型的教育和职业技能培训，由于更多地带有私人物品性质，可将其称为私人产品。从经济学的角度来看，私人产品具有消费上的独占性或排他性，即一个人享受了这种服务就排除了其他人享受这种服务的可能性。在付费方式上，它是由消费者直接向供给者付费，实行的是“一手交钱，一手交货”的市场原则。接受这类教育的学生由于具备了更复杂、更加熟练的技能和更高层次的素质，从而可得到更多的个人发展机会。这类教育由于存在选择性、竞争性，从而具有较强的排他性，对获得相应人才的企业来说，也会获得较强的比较优势。所以，这类教育主要应由劳动者个人和企业来承担相应费用，并按竞争性和经营性的思路促进其发展。因此，在市场经济中，各种实用型、操作技能型的高等教育、职业技术教育和职业技能培训，必须面向市场，走进市场，适应市场，运用市场机制。这就要求这类教育必须实现产权多元化的变革，即这类教育的办学体制应该具有多元性和灵活性。举办这类教育不必要也不可能像过去那样基本由国家包揽，应该采取切实措施鼓励民办教育的发展，鼓励民间资金进入这一类教育而不必限定具体组织形式，比如“国有民办”、“民有国办”、“教育股份制”、“职教集团”、“教育园区”、“专业融资”（BOT）、“中外合资”、“中外合作”等都可以尝试，标准只有一个，就是看这一类教育能否快速灵活地适应劳动力市场变化的需要。

承担这类教育的各级各类教育机构必须拥有独立的产权。所谓“独立”的产权，是指这些教育机构应是特定产权的唯一主体，能独立行使其权能，获取相应的利益并承担相应的责任。应当承认和允许承担教育的学校和机构有适当的利益回报，以调动社会各方办学的积极性。与此同时，在办学过程中，出现学校经营不善，无法继续提供服务，或只能提供质量较差的服务，使消费者权益受损时，学校应该对这一问题负责。这种教育剩余索取权和剩余控制权的结合，就会驱使决策者尽可能作出好的决策，这样，学校的运作和资源的利用才能是有效率的。

还有一类教育，即那些主要承担高级尖端人才的培养和塑造，担负抢占世界科技发展制高点重任的教育。由于与国家利益密切相关，所以对这一类教育，绝大部分应由国家财政支出，而且在一定时间和一定领域应有一定的倾斜政策，以确保其顺利快速发展。这是因为，这类教育主要包括那些教学与科研力量雄厚、水平较高且在整个社会经济发展中具有举足轻重作用的院校的本科生，以及各院校硕士研究生以上各级各类教育与培养工作。能进入这一层次的人才，数量上只占少数，他们要经过严格的考试选拔，并要求取得相应的创新成果。虽然他们个人确实也会获得较高的收入，但是，他们的劳动成果主要体现在科技与制度的创新方面，这些关系到整个国家经济、社会、科学技术和教育的发展。所以，这一层次的教育受益主要体现为社会受益，其中个人收入的提高也主要是由于社会进步需要这样的激励，并且在这里更需要个人的牺牲精神和创新精神，他们的劳动付出不能简单地用时间来衡量。从这个角度来看，这类教育仍然可视为公共产品。对这类教育进行产权制度变革，一是政府应对作为委托人的办学者提出严格的要求，确定严格的标准，并公开选拔认真负责的办学者，同时加以严格的评估和监察；二是政府应根据学校人力、物力、财力资源利用效率，根据毕业生对劳动力市场和社会经济发展的适应程度以及学校科技发展水平和社会效益进行拨款，以此激励办学者提高办学质量，降低办学成本，提高学校运作和资源利用的效率；三是打破垄断，承担高级尖端人才培养和塑造的学校和教育机构不应是垄断性服务，即这些学校和教育机构不应当是固定不变的，一旦发现这些学校和教育机构名不副实，承担不了高级尖端人才的培养和塑造，政府就应减少或停止对其拨款，迫使这些学校和教育机构自觉约束规范自己的行为，千方百计提高教育质量。

总之，我国教育经费利用低效率问题的产生绝不是偶然的，而是其体制缺陷的必然产物。正是由于我国教育在发展过程中存在着诸多体制缺陷，所以加快教育产权制度变革显得尤为重要。这种变革的最终目的是让学校成为一个灵活、高效、能快速适应外界变化的组织，以便学校能够提高教育资源的利用效率和提供消费者满意的高质量服务。

本章小结

教育过程的进行，是以投入一定量的活劳动和物化劳动，即以消耗一定量的人力、物力和财力为条件的。既然要消耗一定的人力、物力和财力，就存在着节约和浪费的问题。在教育过程中，对人力、物力和财力的有效利用，就是教育资源的利用效率问题。与教育资源有效利用相悖的是教育资源的浪费，或曰教育的低效率。教育的低效率，主要由于教育的权利与责任安排的不合理，也可以说是由于产权与职能的错位。所以，理顺教育产权关系，实现教育产权制度变革，是确立教育发展新机制，提高教育资源利用效率必要的前提条件。

思考题

1. 何谓教育资源利用效率？
2. 如何计量教育资源的利用效率？
3. 我国教育资源利用效率低的根本原因是什么？
4. 谈谈怎样才能提高我国教育资源的利用效率。
5. 对教育资源利用效率的考核和评估分为哪两类？
6. 教育资源利用效率的单项考核与评估主要包括哪三类？
7. 我国是一个发展中的大国，“穷国办大教育”是基本国情之一。但长期以来我国教育一方面投入不足，另一方面又存在着极大浪费。请你结合教育经济学的学习，分析这一现象产生的原因。

阅读导航

1. 邱渊. 教育经济学导论（修订版）. 北京：人民教育出版社，2001

该书分析了教育经济学所观察的客体范围及其特点，扼要地回顾了历史上学术文献中有关教育经济学的思想材料和学科形成简况，在此基础上尝试提出了教育经济学的研究对象和研究方法，并结合我国国情和学科本身发展情况确定了教育经济学的研究内容和主要问题，特别是用五章的篇幅分析探讨了教育结构的经济效能、教育工作的经济效力、教育成果的经济效用和效验等与教育资源利用效率相类似的问题。

2. 范先佐主编. 教育财务与成本管理. 上海：华东师范大学出版社，2004

该书紧密联系我国教育的实际，就各级各类教育行政管理部门和各级各类学校如何加强教育财务与成本管理，进而提高其教育资源利用效率进行了深入探讨。

3. ［美］列文. 提高教育生产率. 见 M. 卡诺伊编著. 教育经济学国际百科全书（第 2 版）. 北京：高等教育出版社，2000

该文在对教育生产方面的研究做了大量文献综述的基础上，重点研究了如何提高教育生产率的问题。

第九章

教育成本

本章提要

教育成本是教育经济学研究的重要内容之一。本章主要探讨教育成本的含义、教育成本的分类，介绍教育成本核算的方法，确定教育成本的控制对象及其具体目标。

教育成本是政府部门、学校管理者、学生和家长以及研究人员等有关各方都非常关心的重要信息。它是政府制定学费标准，对学校拨款的重要依据；是居民、学校和政府进行教育投资决策的重要依据；是提高教育资源利用效率，加强学校管理的有效工具；也是研究人员必需的基础资料。因此，从 20 世纪五六十年代以来，教育成本就是教育经济学研究的重要内容。

第一节　教育成本概念

教育成本概念早在 20 世纪 50 年代末 60 年代初就已经出现，但直至今日，研究人员仍在努力尝试，力求更全面地阐释教育成本的概念。而只有在严格界定教育成本概念之后，才能着手对教育资源实际耗费和教育投资收益率进行计量分析。

一、教育成本的含义

成本是会计学和经济学研究的范畴，是指进行一种产品生产所需的全部费用。在经济学上最早对成本的本质进行阐述的是马克思，他在分析资本主义商品价值构成和成本时指出："按照资本主义方式生产的每一个商品 W 的价值，用公式来表示是 W＝c＋v＋m。如果我们从这个产品价值中减去剩余价值 m，那末，在商品中剩下的，只是一个在生产要素上耗费的资本价值 c＋v 的等价物或补偿价值。""商品价值的这个部分，即补偿所消耗的生产资料价格和所使用的劳动力价格的部分，只是补偿商品使资本家自身耗费的东西，所以对资本家来说，这就是商品的成本价格。"① 被马克思视做商品的"成本价格"的那一部分商品价值，我们将其称为生产费用或生产关系成本。一方面费用或成本需要得到补偿，否则企业就无法持续进行生产；另一方面，在其他条件相同的情况下，企业产品的成本越低，竞争能力就越强。因此，企业为了增强自身的竞争能力，获取更多的利润，必然努力提高劳动生产率，以降低商品的成本价格。

现代经济学中成本的含义有所改变，主要侧重于对机会成本概念进行描述。比如美国经济学家斯蒂格利茨提出的成本概念直接就是机会成本概念："如果一个人、厂商或社会在约束线上，或者曲线上运行，它在多获得一种物品的同时只能牺牲一定量的另一物品。多获得每一单位物品的'成本'是不得不放弃的另一物品的数量。"②

教育经济学中的教育成本概念是从经济学移植过来的。当 20 世纪 60 年代初人力资本理论形成之后，西方教育经济学者便尝试将经济学中的成本范畴应用到教育学领域。英国教育经济学家约翰·希恩指出："教育部门同其他经济部门一样，要使用一部分宝贵资源。这些资源，如不用于教育部门，就可以用于别的部门。"③ 著名美国经济学家舒尔茨认为，教育的全部要素成本可分为两部分，一是提供教育服务的成本，二是学生上学时间的机会成本。教育经费与教育成本是两个不同的概念，教育经费是一个统计概念，包含了一些不属于教育成本的东西，而同时又缺少一些重要的教育成本项目。④ 曾满超认为，从经济分析的角度，"教育的成本是指用在教育上的投入的经济价值。一种教育投入的成本或经济价值被定义为它的机会成本，并且以该投入最佳使用的价值来测定"⑤。

台湾教育经济学者对教育成本的含义也有着自己的看法。林文达认为"教育成本为生产教育财产所投入资源的价值"⑥。盖浙生指出，教育活动既是一种公共服务，又可被视为一种生产的服务，教育成本分为教育生产者的成本和教育消费者的成本。教育生产者是公私立教育机构，教育的消费者是学生。教育成本＝教育生产者的成本（即直接成本，也即公私立教育机构之费用支出）＋教育消费者的成本（即间接成本，也即机会

---

① 《马克思恩格斯全集》，中文 1 版，第 25 卷，30 页，北京，人民出版社，1974。

② ［美］约瑟夫·E·斯蒂格利茨：《经济学》，上册，37 页，北京，中国人民大学出版社，1997。

③ ［英］约翰·希恩：《教育经济学》，1 页，北京，教育科学出版社，1981。

④ 参见［美］舒尔茨：《教育的经济价值》。

⑤ 转引自［美］M. 卡诺伊编著：《教育经济学国际百科全书》，500 页。

⑥ 林文达：《教育经济学》，49 页。

成本)。①

大陆学者中，北京师范大学的王善迈教授指出，教育成本是用于培养学生所耗费的教育资源的价值，或者说是以货币形态表现的，由社会和受教育个人或家庭直接或间接支付的全部费用。② 靳希斌教授也认为，教育成本是培养每名学生所支付的全部费用，即是指各级各类学校的在校学生，在学期间所消耗的直接和间接活劳动和物化劳动的总和。③

由此可以看出教育经济学界对教育成本的本质内涵有着基本的共识，即教育成本是指培养学生所耗费的社会劳动，包括物化劳动和活劳动。其货币表现为培养学生由社会和受教育者个人及其家庭直接和间接支付的全部费用。

二、研究教育成本的意义

教育支出并非是一种纯粹的消费和福利支出，它在相当程度上还表现出生产性投资的特征，即通过教育投资可以为受教育者个人和社会带来经济效益。而要保证宏观领域或微观领域中教育投资经济效益的实现，就必须在确保不断提高教育质量的前提下，尽量降低教育成本，增加教育产出。相应地，对教育成本进行深入研究、考核就显得尤为必要。

1. 有利于合理有效地利用教育资源

教育成本是有关学校教育活动中资源耗费的综合反映，它是反映学校教育工作质量的综合性指标，也直接反映了一所学校的经营管理水平和办学效益。一所学校如果能用同样多的成本投入，产生出比另一所学校多得多的效益，应该说这所学校有较好的管理水平和较高的办学效益。学校经费的管理，包括经费的来源、分配、使用和监督，是学校管理的一项重要职能。教学质量的好坏，教学管理水平的高低，科研能力的强弱等都能通过成本直接或间接地得到反映。因此，研究教育成本，进行教育成本核算，有助于减少教育资源消耗，降低教育成本，提高教育资源利用效率。

2. 有助于政府正确确定学费标准和拨款标准

在经济学中，成本是决定商品价格的基本依据之一，因为商品出售价格的最低界限，是由商品的成本价格规定的。一般商品的价格是成本和利润的总和，即价格＝成本＋利润。从经济学的角度看，教育产品也是一种商品，但它是一种特殊商品，不以营利为目的，其利润一般应该为零，即价格＝成本。但根据当代公共经济学理论，教育产品不是完全的私人产品，它兼有公共产品的性质，不可能完全由受教育者个人及家庭支付全部成本。正因为如此，1994 年国务院发布的《关于〈中国教育改革和发展纲要〉的实施意见》

① 参见盖浙生：《教育经济学》，100～105 页。

② 参见王善迈：《教育投入与产出研究》，168 页，石家庄，河北教育出版社，1996。

③ 参见靳希斌编著：《教育经济学》，272 页，北京，人民教育出版社，1997。

提出，高等学校和中等专业学校、技工学校“学生实行缴费上学制度。缴费标准由教育行政主管部门按生均培养成本的一定比例和社会及学生家长承受能力因地、因校（或专业）确定”。1998 年颁布的《中华人民共和国高等教育法》规定：“国务院教育行政部门会同国务院其他有关部门根据在校学生人均教育成本，规定高等学校年经费开支标准和筹措的基本原则。”这两个文件明确提出，学费标准、政府部门对高等学校的拨款标准都要参照生均成本确定。因此，研究教育成本，进行教育成本核算，有助于政府及其教育主管部门正确确定学费标准和拨款标准。

3. 有利于学校加强内部管理，不断提高管理水平

不仅确定学费标准和拨款标准需要教育成本信息，教育管理更需要教育成本信息。而我国教育的现实是，一方面教育投入不足，另一方面教育经费严重浪费。人浮于事，建筑、仪器设备、图书资料等各项资源没有得到有效利用的情况相当普遍。有人一针见血地批评我国的高校既有政府机关的毛病又有国有企业的毛病，提高学校资源利用效率的有效工具就是成本核算、成本控制。只有将成本责任具体到每一所学校，控制成本、提高效率才能见到成效。

4. 有助于教育规划的制定

一国、一地区的教育规划是经济与社会发展规划的重要组成部分。而一项重大教育规划的出台往往需要作大量的预测与数据统计，绝非仅凭少数人的经验、智慧和勇气就能完成的。无论是整体的教育体制改革，宏观上的教育布局调整，还是教育经费的分配比例，教育规模的调控等，都要涉及众多的领域和社会的方方面面。但从教育经济学视角观察，这些举措最终都会集中体现为对教育资源的渴求。而一个适度教育投资规模的确立是要以各级各类教育的生均教育成本及其变动情况为依据的，换言之，教育成本核算结果是制定教育规划必不可少的资料。

第二节　教育成本的分类

教育成本是教育管理的工具，为便于教育成本核算，进行教育成本分析和实施教育成本控制，需要对教育成本进行分类。教育成本依据其支出的目的不同、支出的主体不同、支出的性质不同等，也可分为若干不同的类别。

一、教育的货币成本和机会成本

教育的货币成本为直接用于教育的物化劳动和活劳动折合成货币表示的货币总额。一般分为社会货币成本和私人货币成本。社会货币成本主要是指政府直接支付的教育费用，

以及社会集资、捐资的经费；私人货币成本主要是指学生本人及其家庭直接支付的教育费用。

机会成本有广义和狭义之分。广义的机会成本是为达到特定的目标而失去或放弃的资源的价值。例如，用于教育的资源如果不用于教育，在其他最佳的使用状态下的价值。狭义的机会成本是为达到特定的目标而损失的价值。如学校的固定资产损失的利息或租金收入、学生因上学而放弃的收入等。教育经济学中的机会成本通常是狭义的机会成本。当然，因上学而放弃的收入对城市和农村的孩子来讲，其差异是较大的。在农村家庭，决定孩子是否上学，不得不考虑到农村的儿童也是家庭的基本劳动力或辅助劳动力，也可以为家庭带来一定的收益，所以农村的孩子在上学时，不仅面临时间的机会成本，还面临由于上学而不能再为家庭带来收益的损失；而城市的孩子由于无事可做，损失的仅仅是时间。因此农村孩子教育投入的机会成本大于城市儿童教育的机会成本，农村家庭不太愿意送子女受教育。

二、教育的社会成本和私人成本

教育的社会成本，亦称“教育公共成本”。它是指国家和社会培养每名学生支付的全部费用，包括社会直接成本和社会间接成本。社会直接成本主要包括各级政府对教育支付的全部费用；社会团体和个人通过集资、捐资、捐赠支付的教育费用。社会间接成本主要包括达到法定劳动年龄段的学生如不上学而就业时国家可能获得的税收；教育所使用的土地、建筑物、设备，如不用于教育而用于其他方面可能获得的利息、租金收入（机会成本）；用于教育的土地、建筑物、设备免除或可能课征的税收。

教育的私人成本，亦称“教育的个人成本”。它指培养每名学生由学生本人、家庭、亲友支付的全部费用，包括个人直接成本和个人间接成本。个人直接成本主要指由学生本人、家庭、亲友为学生受教育直接支付的学费、杂费、书籍文具费、文体费、交通费、住宿费、生活差距费等；个人间接成本指达到法定劳动年龄的学生因上学而未就业可能放弃的就业收入，即机会成本。

三、教育的直接成本与间接成本

教育的直接成本指社会与受教育者个人直接支付的教育费用。它又可分为教育的社会直接成本和教育的个人直接成本。教育的社会直接成本，指各级政府通过财政支付的教育费用，各种社会团体和个人通过集资、捐赠支付的教育费用；教育的个人直接成本，指学生本人、家庭、亲友为学生受教育直接支付的学费、杂费、书籍文具费、文体费、交通费、住宿费、生活差距费等。

教育的间接成本指社会与受教育者个人间接支付的教育费用。它又可分为教育的社会间接成本和个人间接成本。教育的社会间接成本，指教育使用的土地、建筑物、设备等如不用于教育而用于其他方面可能获得的利息、租金收入，或用于教育而免除的税收，达到法定劳动年龄的学生如不上学而就业时国家可能获得的利息或收入。教育的个人间接成本指达到法定劳动年龄段的学生因上学而未就业可能放弃的就业收入。

四、教育社会平均成本和个别成本

教育社会平均成本指培养一名学生社会平均的费用。由同一时期一国或一地区培养每名同级同质学生的平均费用构成，如一国或一地区培养每名同专业同质大学生的社会平均费用，培养每名中学生、小学生的社会平均费用等。由于水平不同，不同学校培养每名同级同类同质学生的费用，即教育个别成本是不相同的。因此，教育个别成本低于或高于教育社会平均成本，表明教育投资使用效率的高低。

教育个别成本是指某一学校培养每名学生的费用。社会上总是有许多学校培养相同教育级别和类别的学生，由于教育总投入量、教育管理水平不尽相同，培养每名同质的学生的费用也不相同。培养每名同质同类学生的费用，可能等于、高于或低于社会平均费用，表明教育投资使用效率的高低。

五、生均教育成本和边际成本

生均教育成本是教育成本的综合指标之一，指平均每名在校生所分担的教育费用。可以学年表示，也可以全期表示。广义指在同等教育条件下为实现或达到相同教育目标，培养一个学生所需的社会平均教育费用，即教育社会平均成本。狭义可以用同级同类教育的每一所学校或教育实体的在校生每人平均教育费用表示，即教育个别成本。培养每名学生的费用取决于教育投资总量、在校生人数和学制年限以及教育管理水平，最终取决于社会经济与科学技术发展水平。一般而言，生均教育成本是呈上升趋势的。

教育边际成本，亦称教育增量成本。它是根据增加一个学生导致总成本的增加量来估算的，因增加一个学生而追加的成本叫边际成本。西方教育经济学对于教育边际成本和边际效益的研究在于提高教育投资的经济效率和经济效益。边际效益小于边际成本，不应追加教育投资；边际效益大于边际成本，应追加教育投资。这一理论在经济利益限度内，是人们进行教育投资决策的依据。当教育投资充足时，应使教育投资的边际成本等于边际效益；当教育投资不足时，理论上要求各级各类教育投资收益率相等，即在各级各类教育投资收益率不等的条件下，作出对各级各类教育投资的选择，以求教育投资收益最大化。

生均教育成本和边际成本之间的关系在不同的学校之间是不同的，并且随着成本函数的形式而定，即成本和规模之间的关系。显然，如果入学人数增加，教育总成本也将增加，但生均成本和边际成本随着学生人数的变化可能增加，也可能减少或保持不变。生均成本和边际成本由于入学人数的增加而出现上述三种情况的原因是：在学校或其他教育机构中，一些成本是固定的，而另一些成本是随着学生的规模或人数而变化的，生均成本和边际成本随学生总人数增加而变化的情况取决于大多数成本是固定的还是可变的，取决于所有资源是被充分利用的还是有所闲置的，这就意味着不需要追加固定成本就可增加学生人数。

当然，成本是固定的还是可变的，取决于时间限度。从短期来看，教师和校舍一样是固定的，而书籍的数量、文具和其他一些设备随学生数量的变化而变化。从长期看，聘用教师的人数可以是变化的。因此，短期的教育边际成本大概比长期的边际成本要低。增加学生导致的额外成本也取决于变化的大小，也许增加 1 个学生，不大可能增加额外成本，但若要增加 50 个或 100 个学生，其额外成本的增加则是完全可能的。

六、教育的固定成本和变动成本

教育的固定成本与教育变动成本相对。这类成本的特点是：在一定时间和一定学生数量的范围内，其费用发生总额不随学生数量的增减而变化，保持相对稳定。例如，学校的校舍、教学仪器设备、图书资料等固定资产及其按照规定计提的折旧费和修理费，以及学校许多项目费用发生总额是相对固定不变的，这些费用就属于教育的固定成本。但是，教育的固定成本只是相对稳定不变，当培养的学生人数超过一定数量时需增加教育固定资产，如扩建校舍、增添设备或对原有固定资产进行更新改造，这时成本会相应地增加。教育固定成本是指固定的总费用。每个学生的平均固定费用随着培养的学生数量的变动而变动，即单位固定成本随学生数量增加而降低，随学生数量减少而提高。将教育成本划分为固定成本和变动成本对于加强教育成本管理，形成教育规模经济，提高教育投资经济效率具有重要作用。降低生均固定费用，可在保证教育质量的前提下，从充分利用学校现有资源，尽量扩大在校生人数入手。

教育变动成本与教育固定成本相对。这类成本的特点是：在一定时间范围内，其费用发生额随学生数量增减而变化，而单位学生分摊的这类费用却是相对固定不变的。这部分费用包括管理人员和纳入正式编制的教师的奖金、超工作量报酬以及不纳入正式编制的代课教师、兼职教师的工资；人民助学金与奖学金、在职学习的学生工资、职工福利费；用于教学科研生产实习的动力（电、煤气）、燃料、材料费；教科书及教学用品费；按各级各类学校学生规定标准应配备的其他物质条件发生的费用等。其中一些费用虽然也随学生数量变化而变动，但不成正比例变动，这部分费用称为半变动费用。对于半变动费用可根据历史统计资料用高低点或最小二乘法把它划分为“变动”与“固定”两部分。将变动成本作这种细分有利于做好成本计划、分析和控制，明确各成本要素的地位和作用，以采取不同措施降低成本。降低教育变动成本，可从降低每个学生的耗费定额着手。

七、教育的资本成本与经常成本

教育的资本成本与经常成本是根据成本支出的时间来划分的。根据西方教育经济学的解释，资本成本是指用于较持久的项目支出，如土地、建筑物、设备等投资较大，使用年限较长（一般在1年以上）。① 其价值一次全部垫支，在教育活动中因磨损、折旧而逐渐减少。其实物形态在报废和更新前保持固定不变。教育经常成本是指财政年度内由教育的经常支出而发生的成本。其费用（成本）多少随学生数量多少而变动。学生人数越多，成本支出越大。在我国，教育经常成本也称为“教育经常费”，包括人员经费和公用经费。

此外，从教育成本的性质和用途划分，可分为物质成本和人员成本；从教育成本考核的角度可分为社会总成本、部门成本和单项成本；从成本核算的角度可分为生均教育成本和生均全期教育成本；以货币标准来划分，可分为货币成本和非货币成本等。

第三节　教育成本的核算

所谓成本核算，是指对一定期间发生的费用按照某一种类的计算对象分别归集和分配，计算出各种计算对象的总成本和单位成本的活动或过程。学校教育的成本主要是人才培养成本，即为培养一定数量和质量的学生而发生的、能够用货币价值量反映的全部开支。教育成本核算就是利用一定的技术手段和方法，对教育运行过程中各种费用的发生和成本的形成进行核算，计算在人才培养过程中耗费于一定人才对象的劳动价值总和。教育成本核算包括两个基本环节：一是按照规定的成本开支范围，对各项费用进行汇集，计算出为培养学生而支付的实际发生额；二是根据成本核算对象，采用适当的方法计算出学校教育总成本和生均教育成本。对教育成本进行计量和核算，是考察教育资源利用效率高低的前提条件，因此，探讨教育成本如何计量及其具体计算方法是十分必要的。

一、教育成本核算的特点

学校是非物质生产部门，教育成本的核算与物质生产部门生产的产品成本核算有着不同的特点。教育产品是学校为受教育者提供的教育服务，使受教育者知识增进、能力提

① Philip Coombs and Jacques Hallak：*Managing Educational Costs*，New York，Oxford University Press，1972，pp. 85-88.

高、社会主流价值和行为准则形成等，并与学生自身因素相结合而形成了社会的有用人才，它有其自身的特点。人才培养不仅周期长，而且是一个非常复杂的过程，学校教育受到的外部影响是多方面的。这就决定了学校教育成本核算有着自身的特点，这些特点也正是教育成本核算特别应注意的问题。概括起来，教育成本核算有这样三个特点：

1. 教育成本核算的复杂性

首先，教育产出内涵的特殊性决定了教育成本核算的复杂性。教育单位的资源耗费大致可以用货币来衡量，但教育产出的度量却相当复杂。教育产出可以分为外部产出和内部产出。其中外部产出非常广泛，包括对政治、经济、文化、道德、社会结构等方面的影响，要度量这些影响是十分困难的，目前尚存在技术上的问题。即使是教育的经济效益，其计量也相当复杂。因为影响经济发展的因素多种多样，如何把教育的作用同其他方面的作用科学地分离出来，迄今为止尚未找到公认的方法。教育的内部产出是教育过程的直接结果，包括学生知识技能的提高、思想品德的进步、身体素质的增强等，它一般用一定数量和质量的学生来表示。但学生的质量与企业产品的质量不同。企业流水线所生产出来的产品，由于是对同质的原材料进行相同的工艺加工，其产品性能、原料耗费、相同使用条件下的有效使用期限等几乎没有差别。学生则不同，个人的基础、资质、学习能力、努力程度不同，即使在相同学校、相同班级、相同学制期毕业，质量也有很大差别。而且这种质量差别的表现又具有滞后性和多样性，在很多方面还存在着不可比性和难以度量的特征。这就决定了教育成本核算往往并不是一个单纯的数量关系，很多情况下还需要加以定性说明。

其次，教育成本核算对象复杂，难以确定成本开支范围。学校不同于企业，企业主要是生产实体产品，而学校除培养人才外，还有产品、科技、服务等。从资金来源渠道上看，企业不同渠道的资金主要用于生产，学校不仅资金渠道较多而且用途也各不相同。因此成本开支范围较难确定。

最后，教育成本核算的周期较长，且与会计核算周期不同步，致使学校的教育成本核算较为复杂。人才培养的周期较长，对于某种层次人才的培养过程需要一段较长的时间。依人才培养的层次不同，所需要的教育培养时间也不同。在对人才培养过程进行成本核算的计算周期，也要根据培养过程的长短而定。只有这样才能正确地完成对某层次人才教育培养的成本的核算。否则不能达到教育成本核算的目的。一般企业成本计算期为会计报告期，会计分期都是按公历年度划分的。但学校有其特殊性，尽管学校财务目前实行预算管理，会计分期与财政年度相一致，也采用按公历年度分期核算，但教育成本核算对象——学生的进校与离校时间、学籍升级等与公历年度不一致，只有按学年（当年 8 月 1 日至翌年 7 月 31 日）划分核算期间才能准确核算教育成本。

2. 教育成本核算的多变性

学校是社会的细胞，它与整个社会的发展状况息息相关。学校以外的许多因素影响着教育成本的增加或降低，导致教育成本核算的多变性。主要有以下几个方面：

（1）国民经济发展水平和发展速度。教育是非物质生产部门，它的主要功能不是为社会直接创造物质财富，而是要耗费大量的人力、物力和财力去培养未来的劳动力。因此，国民经济的增长是教育发展的重要基础。没有经济发展和财政收入增加作后盾，教育势必寸步难行。从另一方面来说，教育成本的高低与国民经济发展所提供的教育资源的多寡直接相关。国民经济发展态势良好，经济稳定增长，政府财政预算给教育部门的投资便会相应增加，社会和个人的教育支出也会相应增加，在学校规模一定的情况下，生均教育成本便会随之增加；反之则会降低。教育成本不是越低越好。这是教育成本核算的一大特性，也是我们在使用“教育成本”概念时必须慎重考虑的问题。

（2）通货膨胀和物价上涨的幅度。通货膨胀和物价上涨必然会导致教育成本的波动。

（3）人口增长幅度、年龄结构的变化趋势。社会人口的增减势必影响学龄人口和学校入学人数的变化。在教育投资总量不变的情况下，学龄人口和学校学生人数的增加会导致生均教育成本的下降；而在生均教育成本不变的前提下，学龄人口和学生人数的增加就会导致教育投资的增加。

（4）社会对教育质量要求的变化趋势。虽然生均教育成本的增加并不必然导致教育质量的提高，但增加教育投资往往又是教育质量提高的必要条件，因而社会对教育质量要求提高，生均教育成本往往也会增加。

（5）经济体制和社会环境的变化状况。不同的经济体制与社会环境也会对生均教育成本造成不同的影响。在一个市场化、社会化程度较高的环境中，会免除学校为保障自身后勤服务而支出的许多费用，从而可能引起教育成本的下降。

教育成本核算也要受到学校内部诸多因素的影响，最主要的是以下几个方面：

（1）学校办学规模。学校办学规模太小，不能发挥学校的规模效益，必将导致其生均教育成本的增加。与学校办学规模相关的每个班级规模的大小，每一教师平均授课时数的多少，也影响着生均教育成本的增减。

（2）教师和职工的工资水平。教职员工的工资增加，报酬提高，在学生人数和教师工作量不变的情况下，就会导致教育成本的上升。

（3）管理状况。学校管理水平高，资金使用合理，浪费现象较少，教育成本就会较低；学校管理混乱，支出不合理，浪费现象严重，必然导致教育成本较高。

（4）教育内容、教育方式和教育质量的变更。教育内容和手段的创新与变革，教育水准的提高，一般会导致教育成本的增加。

3. 教育成本核算的不确定性

一般而言，学校内部和外部的管理体制决定着学校的财务运行机制，也决定着教育成本的核算。如果国家财政根据不同情况对教育的供给范围、程度、方式进行了调整，学校内部的管理体制也应该发生相应的变化。但目前这种变化的步调还很不一致。国家财政已经改变了对一切教育事业单位统包供给的体制，但绝大多数学校的内部管理体制改革相对滞后，仍然沿用大包大揽、“吃大锅饭”、学校办社会的管理模式，教职员工的生老病死、遗属抚养、住房、交通、子女上学、家庭生活用品、环境绿化等，都是由学校来承担，且大部分属于福利型，由学校给予暗补。这些支出全部计入教育成本显然不合理。不计入教育成本又没有补偿的渠道，以至目前这部分应当如何进行核算，还没有明确的界限，直接导致了教育成本核算过程中的不确定性。

教育单位现行的会计制度与教育成本核算的要求还不一致，教育成本核算缺乏具有会计制度保证的核算基础数据，使具体操作存在很多难题。例如，固定资产不计入教育成本，通过什么方式来进行补偿？如果计入教育成本，由于现行教育事业单位会计制度规定不计提折旧，又从哪里获取固定资产折旧的基础数据？如果每次核算时才逐一“制造”数据，又如何保证会计数据资料的真实和可靠？又如，由于教育对象多元结构并存，同一类型教育对象从时间上逐年继起，教育资源的共享与互补等特点不能在现行会计制度中清晰反映，使得不同类型教育对象的教育成本、同类教育对象的本期教育成本和下期教育成本难以严格区分。此外，住房制度、养老制度、医疗等社会保障制度正在改革过程当中，这些项目中的有关费用在教育事业单位中应当如何负担，有多少支出可以计入教育成本等尚不确定。这些问题的存在，增加了教育成本核算的操作难度，也容易导致教育成本核算的不确定性。

此外，教育活动是一项协调性很强的工作，需要校内各部门、各单位密切配合、协调一致，才能保证教育活动正常进行。因而学校教育过程中共同的费用支出多，而直接发生在特定对象上的费用少。教育过程中发生的教学、教辅、行政、科研、后勤等部门的各类费用支出，对所有教育对象来说，都是共享资源。因此就要采用一定分摊方法分别计入各成本对象中去。但如何进行分摊，分摊办法是否合理，尚待进一步研究探索。这也导致了教育成本核算的结果不可能那么精确，更不可能是特定教育对象确定发生的成本。

教育成本核算存在的这些特点，增加了教育成本核算的难度，是教育成本具体核算过程当中应当注意的问题。不过，教育成本毕竟是一个客观存在，只要充分重视这些特点，不断进行理论研究和实践探索，总会找出解决问题的办法。

二、教育成本核算的内容和范围

学校经费支出并非都是属于教育成本核算的范畴。按教育成本的含义可知，教育成本核算的内容必须是受教育者在接受教育活动过程中所发生的各种耗费，与教育活动无关的开支应该剔除，这样才能正确计算教育成本。因此，教育成本核算不同于一般的成本核算，也不同于学校的日常收支核算，因为学校的教育经费支出并不都是用于教育培养，诸如校办产业费用支出、与教学无关的附属机构（附属医院、附属中小学、幼儿园等）、不承担教育教学任务的离退休人员的工资和其他费用等支出，原则上不应计入教育成本。①因此，在具体核算教育成本之前，应当明确核算的基本内容和具体范围。

1. 教育成本核算的基本内容

教育成本核算一方面要反映学校各项成本的发生、运行情况，考虑成本预算的各项定额的执行情况，及时计算出偏离成本预算目标的差距，使教育成本的控制有可靠的依据；另一方面要为成本分析提供实际数据，也为今后成本预算提供依据。因此，从总体上说，教育成本核算包括以下基本内容：

（1）确定教育成本核算的对象。

所谓教育成本核算对象就是指归集费用的对象，或者说成本归属的对象。进行教育成本核算，必须首先确定成本核算对象，然后才能按正确的成本计算对象归集各类费用，计算教育成本耗费。

一般来说，教育资源耗费的受益者应当就是成本归属的对象。但为了加强教育成本核算，我们还必须把教育资源耗费的受益者再作具体分类。第一层次的划分是把教育成本核算对象分为人才培养成本支出和科研成本支出，用于培养人才的教师工资、教材资料费用应列入人才培养成本支出，而开展科研活动的科研人员工资、科研情报资料及科研仪器设备支出应以科研活动为对象进行归集，计算科研成本。如果某些实验设备既用于人才培养又用于开展科研活动，则其费用支出以适当比例分摊列入人才培养和科研成本中。第二层次的划分是把人才培养划分为不同学历层次的人才培养和不同专业的人才培养，把科研活动划分成具体的科研项目，从而具体计算不同学历层次与不同专业的人才培养成本、不同科研项目成本等。确定教育成本核算对象是进行教育成本核算的基础，必须根据加强教育成本核算的需要，按照学校教育活动的规律，并根据各校的具体情况，分别确定适应各自特点而又有一定的共同性与可比性的教育成本核算对象体系。

（2）确定教育成本核算期限。

所谓教育成本核算期限，就是指每间隔多久时间计算一次成本。一般来说，成本核算期限应当与“产品”的生产周期一致。由于学校的主导“产品”的生产周期即人才培养周期是以学制来确定的，所以人才培养成本的核算期限理应就是学制年限。但是，考虑到人才培养的周期一般较长，以此作为人才培养的唯一成本核算期限又不利于及时加强成本控制，因此，结合学校学期、学年活动规律性较强的特点，以学期或学年为成本核算期限比较合适。短期培训则以实际培训期限作为成本核算期限来核算培训项目成本。科研工作没

① 学校附属机构如果服务对象全部或部分是教师、教师家属和学生，则这些支出相当于教师的隐性工资和与学生有关的行政、教学等业务性支出，应当按一定比例部分地计入教育成本；离退休人员返聘的费用支出也应当计入教育成本。

有固定的期限，只能明确开始时间，难以事先确定结束时间，因此，只能以具体的科研项目所实际经历的时间作为成本核算期限。

（3）确定教育成本项目。

所谓教育成本项目，就是多种费用按其用途的分类。学校教育的各项成本费用，其经济用途是不同的，有的直接用于人才培养和科研活动，有的则用于管理人才培养和科研活动。可见，仅有一个总括的教育成本核算指标是难以满足学校教育成本管理需要的。这就有必要将教育成本按其经济用途划分为若干成本项目。这不仅可以明确成本中各种费用的去向，明确应当由哪些部门负责监督和控制，而且可以明确成本的构成情况，便于分析成本升降的具体原因，以及各种因素对教育成本升降的影响程度，从而更有效地加强教育成本的控制。

（4）归集和分配各种费用。

教育成本核算的过程，实际上就是费用的归集和分配的过程。为了正确归集和分配各种费用，一般应做到两点。一要按权责发生制原则计入当期成本，而本期发生的成本也不一定都是本期实际支出的成本。因此，应根据权责发生原则正确划分费用的归属期，合理地由各期成本负担。凡是由本期成本负担的费用，即使尚未支付，都全部计入本期成本；凡是不应由本期负担的费用，即使已经支付，也不能计入本期成本。二要按成本分配受益原则划清费用的受益对象。各种费用只有具体化到某一成本对象，才能具体计算该成本对象的成本。各成本对象之间的费用管理应按成本受益原则来划分，按各个成本对象有无受益和受益程度来分摊。受益者分担成本，不受益者不分担成本，收益多分担多，收益少分担少。

（5）记录费用开支用途，真实反映教育成本。

核算各个教育成本对象的成本数额，必须通过费用成本的明细分类核算才能完成。因此，教育成本核算必须按规定的成本项目为各个成本核算对象开设有关的费用成本明细分类账户。应根据各种费用凭证，运用正确的会计科目和记账方法，将发生的各种费用正确地在各费用成本明细分类账户上进行记录，真实地反映学校教育成本耗费情况，以此计算各成本对象的成本数额，全面反映各个成本对象的总成本和单位成本情况。这是教育成本核算的一项基础性工作。教育成本管理的其他工作必须在正确成本会计记录的基础上才能开展起来。

2. 教育成本核算的项目设置

教育成本项目是指构成教育成本的费用类别。教育成本项目设置的目的是提供准确的教育成本分析与控制的信息，以便于实施教育成本核算，提高财务管理效率和教育资源的使用效率。为此，教育成本项目设置应坚持以下几条原则：（1）有用性原则。即教育成本项目既要能准确反映出教育成本信息，又要便于教育成本预算与核算。（2）简单性原则。

即教育成本项目设置要做到既简洁又明了，不要将项目设得太多太复杂，要便于教育成本核算时操作。(3) 完备性原则。即教育成本项目设置的内容必须是当期为提供教育服务所发生的资源耗费，所有的应计入教育成本的费用都能在教育成本项目中反映出来。(4) 连续性原则。即教育成本项目设置应与现行会计制度下教育经费支出项目尽量保持一定的联系，便于向教育主管部门提交年终报表。

目前我国对教育成本核算的项目设置还没有形成统一意见。这里，我们根据上述讨论的教育成本核算的特点和教育成本核算项目设置的原则，参照一些学者提出的有价值的设计思想，认为教育成本核算可以设置工资、行政事业费、教学业务费、固定资产折旧费、用于人才教育培养的科研费、与学生有关的费用六项教育成本项目。各个成本项目所归集的费用内容如下：

(1) 工资：工资是教育成本中最大、最主要的项目，指学校支付给教师和为教学服务的行政、后勤人员的工资费用。2006 年工资制度改革以后，国家决定在高等学校、中等职业学校和中小学实行岗位绩效工资制度。岗位绩效工资由岗位工资、薪级工资、绩效工资和津贴补贴四部分组成，其中岗位工资和薪级工资为基本工资。基本工资执行国家统一的政策和标准。岗位工资主要体现学校教师、行政、后勤人员所聘岗位的职责和要求，分为专业技术岗位、管理岗位和工勤技能岗位。绩效工资主要体现工作人员的实绩和贡献，是收入分配中活的部分。津贴补贴，分为艰苦边远地区津贴和特殊岗位津贴补贴。津贴补贴，分为艰苦边远地区津贴和特殊岗位津贴补贴。艰苦边远地区津贴主要是根据自然地理环境、社会发展等方面的差异，对在艰苦边远地区工作生活的工作人员给予适当补偿。特殊岗位津贴补贴主要体现对事业单位苦、脏、累、险及其他特殊岗位工作人员的政策倾斜。

在我国，工资性费用除上述直接工资外，还包括各项隐性的工资性费用：教职工所分得的福利房中所隐含的支出、公费医疗支出、离退休人员支出等。学校用于教职工住房支出的计算是一个复杂的问题。公费医疗支出，在现行体制下并未全部在学校账簿记录中反映出来：一部分支出由财政部门按一定的标准直接划拨到医疗卫生部门，除此之外大多数学校还用自有资金支出一部分医疗费用作为对国家拨款不足的补充，这两部分都应计入教育成本。离退休人员的支出也是一个很复杂的问题。我国的学校还未建立养老统筹制度，在职教职工工资中不包含养老费。离退休教职工的退休金则由财政单独拨款，大多数学校也额外对离退休人员补助一部分，作为对国家拨款不足的补充。按教育成本核算的要求，离退休教职工的支出不能计入当期教育成本，因为它们并不是培养当期学生而发生的支出；相反，在职教职工工资中未包含的养老费，则应计入本期教育成本。因此，需要参照有关的养老统筹方案，按在职教职工工资的一定比例，计算出应计入教育成本的养老金额，然后将实际支出的离退休经费的相等部分，转化为教育成本，离退休经费的余额部分不计入教育成本。

（2）行政事业费：学校用于教学和管理方面的日常支出，包括办公费、邮电费、水电费、公用取暖费、差旅费、器具设备车辆保养修理费、机动车辆燃油费、会议费、业务招待费等经常性费用。

（3）教学业务费：学校为完成教学业务所支出的消耗性费用和低值易耗品购置费，包括课时酬金，教学和试验所用的易耗品及材料费、试剂费，生产实习费，资料讲义费，招生费，教材编审费，业务资料印刷费，教学设备维修费等费用。

（4）固定资产折旧费：学校教学用固定资产耗费的价值，是教育成本的重要项目。按以前和现行的会计制度，学校的固定资产都不计提折旧，现有的账簿记录中反映不出固定资产的新旧程度和已耗损价值。为了进行教育成本核算，需要对现有的固定资产进行评估，确定各项固定资产的剩余使用寿命和折旧年限，以便计算应计折旧费。除固定资产外，如果学校还购买了土地使用权或别的长期资产用于教学，对于这些长期资产，也要根据其可使用年限，计算各成本核算年度应摊销的金额，计入各期教育成本。

（5）与人才教育培养有关的科研费：有学者认为，学校教育的科研支出不应计入教育成本，对于承担教学和科研双重任务的教师的工资性费用，应根据教育部制定的《高等学校教师工作量试行办法》中教师教学工作量应占全部工作量 2/3 左右的规定，2/3 划作教学工资，1/3 为科研工资。在计算教育成本时，将科研工资从教育成本中剔除出去。① 我们认为，科研支出可以使学校的教育教学活动受益，因而至少对于高校自身立项的科研、教研项目，其研究经费就应该全部计入教育成本。比如学校设立的教研项目、学生科研（培养学生科研能力）等研究经费都是用于培养学生而耗费的成本。还有学校年终发给教师的科研津贴、科研奖励以及科研项目（这里主要是指基础研究和为教学服务的应用研究，为企业开发的研究项目除外）的配套研究经费等都应该计入教育成本。即使是学校预算外的科研、教研项目（即纵向和横向的项目），只要有学生参与，并在参与的过程中，学生的研究能力得到一定程度的提高，那么其费用支出也应按一定比例计入教育成本。

（6）与学生有关的费用：这部分费用支出包括奖学金、助学金、学生住宿、勤工俭学基金、饮食方面的支出和补贴等。有学者提出用于学生的支出包括奖学金、助学金、学生住宿、饮食方面的支出和补贴等相当于学校收入的转移支付，与学校提供教育服务无关，按理是不能计入教育成本的。② 这里我们认为，助学金就是为了保证那些贫困学生顺利完成学业、稳定学校的教学工作而耗费的开支，如果贫困学生没有助学金，就无法完成学业，学生的流失就会导致学校的教学工作无法稳定，并且还会带来其他的不利影响。助学

① 参见阎达五、王耕：《教育成本研究》，见黄家雄主编：《高等学校的管理改革与效益》，142 页，北京，北京出版社，1989。

② 参见袁连生：《教育成本计量探讨》，北京，北京师范大学出版社，2000。

金实际上也是为了培养学生而耗费的成本，因此，助学金应该计入教育成本。奖学金是为了激励学生努力学习，有利于提高教育质量，更应当属于教育成本的组成部分。至于学生住宿的支出是否计入教育成本，也应该视情况而定。如果学校的后勤工作实行了社会化，这种支出显然不能计入教育成本，因为学生上学是已经缴纳了高于成本的住宿费；如果后勤工作尚未实行社会化，那么这种开支就必须计入教育成本。

三、教育成本核算的方法

如前所述，实施教育成本核算，远比理论探讨的可能性、现实性和重要意义更具挑战性、创造性、开拓性和效益性。要进行教育成本核算，选择适宜的教育成本核算方法，显得尤为重要。教育有初等教育、中等教育、高等教育之分，有义务教育、非义务教育之分，不同类别的教育成本核算方法有其各自的特点。这里我们介绍教育成本核算方法时，主要以高等院校教育成本核算方法为例。中小学规模相对较小，教育成本项目相对较少，进行核算时也相对简单，可以参照高等教育成本核算方法进行。

1. 教育成本核算的具体操作思路

目前关于教育成本核算方法可分为两类：一是匡算法，二是实算法。匡算法是根据学校现有的会计核算资料，按教育成本的内容进行分析计算，得出教育成本的方法，它是不完整、不全面、不严格的核算方法；实算法是按照企业成本核算的要求，通过设置账户进行核算，得出教育成本的方法，它是一种全面的、完整的、严格的成本核算方法，要求把一切与教育培养无关的费用扣除掉，对学校固定资产按不同类别分别给予折旧。要实施这种实算法与目前学校预算管理的会计制度不相符，若不顾目前会计制度的要求，则违背会计相关性原则。因此采用会计核算的双轨制则是两全其美之策，即一方面按目前学校会计制度的要求，与政府预算收支科目保持一定的对应关系，在收付实现制的基础上进行收支核算，以满足国家宏观管理对高校会计信息的需要，另一方面，按教育成本核算的要求在权责发生制的原则下，正确计算教育成本以满足学校微观管理的需要。

不过，如前所述，我国目前的教育成本当中，只包含了全部教育成本的一部分。一方面，个人教育成本只计量了由学生家庭或个人向学校缴纳的学费、住宿费等，而没有包含个人教育成本的其他部分，比如书籍、文具、生活差距费，以及达到劳动年龄因在校学习而放弃就业所可能获得收入的机会成本等；社会教育成本只计量了教育拨款、社会捐资等，而没有包括学校教育所使用的资金、土地、建筑物、设备等若用于其他用途时所可能得到的租金和税收等机会成本。因而，从总体上看，我国目前的教育成本核算应属于匡算范围。另一方面，采用实算法有许多不明确、不确定的因素，与现行的教育单位所执行的会计制度也不相符。同时，采用匡算法所需的核算基础资料，一般可以通过现行教育事业单位的会计报表和财务统计等资料来获得，与实算法相比具有较强的可操作性。

当然，采用匡算法进行教育成本核算，还需要按照会计处理方法进行必要的处理。

（1）进行必要的取舍。取舍是从教育成本的客观性、特殊性、合理性，向进行教育成本核算的可行性转化的必要条件。必要的取舍使教育成本核算在相对合理和客观的条件下变得简单易行。而任何不可行的方法，即使是合理和客观的，都是不可取的。目前，在教育单位和学校设立专门的教育成本账户，还不具备可操作性，因此，教育成本的核算只能从利用现行会计制度所能提供的会计信息资料入手。

要进行教育成本核算，需要舍去社会教育成本当中应该包括的机会成本，比如达到劳动年龄的在校学生不上学而就业可能获得的税收；学校教育使用的资金、建筑、土地和设备若用于其他项目时可能获取的租金和可能课征的税收。不过，教育成本投资所产生的外部收益与进行教育成本核算时社会教育成本中机会成本的舍弃，在一定程度上起着相互抵消的作用，从而使得这种舍弃具有合理性。

（2）进行一定的假设。进行教育成本核算时，在经过合理的取舍之后，学校教育的产出可以用一定数量的学生来表示。但这里仍然需要对学校教育产出进行一定的假设，比如需要假设所培养的学生质量是相同的。此外，对教育资源的耗费也需要进行一定的假设，比如假设学制期内物价水平保持稳定，没有通货膨胀；假设所有的资源耗费都是为培养学生的必要耗费，没有浪费和不合理支出；假设每年的固定资产投入与增长是大体平衡的。

（3）进行合理的替代。在进行教育成本核算时，有时候我们可以以学校教育支出替代教育成本，当然在这种替代之前，先要剔除不是用于教育培养的费用。另外，如果有些教育成本项目的会计假设与实际差距过大，就应当寻求合理的数据对它进行替代。比如，各年学校固定资产投入与增长如果是不均衡的，与假设的均衡产生较大的不一致，就应当用五年或更长一段时间的学校固定资产投入与增长的平均数，来替代当年数。

2. 教育成本核算程序与公式

学校教育成本指标体系可以建立总体成本和平均教育成本两项，学校教育成本核算的主体可以是一个学校、学校的某个专业，也可以是学校的某个年级。具体内容如下：

- 学校教育成本
  - 教育总体成本
    - 学年教育成本
    - 学制期教育成本
  - 平均教育成本
    - 年生均教育成本
    - 学制期生均教育成本

进行教育成本核算，平时要按教育成本核算对象归集本期所发生的费用，学年末分配到各个学生中去，具体程序如下：（1）在每届学生入学后，按各专业设置教育成本明细账，根据费用项目开设栏目，用以归集发生的各项费用。（2）根据费用项目将不同专业应负担的费用归集到各自的明细账上，直接费用直接计入，如教职员工工资成本、教学业务费等，折旧费等可按各专业的人数比例分配计入。（3）由于学校共用成本项目较多，因此要将共用成本项目的经费支出除以在校生总人数，得出某项共用成本项目的费用分配率；然后将某专业或某年级学生人数乘以费用分配率，得出该专业或该年级某项教育成本。(4) 平时按月计入明细账，学年末将本学年发生的所有费用累计，计算出总费用，得出学年教育总成本。然后除以在校生人数，求得年生均教育成本。(5) 将学制期内某专业或某届毕业生的各年平均教育成本相加，求得某专业或某届毕业生学制期教育总体成本；然后将某专业或某届毕业生学制期教育总体成本除以该专业或该届毕业生总人数，求得该专业或该届毕业生学制期生均教育成本。

具体计算公式如下：

(1) 费用分配率：是指一个学年内学校用于教育培养学生的某项共用教育费用支出中，平均每个在校生所负担的部分。即

$$费用分配率(生均成本)=\frac{学年某项共用教育成本}{学校在校生总人数}$$

(2) 学年教育成本：是指学校或某专业或某年级在一个学年内所投入到教育培养学生方面的各项费用支出总和。即

$$学年教育成本=\begin{matrix}学年内\\工资支出\end{matrix}+\begin{matrix}学年内行政\\事业费支出\end{matrix}+\begin{matrix}学年内教学\\业务费支出\end{matrix}+\begin{matrix}学年内固定\\资产折旧费\end{matrix}+\begin{matrix}学年内科研费\\支出(部分)\end{matrix}+\begin{matrix}学年内用于学生的\\各项费用支出\end{matrix}$$

(3) 学制期教育成本：是指学校或某专业或某年级在学制期内所投入到教育培养学生方面的各项目费用支出总和。即

$$学制期教育成本=\sum 学制期内各学年教育成本$$

(4) 年生均教育成本：是指一个学年内学校平均投入到每个学生或某专业每个学生或某年级每个学生，用于教育培养的各项目费用支出。即

$$年生均教育成本=\frac{学年教育成本}{(某专业或某年级)学生总人数}$$

(5) 学制期生均教育成本：是指学制期内学校平均投入到每个学生或某专业每个学生或某年级每个学生，用于教育培养的各项费用支出。即

$$学制期生均教育成本=\frac{学制期教育成本}{(某专业或某年级)学生总人数}$$

3. 学年教育成本核算举例

某学校为综合学校，有在校生 9 000 名，其中理工科类 4 000 名，文科类 5 000 名，某学年有关费用发生如下：

（1）教职员工工资费用 4 260 万元；

（2）行政事业费用 856 万元；

（3）教学业务费用 1 234 万元；

（4）目前学校已有固定资产 35 000 万元，其中建筑物 22 000 万元，设备 13 000 万元（实验设备 6 000 万元，办公设备 5 000 万元），假设建筑物使用年限统一为 40 年，设备统一为 20 年；

（5）与人才培养有关的科研费用共 2 130 万元，其中理工科学生 1 106 万元，文科类学生 1 024 万元；

（6）用于学生的助学金、奖学金、勤工俭学基金等费用 127 万元；

（7）上述资料中，教职员工工资费用、行政事业费用、教学业务费用等为共用费用，实验设备使用费全部由理工科学生负担，科研经费分别承担，其余费用均按学生比例分摊。

计算过程：

（1）$\text{教职员工工资费用分配率(生均成本)}=\dfrac{4\,260}{9\,000}=0.473\text{(万元)}$

理工科类学生教职员工工资成本＝4 000 ×0.473＝1 892(万元)

文科类学生教职员工工资成本＝5 000 ×0.473＝2 365(万元)

（2）$\text{行政事业费用分配率(生均成本)}=\dfrac{856}{9\,000}=0.095\text{(万元)}$

理工科类学生行政事业费用成本＝4 000 × 0.095＝ 380(万元)

文科类学生行政事业费用成本＝5 000 × 0.095＝475(万元)

（3）$\text{教学业务费用分配率(生均成本)}=\dfrac{1\,234}{9\,000}=0.137\text{(万元)}$

理工科类学生教学业务费用成本＝4 000 × 0.137＝548(万元)

文科类学生教学业务费用成本＝5 000 × 0.137＝685(万元)

（4）固定资产折旧费用：

$\text{建筑物折旧费用}=\dfrac{22\,000}{40}=550\text{(万元)}$

$\text{实验设备折旧费用}=\dfrac{6\,000}{20}=300\text{(万元)}$

$\text{办公设备折旧费用}=\dfrac{5\,000}{20}=250\text{(万元)}$

$\text{费用分配率(生均成本)}=\dfrac{550+250}{9\,000}=0.089\text{(万元)}$

$\text{理工科类学生固定资产折旧费用成本}=4\,000\times0.089+300=656\text{(万元)}$

$$\text{文科类学生固定资产折旧费用成本}=5\,000\times0.089=445(\text{万元})$$

(5) 理工科类学生科研费用成本=1 106(万元)

文科类学生科研费用成本=1 024(万元)

(6) $$\text{与学生有关的费用分配率(生均成本)}=\frac{127}{9\,000}=0.014(\text{万元})$$

理工科类与学生有关费用成本=4 000 × 0.014=56(万元)

文科类与学生有关费用成本=5 000 × 0.014=70(万元)

(7) $$\text{理工科类学生学年教育总成本}=1\,892+380+548+656+1\,106+56=4\,638(\text{万元})$$

$$\text{理工科类学生学年生均教育成本}=\frac{4\,638}{4\,000}=1.160(\text{万元})$$

$$\text{文科类学生学年教育总成本}=2\,365+475+685+445+1\,024+70=5\,064(\text{万元})$$

$$\text{文科类学生学年生均教育成本}=\frac{5\,064}{5\,000}=1.013(\text{万元})$$

4. 教育成本核算方法的几点说明

对教育成本核算方法的研究仍然处于摸索探讨阶段，因此对这里所提到的核算方法体系还需要作以下几点说明：

第一，运用这里所提到的教育成本核算方法计算出的学校教育总体成本与生均教育成本，是一种历史成本（或称报告成本）。这种成本在衡量和评价学校办学经济效益，进行学校内部或相互间教育成本比较等方面，有着重要的意义。但在解决学校教育成本分担和补偿机制时，则不能简单地采取“拿来主义”。因为随着时间的推移，经济社会发展、教育环境、教育规模、学生结构、物价水平、管理体制、教职员工与学生之比、教育质量标准等各方面都在不同程度地发生着变化，而学校教育成本分担和补偿机制所要解决的是未来和即将发生的教育成本补偿问题。未来教育成本与历史教育成本的不一致性是一种普遍现象。以历史教育成本为基础决定未来教育成本的补偿，还需要进行科学的教育成本预测。

第二，用我们这里提到的教育成本核算方法计量的教育成本，是一种实际教育成本。在教育活动中，由于经费供给不足的约束，学校教育内部和外部运行机制效率低下而造成教育资源的浪费，和外部环境对教育成本支出的范围的多种影响，使得学校实际发生的教育成本中，可能包含着许多不合理的因素。因此，教育投入计划与收费政策的确定，还应当参考或依据教育的理论成本（或称计划成本）。目前制定一个不同类别、不同层次、不同地区、不同办学水平、不同专业方向等条件下的理论教育成本，也还需要做许多理论研究和大量调查统计工作，在这一方面还有许多不明确、不确定的因素。

第三，运用一定核算方法所计量得出的学校教育总体成本和生均成本属于个别成本。教育投入计划与收费政策的确定，目前还不能像企业产品那样各定各的价格，而是在一个国家、一个省（区、市）之内，对同类学校、同类教育培养对象采取大致相同的教育投入和收费标准。这就需要更多地考虑在平均教育规模和中等办学条件下，培养同类学生所耗费的平均教育成本。平均教育成本可以用学校培养同类学生的成本费用加权平均求得。

第四，我们这里提到的教育成本核算体系是用不严格、不全面的匡算法进行的，尚有许多不完善之处，存在局限性，需要不断对其进行修正。如何建立一套行之有效的账户体系和核算方法，正确细分各项用于教育培养学生的经费支出等，使教育成本核算真正体现投入与产出，发挥资金的使用效益，尚有待于共同研究和探索。不过，作为一种实践摸索，运用一定的方法进行教育成本核算，毕竟对政府部门制定教育发展规划、确定教育投入水平和收费标准、加强学校教育成本支出的监督和控制等方面，都有着重要的参考价值。

第四节 教育成本控制

从政策分析的角度看，成本的计量只是一个基础，更重要的是如何控制教育成本，提高资源的利用效率。教育成本控制是使教育成本达到预期目标，采取一定的管理形式和方法，对各种教育费用的发生额进行约束和监督的一种管理工作。因此，要对教育成本进行控制，就必须明确其内涵、控制对象及具体目标。

一、教育成本控制的含义

作为控制论的基本概念，“控制”是指有组织的系统根据内外部的变化而进行调整，使自身保持某种状态的活动。控制有一定的方向和目标，其作用在于使事物之间、系统之间、部门之间的相互作用、相互制约，克服随机因素。而从企业管理的角度，美国著名管理学家孔茨和韦里克则认为，“管理工作的控制职能是对业绩进行衡量与矫正，以便确保企业目标能够实现和为达到目标所制订的计划能够得以完成”①。会计学也有自己的理解，国际会计准则对控制的解释是：“控制，指统驭一个企业的财务和经营政策，借此从该企业的活动中获取利益的权力。”显然，这些学科从不同的角度对控制作了各自的阐述，但有一点是趋同的，即控制都有目标和方向，而控制目标往往又是同利益的获取密切相关的，没有利益，控制也就失去了目的。因此，教育成本控制就可以被理解为教育管理者对

① ［美］哈罗德·孔茨、海因茨·韦里克：《管理学》，378页，北京，经济科学出版社，2003。

教育过程中的资源耗费过程进行规划、调节，使教育成本按预期方向发展的过程。它是教育机构实施教育管理的重要环节，是降低成本、提高教育效益的重要手段。

教育成本控制包括事前控制、事中控制和事后控制。事前控制也称前馈控制，是指在进行教育活动之前，对教育成本的预测与规范，通过成本决策，选择最佳成本计划方案，规划未来的目标成本，编制成本预算，以利于成本控制。事中控制也称过程控制，就是在费用发生的过程当中进行成本控制。它要求实际成本支出尽量按照目标成本的要求来进行。但在费用实际发生时，往往仍会出现超支或节约，这种超支或节约被称为差异，它是一种重要的信息，将超支或节约的差异迅速及时反馈给有关部门，有助于纠正偏差或巩固成绩。成本的事后控制也称为反馈控制，就是将所揭示的差异进行汇总，分析、查明成本差异产生的原因，确定责任归属，并据此评定和考核责任单位业绩，为下一期的成本控制提供依据和参考。

二、教育成本控制的目的

控制教育成本的主要目的在于降低教育成本，一般通过两条途径来实现。一条途径是通过改变成本发生的基础条件来降低成本，比如调整学校规模，实现规模经济。因为教育资源具有整体性及不可分性的特点。整体性是指资源功能的产生必须同时采用不同资源。学校开办必须有教育的场地、设备、行政人员。为了发挥学校教育的功能，上述资源当同时采用，不可因学生人数少而不采用任何一种资源。在这种情形之下，学生人数太少，每一学生分担的单位资源成本就高；学生人数扩大之后，使整体资源负担分散，每一单位学生资源成本就低。此时，每一单位学生资源成本分担下降并不会减少其应获得的教育功能，就有了规模经济效应。不可分性是指资源的采用至少应以一个完整单位为使用量，不可以因使用不及一个单位而将该项资源解剖分割。兴建教室至少为一间，不能因需要不及一间而仅盖半间，即是一个最常见的例子。兴建一间教室，如果仅招收一个学生，单位学生成本高，也就不经济。如果扩大招生名额，直到该间教室得到充分利用，使单位学生成本下降到最低点，也就有了规模经济效应。

另一条降低教育成本的途径是，在办学规模、教学技术水平、学校组织结构和教学质量标准等基础条件既定的情况下，通过减少资源消耗、加大教师工作量、优化学校的组织管理等措施降低成本。如表 9—1 所示，高等教育的生均成本会随着生师比（在校生人数与学校教师人数之比）的提高而呈现下降的趋势。而谈及学校组织管理的优化则可以借鉴企业的成功经验或经济学的相关研究成果。比如国外有经济学家分析指出，有效率的公司必须符合这样一些条件：有清晰的目标函数以及可以检测的产出；与目标函数的成功相联系的激励制度；能为决策有效地收集到各种有用的信息；对变化的环境具有良好的适应能力；能使用与成本约束条件相一致的最佳生产技术。①

表 9—1　　中国和其他亚洲国家公立高等教育的单位成本

亚洲国家	单位成本	生师比
中国	330	5.2
孟加拉国	285	15.9
印度	231	15.7
印度尼西亚	106	14.0
朝鲜	105	42.2
马来西亚	190	11.4
尼泊尔	249	13.2
菲律宾	50	16.0
斯里兰卡	111	10.7
泰国	178	8.3

注：单位成本指每个学生的经常性费用，用人均 GNP 的百分比来表示。

资料来源：转引自曾满超主编：《教育政策的经济分析》，229 页，北京，人民教育出版社，2000。

但是，我们不能将成本控制的目标仅仅定位于降低成本，因为成本与诸多因素之间存在复杂的关系，在许多情况下，单纯强调低成本并不能代表经济上的合理性，更不能代表教育的有效性。加强成本控制，降低教育成本，是为了提高教育的效益。为了达到教育目的，更多的时候我们不惜增加成本的绝对量。所以控制教育成本，提高教育效益不单是依靠成本的绝对节约，更重要的是实现相对的节约，以较少的耗费获取最佳的教育效益。为此，进行成本控制还有两个目的，一是在资源稀缺的情况下，通过成本控制来提高资源的利用效率，促使学校利用有限的教育资源生产出更多的教育产品；二是通过成本控制配合学校战略发展目标的选择与实施，依靠获取成本优势来帮助学校取得竞争优势，而这一点对于非义务教育阶段的学校尤为重要。

总之，成本控制需要综合考虑各方面因素，要从提高资源利用效率、使教育效益最大化这个基本点出发，来对教育成本实施控制。

三、教育成本控制的方法

教育成本控制是一项复杂的系统工程，涉及学校各部门、各环节乃至每位教职员工的工作，必须慎重处理方方面面的关系。为了更好地控制教育成本，不妨引进那些已经被企业广泛采用的成本控制方法，毕竟它们都是企业为适应现代化生产和市场经济而摸索出来

① H. M. Levin, The Necessary and Sufficient Conditions for Achieving Educational Equity, In: Berne (ed.), *The Road to Outcome Equity in Education*, Corwin Press, Thousand Oaks, California, 1994.

的有效方法。当然，也要针对学校教育的特殊要求对其加以改造，使之成为学校自己的成本控制手段。目前企业采用的成本控制方法有很多，比如目标成本制度、标准成本制度、预算控制法、相对成本控制法等。相比之下，目标成本制度可能更容易满足学校教育成本控制的要求，因此，我们将尝试在目标成本制度的基础上，提出学校教育成本控制责任制的构想。

1. 目标成本制度

目标成本制度，也称为目标成本管理，是企业目标管理的重要组成部分。企业目标管理在美国、日本和西欧的企业里被广泛应用，20 世纪 80 年代初传入我国。它按目标进行管理，要求企业在一定时期内应当确定总的奋斗目标，比如利润总额、资金利润率等，并据此指导、组织、动员职工为完成企业总目标而努力奋斗。围绕这个总目标，企业各部门、各环节乃至每个人都应当制定自己的奋斗目标，如产量目标、成本控制、技术目标、资金目标等，并制定实现目标的措施，以保证总目标的完成。① 实行目标管理可以提高企业管理工作的主动性和计划性，克服盲目性，提高企业的经营管理水平。

作为企业目标管理的重要组成部分，目标成本制度包括这样一些环节：首先要根据企业总的奋斗目标测定产品的目标成本；然后对目标成本按产品结构或产品形成过程抑或产品成本内容进行分析；再按照这些分解目标的要求，去组织设计、试验、生产准备、材料供应，以及日常生产管理和技术管理，以保证目标成本的完成。一些企业的实践证明，这种企业内部的成本管理体系，对进行成本计划、决策、控制和评估，使企业以最少的资源消耗，取得最大的经营成果具有重要作用。实施目标成本制度有两个关键点，一是目标成本，二是目标成本控制。

目标成本是企业内部的控制成本。它是在已确定的产品销售价格或市场能接受的价格的基础上，按照企业内部的目标利润测算的成本目标值。目标成本是企业实行目标成本管理的基础，是确保企业经济效益稳步增长的关键。它兼具目标和成本两种属性。作为目标概念，它是目标的一种具体形式，是企业在一定时期内所要努力实现的成本水平、数值或指标，一般包括三个相互联系的方面：目标成本额、单位产品成本和成本的降低目标。作为成本概念，它是企业作为理想目标和控制指标所预先制定的产品成本，虽然用货币形式表现，但不同于会计核算成本，而是一种经营管理型成本。

目标成本控制则是目标成本制度的中心环节。在目标成本的实施过程中，必须控制各项费用和消耗的发生。目标成本控制是在目标成本分解的基础上进行的，一般是通过各级责任中心实行归口分级管理，既要依靠执行者自我控制，又要归口分级控制。经过层层监控，及时反馈信息，把损失和浪费消灭在发生之前。因而目标成本控制既可促使企业提高

① 参见欧阳清、万寿义主编：《成本会计》，355 页，大连，东北财经大学出版社，2002。

产出投入比，保证企业资本增值目标的实现，又可帮助企业加强经营管理，增强市场竞争力，还可协调各个岗位之间的工作，密切各职能部门之间的联系，为实现企业整体效益优化目标而共同奋斗。

实施目标成本制度必须遵循三条原则：

（1）全面性原则，即实行全过程的成本控制和全员的成本控制。全过程的成本控制是指，在企业的生产经营活动中，目标成本控制应贯穿成本形成的全过程，而不是仅限于生产进程的制造成本，必须涉及产品寿命周期内所有的成本内容，从产品设计、原料供应到生产、销售，每个过程、环节都要实行目标成本控制。全员的成本控制是指，必须充分调动全体员工的积极性和主动性，发动他们参与成本控制。必须使每个人都能明确自己的工作对目标成本完成的影响，承担一定的费用控制责任，而不是只让少数管理人员承担全部控制责任。只有在加强专业成本管理的同时，人人、事事、时时都按照定额、标准或预算进行成本控制，才能彻底堵塞漏洞，杜绝浪费。

（2）责、权、利相结合的原则。即对一个成本总目标层层分解，明确每个岗位的责任成本，并赋予每个员工在规定范围内控制成本的权力，同时将成本控制与员工的经济利益挂钩，定期对他们的实绩进行评价和考核，奖优罚劣、奖罚分明，使每个员工既有外在压力，又有内在动力，借以保证成本得到有效控制。

（3）开源与节流原则。现代的成本控制绝非消极的限制和监督，而是积极地指导和干预。不仅要精打细算，节约开支，杜绝浪费，严格依照成本开支范围和各项规章制度进行监督和限制。更要将目标成本控制同价值工程、经济工作与技术工作结合起来，抓好产品投放前的成本控制。在产品设计过程中，围绕目标成本进行设计方案的创造、改进和方案选择，在提高产品质量、性能水平的同时，充分发掘降低成本的空间，选择既能满足用户需要的产品功能，又能降低成本的最佳方案，使目标成本控制不断向广度和深度发展，为降低成本、提高效益开辟新的途径。

2. 学校教育成本控制

为了提高教育资源的利用效率，以最小的投入获取最大的产出，学校应当针对教育的特点，参考企业广泛实施的目标成本管理方法，制定出自己的成本控制制度。其总体思路是，首先在学校内树立起全员成本意识，不仅是学校领导者和各部门的负责人，普通的教职员工也都要认识到成本控制的重要性，积极参与成本控制工作；其次，构建起学校教育成本控制责任制，各个岗位都应制定成本目标，并各自承担相应的成本控制责任；最后，定期进行绩效考核，并将考核结果同酬劳的多少和职务的升降挂钩。

（1）岗位成本目标的制定。

实施学校教育成本控制责任制的关键在于各岗位的成本目标的制定。作为成本控制的努力方向和衡量实际资源消耗水平的依据，成本目标的制定要遵循科学性、客观性、正常性和稳定性的原则。所谓科学性和客观性，就是要对实际情况进行调查，根据客观实际，用科学的方法进行测定。所谓正常性，就是要按照正常条件制定成本目标，不考虑那些无法预测的异常变动。所谓稳定性，就是目标一经制定，就不应再随意变动，而是要保持其相对的稳定性。

相比企业而言，学校教育成本目标的制定比较困难，因为学校在很多方面同企业都存在差异，比如学校中发生的一些成本不像企业那样清晰明显，而且学校教育活动几乎涉及所有岗位，加之各岗位之间的关系交叉混杂，不像企业生产中各道工序之间关系那样一目了然。所以学校的成本总目标如何分解为各个岗位的成本目标，以及这种分解是否具有合理性都需要认真研究。首先在方法选择上，要清楚教育产品与企业产品的区别。在企业里，目标成本制定一般采用两种方法：一是先确定目标利润，再确定目标，也就是说，销售收入目标与利润目标之差即为目标成本；二是直接制定出目标成本。考虑到教育产品的准公共物品属性以及教育不能以营利为目的，在制定教育目标成本时应当采用后一种方法。其次在参与制定成本目标的人员选择上，要注意代表性。应当建立制定目标成本领导机构专门负责这项工作。一般由学校专门负责这方面工作的主要领导者牵头，教学、管理、财会等有关部门选派人员参与，而这些人员对教育成本一定要有准确的认识。制定学校各岗位的成本目标的一般程序如下：

1）将学费收入、政府财政拨款、社会捐赠、学校创收等项数据加总，测算本年度的学校总收入，扣除用于学校发展的投资和用于研究、服务活动的开支，算出下一年能够用于教育活动的经费总额。

2）按照学校的规划，确定下一年的招生规模，并算出下一年的在校生总数，在不计专职研究人员①、服务人员的条件下测算下一年的生师比和教职工（不含离退休人员）报酬，由此确定生均工资性费用支出。同理还可以测算出生均公务费支出、生均业务费支出、生均修缮费支出、生均折旧费支出等项目。其中，生均公务费还需进一步处理。首先，依照往年的管理运行情况将生均公务费按一定比例细分为教学用生均公务费支出和管理用生均公务费支出。其次，还要依照一定比例将管理用生均公务费支出再分摊到各项教学、研究、服务活动上，由教学活动分摊到的生均公务费用支出即为生均管理成本。根据这些项目还可测算生均教育成本和全校教育总成本。将算出的教育总成本与之前测算的下一年可用于教育活动的经费总额对照，若超出则下调各项目成本的指标，由此确定下一年全校教育活动的成本总目标，即下一年全校教育活动的成本上限。

3）将下一年全校教育活动的成本总目标分解为各岗位的具体目标。例如，将管理成

---

① 对于既从事教学又从事科研的教师的工资性费用，应按一定比例划分教学工资和科研工资，在计算教育成本时，将科研工资从教育成本中剔除。比如教育部制定的《高等学校教师工作量试行方法》中将工资性费用的 2/3 划为教学工资，1/3 为科研工资。

本分解到各管理岗位，制定各管理岗位与教学活动有关的成本目标；水电成本作为水电管理岗位与教学活动有关的成本目标；修缮费支出作为设备维护岗位与教学活动有关的成本目标；粉笔、试卷、实验材料等低值易耗品，经教学管理部门（比如教务处）分解下达到有关岗位，作为成本目标；讲课酬劳下达到每门课程的任课教师，作为讲课的成本目标。各个岗位依据所涉及的学生人数，并结合特定的误差修正值来确定具体的成本目标数额。

（2）教育成本控制绩效的考核与评估。

成本考核是定期对成本目标实际完成情况进行测评和总结，旨在鼓励先进，鞭策后进，以督促学校各岗位加强成本控制，履行成本控制责任，提高目标成本控制水平。为此，目标成本的考核必须与责任制结合起来，奖罚分明。对目标成本执行过程中取得成绩的部门和个人进行奖励，没有完成目标成本的部门和个人不发奖金，甚至扣发工资，不合格的管理者还要降职或调离原岗位。从而把成本控制的好坏同每个人的切身利益紧密结合起来，促使他们改进工作，努力降低成本。

对成本考核的结果还应作一定的分析、评估，因为无论是奖还是罚，都必须建立在对成本控制活动进行正确评价的基础上，正确的评价是奖惩的前提条件。此外，这种分析、评估还有助于查清实际成本与目标成本之间产生差异的原因，以此为基础提出改进建议，减少不利差异，扩大有利差异，修订原来的目标成本，确保目标成本的可靠性和可行性。

在实施学校教育成本控制责任制的过程中，进行各岗位的绩效考核并不难，只要按照事先制定的成本目标的各项指标逐一考核就可以。但是，对考核所得的绩效如何评价则有一定的难度。这首先是因为考核的目的只是侧重降低成本水平，而评价的目的则更多地强调教育效益的提高。成本降低不一定就意味着效益的提高。另外学校的教育成本控制绩效不如企业易于处理，也导致对其评价的困难。企业的投入产出指标都是经济指标，可比性强，又能以货币形式呈现和计量，而且生产流程中每个工序之间关系明晰，成本控制绩效一目了然。但学校的产出主要是所提供的教育服务，产出指标中除了少量经济指标之外，大多数都是教育指标，如果照搬企业的做法，将教育指标货币化必然会造成极大的误差。为此，可考虑用模糊数学的方法来评估学校教育成本控制绩效，因为模糊数学的优势就在于能够处理这种同时包含定性指标和定量指标的评估数据。

模糊综合评估的基本思路是：先请专家组对评估指标和权重提出意见，在他们的帮助下正式确定指标体系。然后请专家们对学校教育成本控制责任制的具体实施进行认真的调研，并结合指标体系进行初步评估。再运用模糊教学方法对专家评估的数据进行计算，并根据结果对成本控制绩效作进一步的综合评估。计算时先对指标体系最低层次的项目进行模糊综合评估，然后一层层上升，直到对一级指标进行模糊综合评估，计算出综合评估值为止。

四、教育成本的影响因素分析

为推动学校教育成本控制责任制的实施，加大成本控制力度，还需对教育成本的影响因素进行深入分析。一般来说，能够造成教育成本水平波动的因素主要有通货膨胀、教育供求状况、教育技术水平和制度。

1. 通货膨胀对教育成本的影响

通货膨胀是指物价水平在一段时间内的持续上涨。① 按照其程度可分为爬行通货膨胀、恶性通货膨胀②，以及介于这两种极端情况之间的一般性通货膨胀。人们通常采用消费物价指数（consumer price index，CPI）来衡量其程度。

影响教育成本变动的首要因素就是通货膨胀，这是因为：

第一，物价的上涨将直接导致教育产品生产成本的上升。由于学校所购商品的特殊性，即均为与教育相关的商品，比如教师的劳务、书籍、期刊、教学设备、汽油等，而这些商品近年来往往是上涨幅度最大的商品。更为重要的是，通货膨胀所带来的实际购买力的下降和实际税收负担的加重会迫使学校不断提高员工的工资水平，增加人员经费开支数额。由于人员成本是教育成本的主体，所以每个教师劳务成本的小幅提升，最终将累积成为教育成本总量的大幅增长。

第二，温和的通货膨胀往往会刺激政府部门的投资需求。在可接受的范围内，通货膨胀往往会促使政府去制订雄心勃勃的庞大投资计划，从而使通货膨胀“与生俱来”具有促进投资需求的倾向。而在通货膨胀过程中，政府部门的名义收入与实际收入都会上升。而根据一般规律，边际消费倾向递减时，投资意愿就会上升，即使边际消费倾向不变或上升，只要其上升幅度不超出政府部门实际收入的增长速度，都很可能引发政府投资需求的增长。作为教育成本的主要负担者，在这种情况下，政府往往就会增加对教育的投入，从而促使教育成本规模增大。

第三，失业率的上升在一定程度上会增加教育成本。物价的持续上涨会抑制消费，即对产品的需求不再增长反而下降，同时工资水平也会持续提高，结果导致社会劳动力需求的减少，失业率因此越来越高。在经济不景气时期，失业者往往会选择待在学校，从而使个人对教育的投资增加，并相应带动政府给教育以更多的投资。学校获得的资金越多，其教育成本规模也就越大。

目前，我国教育经费的主要来源仍然是政府预算内财政拨款，由于财政预算一般以现值计算，忽略了通货膨胀所造成的财政资金实际购买力的减少，因此常常会出现一方面教

① 参见［奥］赫尔穆特·弗里希：《现代通货膨胀理论》，8页，北京，中国金融出版社，1989。

② 爬行通货膨胀，顾名思义是一种温和的通货膨胀，每年可能是1%～3%，但要规定一个准确的分界线仍带有一定的随意性。恶性通货膨胀是一种极其剧烈的通货膨胀，虽然也没有一个明确的分界线，但有研究报告将每月超过50%的通货膨胀当做恶性通货膨胀。

育财政预算增长较快，但另一方面教育经费短缺的矛盾却加剧的现象。所以在分析这类问题时，必须区分名义增长率和实际增长率的差异。所谓名义增长率就是不考虑通货膨胀因素，以现值计算的教育经费的增长率。而实际增长率就是考虑到通货膨胀因素之后，教育经费实际购买力的增长率。

2. 教育需求与供给状况对教育成本的影响

教育需求主要是指社会和个人对受教育机会有支付能力的需要，教育供给则主要是指社会和个人对教育的投资。教育的需求和供给也会对教育成本产生影响，一般而言，当教育需求旺盛时，教育成本趋于上升，而教育需求弱化时，教育成本就有下降的可能。教育供给如果充足，教育成本也将呈现上升的态势，而教育供给不足，教育成本则被迫下降。

宏观层面，当社会关注教育发展，对教育投资表现出极大热情时，资源配置就会向教育倾斜。相反，如果社会忽视教育或对教育表示失望，就会将稀缺资源用于别处，教育领域占有资源的比例就会减少。比如，20世纪60年代，伴随着人力资本理论在全球的传播，大多数国家对教育的需求增长，同时也加大了教育投资的力度，教育成本因此急剧上升。而十多年之后，当人们发现并未获得预期的回报时，教育需求减弱，投资教育的热情减退，教育成本增长开始放缓，甚至出现下降。

此外，教育成本规模还取决于社会的资源供给能力，经济越发达，国力越雄厚，教育成本规模就越庞大。1991年全球公共教育经费支出总计11 191亿美元，发达国家公共教育经费总支出就达9 511亿美元，占85%，其中北美地区公共教育支出3 471亿美元，占全球总经费的31%，而当年我国公共教育支出86亿美元，仅占0.8%。①

微观层面，随着社会经济的发展，个人的教育需求从追求数量逐渐朝着追求质量的方向转变，这一趋势加剧了学校之间的竞争。其实，教育“产业”并非如人们想象的那样缺乏竞争，恰恰相反，学校间的竞争非常激烈，而这种竞争也会增加教育成本。因为学校为了增强自身竞争力，提高教育质量，会不断地增加投入，改善其办学条件，提高教学和科研水平，聘用并保留高质量的老师，提供更多的学生服务项目，如奖学金、学生咨询、就业咨询等，所有这些举措都会导致办学成本的上涨。

而学校间竞争的结果之一就是名牌学校的产生。名牌学校因其提供的高水平教育服务而备受个人的青睐，又因其提供的入学机会有限而收费昂贵。如此一来，相比其他同级别、类别的学校，名牌学校更容易吸引教育投资，获取更多的教育资源，因而教育成本规模也就更大。比如，1997—1998年度美国私立大学学杂费全国平均值为13 664美元，而1998—1999年度斯坦福大学学杂费标准为22 110美元，康奈尔22 868美元，哈佛23 616美元，麻省理工24 050美元。② 各校学杂费标准高出全美平均水平近一倍。此外这些美国

① 数据整理自联合国教科文组织1998年《世界教育报告》和1980—1995年《世界高等教育：统计资料》。

② 参见舸昕编著：《从哈佛到斯坦福——美国著名大学今昔纵横谈》，497～499页，北京，东方出版社，1999。

名牌大学还通过其他途径聚财。仅斯坦福大学在 1980 年到 1990 年这 10 年内就与美国联邦政府签订了 1 000 多个研究项目合同，总值达 18 亿美元，而在 1994 年一年内斯坦福大学就收到 2.26 亿美元的私人捐赠。①

除了学校间竞争之外，学校的办学规模也能影响教育成本，为了控制教育成本，同时，又能最大限度地提供受教育机会，学校应当努力实现规模经济。在经济学中，规模经济是指厂商达到一定生产规模之后所获得的经济利益，即因生产规模变动而引起的收益的变动，而学校规模经济则是指，在一定的投入价格与技术条件下，生均成本最低的学校规模。一般来说，在其他条件不变的情况下，成本变动是一条 U 形曲线。在生产初期，边际成本低于平均成本②，随着产量的增加，成本逐渐下降，收益趋于增长。当平均成本等于边际成本时，即达到最佳规模。此时如果继续扩大规模，由于边际成本不断升高，同平均水平的差距逐渐拉大，因而收益呈现递减趋势，结果再次出现规模不经济。发达国家的研究表明，各级教育都存在规模经济。③ 我国学者在 20 世纪 80 年代的研究也发现，在我国高等学校确实存在规模经济，即在制度环境和管理状况不发生改变的前提下，我国高等学校的最佳规模为 6 000 人左右。④ 除了学校的学生规模之外，班级设置也存在规模经济，班级规模应当适度，班级太小生均成本过高，不经济，但一味扩大班级规模又会影响到学生的学习和情感的发展。1982 年，格拉斯（G. V. Glass）等人的研究结果也显示，学校班级规模过大会降低学生的学习效果。⑤

3. 教育技术水平对教育成本的影响

从生产函数的角度看，技术是影响生产效率的一个重要因素，技术的发展带来的主要结果就是单位成本的下降。但技术对于生产效率的影响在不同时期作用方式却是不同的。在过去，技术的改进意味着机器以及生产工艺流程的改进，从而使工人的产出增加。现在，技术改进可能更多地指利用计算机处理信息以及快速更替产品等，而不仅仅是每个工人产出的增加。很明显，在教育中，技术扮演着重要同时又不断扩展的角色，从帮助解决诸如发放工资、控制财务这类行政管理方面的问题到协助评定考核学生学业情况的教学科研工作，甚至是教学设施的维护和修缮都需要新技术，但是技术能不能降低教育的单位成本呢？

理论上，教学技术无疑有助于降低教育的单位成本。现代科学技术及其相伴而生的现

① 参见舸昕编著：《从哈佛到斯坦福——美国著名大学今昔纵横谈》，400～402 页。

② 平均成本是指学校培养每名学生的平均费用，而边际成本则是指每增加一个单位产量所需花费的成本，这里增加的一个单位是指一个学生。

③ 参见 M. C. Tsang，Cost Analysis for Education Policymaking：A Review of Cost Studies in Education in Developing Countries，*Review of Educational Research*，Summer，Vol. 58，No. 2，1988。

④ 参见闵维方：《高等教育规模扩展的形式与办学效益研究》，见国家教委发展研究中心编：《中国教育发展的宏观背景、现状及展望》，87 页，北京，中国卓越出版社，1990。

⑤ 参见陈敬良等：《高等教育成本管理论》，89 页，上海，上海科技教育出版社，2001。

代教学媒体在教育中的应用，极大地丰富了传统的教学手段，增加了信息传递的方式、方法，提高了教育教学的效果和效率，也极大地改变了传统教育模式。如此，随着多媒体辅助教学技术的日趋成熟以及计算机网络的迅猛扩展，将信息通信技术（information and commendation technologies，ICT）与教学结合起来就显得十分必要，事实上，目前教育界正在努力跟上ICT的发展与变革。结合ICT，教育已经可以超越时空的限制，受教育者不必集中于同一地点、在同一时间接受内容相同的教育，而是可以自行选择学习的时间、地点和内容，教育的影响因此大大扩展，教育单位成本也将随之降低。而且这种自主选择和高度的参与（可以用多种方式与同学、教师交流，表达个人的观点），使受教育者能够并且必须发挥其主动性，从而营造出一种有利于培养主体性和创造性的个性化教育氛围，教育效果也将因此而表现得更加明显。

然而令人遗憾的是，技术在降低教育单位成本方面的实践记录却并不好。大多数情况下，技术的确能够让我们做得更好，或者将工作变得更加简单方便，这显然可提高效率。但是代价，也就是技术使用的成本是高昂的。自动化的办公设备无疑比打字机的效率高得多。个人电脑和文字处理软件的应用也使我们可以写出、印出更多的东西，而且效果更佳，效率更高，对此无人置疑。但办公自动化设备的造价不菲，加上随之而来的软件、硬件的不断升级以及对纸张、墨盒等耗材需求的激增使成本不降反升。现实中的教学经验也显示，采用ICT和多媒体技术虽然可以丰富教学手段，让受教育者更方便地学习，但却并不便宜。1994年江苏省张家港市为改善其中小学办学条件，在大部分学校建成"新三室"，即微机室、语音室、电化教室，并实现"三机一幕"进教室。为此共装备微机1 564台，语音装置1 881座，"三机一幕"1 251套，总计投入3.1亿元。① 而在国外，整个经济合作与发展组织（OECD）每年在ICT方面投资约有160亿美元。其中，美国1997—1998年两年中软硬件方面的花销以16%的速度增长，学校在ICT方面的花销高于书本等其他印刷材料方面的开支；而英国1998—1999年，在起点较低的情况下，两年的软硬件方面支出增长均在30%左右。以此速度，ICT方面的成本支出每五年翻一番——比其他教育设备的成本支出增长都快，比整个OECD的教育成本支出增长也快了很多。② 所以，总的来说，教学技术并不能在短期带来学校单位成本的下降，但在长期，当教育技术的使用达到一定规模后，这一目标有可能实现。

4. 制度因素对教育成本的影响

制度是人们为进行某项活动而制定的各种规定，以及与之相应的行为规范。制度可以提高人们合作行为的效率。不同的制度安排会产生不同的运行效率，不同的教育制度安排也会对教育成本产生不同的影响。

---

① 参见王铁军：《教育现代化论纲》，278页，南京，南京师范大学出版社，2000。

② 数据转引自经济合作与发展组织编：《教育政策分析（1999）》，51～54页，北京，教育科学出版社，2002。

现行的学校制度主体上都是国家主办的公立学校，但公立学校在运行效率方面总是遭到指责。20世纪90年代以来，发达国家教育改革的一个重要取向就是学校重构（educational change），希望通过学校重构来提高学校的运行效率，降低学校成本。而美国在这场改革中一直起着领头雁的作用。

美国自建国以来一直奉行公立教育的原则，国家推行免费的、强制性的义务教育制度。作为"美国之梦的一个重要组成部分"，公立教育"促进新成员与社会同化，防止分裂和隔阂"，因而一直是美国"引以为自豪的东西"①。但是，随着学校的公立化，学校教育却产生了人们预想不到的问题。首先是强迫就近入学的做法使来自贫困家庭的子女不得不进入贫民区附近的学校就读，而这些学校的各种条件总是不如富裕居民区的学校。其次，由于长期处于官办的垄断地位，缺乏竞争，公立学校的教育质量一直受到抨击，曾被美国著名经济学家、诺贝尔奖获得者弗里德曼指责为"一个双重悲剧"②，因为它非但无法实现机会均等，提供令公众满意的教育服务，反而还耗费纳税人的巨额资金。其间，美国公立教育尽管历经20世纪60年代、70年代和80年代三次教育改革，但收效都不大。而与此成鲜明对比的是，私立学校虽然生均教育经费支出只有公立学校的50%～70%，但学生成绩却普遍好于公立学校。③ 当然贫穷家庭子女仍然无力进入这类学校。

于是，美国教育改革者开始寻找改变这种局面的方法，主要是通过种种形式的学校重构来提升公立教育的质量和效率。比如，纽曼（F. Newmann）将家长择校、更大的学校自治权力和共享决策纳入11种最普遍的学校重构方式之中④，巴尔（S. J. Ball）则指出，在围绕自治的新教育话语中存在着三种变体：财政管理、企业管理和内行管理，希望学校能合法地按近似企业经营管理的方式提供教育服务⑤。对此美国政府在政策上给予了支持配合。1991年，当时的老布什政府提出教育凭单（education voucher）主张⑥，也称"教育券"主张，允许家长在公立学校和私立学校之间进行选择，希望借此引发公立学校与私立学校的竞争。克林顿总统继任后，依然奉行择校政策，所不同的是不再使用教育凭单，而是主张设立"特许学校"（charter schools）⑦。到1996年为止，全美共有25个州批准了

①② 《弗里德曼文萃》，90页，北京，北京经济学院出版社，1991。

③ 参见邹海燕：《美国中小学的择校问题》，载《教育研究与实验》，1998（3）。

④ F. Newmann, Beyond Common Sense in Educational Restructuring: The Issues of Content and Leadership, *Educational Researcher*, 22 (2), 1993, pp. 4-13.

⑤ S. J. Ball, *Educational Reform: A Critical and Post-structural Approach*, Buckingham, Open University Press, 1994.

⑥ 教育凭单是老布什采取的一系列教育改革举措之一。即家长从政府那里获得代表一定金额的凭单，当学生上私立学校时，家长可以用它来抵缴部分学费。学校收取凭单后再向政府兑现金。这种做法使那些贫穷家庭有机会为子女选择私立学校，享受高质量教育，从而实现机会均等。学校为了争取生源，获得更多的政府资助，就必须提高质量和效益，从而在公立学校和私立学校之间展开竞争。

⑦ 这是一种公校私营形式，接受公共教育经费支持，由教育、家长、社区组织等共同创办，由学区颁发许可证。其目的在于扩大公众对教育的选择机会，促进公立学校提高教育质量和效益。

特许学校的改革计划，200 多所学校被授予特许权，其中大量学校是转换为特许身份的公立学校。①

许多私人企业也看准时机开始涉及学校的经营活动。在 1990 年，加利福尼亚 100 所公立学校被私营公司接管，1993 年马萨诸塞州将 15 所公立学校转交给私人组织经营。而据《纽约时报》1996 年 1 月 31 日报道，美国每年用于从学前到高中教育的经费为 3 400 亿美元，其中 300 亿已为营利性公司所掌握，这些公司从事的工作包括：管理学校、提供课堂教学和课后辅导业务、出售教科书、教学软件及新技术、设计课程、提供咨询服务等。其业务范围已大大超过提供餐饮、校车接送以及校舍维修等传统项目。

这种公立学校私有化现象在美国争议颇多，支持者认为企业介入学校是一件好事，将会引导一部分私人资本流向学校，从而增加了学校的资金投入，扩大了教育供给规模，为家长提供更多的选择机会，而且私人企业管理学校似乎效率更高，更能有助于提高学生成绩。但他们无法提供有说服力的数据来证明自己的观点。② 反对者则认为，私营公司以营利为目的，很难保证向学生提供良好的教育。事实上，许多公司接管学校以后，在人事、财务等方面措施不力，经营失败的例子不少。

总的来说，由于缺乏结论性的证据，有关学校重构的争论和实验还将继续下去。但无论其结果如何，这些探索对于提高教育的生产率都是大有好处的。

五、教育成本控制的实现

在确定了学校教育成本控制方法，并对影响教育成本的主要因素进行分析之后，就可尝试从人员经费、物质资源、办学规模以及制度等几个方面着手实现对学校教育成本的控制。

1. 人员经费控制

教师是学校成本投入中最重要的人力资源，这首先是因为教育被认为是具有劳动密集型特征的产业，教师的薪金在学校教育成本中占有极大的比例。在我国，教育事业费中人员经费一般要占 60%～80%，其中高校人员经费约占 40%～60%，中学人员经费约占 65%～85%，而小学人员经费约占 75%～90%。③ 其次，也是更为重要的，教师是教育活动的组织者，对学生的发展起主导作用，教师素质的高低直接关系到人才的培养质量和教育质量，决定着教育产出的效果。因此，人员经费控制可以被视为实施学校教育成本控制的关键。

---

① 参见［英］杰夫·惠迪、萨莉·鲍尔、大卫·哈尔平：《教育中的放权与择校：学校、政府和市场》，32 页，北京，教育科学出版社，2003。

② 同上书，142～146 页。

③ 参见范先佐：《教育经济学》，250 页，北京，人民教育出版社，1999。

理论上通常结合生师比来评估学校人员经费的使用情况，或是采用这一量化指标衡量学校的办学成本和办学效益。一般而言，生师比越高，则学校教育生产效率和人力资源利用率就越高，反映在成本上，则表现为教育总成本的降低。当然，生师比不能无限地提高，应当以教师的工作负荷为上限。此外，如果中小学校生师比过高将不利于因材施教。有研究表明，由于分配给每个学生的教师时间会对学生学习产生影响，所以班级规模和成绩增量成负相关，即班级平均成绩会随着班级规模的绝对水平的增长而降低。① 因此，每年学校都应当根据自身情况不断摸索，寻找最佳生师比例，实现最大教育产出下的学校成本最低。

事实上，在人力资源方面，我国有不少学校仍然存在着一定数量的冗员，教职员工缺少流动，只进不出，越来越多的闲杂人员使学校人员经费不断增加。反映到人力资源利用效率上就表现为生师比例偏低，生员比（在校生人数与教职工人数之比）过低。这一点高校表现得尤为突出。虽然近几年的持续扩招让我国高等教育的生师比有了较大幅度的提高，但提高后的数值仍然偏低。

要想改变这种冗员多、人员编制结构不合理的现状，最大限度地发挥教育经费和学校人力资源的效用，就必须改变现行学校人事制度，实行定编、定岗、定职，推行聘任制，努力使学生、教师、干部、职工之间的比例合理化。

2. 物质资源控制

物质资源也是学校教育资源的一个重要组成部分，主要是指各种教学科研设施和文体娱乐、生活服务设施。教学科研设施主要有场地、校舍、教学用具、仪器设备、图书资料以及供水供电供气系统。文体娱乐、生活服务设施主要包括公共餐厅、交通工具、教职工宿舍和文娱活动场所。学校基本建设投资的全部和公用经费的大部分支出都与这些设施的兴建、购买、使用以及维修相关，所以学校教育成本控制也应重视对物质资源的控制。

总体上看，我国学校物质资源的利用效率并不高，虽然近年来，许多学校购置了过去没有的现代化设备，拥有了网络、多媒体和远程教学、卫星电视等先进的教学手段，建成了微机室、语音室、电化教室以及设备齐全的实验室，所有这些硬件设施在投入使用后都收到了良好的效果。但是学校积压实验设备的现象依然普遍存在，仪器设备的利用效率很低，远没有充分发挥作用。另外，资源浪费现象也较严重，比如重复购置；用大量资金购置非教学设备；学校各部门自行采购，无法形成规模优势，采购价格不易降低；等等。对这些问题如不妥善加以解决，势必挫伤教育投资者的积极性，影响教育的长期发展。

为了有效控制教育成本，学校必须全方位地加强物质资源管理，不断提高设施的使用率，延长其使用寿命，降低寿命周期成本，充分发挥物质资源的使用效率和经济效益。具

---

① Richard A. Rossmiller, *Resource Use and Student Achievement in Elementary Schools*.

体措施有两条：

首先，应建立起统一领导、归口管理的体制，明确各种设备的使用和维护责任。比如增设“物业管理处”之类的部门，对整个学校的有形资产进行统筹管理，改变过去管理上存在的无序、分散状态。物业管理处的工作主要是三个“统一”，即统一预测、统一采购、统一管理。统一预测是指，必须以学校的发展规划为基本出发点，结合现有设施的实际情况，按照技术先进和经济合理的原则来审核学校各部门提出的设备添置或更新请求。对于不符合学校长远发展目标的请求或无须购买的临时性需求不予考虑，至于重复购买请求则应酌情处理。统一采购是指，审核通过的项目，由学校出面集中购买，目的在于使各部门的经费支出聚零为整，形成合力，实现规模经济。而且统一采购将在学校财会部门的有效监督下进行，避免个人因素或小集团因素起作用，杜绝损公肥私现象的发生。此外，如果在某一项目上单一学校采购规模仍不够大，还可考虑将采购申请提交教育主管部门，由它们综合各所学校的请求实施政府采购，最大限度地降低成本。统一管理则是指一方面在人、财、物等方面采取措施，努力使设施处于良好的运转状态，以保证设施的使用效率。另一方面，采用集成的方式管理各种设施，提高其利用效率。比如兴建大型综合实验室以取代各科的“小而全”实验室、以校际合作的方式统一管理实验室、图书馆、运动场所等。

其次，应努力实现教学设施的多功能化，推进学校后勤社会化。学校资源中有很多都具有多种功能，教学设施也可以兼作文化娱乐设施。比如，礼堂可临时用做文艺活动场所，电化教学设备可以用来放映娱乐性的影视录像等。只要将资源统一规划，合理布局，集中管理，就可以提高设施的利用率，杜绝不必要的支出，降低学校教育成本。另外，学校里还有一部分生活服务设施是围绕教职工的衣、食、住、行等基本生活需要投资兴建的，可以视为教职工的福利设施，是消费性质的投资。原则上，在进行学校教育成本核算时不应将这类开支计入，但事实是，这类投资会在一定程度上影响学校教育资源的配置和使用，故而也不能忽视对它们的控制管理。当然，长期来看，学校生活设施作为社会公共福利事业的一部分，最终会随着社会的宏观改革而走向市场化、社会化。因此，有可能也有必要将学校生活服务设施从学校整体分割出去，实现生活服务的社会化和产业化。

3. 学校规模控制

所谓学校规模控制，是指在不违背教育规律，保证培养规格、教育质量不受影响的前提下，控制学校拥有的班级数和学生人数，使学校拥有的所有资源都得以充分和恰当利用。

从资源使用效率上看，由于教育资源具有整体性和不可分性，不论学校规模大小，都会因为教育功能的需求而投入大量资源。即使只有一位学生入学，也必须配置全套资源，从土地、校舍、教学设备等物质资源到教师、行政人员等人力资源，都应予以保证。在这种情况下，已投入的资源无法充分利用，生均成本也极高。如果扩大办学规模，增加学生人数，资源利用率自然就会提高，生均成本也将随之降低。但是，一味追求生均成本的降低，不断增加学生人数，又会造成对资源的过度使用。因此，学校规模的扩大应在不影响教育功能的前提下实现教育资源最有效的利用。

从教学效果上看，学校规模过小，教师数量少，在教研组和年级组内很难形成一个优化的整体结构，发挥教师队伍的整体效能；同时由于编制有限，为应付课程需要，教师往往必须担任非其所长的科目，这样不但会影响教育质量，更会影响教育经济效益的形成。但学校规模过大，学生总人数过多，也会影响教育质量。如果不增加新的资源投入，学生人数的增加，势必导致生师比过大，不利于师生情感交流和教育信息的反馈，不利于因材施教。而且各种教学设施也会相对短缺，学生使用仪器设备、参加课外活动的比率下降，这些都不利于教育质量的提高。所以，学校在确定发展规模时应当充分考虑教学效果的保证。

从行政管理上看，学校规模的大小会对学校管理的成本和效果产生影响。学校规模小，管理层次较少，管理成本也较小，但管理跨度较大，即每个领导者直接指挥的下级数目较大，领导者需要协调的关系过于复杂，很容易使领导者陷入文山会海之中。当学校规模扩大，管理跨度减少，领导者的决策时间缩短，但管理层次却增多，不仅容易造成机构臃肿效率低下，而且各个组织层次之间的沟通和协调难度加大，从而产生更多的管理误差，增加了成本支出。因此，扩大学校规模还应考虑如何以较少的人员、较少的组织层次、较少的时间达到最佳的管理效果。

可见，学校规模过小或过大，都不利于教育成本的控制，都不利于合理地发挥教育资源的作用。因此，确立适度的学校规模，是十分必要的。而事实上，通过近几年的努力，目前我国各级教育规模均发生了巨大变化，朝着规模扩大并逐步合理化的方向发展（见表9—2）。

表 9—2　**1995 年、2000 年我国各级教育在校生规模变动情况**

教育级别	1995 年		2000 年		平均在校生增长（%）
	学校数（所）	平均在校生人数（人）	学校数（所）	平均在校生人数（人）	
小学	668 676	201	556 300	235	16.90
初中	66 952	695	639 000	979	40.86
普通高中	13 537	528	14 600	823	55.87
职业中学	10 147	444	7 655	542	22.07
中等专业学校	4 047	920	3 646	1 343	45.98
普通本科院校	1 054	2 758	1 041	5 289	91.77

资料来源：《中国教育年鉴（1996）》，北京，人民教育出版社，1997；国家教育发展研究中心编著：《2001 年中国教育绿皮书——中国教育政策年度分析报告》，北京，教育科学出版社，2001。

4. 制度控制

在讨论这一问题之前，有必要先弄清几个概念：制度、产权和交易费用。从行为约束的角度来看，制度是指用于规范一定范围内社会成员的具有相互影响的行为的各种规则及其实施程序的总称。而产权作为一种社会契约，是指社会承认的一定人占有、使用一定财产的权利。至于交易费用则是指由于需要进行商品交换，人们进行产权界定和保护所付出的全部劳动耗费。产权界定、保护越困难，交易费用就越大。当然，并非唯独市场运行才有成本，企业或政府的运行也需要成本，也就是通常说的行政成本。

产权经济学认为，制度的形成与产权界定密切相关，因为制度本身正是体现了对权利的确认以及对权利的保护。同时产权界定明晰又是制度得以贯彻的前提和保证。不同的制度会形成不同的交易费用。零交易费用往往意味着最高的经济效率，相反，交易费用越高，则经济效率越低。因此，在其他条件不变的情况下，可以围绕产权、制度和交易费用来找寻提高经济效率的途径。而且，把握了产权经济学的这一思想，不但有助于我们在市场经济条件下推行教育体制改革，还有助于我们理清思路，从宏观、中观和微观三个层面对教育成本实施控制。

在宏观层面上，应继续推进办学体制改革，实现办学主体多元化和办学模式多样化。办学主体多元化是指，要形成中央、地方、社会力量等多主体办学的格局，如果条件满足还可允许外国法人组织、个人以及有关国际组织同我国具有法人资格的教育机构及其他社会组织在我国境内合作举办教育机构，从而拓展教育投资来源，缩小教育供给与教育需求之间的差距。而办学模式多样化则是指，改变纯政府办学模式，形成以政府办学为主，社会力量办学和联合办学为辅的格局，在不同模式学校之间展开良性竞争，不断提高教育质量和效益。近几年来，不少私立民办学校，以及各种形式的短期培训受到社会欢迎，取得了很大成绩。其根本原因在于这类学校从社会需求出发，以市场为导向，能针对市场对教育的需求作出迅速反应，因此具有生机和活力。

中观层面则应努力改革教育管理体制，理顺中央和地方、政府和学校之间的关系，尽快建立和完善宏观调控体系。各个地方在熟练劳动力和专门人才的培养问题上一定要打破各自为政的封闭局面，实行开放政策和人才来源多样化的政策。各地在办学时要考虑是否有持续稳定的人才需求，是新举办一所学校，还是与别人合作举办，或是委托代培，要进行科学论证和比较，选择最经济有效的方式。此外，应对教育产权重新划分，原则上政府只享有教育产权的占有权，而将使用权和支配权交给教育的经营者。政府要从对学校的直接行政管理，转变为运用立法、拨款、规划、信息服务以及必要的行政手段来进行宏观管理，保证学校真正成为自主经营的法人实体。只有当学校真正成为自主经营的法人实体，教育的经营者们才会将办学效益和自身利益紧密联系起来，密切关注教育成本的控制问题。

而在微观层面还应重视学校内部管理体制的改革。无论是公立学校还是社会力量举办的学校，都应切实实行举办者与经营者、所有权与经营权相分离，推行校长负责制，确立校长的法人资格。在此基础上还应实行教师劳动合同聘任制，学校和教师之间实现“双向选择”，促进教师在学校间自由流动。而对分配制度也应进行改革，进一步强化激励机制，鼓励良性竞争，调动教职员工工作积极性，努力以最小的资源消耗换取最大的教育产出。

本章小结

教育成本是指培养学生所耗费的社会劳动，包括物化劳动和活劳动。其货币表现为由社会和受教育者个人及其家庭直接和间接支付的、为培养学生的全部费用。教育成本依据其支出的目的不同、支出的主体不同、支出的性质不同等，可分为教育的货币成本和机会成本、教育的社会成本和私人成本、教育的直接成本与间接成本、教育社会平均成本和个别成本、生均教育成本和边际成本、教育的固定成本和变动成本、教育的资本成本与经常成本等不同的类别。对教育成本进行计量和核算，是考察教育资源利用效率高低的前提条件。教育成本核算包括两个基本环节：一是按照规定的成本开支范围，对各项费用进行汇集，计算出为培养学生而支付的实际发生额；二是根据成本核算对象，采用适当的方法计算出学校教育总成本和生均教育成本。从政策分析的角度看，成本的计量只是一个基础，更重要的是如何控制教育成本，提高资源的利用效率。教育成本控制是为了使教育成本达到预期目标，采取一定的管理形式和方法，对各种教育费用的发生额进行约束和监督的一种管理工作。

思考题

1. 什么是教育成本？
2. 教育成本可分为哪些类别？
3. 教育成本核算具有哪些特点？
4. 教育成本核算包括哪些内容？
5. 教育成本核算有哪些方法？
6. 教育成本控制的目的是什么？
7. 实施目标成本制度必须遵循哪些原则？
8. 名词解释：

教育的货币成本和机会成本、教育的社会成本和私人成本、教育的直接成本与间接成本、教育社会平均成本和个别成本、生均教育成本和边际成本、教育的固定成本和变动成本、教育的资本成本与经常成本。

9. 近年每年都有不少的学生高考弃考，有人甚至称读大学不如早挣钱。请你结合教育经济学的学习，谈谈对这一问题的看法。

阅读导航

1. 蒋鸣和编著. 教育成本分析. 北京：高等教育出版社，2000

该书由教育成本分析的经济学基础、教育的成本分类、教育的成本行为分析、教育成本收益分析、教育成本效果分析几部分组成。该书的特点主要是基础理论与专题研究相结合，基本方法与实际操作相结合，国外经验与国内实际相结合，具有很强的实用性和可操作性，是我国广大教育财务管理人员和研究人员的培训教材和参考资料。

2. 袁连生. 教育成本计量探讨. 北京：北京师范大学出版社，2000

该书从成本概念的发展出发，探讨了教育成本的概念、分类和教育成本计量的方法，估算了1995年中国的各级教育成本，对教育成本负担问题进行了理论分析与实际比较，重点是探讨教育成本核算的理论和方法。

3. 陈敬良等. 高等教育成本管理论. 上海：上海科技教育出版社，2001

该书既借鉴了西方高等教育成本管理理论，同时又力求紧密结合我国高等教育的实际情况，总结我国率先实行成本管理的高校的成功经验，理论联系实际地分析和探讨了中国高等院校教育成本管理理论和管理方法。

第十章

教育经济效益

本章提要

教育经济效益是教育经济学的重要研究领域之一。本章主要探讨教育经济效益的内涵、特征和类型，分析和比较教育经济效益的计量方法，测量和分析教育成本收益。

教育经济效益是教育经济学的重要研究领域之一，它也被称为教育经济收益、教育投资经济效益或教育的外部经济效益。教育经济效益由以下几个相互关联的部分有机构成：一是教育收益，包括教育社会收益和教育个人收益，教育社会收益指社会从教育中所获得的收益，教育个人收益指个人通过接受教育所获得的收益；二是为获得教育收益所付出的成本和代价，它是实现教育收益的必要付出；三是教育收益率，即教育收益与教育成本的比率，包括社会收益率和个人收益率，后者也称为教育内在收益率。教育效益与教育效率有所不同，二者以教育产出的不同特征来区分，如果以教育的直接产出（如教育培养的学生数量）为研究对象，就是教育效率问题；以教育的间接产出（如受教育者未来收入增长）为研究对象，则是教育效益问题。广义的教育效益既包括经济效益，又包括非经济效益，一直以来教育经济学侧重于讨论教育的经济效益，教育的非经济效益由其他学科如教育社会学等来研究。不过，教育经济学的研究视角已经愈来愈多地介入非经济效益领域之中。

第一节　教育经济效益概述

教育效益包含很广，不限于某一方面。教育既具有经济效益，又具有社会效益；既具有直接效益，又具有间接效益；既具有货币效益，又具有非货币效益；既具有私人效益，又具有社会效益。但教育经济学研究的主要是经济效益。

一、教育经济效益的内涵

“经济效益”原本是一个经济学概念，它是指现有条件下，单位时间内生产的符合社会需要的劳动成果与实际投入的物化劳动和活劳动消耗的对比关系。它包含两层意思：(1) 投入与产出（所费与所得、消耗与成果）的对比关系；(2) 产出（所得、成果）必须符合社会需要。这说明经济效益概念既是一个相对概念，又是一个社会化概念，即对它的判断是与人们所追求的一定目标相联系的，生产的产品必须符合社会目的性和有用性。教育经济学将经济效益加以引申和发展，并用它来表述教育所得与教育投入之间的对比关系，这就是教育经济效益。教育经济效益也包括两层含义：(1) 教育投入与产出的对比关系。这也是一个相对化概念，教育投入越少，产出越多，表明教育经济效益越好。(2) 教育产出必须符合社会各方的需要。这里的需要不仅有质量界限，而且应当有结构、数量界限。教育产品只有在质量、结构、数量等方面符合社会需要，才能使教育经济效益得以实现。

根据以上分析，可以把教育经济效益定义为：通过教育培养出具备社会需要之能力和素质的劳动者，他们在社会生产劳动中所获得的国民收入的增加额，抵偿了教育和培训成本之后的余额或纯收益。根据定义可知，教育经济效益应该包括两个层面的内容：一是教育对社会发展和经济增长的贡献和促进作用及份额大小；二是教育给受教育者个人所带来的收益及收益多少。

西方教育经济学研究教育经济效益主要侧重于各级各类受教育者的收入增长与其受教育成本的差额或比值。因此，教育经济效益备受全社会每个成员的关注，人们要分析个人在受教育后得到了哪些收益，这些收益有多大，以此来选择个人受教育的类型与层次。同时，由于教育具有较大的外部性，一个人接受教育将给社会和他人带来很大的经济利益，有时甚至高于本人获得的经济收益。所以，研究教育经济效益时，除了关注教育的个人经济收益之外，人们更关注教育的社会经济收益。此外，因为不同层次、类别教育的经济收益与成本是有区别的，这样教育收益率也是不同的，因此对教育收益率的研究也是一项重要内容。

二、教育经济效益的特征

教育经济效益的表现形式有着十分丰富的内容，而且教育经济效益与国民经济其他领域的经济效益特征有所不同，这也是教育的经济价值的特殊表现所在。为了清楚地认识教育经济效益的表现，有必要对其特征作一简要概括。

1. 间接性

众所周知，用于生产领域的投资，在其一个生产周期之后，就会立即获得物质产品的增量和增值；然而，用于教育领域的投资却不能立即产生物质成果和货币收益，而是需要教育完成之后，成效才能间接地表现出来，即所谓的间接性。教育的直接成果是人的知识和能力的增长，只有当知识和能力同物质生产过程相结合，创造出新的、更多的物质财富时，教育的经济效益才能真正显现出来。

2. 长效性

教育投资同其他领域的经济投资相比，其获得的效益会在更长的时期内发挥作用，这是由教育投资的长效性所决定的。通常情况下，生产投资所生产的物质产品由于其自然属性的作用，在使用期间是逐渐损耗的，它的使用收益逐渐递减。而教育方面的投资则恰恰相反，不论是基础教育还是高等教育，学校教育传授给学生的知识和所形成的能力能够使他们受益终生，在其后几十年的工作期间持续发挥作用。不但如此，这些知识和能力可以成为受教育者个人将来发展的基础，像滚雪球似的在将来的工作中不断持续扩充和发展，给他们的工作和生活以及社会发展带来源源不断的效益，这表明投资于教育所带来的效益具有长效性和增值性。

3. 迟效性

一般意义上的投入与产出过程是从投资开始的，直到回收全部资本并获得经济效益。在这个过程中，不同的生产部门、不同的投资项目从投入到产生经济效益所需要的时间各不相同，有长有短。物质部门的生产周期一般较短，从各种生产要素的投入到产品销售，到收回成本、取得利润，少则几个月，多则几年，其经济效益的实现比较快速；而教育投资收益期与之相比则迟得多，基础教育需要 12 年，大学教育至少需要 4 年，如果继续接受更高层次的研究生教育，还需要 3～6 年时间，再加上某些行业还需要一些职业方面的专门训练，这样，一个人从开始进行教育投资到将来形成专业知识和技能，直到在社会生产中发挥效能，需要的时间是相当长的。因此，个人乃至社会投资于教育所获得的回报是迟效的，如俗语所云，“十年树木，百年树人”。

4. 多效性

教育经济效益的多效性是指教育投资除了可以提高受教育者的直接生产能力之外，还具有其他能够促进一国经济增长的多种功效。受过教育的人能够产生相当大的“外在性”影响，受更多的教育能够提高个人及家庭的健康水平，有利于对其子女的教育培养，这就相当于减少了社会的医疗和教育开支。社会受教育水平的普遍提高，还能减少社会犯罪率，降低人口出生率，这些都有利于人类社会的和谐发展，相对减少社会成本。以上多种教育成效的综合作用有利于促进经济增长和社会发展。

三、教育经济效益的类型

教育经济效益根据其内涵和外延的不同，可以分为不同类型。对各类教育经济效益的深入分析、探讨将对全面认识和计算教育经济效益具有重要的理论和实践意义。

1. 教育的经济效益和非经济效益

根据教育效益是否能够用货币度量，可以把教育效益分为经济效益和非经济效益。教育经济效益是指教育投资之后获得的用货币度量的收益。相应的，教育非经济效益指很难或无法用货币度量的教育收益。在市场经济条件下，货币收益一般必须通过市场交换途径取得，因此，教育的经济效益和非经济效益也被称为市场化收益和非市场化收益。

教育经济效益包括宏观层面（国家、社会）和微观层面（受教育者）的教育货币收益。宏观层面表现为，教育促进经济增长，带来一国或地区国民生产总值和国民收入的增长，而且增长额可以通过货币指标度量出来。微观层面表现为受教育者从教育中获得了货币收益，增加了个人收入。

教育的非经济效益虽不能直接用货币度量，但其作用和效果却不容低估。教育的非经济效益也可以从宏观层面和微观层面来认识。从宏观层面上看，教育能给社会带来多种很难或无法用货币度量的收益，包括培养现代民主社会的公民、提升整个社会的文明程度、保证社会的公平性和流动性、增进技术进步和变革、增强公民法制意识、稳定社会秩序、促进生态环境保护等。从微观层面上看，第一，教育增进个人的生活质量，满足个人的精神生活需要；第二，教育产生消费者选择效率，在相同预算约束下，受教育程度较高的人能够选择效率更高的商品组合和服务组合，达到更大程度的效用满足；第三，教育促进个人资源配置能力的提高，由于多受教育者的知识、能力的增长，使他们对自身的各种资源，如时间、家庭关系、身体状况的分配、处置更加合理和有效。

2. 教育的社会经济效益和私人经济效益

教育经济效益根据受益对象的不同，可以划分为社会经济效益和私人经济效益。它们也被称为外部经济效益和内部经济效益。社会经济效益是指教育通过培养和提高劳动者的知识和技能，促进其劳动生产力的提高，并最终导致整个国民收入的增长。对社会经济效益的研究，其起源可以追溯到1924年苏联经济学家斯特鲁米林发表的《国民教育的经济意义》一文，之后，人力资本理论的创始人舒尔茨计算出美国1929—1957年间教育对经济增长的贡献相当于这些年美国国民收入总增长额的33%，其后美国经济学家丹尼森用其他的方法计算得到教育对美国国民收入的贡献达到35%。这些研究都有力地证明教育具有很高的社会经济效益。对于教育具有较高经济效益的原因，早期人力资本理论认为：教育具有提高劳动者劳动生产率的作用，当教育能够普遍提高整个社会劳动生产率的时候，就必然带来社会财富和国民收入更快的增长。其后，一些新的理论观点在某种程度上对早期人力资本理论试图进行修正与完善：(1) 筛选理论认为通过教育——筛选信号——工资的传导机制，在“不完全信息”下教育起到重要的信号功能，教育对经济增长的作用源于它在劳动力市场所起的筛选作用。(2) 市场分割理论认为，劳动力市场存在着制度性分割，教育是将人们分配到不同劳动力市场的重要手段，不同劳动力市场的劳动者其收入与教育的关系并不相同，在主要劳动力市场教育与收入成正相关关系，而在次要劳动力市场这种正相关关系不显著。这种状况推动了人们对教育的追求，促进了社会分工机制的正常运转，在某些方面有利于经济发展，但是也加剧了社会分化和不平等。(3) 社会化理论则认为教育可以培养人适应不同工作需要的个性特征，通过促进个人的社会化来维护社会经济机制正常运行和发展。总之，虽然各种理论对教育提高社会经济效益的具体原因机制的见解方面存在分歧，但都不否认这种作用本身，反而从不同角度证明了教育具有促进社会发展和经济增长的巨大经济功效。

教育除了具有提高人的劳动生产率、促进国民收入增长的功效之外，还具有提高个人收入的功能，这被称为教育的私人经济效益。国内外教育经济学的理论和实证研究都证明：在其他条件相同的情况下，受过较多教育的人总是比受教育较少的人获得更高的收入。在经济分析中，这一关系由年龄—收入曲线反映出来，该曲线显示了受过不同程度教育的人收入随年龄变化的情况，受教育水平较高的人在任何年龄段上绝对收入水平都处在较高位置上。对私人经济效益的实证研究，教育经济学普遍采用计算内部收益率和明瑟收益率的方法来反映教育对个人收入的促进作用。中外研究者对教育收益率的实证研究都证明了教育的私人经济效益很高，能为受教育者带来可观的经济收入。

3. 教育的直接经济效益和间接经济效益

由前述可知，教育产生的经济效益是多方面的，但其过程比较复杂。有的效益直接体现在受教育者身上就称为教育的直接效益；有的效益并不直接体现在受教育者身上，而是体现在其他方面则称为教育的间接效益。确切地说，教育的直接效益是指教育活动对受教育者个人和社会群体产生的效益。其中教育对受教育者个人的直接效益表现在两个方面：一方面体现在受教育者个人的生产和生活上；另一方面体现在受教育者的社会生产活动上。前者包括受教育者个人在德、智、体、美、劳等诸方面的知识、技能、技巧的提高，除此之外，还包括个人因受教育而使其收入的提高，以及在选择市场生产投资中人的文化素质、劳动素质、社会意识、身体素质等的提高。

教育的间接效益，又叫教育外溢效益，指教育的效益在社会活动各个领域所产生的结果，如教育促进地区经济的增长和繁荣，创造新兴产业并改善就业结构或改善经济结构而提高就业率等。教育的间接效益十分重要，著名的英国教育经济学家马克·布劳格将教育的间接效益概括为九个方面：(1) 产生当前额外所得利润；(2) 促使额外所得利润，代代延续；(3) 发现和培养个人的潜在能力；(4) 使劳动力具有弹性，充分供给经济成长中需要的技术人力；(5) 促进科学和技术的发展；(6) 教导人们守法的行为，降低社会服务的要求；(7) 促进国家政治的稳定；(8) 保存共同的文化传统；(9) 养成良好的休闲娱乐习惯。①

4. 教育的货币效益和非货币效益

教育经济效益如果以货币的标准来划分可以分为货币效益（金钱效益）与非货币效益（非金钱效益）两种。前者是以金钱的多少来衡量教育经济效益的大小，后者则不以金钱的数量来表示。

教育的货币效益通常是以收入的多少来衡量。受教育者由于受教育，在未来劳动中会带来金钱收入的增加。但由于收入的种类很多，诸如工资、利息、租金、遗产继承等，为使教育经济效益在衡量上方便正确起见，通常是以工资或所得金钱的多少来表示，而不包括非劳动收入的增加，如租金、遗产继承、利息等。以工资衡量教育效益的大小是基于这样一种假定，即教育是决定劳动生产率最主要因素之一，可以代表劳动力的价值。但是决定工资的因素并不限于教育，由工资计算教育经济效益只能看出教育经济效益和工资相关的一般趋势。工资只能代表部分劳动者的收入，许多人的收入并不依赖工资，例如，目前我国绝大多数农民的收入就不能以工资来表示。

教育的非货币效益，是指受教育者获得的不能以货币计量的其他教育利益。通常指受教育者在社会、政治、文化等方面所获得的利益等。诸如受教育者对社会活动、政治活动和文化活动的积极参与，选举权的行使等所获得的利益便是。

在市场经济条件下，教育的货币效益，是由市场予以决定的，其大小视教育供需情况而有区别。教育的非货币效益则更多是由社会政策和社会态度来决定的。

第二节　教育经济效益的计量

研究教育经济效益不仅要回答教育有没有效益，更需要回答教育经济效益的大小。因此，对教育经济效益的分析既要有定性分析，又要有定量分析。特别是教育经济效益的定量分析，能够通过统计和计算，用数字来反映教育经济效益的大小，这样会更准确地认识教育对经济发展作出多大贡献。

一、教育经济效益计量的可行性与近似性

在科学的理论基础上对教育经济效益进行计量分析，是一种系统地比较教育成本与效益的方法。所谓教育经济效益的计量，就是通过对过去教育投资的成本与现今教育的收益

① 参见［英］马克·布劳格：《教育经济学导论》，1页，北京，春秋出版社，1989。

进行分析和比较，提供一种用发生在现在的成本来评定未来效益的方法。在市场经济条件下，从事此种计量分析的目的，就在于提出一种测定投资预期结果的方法，以作为资源合理分配的准则。但由于教育具有多方面的效益，且许多方面的效益是很难用具体数字精确计量的，因此，教育经济学主要关注教育经济效益的计量。

1. 教育经济效益计量的可行性

不论是理论上还是实践上都可以肯定地说，教育经济效益是可以计量的。从理论上看，马克思指出："劳动生产力是由多种情况决定的，其中包括：工人的平均熟练程度，科学的发展水平和它在工艺上应用的程度，生产过程的社会结合，生产资料的规模和效能，以及自然条件。"① 基于此，我们认识到人们通过受教育而得到的劳动能力的提高，是提高劳动生产率的一个重要因素。换言之，一定条件下，教育与劳动生产率的提高，与其带来的社会国民收入与个人收入的增长具有因果联系，可以利用反映这种因果关系的数学模型进行计量。而且，随着经济学计算技术的发展，教育经济效益的主要组成部分——成本、收益、收益率、劳动生产率等指标，已经可以用各种技术手段进行量化研究，因而教育经济效益的计量已经成为现实。

从实践上看，从1924年斯特鲁米林开始，到20世纪60年代的舒尔茨、20世纪70年代的贝克尔，以及他们之后的许多教育经济学研究者，都进行过教育经济效益的计算，并取得了重要成果。

教育经济学家在计算教育经济效益时所采用的方法繁多，概括起来有如下几种算法：

第一，国民经济增长指标和教育水平发展指标相互关系分析法。这种方法通常是以社会总产品或按人口计算的国民收入与社会劳动生产率水平之比。

第二，经济增长源泉分析法或经济增长因素分析法。这种方法是依据生产职能对社会总产品或社会劳动生产率的增长作用或贡献，来确定教育对国民经济发展的作用。

第三，直接计算教育经济效果的方法。苏联一些经济学家就是采用劳动简化率的计算方法来直接计算教育的经济效果的。

2. 教育经济效益计量的近似性

虽然教育经济效益的计量是可行的，然而，教育经济效益的计量有时又是十分困难的，因此，实事求是地讲，教育经济学关于教育经济效益所作的计算只是近似的，并不能十分准确地将教育经济效益计算出来。其原因在于：

第一，因为劳动生产率的提高是多因素作用的综合效益，除了教育因素外，还受到个人的素质、能力、兴趣、主观能动性以及年龄、工龄、身体状况等多种因素的影响。任何物质生产都是活劳动和物化劳动的结合，因此，物的因素如生产设备状况、生产技术水

① 《马克思恩格斯全集》，中文1版，第23卷，53页。

平、原材料的质量等，也是劳动生产率的重要影响因素。此外，生产的管理水平、国家的经济政策等因素，对生产都会发生影响。所有这些因素交织在一起，其作用机制和大小各不相同，又经常处在变动之中，要把教育的作用，单独分离出来并计算其大小，确实是困难重重。

第二，教育的迟效性和长效性也增加了计算的困难。一个人受正规学校教育时间可长达20年，工作时间可达40年。在这几十年里，生产的其他因素变化很大，要准确把握教育作用的大小，也并不是一件容易的事情。

第三，要作教育经济效益的分析、计量，还需掌握一段时间里研究对象的大量有关统计数据，而这种统计资料往往不完全、不系统，口径不一致，甚至存在较大误差，这也是教育经济效益计量的又一难题。

第四，尽管目前计算教育经济效益的方法很多，但却没有一套完全没有缺陷和局限性的计算模式和计算公式。采用不同的计算方法所得到的结果之间还存在着较大的差异。

总之，教育经济效益的计算其数量都是近似的。虽然如此，近似计算出来的结果要比单纯地对教育经济效益的定性描述要有意义。因为通过教育经济效益的计算对我们正确认识和对待教育发展和教育投资，合理安排教育投资的各项比例，对于促进教育和经济的发展都是大有裨益的。

二、教育经济效益的指标体系

西方学者在研究教育投资的效益时，为了准确细致地评价教育投资的经济效益，通常要建立一套指标体系，以便在进行计划和投资时使用。只有确立指标体系，才能全面计算、分析、评价和考核教育投资效益。建立教育经济效益指标体系要依据经济效益原则，即少投入、多产出，以同样的教育投资获取更多满足社会需要的原则；要符合投资资金循环与周转的原理；要适应不同层次计算和评价投资效益的需要；还要适合推进和完善经济管理工作的需要。①

计算教育经济效益需要根据教育经济效益的指标体系，对指标体系中各项指标进行计算。普遍认为教育效益指标体系包括教育纯收益、教育收益率、教育对国民收入的贡献、教育对劳动生产率的贡献、教育对个人收入的增加等。

1. 教育纯收益

教育纯收益是指由于投资教育所带来的国民收入增长的总和。计算方法是用一定时间内的教育收益总额减去该时期教育成本总额，公式表示为：

① 参见靳希斌编著：《教育经济学》，390页。

$$教育纯收益=教育收益总额-教育成本总额$$

2. 教育收益率

教育收益率是指教育收益总额与教育成本总额的比较，公式表示为：

$$教育收益率=\frac{教育收益}{教育成本}\times 100\%$$

通常人们更习惯用教育纯收益率，教育纯收益率是教育总收益去掉教育总成本后，再与教育总成本的比，公式表示为：

$$教育纯收益率=\frac{教育总收益-教育总成本}{教育总成本}\times 100\%$$

3. 教育对国民收入的贡献

教育对国民收入的贡献的指标分为绝对值和相对值，或者叫做静态值和动态值。其公式分别表示为：

$$绝对值=国民收入增长额\times 平均教育收益率$$

$$相对值=\frac{报告期教育创造的国民收入-基期教育创造的国民收入}{报告期国民收入-基期国民收入}\times 100\%$$

4. 教育对个人收入的增加

对个人来讲，教育的经济效益还表现为收入的增加。个人教育投资将会带来个人收入的增加。表示个人收入增加的指标有很多，目前比较广泛地采用个人收益率的计算方法。

三、国外教育对经济增长贡献的计量方法

教育对经济增长的贡献问题是研究教育经济效益的核心问题。国外对此方面的研究已经比较成熟，有以斯特鲁米林等人为代表的苏联教育经济学家的研究和以人力资本理论学派创始人舒尔茨等为代表的美国教育经济学家的研究。① 通过他们的研究，可以发现用于表示教育对经济增长贡献率的尺度是各种各样的，除了计算受教育水平与宏观经济发展指标之间的相关系数之外，一般情况下，估计的指标还包括：

第一，教育对新增国民收入额的贡献比例，即由教育所带来的国民收入的增加量占国民收入总增加量的比例，如舒尔茨的方法。

第二，教育对国民收入增长速度的贡献比例，即把教育当做一个生产要素，由教育这个要素投入所带来的那部分国民收入的增长速度占国民收入总增长速度的比例，如丹尼森的方法。

① 参见刘小镜：《国外教育投资对经济增长贡献的计量方法》，载《教育与经济》，1995（4）。

第三，教育对新增劳动生产率的贡献比例，即由教育所带来的劳动生产率（劳动力的人均国民收入水平）的增加量占总劳动生产率增加量的比例。

第四，教育对劳动生产率增长速度的贡献比例，即由教育这一生产要素所带来的劳动生产率的增长速度占总劳动生产率增长速度的比重。

下面具体介绍几种较有影响的计算方法：

1. 舒尔茨的“投资增量分析法”

舒尔茨1961年撰写的《教育和经济增长》一文分析了教育对国民收入的贡献，在该文中，他提出了“投资增量分析法”。该方法是建立在西方经济学生产函数理论的基础上，通过对生产函数中的“剩余”进行分析和计算，来估计教育对国民收入增长的作用。舒尔茨将资本分为人力资本和物力资本两个部分，教育又是人力资本的核心，教育对经济增长的贡献等于教育投资的产出率（即在一定年份中教育经费占国民收入的比例）与教育投资收益率的乘积。用 P_e 表示教育对国民收入增长贡献的百分比；ΔK_n 表示一定时期的教育投资增量；ΔY 为一定时期内的国民收入增量；r_n 为一定时期内教育投资的收益率，那么教育对经济增长的贡献的公式则为：

$$P_e=\frac{\Delta K_n}{\Delta Y}\cdot r_n$$

在计算时，首先，根据生产函数，找出增长余额；其次用反事实度量法，找出教育投资增量。计算教育投资增量之前还要计算在就业者身上所积累起来的教育投资的存量，舒尔茨计算一定时间点上的教育资本存量的公式可表示为：

$$E_r=\sum_{i=1}^{n}C_i\cdot B_i$$

式中，E_r 表示一定时点上的全部教育投资存量；C_i 为某一级或某一类学校毕业生的人均培养费用；B_i 为该级学历的就业劳动者人数；n 代表所有不同类别和等级的学校的项数，最后，通过教育投资收益率计算教育对国民收入增长的贡献。

2. 丹尼森的增长因素分析法

丹尼森在1962年出版的《美国经济增长的因素和我们面临的选择》一书，对美国1929—1957年经济增长的因素进行了分析，分别计算了各因素在经济增长中的作用，包括教育因素在经济增长中的作用。其计算的过程如下：

第一，根据西方经济学理论，分析国民收入增长因素。他认为经济增长因素分为生产要素投入量和生产要素生产率（也即劳动生产率）的增加，一方面是劳动力在数量上的增加和质量上的提高；另一方面是资本在数量上的增加。而教育程度的提高是劳动力质量较高的标志，属于劳动投入量范畴。

第二，根据收入差别，计算教育程度相对差别的百分比（工资简化系数）。丹尼森的算法是将受过八年学校教育的工人收入作基础并定为100%，再用其他教育年限工人的收入和基准数相比，算出其作为质量不同的劳动投入量上的差别，该差别即为计算不同教育程度劳动投入量折算的权数。

第三，以不同教育程度的简化系数，求平均简化数。

丹尼森将反映教育程度差别的工人收入差别的百分比（调整后的简化系数）按教育年限组在劳动力数量中所占的比例加以平均，即算出某年的各级教育水平的年度平均简化系数。通过确定平均简化系数可以计算出各年之间平均收入的差额，从而比较不同年度系数的大小，以找出教育在不同年度对经济增长的作用。计算公式为：

$$a=\sum_{i=1}^{n}A_i\cdot B_i$$

式中，a 为平均简化系数；A_i 为 i 级教育年限的教育程度工资的简化系数（调整后的）；B_i 为 i 级教育年限的劳动力数量的百分比；n 为年限。

第四，全期增长系数和年均增长系数的计算。全期增长系数的公式为：

$$\text{全期增长系数}=\frac{\text{报告期平均简化系数}}{\text{基期平均简化系数}}-1$$

求出全期增长系数之后，再求出每年教育平均增长系数的百分比 r，r 通过下式得出：

$$1\times(1+r)^n=\text{全期增长系数}$$

$$r=\text{全期增长系数}^{1}/n-1$$

第五，求教育作用对国民收入增长率的贡献。

丹尼森把国民收入分配给劳动和资本。根据经验得出，劳动和资本的比率为 73∶27，丹尼森认为教育作用只属于劳动价值（73%）这部分作用。所以，国民收入年增长率提高受教育因素影响为 $i\times73\%$。同时，他又认为知识增长和应用对经济增长所起的作用只有3/5属于教育，因此全部来源于教育程度提高的经济效益应当是这两部分之和。

3. 苏联的劳动简化法

劳动简化法是建立在马克思的劳动价值论的基础之上，依据比较复杂的劳动只是自乘的或多倍的简单劳动。这种方法的计算思路是按照一定的数量比例关系用劳动简化后的劳动总量中因教育程度提高而增加的劳动量，并进而确定在国民收入增长额中，有多少是由教育程度所带来的，以此说明教育对经济增长的贡献。计算步骤如下：

第一，根据马克思的劳动价值论，分析国民收入增长的因素，其中一个因素是劳动力数量的增长，另一个因素是劳动生产率的提高。

第二，通过确定不同级别之间的劳动简化率，计算一定年份上社会平均的劳动简化率。劳动简化率就是一定时间点上复杂劳动的折算比值。把最低一级别的劳动复杂程度定为“1”，作为简单劳动单位。劳动复杂程度的级别可以通过不同的教育程度，或不同的工资等级，或不同的劳动生产率的差别来区分，然后通过它们之间的倍数关系，来确定一定时期内的复杂劳动与简单劳动的比例。由于各个时期劳动复杂程度不是平均的，所以还要计算社会平均劳动简化率，计算公式为：

$$\text{平均劳动简化率}=\text{不同级别的劳动简化率}\times\text{不同级别的劳动者占总就业人数的百分比}$$

第三，计算由教育程度提高引起的复杂劳动增量占总劳动量的比例。利用平均劳动简化率将现有的劳动数量简化为能够用简单劳动单位计量的统一劳动力单位数量，进一步算出由教育程度提高引起的复杂劳动增量占总劳动量的比例，用公式表示为：

$$F_t=\frac{K_t\cdot L_t-L_t}{K_t\cdot L_t}=1-\frac{1}{K_t}$$

$$F_0=\frac{K_0\cdot L_0-L_0}{K_0\cdot L_0}=1-\frac{1}{K_0}$$

式中，F_t、F_0 分别为报告期和基期的复杂劳动增量占总劳动量的比例；L_t、L_0 分别为报告期和基期的劳动力人数。K_t、K_0 分别为报告期和基期的平均劳动简化率。

第四，计算一定时期内教育程度的提高对国民收入增长的贡献。

根据如下公式计算：

$$R_t=Y_t\cdot F_t-Y_0\cdot F_0$$

$$R=\frac{R_t}{Y_t-Y_0}$$

式中，Y_t、Y_0 分别为报告期和基期的国民收入；R 即为劳动者受了教育以后对国民收入的贡献；R_t 为基期和报告期内教育对国民收入增长的贡献。

四、我国学者计算教育对经济增长时常用的几种方法

在计算教育对经济增长贡献方面的研究，我国学者基本上是借鉴国外学者的计量方法，主要有美国舒尔茨的教育投资收益率计算法、丹尼森的经济增长因素分析法、恩格尔曼的生产函数计算法，还有苏联斯特鲁米林的以工资为尺度的劳动简化法、科马廖夫的教育年限劳动简化法，以及西方经济学家的相关系数分析法，“反事实度量法”等。在结合我国国情和各地区教育差异状况的同时，我国学者也提出了一些适应实际的、便于操作的一些可行方法，如劳动简化法、生产函数计算法等，详细介绍如下：

1. 劳动简化法

前面提到了劳动简化法是在计量教育对经济增长贡献时，按照一定的简化系数（如工

资、教育年限、教育费用等为简化系数)，折合成为劳动者的数量，然后计算教育对经济增长贡献的方法。

第一，要把工资、教育年限、教育费用与劳动者质量设定为成正比的关系。

第二，以相关系数（或以工资为尺度，或以教育年限为尺度，或以教育费用为尺度）进行劳动简化。

第三，确定劳动简化率一般有两个步骤：一是要确定级别之间的劳动简化率；二是进一步确定社会平均劳动简化率。

第四，计算出教育对经济增长贡献的份额。

具体计量时又有三种形式，劳动工资简化法、教育年限简化法、教育费用简化法。

（1）劳动工资简化法是以不同教育程度劳动者的工资差别或报酬差异来确定劳动简化系数的方法，也称劳动报酬简化法。这种方法是以工资为尺度，以一定教育程度的劳动者的工资作为基准，求出其他教育程度的劳动者的劳动工资对“基准”劳动者的劳动工资的比值，即劳动者工资的简化系数。

（2）教育年限简化法是以教育年限长短或课时多少为尺度来确定劳动简化系数的方法。这种方法是以教育年限为尺度，以一定教育程度的劳动者的教育年限作为基准，求出其他教育程度的劳动者的教育年限对“基准”劳动者的教育年限的比值，即劳动者教育年限的简化系数。

（3）教育费用简化法是以教育费用与教育程度、劳动者质量成正比例关系为前提，把其他教育程度劳动者的劳动费用简化为受过“基准”教育程度劳动者的教育费用为依据，求出各级教育毕业的劳动者的劳动简化系数方法。这种方法是以教育费用为尺度，求出其他教育程度劳动者的教育费用对“基准”教育程度劳动者的教育费用的比值，即劳动者教育费用的简化系数。

2. 生产函数计算法①

生产函数，是指在生产过程中，反映生产要素投入量的组合与实际产出量组合之间依存关系的数学表达式。

如果设 Y 为产出，t 为时间变量，有 i 个生产要素，则生产函数的一般形式为

$$Y=F(X_1,X_2,\cdots,X_i;t)$$

如果把生产要素简化为资本 K 和劳动力 L，则可以表示为：

$$Y=F(K,L;t)$$

研究教育对经济增长的函数模型有两类：一类是分析产出与投资要素之间绝对量的关

① 参见王善迈：《教育投入与产出研究》，214 页。

系，如柯布—道格拉斯生产函数；另一类是分析产出与投入量增长速度的关系，即各种增长速度方程。分述如下：

（1）柯布—道格拉斯生产函数

柯布—道格拉斯生产函数是建立在线性生产函数基础之上，并由此演变而来的。为了介绍柯布—道格拉斯生产函数，我们有必要先介绍线性生产函数。

线性生产函数的一般表示式为：

$$Y = \sum_{i=1}^{n} W_i \cdot X_i$$

式中，Y 为产出；X_i 为第 i 个生产要素；W_i 为第 i 个生产要素对产出影响的权重；n 为要素总个数。

如将资本 K 和劳动人数 L 视为影响产出 Y 的主要要素，则可将上式写成：

$$Y = W_k K + W_L L$$

上式中 L 仅为劳动者人数，其实劳动者质量素质也很重要，应考虑进去，那么，这个式子又可表示为：

$$Y = W_k K + W_L L + W_Q Q$$

式中，Q 为劳动者素质；W_Q 为劳动者素质对产出影响的权重。

如果进一步采用简化系数法对劳动者数量进行调整，即将劳动者质量数量化，也就是说劳动者素质变化转化为同等量的劳动者人数的变化。这个转化公式为：

$$L' = \lambda L$$

式中，L' 为简化劳动者人数，λ 为劳动者质量简化系数，那么，劳动者数量的变化量则为：

$$\begin{aligned} \Delta L &= L' - L \\ &= \lambda L - L \\ &= (\lambda - 1) L \end{aligned}$$

因此，生产函数公式可改写为：

$$\begin{aligned} Y &= W_k K + W_L (L + \Delta L) \\ &= W_k K + W_L [L + (\lambda - 1) L] \\ &= W_k K + W_L L' \end{aligned}$$

柯布—道格拉斯生产函数是美国经济学家和数学家柯布（C. W. Cobb）与道格拉斯（Paul H. Douglas）在 20 世纪 30 年代研究美国 1899—1922 年间，制造业的资本和劳动因素对生产的影响得出的。柯布—道格拉斯生产函数表示式为：

$$Y=aK^{\alpha}L^{\beta}$$

式中，Y 为产出；K 为资本投入量；L 为劳动投入量；a 为常数；α 和 β 为劳动和资本在产量中所占份额。

如果考虑教育投入要素 E 的影响，那么，公式可改写为以下两种形式：

一种方法是把教育投入作为折算系数对劳动者数量进行折算，公式为

$$Y=AK^{\alpha}(EL)^{\beta}$$

式中将教育的作用等同于把劳动者人数 L 增加了 E 倍。

另一种方法是把教育投入作为一种投入要素，那么，公式为

$$Y=AK^{\alpha}L^{\beta}E^{\gamma}$$

式中，γ 为教育的产出弹性。

(2) 投入与产出增长速度关系的教育对经济增长贡献的模型。

投入与产出增长速度关系的教育对经济增长贡献的模型为：

$$Y=f(K,EL)$$

式中，L 为劳动者数量；EL 为考虑劳动者质量提高而折合的劳动者数量，这是劳动增长型生产函数的一般形式。

根据柯布—道格拉斯生产函数，在劳动增长型技术进步时，假定技术进步 A 就是教育因子 E，则产出量公式为：

$$Y=K^{\alpha}(EL)^{\beta} \quad 或 \quad Y=K^{\alpha}E^{\beta}L^{\beta}$$

式中，Y 为产出增长速度；K 为资本增长速度；E 为教育增长速度；L 为劳动者人数增长速度。上述增长速度方程清晰地表明了在劳动增长型技术进步条件下，产出增长速度是由资本、劳动、教育三者增长速度的加权值组成。

近年来我国学者对我国 1982—1990 年间高等教育的贡献率作了计算，下面是根据柯布—道格拉斯生产函数计算我国高等教育贡献率的事例。①

根据上述模型，分别计算 1982 年、1990 年从业人员人均教育综合指数。

用教育综合指数代表由于教育程度的提高而带来的劳动投入量。根据 1982—1990 年间接受初等、中等和高等教育从业人员的平均收入差别，推断出中等教育毕业生劳动生产率是初等教育毕业生的 1.4 倍，高等教育毕业生的劳动生产率是初等教育毕业生的 2 倍。这里也可以把 1、1.4、2 看做是接受初等、中等、高等教育所提高的劳动力质量折算为劳动力数量的系数，而把劳动力人均受教育年限看做权数，据此计算劳动力人均教育综合指

① 参见崔玉平：《中国高等教育对经济增长的贡献》，载《教育与经济》，2001 (1)。

数（见表 10—1）。

表 10—1　　1982 年、1990 年从业人口文化程度分布表（%）

年份	大专以上	高中和中专	初中	小学	文盲
1982	0.87	10.54	26.01	34.38	28.20
1990	1.87	11.07	32.31	37.83	16.92

资料来源：国家统计局人口与就业统计司编：《中国人口统计年鉴（1994）》，388 页，北京，中国统计出版社，1994。

根据我国 1982 年和 1990 年两次人口普查数据整理计算得出：1982 年我国从业人员人均初等、中等和高等教育受教育年限分别为：4.308 年、1.81 年、0.035 年；1990 年我国从业人员人均初等、中等和高等教育受教育年限分别为：4.98 年、2.13 年、0.075 年。

第一步，计算平均教育综合指数。

1982 年平均教育综合指数为 $E=4.308+1.4\times1.81+2\times0.035=6.912$

1990 年平均教育综合指数为 $E=4.98+1.4\times2.13+2\times0.075=8.112$

第二步，计算起止年间人均初等、中等、高等教育指数年增长率和教育综合指数平均年增长率 e。

采用几何平均法，公式为

$$e=(E_1/E_0)^1/n-1$$

式中，n 为终止年与起始年之间的间隔年限。

按上述公式计算，我国 1982—1990 年间的初等教育指数年均增长率为 1.828%，即 $[(4.98\div4.308)^{\frac{1}{8}}-1]\times100\%=1.828\%$；中等教育为 2.056%，即 $[(2.13\div1.81)^{\frac{1}{8}}-1]\times100\%=2.056\%$；高等教育为 9.995%，即 $[(0.075\div0.035)^{\frac{1}{8}}-1]\times100\%=9.995\%$。可见，高等教育指数增长速度最快，它对教育综合指数年平均增长率的贡献应该最大，但是由于高等教育人均教育年限在数量上很小，采用麦迪逊（A. Maddison）的算法，我国高等教育对经济增长速度的贡献不会太大。

我国 1982—1990 年间教育综合指数年平均增长率为

$$e_1=(8.112/6.912)^1/8-1=2.02\%$$

由于工资的差别，进而劳动生产率的差别，是众多因素共同作用的结果，如个人的天赋素质、家庭背景、勤奋努力程度等都会导致工资或个人收入的差别，只有一部分差别可以归因于所受正规教育的不同，而且劳动力质量、素质、技能的提高也不能完全归因于正规教育，因此，按照丹尼森等西方学者通行的算法，对于依据工资差别而计算出的教育综合指数的增长率（即由教育程度的提高而带来的劳动量的增长率）用 0.6 进行折算：

$$e_2=2.02\%\times0.6=1.21\%$$

第三步，计算高等教育占年均总教育指数增长率的百分比。

高等教育所占的百分比为：E_h=5.45%。

a. 排除高等教育的教育指数值1982年为：4.308+1.4×1.81=6.842；1990年为：4.98+1.4×2.13=7.962。

b. 排除高等教育的年均教育指数增长率为：

$$[(7.962/6.842)^{1/8}-1]\times 100\%=1.91\%$$

c. 高等教育占总教育指数平均增长率为：

$$E_h=[(2.02-1.91)/2.02]\times 100\%=5.45\%$$

第四步，计算起止年间GNP的实际年平均增长率y。

以本国货币不变价格计算的增长率习惯上称之为实际增长率。设我国1978年GNP值为100，则1982年GNP指数131.8，1990年GNP指数为274.0，1982—1990年间GNP实际平均增长率为：

$$y=(274.0/131.8)^{1/8}-1=9.58\%$$

第五步，计算教育对产出增长率的贡献R_e。

$$R_e=\beta_e/y=0.7\times 1.21\%\div 9.58\%\times 100\%=8.84\%$$

式中，β_e表示劳动所得在总产出中所占的比重。这里β_e值采用了麦迪逊计算的β系数值，即β=0.7①。

第六步，计算高等教育对产出增长率的贡献R。

$$R=E_h\times R_e=5.45\%\times 8.84\%=0.48\%$$

由上述计算结果可知，我国1982—1990年间国民生产总值年平均增长率9.58个百分点中，有0.847个百分点是由教育带来的，所占份额为8.84%，即这期间教育对国民生产总值年平均增长速度的贡献率为8.84%，其中高等教育的贡献率为0.48%。可见，我国高等教育对经济增长速度的贡献是非常低的。

第三节 教育成本收益的测量与分析

教育成本收益分析的理论基础是人力资本理论。人力资本理论认为，教育是一种生产

① A. Maddison, Growth and Slowdown in Advanced Capitalist Economies: Techniques of Quantitative Assessment, *Journal of Economic Literature*, 1987, 25 (2), pp. 649-698.

性的投资，教育通过增加劳动者的知识技能来提高其劳动生产率。在完全竞争的劳动力市场中，当供需平衡时，工资应该等于劳动者的边际劳动生产率。因此，人力资本理论通过建立“教育—劳动生产率—工资”三者间的关系，确定不同教育水平劳动力终身收入的差别就体现了教育的个人收益。

一、教育收益率的测量

教育成本收益分析是通过比较调整后的教育收益与教育成本，判断教育投资经济效益的一种分析手段。

1. 教育收益现值法①

教育收益现值就是以调整后的教育收益现值与教育成本现值相减所获得的教育实际收益。因为教育成本和教育收益并不是在教育投资决策时一次支付或者一次回收的，教育收益是由学生就业后分年逐渐回收的，教育成本则是学生就学时分年支付的，所以要比较教育收益与教育成本，就必须以决策当时的货币现值为基准进行贴现。在教育成本收益分析中，一般采用由决策者认定的主观利率，分别把教育成本和教育收益贴现到某一特定时期（通常为毕业年份），再求两者的差值。需要特别指出的是，主观利率是由投资决策者主观决定的贴现率，受决策者、市场投资状况和通货膨胀的影响。计算公式如下：

$$PV=\sum_{t=1}^{n}\frac{B_t}{(1+r)^t}-\sum_{t=1}^{m}\frac{C_t}{(1+r)^t}$$

式中，PV 为教育收益现值；B 为教育收益；C 为教育成本；r 为贴现利率；n 为劳动者毕业后终身工作年限；m 为某级别教育的年限；$\sum_{t=1}^{n}\frac{B_t}{(1+r)^t}$ 表示收益现值；$\sum_{t=1}^{m}\frac{C_t}{(1+r)^t}$ 表示成本现值。

教育收益现值公式表明：教育收益现值越大，说明该级教育投资的收益越高。决策者在不计较投资成本大小而以获取最大利润为目标时，一般采用这种方法评估教育收益。此外，教育收益现值是受主观利率大小影响的。通常主观利率越大，教育收益越小，反之亦然。

教育收益现值的不足，一是由于教育收益现值受主观利率大小的影响，其数值不固定，计算时所用主观利率不同，现值之间难以比较；二是教育收益现值仅计算出教育投资利润的大小，不容易了解投资效益。由此可见，有了教育投资现值资料，决策者仍很难作出决定。基于以上理由，现实的研究中很少有人用它来衡量教育收益。

2. 教育成本收益比值法

教育成本收益比值，顾名思义，就是用调整后的教育收益现值来除以教育成本现值，

① 参见徐玮斌：《成本分析：实证方法探讨》，载《教育与经济》，1995（3）。

从而得到收益现值的倍数。计算公式如下：

$$B/C=\frac{\sum_{t=1}^{n}B_t/(1+r)^t}{\sum_{t=1}^{m}C_t/(1+r)^t}$$

式中，B/C 为教育成本收益比值；其他符号与上式同义。

与教育收益现值一样，教育成本收益比值也受决策者的主观利率影响。采用它作为教育投资决策参考指标的客观性和可靠性得不到保证。但是，由这个指标可以看出教育收益现值与成本现值大小的关系，即它反映了资本的使用效率，而且计算过程简便，教育成本与教育收益之间的关系一目了然。因此，还是有一部分研究者使用这种方法。比如，当年舒尔茨在计算美国各级教育的收益率时就是采用教育成本收益比值法。

以上两种方法都不能避免主观利率的影响，因此在进行投资决策和进行各级教育收益率的比较时应用并不广泛。下述的教育收益率计算法可消除前两种方法受主观利率的影响不确定的弊端，而且能反映资本的使用效率，所以在实证分析中被研究者普遍采用。

3. 教育收益率法

教育收益率法又称教育内在收益率法。所谓内在收益率乃是使贴现的预期收益和贴现成本相等的比率，源自凯恩斯的资本边际效益计算方法。美国学者汉森（W. L. Hansen）首先将此法引入教育经济学，形成人力资本的内在收益率计算法。为西方教育经济学家在计算个人教育收益率时所普遍采用。内在收益率的特点是不必假定贴现率，因为内在收益率本身就是投资决策的标准。内在收益率的计算公式为：

（1）收益现值等于成本现值。

$$\sum_{t=1}^{n}B_t/(1+r)^t=\sum_{t=1}^{m}C_t/(1+r)^t$$

（2）收益现值减去成本现值等于零。

$$\sum_{t=1}^{n}\frac{B_t-C_t}{(1+r)^t}=0$$

两式中，B 为收益现值；C 为成本现值；t 为时间；r 即是教育的内在收益率或报酬。

不难发现，教育收益率的计算公式与收益现值计算公式非常相似。事实上，教育收益率就是使得教育收益现值变零时的贴现率。教育收益率的计算方法还可以从不同教育程度劳动者的年龄—收入曲线上得到直观反映。

教育的收益不受主观利率大小的影响，而且同时考虑教育利率与教育成本，可以充分反映教育投资的使用效率，因此收益率可以为决策者提供一个可靠的参考指标，目前这一指标也为研究者所普遍采用。

4. 收入函数法

收入函数法又称明瑟收入函数（Mincerian earnings equation）法，因为它始于美国学者明瑟1958年所进行的开创性研究。该方法计算的明瑟收益率是个人收益率，指的是教育边际收益率，反映了受教育者由于多受一年教育而增加的收入。其基本公式是：

$$Y=a+bS+cx+dx^2+\varepsilon$$

式中，Y 为一年收入；

S 为受教育年限；

x 为劳动力市场经历或工龄；

a 为截距；

b、c、d 为相应变量的回归系数，其中，b 为每增加一年教育，个人收入增长的百分比，c 为每增加一年工龄，收入增长的百分比，d 在公式中没有实际含义，因为它是 x^2 即劳动力市场经历或工龄平方的回归系数，而劳动力市场经历或工龄的平方本身就没有确切的现实含义，因此，d 只是方程计算过程的必要数值，在计算的最终结果中 dx^2 就不存在了；

ε 为误差项。

对方程求导，可得

$$b=\frac{dY_o}{dS}$$

可见，回归系数 b 就是受教育年限 S 变动所引起的收入 Y 的相应变化。

二、教育收益率的分析

教育不是经济，学校不等于企业，教育收益的计算必须考虑教育本身的特点。

1. 不同层次教育投资的成本分析

按照现行学制，教育可以分为三级，即初级教育、中等教育、高等教育。下面对不同层次的教育逐一进行分析。

（1）初等教育。

教育收益率的研究表明，初等教育的个人收益率是相当高的。因为在三级教育中初等教育的成本是最低的，同时，由于小学毕业后在劳动力市场中很难就业，所以教育机会成本为零。而且，除了成本低之外，还有一个非常关键的问题常常是重视不够的，就是从受教育可能导致未来的收入增加的角度来看，尽管受初等教育带给人们的收入并不十分高，但是受中等、高等教育而导致收入增加是建立在受初等教育基础之上的。经济学家称之为收入效益上的所谓“机会选择权”，即因接受初等教育才能接受更高层次的教育，才能取得相应较高的收入。

(2) 中等教育。

舒尔茨的研究表明，在中等教育中，学生放弃的收入占中等教育总成本的比例较高，且高于高等教育的该项比例，从20世纪60年代以来，因接受中等教育而放弃的收入每年都大大超过总成本的一半，在1900年和1956年分别为73%和60%。舒尔茨对高中学生和大学生因接受教育而丧失的收入进行了估算，将1949年视为基年来决定青年女性与男性的收入，假定学生丧失的年收入为40周的工资，再根据高中与大学学生的不同年龄构成估计其机会成本，并将有关收入比例运用到对1900—1956年的机会成本估计，再用失业率加以调整，可以得出接受教育的机会成本，如表10—2所示。

表10—2　学生丧失的年收入（1900—1956年）　单位：美元

年份	制造业平均周薪	学生丧失的年收入			
		高中教育		大学教育	
		未调整	调整后	未调整	调整后
1900	8.37	92	84	209	192
1910	10.74	118	113	269	259
1920	26.12	287	257	653	626
1930	23.25	256	224	581	509
1940	25.20	277	236	630	537
1950	59.33	653	626	1 483	1 422
1956	80.13	881	855	2 003	1 943

资料来源：T. W. Schultz：*The Economics of Being Poor*，Blackwell Publishers，1993，p. 121；转引自朱舟：《人力资本的投资分析》，115页，上海，上海人民出版社，1999。

这里值得注意的是，由于1949年参与工作的大量年轻劳动力的工作时间较少，因而，上述基于1949年数据计算的机会成本在相当程度上被低估了。另一方面，进一步接受教育的年轻学生比同龄的劳动者有更强的能力，因而，用劳动力市场上未接受同等教育的劳动力来估计学生的机会成本，也存在低估的问题。

在发展中国家，中等教育收益率也一直非常高。对30个低收入国家的研究表明，中等教育的货币收益率均超过15%。从长期趋势来看，中等教育的收益率在长期存在因教育投资扩大而收益率下降的情况，且这一下降趋势在低层次的教育中表现更早也更突出。

(3) 高等教育。

高等教育层次的投资是由个人（家庭）自主作出的决策，由于在这一年龄组的受教育者通常都是已身体发育成熟，体力和知识水平均足以满足劳动力市场的大部分非专业技术性工作，这一层次的教育投资成本大大增加，因而其决策也更明显地受到投资成本收益水平的影响。在不存在教育补贴的情况下，大学层次的教育投资收益率与其他教育层次的投资收益率是具有可比性的。如果不考虑教育的消费价值，大学教育的私人收益率一般与其他个人投资的私人收益率相近。在美国，高等教育的私人内部收益率一直很可观。1959

年开始以来的多数研究认为，这一收益率在10%～15%之间，略高于物质资本投资的平均收益率。这表明，在过去几十年中，学生可以通过私人成本收益分析作出上大学的决策。加里·贝克尔在《人力资本——教育和研究的作用》一书中估计，1939年、1949年和1959年高等教育的私人内部收益率分别为14.5%、13.0%和14.8%。

以上对三级教育的成本收益分析仅是对教育经济学家所做的个案研究进行的简要介绍，所以并不能完全准确地说明三级教育的收益率具体是多少。但是，总体上说，小学教育的收益率是很高的，发展中国家高等教育的收益率高于中等教育的收益率，而发达国家却并不如此。经济学家对上述现象的解释是发展中国家大学的政府贴现比较大，而发达国家不仅政府的贴现没有发展中国家大，而且他们的大学教育出现了“过度教育”。

2. 教育收益率的国际比较

当代的著名教育经济学家萨哈洛普洛斯（G. Psacharopoulos）在1973年出版的《教育收益：国际比较》（*Returns to Education*：*An International Comparison*）一书中，对32个发达国家和发展中国家的教育收益率进行了估算，并进行了细致的分类研究。后来，他在1981年、1985年、1994年先后三次增加了一些新的国家和地区的数据，扩展了研究范围。在1994年时，他已经收集了多达70多个国家和地区的教育收益率的数据，表10—3是他运用精确法估算的一部分国家和地区的教育收益率。①

表10—3　　部分国家和地区教育收益率比较

国家或地区	年份	私人收益率（%）			社会收益率（%）		
		小学	中学	大学	小学	中学	大学
阿根廷	1989	10.1	14.2	14.9	8.4	7.1	7.6
巴西	1989	36.6	5.1	28.2	35.6	5.1	21.4
法国	1976		14.8	20.0			
德国	1978		6.5	10.5			
英国	1978	11.0	23.0			9.0	7.0
希腊	1977	20.0	6.0	5.5	16.5	5.5	4.5
埃塞俄比亚	1972	35.0	22.8	27.4	20.3	18.7	9.7
印度	1976	33.4	19.8	13.2	29.3	13.7	10.8
日本	1976	13.4	10.4	8.8	9.6	8.6	6.9
墨西哥	1984	21.6	15.1	21.7	19.0	9.6	12.9
中国台湾	1972	50.0	12.7	15.8	27.0	12.3	17.7
泰国	1970	56.0	14.5	14.0	30.5	13.0	11.0
委内瑞拉	1989	36.3	14.6	11.0	23.4	10.2	6.2

3. 教育收益率的变化规律

教育收益率并不是固定不变的，各个国家和地区在不同年份之间的教育收益率总是变

① Psacharopoulos, Return to Investment in Education: A Globe Update, *World development*, Vol. 22. No. 9; 转引自赖德胜:《教育与收入分配》，127～130页，北京，北京师范大学出版社，2000。

化的，但是经过一定时间的转化也是具有可比性的，只需打一定的折扣。

一般地讲，教育收益率的分布和变化具有如下特征：

第一，所有的教育收益率都为正值，这说明投资于教育无论对个人还是对社会来说都是合算的。事实上，教育等人力资本投资是比非人力资本投资带来更高回报的投资。教育投资收益率一般在10%以上，而非教育投资收益率或社会贴现率一般在5%～10%之间。

教育收益率之所以较高的原因有二。一是教育投资最终沉淀于人身上，内化为较高的生理和心理素质，而人是具有能动性的，特别是受过较多教育的人具有较高的配置能力，他们不仅能优化人力资源的配置，还能优化物力资源的配置；二是决定于教育的特性，私人投资教育能享受到各种补贴，而非人力资本投资则在个人与机构的权益与责任之间泾渭分明，各级政府机构一般是不会贴钱给个人进行非人力资本投资的。

第二，私人收益率高于社会收益率，而且，经济越落后，教育层次级别越高，二者之间的差距越大。私人收益率高于社会收益率，根本原因是社会（包括政府和社会团体）对教育投资收益率受收益影响，更与成本密切相关。由于教育的强外部性和特殊性，几乎每一个国家的政府都对教育进行大量投资，这种投资虽然主要来自公民的税收收入，但每一个公民所缴纳的税收并不相等，这样，受教育者就等于无偿享受到了未受教育者所缴纳的税收，这一方面提高了教育的个人收益率，另一方面又降低了教育的社会收益率。经济越落后，个人与社会收益率差距越大，这是因为一个国家越落后，受教育者数量越少，受教育机会也越不平等；教育层次级别越高，个人与社会收益率差别越大，这是因为较高层级教育的总成本更高，政府对它的资助总额较大，而且，随着教育层级增加，能有机会就读其中的人就越少。

当然，私人收益率也有可能低于社会收益率。当这种可能性转变为现实性时，往往并不是因为社会不对教育进行投资，而是因为存在着各种制度性障碍，使受过教育者所得太低。这种可能性很小，但对于分析我国的情况却具有特殊重要的意义，因为我国曾出现过“体脑倒挂”的现象。

第三，无论是私人收益率还是社会收益率，都是发展中国家比中等发达国家和发达国家高。比如收益率最高的是非洲国家，最低的是发达国家。其中原因主要是落后国家学龄青少年上学机会较小，从而对受过教育的劳动力的需求大于供给，他们在劳动力市场既能获得因边际生产力较高所带来的收入，又能获得某种垄断租金。较高的收益率意味着人力资本投资不足，但由于资本市场的不完善，人力资本投资不足的状况难以很快得到改善。

第四，就私人收益率而言，在三级教育中，小学教育的收益率最高，大学教育的收益率次之，中学教育的收益率最低。小学教育收益率之所以比中学教育收益率高，是由于12岁以前的小孩没有工作，小学教育基本上没有机会成本，而机会成本占了个人教育总成本的一半；大学教育收益率比中学教育收益率高，则是因为前者有高得多的补贴，而且，相对来说，大学生还是比较稀缺的人力资源。发达国家在这一点上表现出例外的情形，即大学教育的收益率低于中学教育的收益率，其主要原因就在于发达国家，大学生的供给已经相对充分。

在发展中国家，小学教育与大学教育之间的社会收益率相差很大，最高的（如泰国）达到 19.5 个百分点。这说明社会资源在小学和大学之间的配置没有达到最优，即小学教育投资不足，大学教育则投资过多。因此，把部分投资于大学教育的资源配置到小学教育中去，将会提高整个教育资源的配置效率。

第五，竞争部门（私人部门）就业者的教育收益率高于非竞争部门（公共部门）就业者的教育收益率。这说明，不分部门的总括性计算是低估了教育的实际收益率的。公共部门收益率偏低的原因在于政府把公共部门看做是调节经济和收入差距的重要手段，因此，它的工资制定带有更多人为痕迹，它对教育价值的评价往往低于市场评价。

第六，教育收益率的长期演变具有相当大的稳定性。教育收益率的时序比较有两种方法：一是跨国比较，即高低收入国家有序排列，看它们的教育收益率的波动情况；二是一国历史比较，即比较一个国家不同时期的教育收益率波动情况。第一种方法即跨国比较法，随着人均收入的提高，教育收益率呈下降之势，这似乎与教育规模的扩展一致。但是，与教育规模的扩展相比，教育收益率虽受教育规模和经济周期的影响，但它还是保持了相当大的稳定性。

4. 分析计算教育收益应注意的两个问题

为了更好地进行教育收益的计量和分析，应注意思考和解决好以下两个问题：

（1）计算教育收益率时，需要具备各级劳动者年龄收入的数据资料。通常获取不同教育水平劳动者年龄收入资料有两种方法，一是纵断面资料法，该方法必须以固定样本作长时期的追踪调查，难以实际操作；二是横断面资料法，该方法是以决策参照年度，把某级别教育中不同年龄劳动者的平均工资收入组合为该级教育毕业生终身收入。数据的取得仅需一次抽样，简便易行。不过，采用这种资料所计算的教育收益率仅仅代表参照年度的情况，无法兼顾经济增长给教育收益所带来的可能影响，两种获得资料的方式各有利弊，在研究中，可以根据研究需要灵活采纳。

（2）教育收益是指经过调整后的不同教育水平劳动者之间的收入差异，即纯粹由于受教育带来的收入增长。实质上，影响收入的因素非常多，其中不仅有制度和环境因素，如国家的劳动报酬制度、劳动力市场工资结构，还有个人因素，如性别、种族、天赋能力和家庭背景等。而且个人收入的实现还受劳动力供求状况、国家税收政策的影响。教育成本收益分析，必须从众多因素中剥离出教育对收入的影响。

本章小结

教育经济效益是指通过教育培养出具备社会需要之能力和素质的劳动者，他们在社会生产劳动中所获得的国民收入的增加额，抵偿了教育和培训成本之后的余额或纯收益，包括两个层面的内容：一是教育对社会发展和经济增长的贡献和促进作用及份额大小；二是教育给受教育者个人所带来的收益及收益多少。研究教育经济效益不仅要回答教育有没有效益，更需要回答教育经济效益的大小。因此，对教育经济效益的分析既要有定性分析，又要有定量分析。特别是教育经济效益的定量分析，能够通过统计和计算，用数字来反映教育经济效益的大小，这样会更准确地认识到教育对经济发展作出多大贡献。计算教育对经济增长贡献的方法主要有：舒尔茨的“投资增量分析法”、丹尼森的增长因素分析法、苏联的劳动简化法、生产函数计算法等。教育成本收益分析是通过比较调整后的教育收益与教育成本，判断教育投资经济效益的一种分析手段，其主要方法有：教育收益现值法、教育成本收益比值法、教育收益率法、收入函数法等。对教育收益的计算必须考虑教育本身的特点和其他各种影响因素。

思考题

1. 简述教育经济效益的含义、特征及类型。
2. 教育经济效益的计量是否具有可行性？
3. 计算教育经济效益需要哪些指标体系？
4. 计算教育对经济增长贡献的常用方法有哪些？
5. 测量与分析教育成本收益的常用方法有哪些？
6. 名词解释：

教育的经济效益和非经济效益，教育的私人效益和社会效益，教育的直接经济效益和间接经济效益，教育的货币效益和非货币效益。

7. 现在越来越多的证据表明，学生及其家庭投资高等教育的收益具有不确定性，请你通过自身教育投资的经历和对未来收益的估算，理性分析自身的教育投资行为。

阅读导航

1. ［美］西奥多・W・舒尔茨. 教育的经济价值. 长春：吉林人民出版社，1982

该书围绕教育的经济价值这一中心内容，对教育的种种属性进行了比较全面的分析，提出了资本的新概念和新的教育价值观。与此同时，作者还引进了“放弃的收入”这一概念，从而为解释经济增长、投资收益率、个人收入变化等长期以来令人困惑不解的问题提供了线索。

2. 厉以宁主编. 教育的社会经济效益. 贵阳：贵州人民出版社，1995

该书紧密结合我国的实际，就教育的社会经济效益从多方面、多角度进行了研究和探讨。

3. 高希均主编. 教育经济学论文集. 台北：联经出版事业公司，1976

该书分为五编十三章，就教育经济学的一些基本问题进行了译述，其中有三章介绍了教育投资报酬率、教育报酬率的计算以及家庭背景、心理能力和学校素质对于教育的金钱报酬的影响。

4. ［美］M. 卡诺伊. 教育收益率. 见 M. 卡诺伊编著. 教育经济学国际百科全书（第 2 版）. 北京：高等教育出版社，2000

此部分收录的文章从多角度、多侧面全面系统地研究了教育收益、教育与劳动生产率、教育与收入等问题。

第十一章

学生资助制度

本章提要

本章围绕学生资助制度，探讨学生资助的含义、来源及作用，介绍学生资助制度的形成和发展，实事求是地总结新中国成立以来学生资助的经验与教训，并提出进一步完善我国学生资助制度的对策思路。

自20世纪80年代末，尤其自20世纪90年代初建立社会主义市场经济的战略目标提出以来，我国的教育，尤其是高等教育发生了剧烈的变革，而国家包办教育局面的打破则是主要的变革表现之一。缴费上学或称“招生并轨”作为一项适应社会主义市场经济的高等教育改革的具体措施，已经日益为人们所接受。国家包办教育，尤其是包办高等教育的旧的学生资助制度，不能满足以市场经济为导向的教育改革的需要。建立新的学生资助制度已成为一种历史潮流，由此又构成了教育经济学研究的一项重要内容。本章拟就学生资助制度的有关问题，进行探讨。

第一节 学生资助的含义、来源及作用

何谓学生资助，资助费来自哪里，资助能起什么作用，是探讨学生资助制度首先必须解决的问题。

一、学生资助的含义

所谓资助就是用财物来帮助。经济上学生资助就是社会各方用财物来帮助学生。它表现为一种经济上的支持，也就是说资助者所提供的是某种可用货币计量的财和物，而不是道义上的帮助。所以，任何资助形式都需要资助者无偿投入大量资金，任何一种资助形式都包含了资助者所付出的经济补贴。奖学金、助学金都是赠与性的。贷学金以借贷形式向学生提供学习费用，虽需偿还，但是由于提供给学生的贷款一般都低于正常的市场贷款的利率，有的甚至是无息贷款，所以资助者同样还要贴付大量利息。例如，假若政府提供的学生贷款的利率为 5%，而市场贷款的利率为 10%，且偿还期为 10 年，那么政府 10 年中每年要损失 5%的利率。人们把政府的这种损失看做是对学生的隐性补助（hidden grant）或利息补贴（interest subsidies），或称做“暗贴”。这种暗贴在各国学生贷款中所占的比重各不相同。例如，在贴现率同为 10%的情况下，美国学生享受的隐性补助达 25%，瑞典超过 50%，而德国则高达 77%。①

资助只资助学生的学费、杂费、生活费或者其中的一部分，即资助资金一般主要用于学生学习期间的必要开销，而不允许挪为他用。但资助又不是一般性的社会慈善活动。它面对的是特定的对象，并以一定的筛选为前提，被资助者必须通过筛选而具备某一资格，且这种筛选往往不是一次性的。以高等学校政府优秀奖学金为例，学生首先要通过高等学校的入学考试，取得入学资格；入学后还要修完规定的课程，以优异的成绩和良好的品行从同学中脱颖而出方能成为奖学金获得者。

二、学生资助经费的来源

学生资助从来源上看，有政府公共资金、工商企业出资、宗教及慈善机构的捐赠、个人捐款以及国际机构或多边机构资助等。其中，政府是对学生最主要的资助者，其资助力度和资助覆盖面都是企业团体和个人所无法比拟的。这也就决定了政府资助在整个学生资助体系中处于举足轻重的地位。从形式上看，政府资助是国家对受教育者的一种经济帮助，实质上反映了社会发展与个人之间的依赖关系。在历史的发展进程中，教育实质上是人类自身再生产和再创造的一种特有形式，是其他生物所没有的一种社会性遗传方式。没有教育，人类的经验无法传递，人类的文明无法继承与发展。从这个意义上讲，教育从来就不仅仅是个人的事，而是全社会的事业与责任。随着人类的进步，正规教育从阶级与等级地位的象征朝着社会的基础地位转变。以大机器生产为标志，社会的发展越来越依赖于教育，人类的文明越来越依赖于人类的脑力，依赖于知识。社会对教育提出了空前的要

① 参见赵中建：《高等学校的学生贷款》，72 页，成都，四川教育出版社，1996。

求。时代到了今天，它对劳动者的素质要求越来越高，对人才的依赖性也越来越大。学校通过培养人才从而全方位地促进社会的政治经济和科学文化进步。这种促进作用比之历史上任何时期都更重要、更直接、更有力，越来越成为国际经济竞争的一项“秘密武器”。所以，社会需要更多的人接受教育。而为了达到这一目的，就要消除人们求学过程中的经济障碍，学生资助则势在必行。各种社会力量的捐资助学行为也正源于此。同时，为了统筹规划，促进社会大系统的协调发展，政府有必要以公共资金进行学生资助。因为政府作为社会的公共管理机关，是社会整体意志和国家权力的代表者，它反映的是社会整体利益，而各种社会力量往往代表自己的特殊利益，并且在现代社会中，也只有政府最有能力实施全国性的学生资助计划。所以政府理所当然应当成为学生最主要的资助者。

三、学生资助形式

学生资助形式，从世界各国的实际情况来看，大体上可以分为以下十种：(1) 面向全体学生，无条件地发放助学金，用于支付学费或生活费；(2) 只向学业成绩优秀的学生发放奖学金；(3) 根据个人的经济状况，向经济困难的学生发放助学金；(4) 专业奖学金或定向奖学金，获奖学生毕业后必须按照政府或未来雇主的要求在选定的职业领域（如医生或教师）工作一段时间；(5) 由工商企业提供赞助基金，但学生毕业后不必为出资雇主工作；(6) 由公共资金提供的低息或无息贷款，须偿还；(7) 由商业银行或其他机构提供，政府予以担保的贷款，通常低于市场利率；(8) 向学生提供特别就业工作项目使他们从中获得报酬；(9) 以低于市场价格提供食宿及交通优惠；(10) 减免学生或其家长的税收。①

其中前七种为直接资助，通常是向学生个人提供用于缴纳学费和维持生活的费用。后三种为间接资助，并不向学生直接发放现金，而只是通过一些优惠和特殊措施使学生最终受益，大多数国家都以直接或间接的方法提供学生资助。但概括起来，主要有助学金、奖学金、勤工助学和贷学金四种形式。

四、学生资助的作用

自古以来，求学都可以算是一种消费活动。从“束脩以上”求教于孔子，到现代学费的日渐昂贵，以及为求学而放弃的机会成本来看，人们为接受教育而付出的代价越来越高昂。能否支付这笔费用不仅在很大程度上决定学生能否接受教育，而且也关系到整个教育能否顺利发展，同时还关系到全社会的稳定。因此，实施学生资助制度具有十分重要的意

---

① *Financial Aid*: *Student*, *in The Encyclopedia of Higher Education*, edited by B. R. Clark and G. R. Neoye, Pergamon Press, 1992, pp. 1358-1367.

义和作用。

1. 有利于实现国家培养人才，尤其是有利于实现培养高层次人才的目标

教育的根本目的在于培养适应国家建设需要的各种人才和素质较高的劳动者。他们是提高生产力，促进经济增长，增强国力的基础与前提，而要提高人的素质，必须对人力资源进行适当的投资。国家和社会各方通过在学校设立助学金、奖学金、贷学金或其他的补助金对学生进行资助，是最直接的教育投资，其受益者不仅是学生及家庭，更重要的是有利于国家培养人才目标的实现。事实上国家和社会各方用于资助学生的经费，仅占全部教育经费很小的份额，而其收效却很高。特别是我国设置的助学金、奖学金和贷学金一般都以高等院校学生为主要资助对象，这就促进了高等教育事业的发展和高层次人才的培养。

2. 有利于减轻学生及家庭经济负担，促进教育公平原则的实现

教育公平即教育机会均等，即具有相同才智的人，应享有相同的受教育机会。但事实上教育机会均等只是教育公平的一项内容，是达到公平的起码条件。每个人是否有相同的受教育机会，取决于很多因素。发展中国家经济落后，人民的生活较为贫困，能够享受较高等级教育的人相对较少，要实现真正的教育机会均等也非易事。在这种情况下，建立学生资助制度，就可以缓解入学与经济困难的矛盾，减轻家庭在经济上的压力，使一部分低收入家庭乃至中产阶级家庭的子女获得继续求学深造的机会，促进教育公平原则的实现。

3. 有利于调动学生的学习积极性，提高教育质量，促进教育目的的实现

各国学生资助制度都把增进教育机会均等作为基本出发点之一，为实现人类的公平之梦而努力。然而，每项资助都与一定的培养目标相联系，包含着社会殷切的希望。学生争取资助及受到资助的过程就是努力成为社会所需要的有用之才的过程，这就有利于教育目的的实现。极富吸引力的学生资助政策能激励学生勤奋学习，积极向上，把外在的培养目标内化为自己努力的方向。如奖学金制度具有促使学生努力学习、提高学习成绩的功能。学生贷款制度使学生处于适度的经济压力之下，更珍惜学习机会。勤工助学占去了部分学习时间，但锻炼了能力，可促使学生提高学习效率。因此，学生适当享受资助，会增强他们的荣誉感和责任心，养成刻苦自励、攀登学习高峰的精神，使他们不断取得进步，获得更为优秀的成绩，促进了学校教育质量的提高和教育目的的实现。

4. 有利于根据国家发展的需要，适时调整教育的规模、结构与发展方向

学生资助作为一种经济手段能够对教育进行有效的宏观调控。国家通过增加或减少学生资助金额在一定程度上也能够调整教育的规模、结构与发展方向。国家可以利用无偿资助来刺激某些急需专业或艰苦专业的发展，以解决全国范围某些专业人才短缺的问题和保证某些特殊专业人才的培养。如我国为了发展基础教育，需要数以百万计的中小学师资，为了鼓励学生报考师范院校，在民国时期就对师范生实行公费制度。新中国成立以来，我国十分重视发展师范教育，在相当长的一段时间内对师范生给予100%的人民助学金，保

证了师资的供给。又如对少数民族地区的教育，我国政府也一贯采取扶持和照顾的政策，对这些地区学生的资助，大大多于内地，扩大了少数民族地区青少年的受教育机会，促使少数民族地区教育事业的发展。再如对农林、体育、航海等一些专业，为鼓励学生报考这类专业学校，也给予各种特殊资助。

5. 有利于缩小社会贫富差距，增进社会的稳定

对学生进行资助从其表面看是减轻贫困家庭子弟入学的经济障碍，一定程度上保证家境困难的学生享有受教育的机会。但从深层次来看，通过扩大教育机会，使得一部分人得以走出贫困，一定程度上缩小了贫富差距，这就有利于社会稳定。如果只有富人子弟才能受良好教育，则社会将是富者更富，贫者更贫，就会处于不稳定的畸形状态。而使贫困家庭子女也能接受良好教育就能从根本上改变他们的落后地位，从而走出贫穷的怪圈，走上共同富裕之路。所以，实施学生资助制度，是增进社会稳定的长远之计。

第二节 学生资助制度的形成和发展

向学生提供财政资助的做法古已有之。第二次世界大战以来，它更成为世界各国普遍重视的一项教育政策。随着社会经济发展对各种劳动力和专门人才需求的增大以及各级各类教育就学人数的增加，人们越来越重视学生资助制度在人才培养和发展教育方面的作用，即探讨如何向学生提供资助，建立什么样的资助制度更为合理有效。因此可以说，学生资助制度的建立经历了一个长期的形成和发展过程。

一、国外学生资助制度的形成和发展

国外对学生实行资助始于何时，尚缺乏史料可查，但在 12—19 世纪的欧洲，君主、教会和慈善机构资助学生求学之风日盛。中世纪欧洲的大学突破了教会对教育的垄断局面，实行大学自治，一定程度上发展了世俗文化。当时的大学没有入学方面的国籍限制，游学风气盛行。为了支持那些并不富裕的青年学生外出游学，出现了以君主、教会和某些社会人士为主体的，修建专供学生使用的房舍，或提供伙食的学生资助。1180 年，一位伦敦人为在巴黎大学学习的英国学生修造的房舍是最早的一所。1303 年，法国国王的忏悔牧师索拜（Sorbon）为在巴黎大学学习神学的贫困学生修建了被称为“索拜”的十分有名的宿舍。[①] 而这些学生聚居之处逐渐发展成为大学教学活动的真正中心，叫做学院。学院常明文规定为来自某些地区、行业、学校或教派的贫苦学生提供费用。德国史学家弗·

① 参见王天一等：《外国教育史》，92 页，北京，北京师范大学出版社，1980。

鲍尔生曾指出，中世纪欧洲的大学常常有三种不同类别的学生：一类是“享有僧侣生活待遇”受教会资助的学生；一类是出身贵族、富商的自费生；还有一类是“外舍生”，他们来自城市贫民家庭，通常走读听课，大学免他们学费。① 纵观这一时期的学生资助活动，主要限于君主、教会和慈善机构及某些社会人士。

如果说12—18世纪，世界各国的学生资助活动主要限于君主、教会和慈善机构及某些社会人士的话，从18世纪法国大革命时期到第二次世界大战之前，随着教育在国家经济社会发展中作用的增强，国家公款资助学生之风逐渐兴起。一些有识之士呼吁为了国家民族的利益，政府应以公共资金帮助人们受教育。这种思想主张在18世纪法国大革命时期的一些公共教育改革方案中表达得最为明确。例如，受资产阶级启蒙思想影响较深的雷佩尔提（Lepelletier）在1743年拟定的教育改革方案中就明确提出，让贫苦的儿童受教育，首先要给他们面包。此外，如塔列兰等人也强调国家必须实行对有才能的学生进行特别奖学的社会制度。拿破仑执政后曾为巴黎理工学校的贫苦学生提供生活费用。到了1880年，法兰西第三共和国时代正式开始实施国家公费助学制度。

在美国实行学生资助制度的早期倡导者，是美国《独立宣言》的起草者托马斯·杰斐逊，他认为，人民才是社会福利的唯一可靠的托付人，必须使自然赋予才智和德行的人，受到充分的自由教育，使他们更有德行，更有才能，更有能力负起捍卫社会福利和政府的使命。为此，杰斐逊提出了周密详尽的选拔、资助和培养“自然贵族”（包括出身贫寒、才华超群的青少年）的法案。1913年，纽约州率先确立了奖学金制度。

英国学生资助制度的确立是人们基于对双轨制弊病的认识。随着英国工业和科学技术的发展，双轨制越来越成为广大青少年接受适合他们能力的职业训练的障碍，也影响到产业界和其他社会领域优秀人才的获得。为消除优秀而清贫者获得受教育机会的经济障碍，同时又满足社会各领域对人才的需求，英国于1902年颁布法令开始设立奖学金。16～18岁的青少年通过“一般水平”和“高级水平”的普通教育证书考试后，便可获得奖学金进入高等学校。

十月革命后，列宁领导的苏维埃政府在全国范围内普遍实施助学金制度。1917年11月17日，俄共（布）中央发表《告居民书》，宣布实施免费义务教育。1918年8月教育人民委员部在《关于苏俄高等学校招生问题》中指出，高等教育中“不容许有资产阶级享受任何法律上的和实际上的特权。首先应该无条件地招收无产阶级和贫困农民出身的人，并普遍地发给他们助学金”②，从而使所有适龄者都有可能接受教育。

综上所述，可以看出，这一时期学生资助制度的确立主要基于以下两点：（1）教育是人的基本权利，贫苦子弟也应该享有同等的受教育机会；（2）经济发展和社会进步需要大

① 参见张民选：《对大学生直接资助政策的国际比较》，载《高等教育研究》，1992（3）。

② 转引自王天一等：《外国教育史》，288页。

量的人才，国家应担负起培养各种人才的责任。但是，从总体上来看，这一时期学生资助制度还很不完善，资助规模、力度及形式等各方面都有待继续发展。

第二次世界大战后到20世纪70年代中期，世界经济进入了高速增长的黄金时代。随着经济的发展，人们对未来社会的发展充满乐观和幻想。由此形成了“福利国家主义”和作为现代福利国家象征的积极的教育政策，包括福利色彩浓厚的学生资助政策。美、英、日、法等发达国家大都出于种种考虑，充分调整了各自的学生资助政策。大批新生的社会主义国家以及欧洲和拉美的一些国家都相继形成了由政府向大学生提供助学金及少量贷款的资助政策。一时间，学生资助在世界范围内出现了高潮，形成了不同的学生资助模式。

1. 供给型学生资助模式

属这一类型学生资助模式的有英国、法国、苏联及其他社会主义国家和非洲一些国家。英国以无偿的形式向几乎所有的大学生提供奖学金。凡接受高等教育的全日制学生均可享受两种形式的国家资助：一是学费由国家支付；二是领取生活费资助。这些均属法定奖学金（mandator award）。其中生活费资助根据学生的学习地点和学习期间是否住父母家中而分为三等。每个学生实际获得的资助金一般根据资产调查的结果而定。接受法定奖学金的学生必须修习指定的课程。除此之外，地方教育当局和其他一些机构、个人还根据各自不同的标准要求向学生颁发任意奖学金。[①] 法国的奖学金政策把扩大教育机会放在首位，面向公立、私立学校的所有大学生。第一期课程和第二期课程学生的奖学金（相当于本科、专科）以家庭年收入为标准来确定是否具有享受奖学金的资格以及所享受奖学金的数额。根据家庭年收入的不同，奖学金分为九等发放。学生必须在每年规定的时间提出书面申请。对第三期课程的学生（研究生），法国实行特别奖学金，包括学习津贴、科研津贴、公务奖学金和中学高级教师会考奖学金四类。这些都不受家庭收入多少的限制，主要根据学习成绩评定，带有一定的育英性质。[②]

从以上分析可以发现，供给型学生资助模式的基本特征是：(1) 它以促进教育机会均等为主要出发点，力图满足人们求学需要和社会经济对人力的需要；(2) 奖学金和助学金为其主要的资助形式，资助金额与学生的家庭经济状况挂钩；(3) 所获资助无须偿还，且具有法定性、强制性，政府有关部门必须依法支持。

2. 借贷型学生资助模式

许多发达和发展中国家的高等学校学生都接受贷款形式的资助。其中，日本、哥伦比亚和一些拉美国家是实施借贷型学生资助模式的典型。日本负责学生贷款的机构是“日本育英会”。它作为政府与学生之间的中介机构，负责实施借贷性奖学金政策并管理“日本育英奖学金”。根据《日本育英会法》第一条规定，日本育英奖学金制度的目的是“国家

---

① 参见李丹：《英美奖学金制度的比较研究》，载《高等教育研究》，1985 (4)。

② 参见李守福：《高等教育奖学金制度初探》，载《教育研究》，1993 (9)。

开展对因经济原因修学困难的学生借贷学资及其他育英所需的业务，以培养于国家有用的人才”。日本育英奖学金制度采取无息借贷的奖学金形式。但在大多数情况下，贷款只发给中小学学生。贷款的资金来源主要是国家财政拨款和学生毕业后返还的经费。受助者必须具备学业成绩优异和本人或家庭经济确有困难两项条件。此外，日本地方政府及各种公益事业团体等也向学生提供条件不一的借贷性资助。① 南美洲首批学生贷款于1950年在哥伦比亚发放，同时成立了哥伦比亚国外高级培训学院（ICETEX）。在拉丁美洲，“教育贷款”一词，即指学生贷款及包含偿还义务的任何一种学生资助，哥伦比亚的计划原意是帮助在国外接受高等教育的学生，但该国的国外高级培训学院从1968年开始也向在本国学习的学生提供贷款。继此之后，许多拉美国家于20世纪60年代和70年代建立了学生贷款机构，例如委内瑞拉的教育贷款部（EOUCREOITO）和阿根廷的国家教育信贷所（INCE）、拉美各国的学生贷款机构共同组成的泛美教育信贷机构协会（APICE）。②

借贷型学生资助模式具有以下基本特征：（1）一定程度上贯彻了教育成本分担的原则，国家向学习者提供财政支持以克服其求学遇到的压力，但不承担学生学习的全部费用；（2）贷款按有关规定分期偿还，在特定条件下可以减免；（3）学生贷款作为一种费用回收机制，并不能为政府提供即时的财政节约，但从长远的眼光看，学生贷款能为教育提供一种显著性的资金来源；（4）管理比较复杂，一般需依法建制。

3. 混合型学生资助模式

混合型学生资助模式是采取多种资助形式的政策模式。美国、加拿大、瑞典属于这种政策模式。美国学生资助的范围包括公、私立的几乎所有高等学校，形成了一个由联邦、州、大学和私人协作的，助学金、贷款、奖学金、勤工助学并举的混合资助制度。其中联邦政府设置的“基本教育机会均等奖学金”、“社会福利奖学金”侧重于教育机会均等，这两种奖学金是由一次性与不定期捐款转变为具有法规性质的固定资助制度，旨在帮助低收入家庭的学生进入大学。“全美直接学生贷款计划”主要目的在于加速科技人才的培养，确保国防的竞争能力。“联邦工读计划”产生于“向贫困宣战”的20世纪60年代，通过向学生提供校园工作和校外、社区服务工作机会来解决学习费用。各大学或学院设立的“董事会奖学金”或“校友奖学金”通常奖励学业优异、有发展前途的学生。一些企业和社会组织提供限制性奖学金，要求获奖者攻读公司所需的课程，毕业后为公司工作。另外还有名目繁多的各种资助形式。它们相互补充，能够比较好地满足社会各方面的要求。

从20世纪70年代后期至今，随着教育规模的不断扩大，教育投资供给不足日益成为影响世界各国教育事业进一步发展的主要问题。在这种背景下，为了解决教育投入不足的问题，世界各国对学生资助制度纷纷进行了调整和改革。这种调整和改革的最显著特征是

① 参见夏人清：《日本贷予性奖学金政策探析》，载《比较教育研究》，1994（4）。

② 参见伍德霍尔：《学生贷款》，见《国际教育百科全书》，第8卷，518页，贵阳，贵州教育出版社，1990。

推行贷款制。从20世纪50年代开始，一些国家开始在本国的范围内试行学生贷款，到20世纪六七十年代更多的国家或地区创立或扩大了学生贷款，而且是以计划的形式采用。这些国家中既有发达国家也有一些发展中国家。自20世纪70年代后期以来，围绕学生贷款的争议尽管越来越突出，但其发展的势头却非常明显，目前世界上约有50个国家采用了学生贷款资助形式。原先推行供给型政策的英国、澳大利亚、德国等国家也开始推行学生贷款政策；先前奖、助学金比例高于贷学金比例的国家提高了贷款比例。比如美国的全部学生资助额中，1970—1971年间助学金占60%，1975—1976年间上升到80%，到1988年则跌至47%；相反，贷学金的份额却上升至50%。① 先前推行无息贷款的国家增设了有息贷款，如日本从1984年起设有息贷款，其目的在于扩大学生接受贷款的机会。一些早先尚未建立学生资助制度的国家也建立了学生贷款制度。至此，贷款在学生资助制度中占有十分重要的地位，成为最重要的学生资助形式之一。

二、我国学生资助制度的形成和发展

我国实行对学生的资助，对学生规定在学期间的经济待遇由来已久。据史书记载：汉代太学生不缴纳学费，正式学生都享受官俸。太学房舍专供太学生居住。甚至允许他们携家眷同居②。唐代中央官学学生有廪膳费。东京、西京国子监所属中央官学及其他国家部门创办的官学，除违反校规和考课不合格者外，其生徒皆由国家包揽廪膳，全部免费进餐。此项开支，数额惊人。仅两京国子监盛时生徒达3 000人左右，当时的史书记载，连同留学生达8 000余人，一日三餐，能维持下来，就不甚容易。③ 南唐升元四年（公元940年）建学馆于白鹿洞，置田供给诸生，学者大集；宋高宗绍兴年间，太学生达1 000余人，朝廷所给学廪，动以万计，日供饮食，为礼甚丰。明代府州县学生设的廪膳及其他待遇颇为优厚。国子监的监生可以在监内寄宿，发给膏火，供给膳食，享有免役权利。明初后规定学员月廪米6斗，以后增加到1石，但有赏也有罚，对于经过考试，学无成效者，要追还所给廪米。清代则规定生员须经岁科两考，列为一等者方能取得廪生资格，由公家发给廪米，并有名额限制。清末废科举，兴学堂后，学堂的开支项目中仍包括膏火、膳食等项。国子监“凡于讲课之期，每年赏银六千两，以为饭食之费，所余银以备诸生遇有事故，实力不足者，量加周助”④。民国时期，凡入高等、中等师范院校者皆由国家给予公费待遇；抗日战争爆发后，大片国土陷于敌手。学生因迁至后方断绝了家庭经济来源，为了照顾他们，在大中学校设立了贷金制度，按月发给每生大米二斗三升和相应的副食补

① 参见靳希斌：《学生资助国际经验及对我国的启示》，载《教育研究》，1985（7）。

② 见《后汉书》卷十五《鲁恭传》：“十五与母及丕（其弟名），俱居太学”。

③ 参见熊贤君：《中国教育管理史》，337～339页，武汉，华中师大出版社，1989。

④《国子监·六堂课士规制》内外班肄业条，见《大清会典事例》卷一〇九八。

贴，但此项贷款并未得到偿还。当时在中国共产党领导下的革命根据地所设立的干部学校、专门学校乃至中学都实行供给制，对学生的学习生活费用采取包下来的政策，以培养革命所需要的人才。

新中国成立之初，各地人民政府根据本地区的具体情况，制定了一些临时性的高等学校和中等学校助学金的实施办法，但标准极不统一。为此，中央人民政府政务院于 1952 年 7 月发出《关于调整全国高等学校及中等学校学生人民助学金的通知》，决定自 1952 年 9 月份起实行统一的人民助学金制度。教育部为了贯彻政务院通知精神也发布了具体规定，要求全国高等学校、中等学校及工农初等学校学生的人民助学金一律依照新规定的标准执行。文件规定了高中、初中学生人民助学金按总人数的享受面及标准；高等学校、高等师范院校、中等专业学校、工农速成中学、工农初等学校学生均全部享受人民助学金，并分别规定了标准。1954 年高教部、教育部联合颁发了《关于改进全国高等学校、中等专业学校及工农速成中学的调干学生人民助学金的使用办法的通知》，对调干生助学金规定按照学生入学前的职务及工资，分为五个等级。1955 年 8 月高等教育部为了合理使用人民助学金，颁发了《全国高等学校一般学生人民助学金实施办法》，决定从 1955 年 10 月份起，全国高等学校（高等师范院校除外）学生人民助学金由原来的全体学生发给改为部分学生发给：凡家庭富裕能自费者，不发给助学金；凡能自费半数或三分之一伙食费者，发给所缺部分；完全无力负担者，发给全部伙食费。经济特殊困难的学生的其他费用，可另外申请困难补助。而革命烈士子女学生、少数民族学生、归国华侨学生，在一般学生同等经济条件下优先给予照顾。1956 年 12 月高教部对高等学校研究生人民助学金标准作出规定。1960 年 1 月国务院转发教育部《关于改进工人、农民、干部学生人民助学金标准的暂行规定》和《关于研究生人民助学金标准的暂行规定》及有关文件，规定连续工龄在 3 年以上的工人、干部，从事农业劳动 3 年以上的农民学生，发给工人、农民、干部学生人民助学金，标准比一般学生为高。1963 年 8 月，国务院批转了教育部《关于调整中等专业学校学生人民助学金问题的报告》。《报告》建议把中等技术学校人民助学金的享受比例由原来的 100%降为 60%～80%。1977 年教育部、财政部根据国务院批转教育部《关于 1977 年高等学校招生工作的意见》，又制定了《关于普通高等学校、中等专业学校和技工学校学生实行人民助学金制度的办法》，规定国家职工被录取为研究生和工龄满 5 年的国家职工进入普通高等学校，在学习期间，工资由原单位照发，一切费用自理，其他学生一律实行人民助学金，享受比例为：研究生 100%，高等师范、体育和民族学院学生 100%，其他学生 75%。1979 年 8 月，教育部等又规定：连续工龄满 5 年的国家职工考入大学后，将一律实行职工助学金制度，不再享受原工资；一般学生实行人民助学金制度，除高等师范、体育、民族学生全部享受人民助学金外，其他学生的人民助学金享受面按 75%计算。1983 年教育部、财政部对人民助学金办法进行了初步改革，颁发了《普通高等学校本、专科学生人民助学金暂行办法》和《普通高等学校本、专科学生人民奖学金试行办法》，规定从1983年秋季入学的新生开始实行人民助学金和人民奖学金并存的办法。其余各类学校仍按原规定继续执行助学金制度，具体办法由地方政府根据本地区情况自行规定。中等专业学校是否实行奖学金制度，由所在省、自治区、直辖市决定。1985年，《中共中央关于教育体制改革的决定》明确指出，要改革人民助学金制度。1986年，国家教委在全国85所普通高等学校进行奖、贷学金试点，取得了明显效果。1987年，国家教委、财政部联合颁发了《普通高等学校本、专科学生实行奖学金制度的办法》和《普通高等学校本、专科学生实行贷款制度的办法》。国家设立优秀学生奖学金，鼓励学生刻苦学习，奋发向上，全面发展；设立专业奖学金和定向奖学金，鼓励学生报考师范、农林、体育、民族、航海等专业和立志毕业后到边疆地区、经济贫困地区工作。对于家庭经济确有困难的学生，国家提供无息贷款，学校负责发放和催还等全部管理工作。实行专业奖学金办法的高校或专业不实行贷款制度。1987年秋季入学的本、专科学生开始实施奖学金与贷学金相结合的制度。

自1989年起，我国普通高等学校开始试行学生收取学杂费制度。在这种情况下，有部分家庭贫困的学生因无力缴纳学费及购置必要的生活和学习用品，甚至无力维持学业而陷入窘境。面对这种新的情况，国家有关部门、各级地方政府给予了高度重视，并充分发挥了主渠道作用，付出了执着的努力。1993年，国家教委先后发出了《关于对高等学校生活特别困难学生进行资助的通知》，以及《关于修改〈普通高等学校本、专科学生实行贷款制度的办法〉部分条款的通知》，决定对家庭经济困难的学生给予特殊困难补足和学杂费减免。20世纪90年代后期，随着高校招生规模的不断扩大和学费制度的全面建立，高校贫困生的增加，国家开始实行由银行提供资金的助学贷款制度。1999年6月，国务院办公厅转发中国人民银行、教育部、财政部《关于国家助学贷款管理的暂行规定（试行）》，决定从1999年9月开始试行国家助学贷款制度。2004年6月，教育部、财政部、人民银行、银监会又发布了《关于进一步完善国家助学贷款工作的若干意见》，对有关学生贷款政策进行了调整，强调推进并加强国家助学贷款工作。2007年5月，国务院又颁发了《关于建立健全普通本科高校、高等职业学校和中等职业学校家庭经济困难学生资助政策体系的意见》，明确要求要建立健全家庭经济困难学生资助体系，使家庭经济困难学生能够上得起大学、接受职业教育。这是继全部免除农村义务教育阶段学生学杂费之后，促进教育公平的一件大事，具有十分重要的意义。为贯彻落实国务院《关于建立健全普通本科高校、高等职业学校和中等职业学校家庭经济困难学生资助政策体系的意见》精神，同年8月财政部、教育部、国家开发银行颁发了《关于在部分地区开展生源地信用助学贷款试点的通知》，决定为帮助家庭经济困难学生顺利完成学业，在江苏、湖北、重庆、陕西、甘肃5省市开展生源地信用助学贷款试点，2009年扩大到全国20多个省市。生源地信用助学贷款是国家助学贷款的重要组成部分。开展生源地信用助学贷款试点工作，是进一步完善国家助学贷款运行机制、推动国家助学贷款工作的重要步骤，是利用财政、金融手段，创新金融服务体系，解决家庭经济困难学生就学问题的重要探索和实践，对进一步完善我国家庭经济困难学生资助政策体系、充分发挥政策整体效应、确保实现国家助学政策既定目标具有十分重要的意义。

至此，我国已建立起以国家助学贷款为主，奖助学金、勤工助学基金、特殊困难补助及学杂费减免相结合的学生资助制度。

第三节　我国学生资助制度分析

如前所述，新中国的学生资助制度大体上经历了人民助学金（20 世纪 50 年代至 1983 年），人民助学金与人民奖学金并存（1983—1986 年），奖学金与学生贷款（1986—1999 年）并存以及以国家助学贷款为主，奖助学金、勤工助学基金、特殊困难补助及学杂费减免相结合（1999 年至今）的一个演变过程。回顾这一过程，实事求是地总结新中国成立以来学生资助制度的经验与教训，对进一步完善这一制度是有益的。

一、人民助学金制度分析

助学金是一种对家庭经济困难的学生进行资助的方式。它主要以家庭收入为标准进行发放。在我国，人民助学金是国家对高等学校、中等专业学校、技工学校和普通中学学生生活费和学习费的补助，由国家预算中教育事业费及其他各部门的事业费拨付。学校根据有关规定负责向学生无偿发放。人民助学金根据学校的层次可分为普通高等学校本、专科学生人民助学金、中等专业学校和技工学校人民助学金、中学生助学金、困难补助费和专业伙食补助费等。

普通高等学校本、专科学生人民助学金分为职工学生助学金和一般学生人民助学金。连续工龄满 5 年以上的国家职工被录取入普通高等学校本、专科后，在校学习期间，全部享受职工学生助学金。连续工龄不满 5 年的国家职工和应届高中毕业生及其他社会青年被录取入普通高等学校本、专科后，生活确有困难又符合规定条件的，可以申请享受一般学生人民助学金。普通高等学校本、专科一般学生人民助学金的享受面为：师范、体育（体育专业）、农林和民族院校学生为 100%，煤炭、矿业、地质、石油院校（含单设专业）按学生人数的 80%，其他各类院校按学生人数的 60%编列预算。各省、市、自治区教育、财政部门根据本地区实际情况，可以将生活补助费分为若干等级，分等级的原则是困难大的全额补助，困难小的部分补助，不困难的不补助。要注意等级不能分得太多，防止平均发放，要使真正有困难的学生得到实惠。一般实际享受人民助学金的人数可以超过按比例计算编列预算的人数。凡是享受100%人民助学金的专业学生（如师范、体育专业），其生活补助费不论经济情况是否困难均全额发给。

中等专业学校人民助学金的享受面：师范、护士、助产、艺术、体育和采煤等专业的学生人民助学金，享受面按100%计算；其他专业的学生，人民助学金的享受面按75%计算。实际评定享受助学金的学生人数可以超过规定的比例，其等级评定与高等学校相同。

普通中学人民助学金享受比例，国家没有统一规定，由各省、市、自治区制定具体办法。由于经济条件的差异，助学金的享受面亦不相同，经济条件好的地区享受比例小些，经济条件差的地区享受比例要大些，重点中学的享受比例在一般学校的基础上适当增加。中学生助学金标准，全国规定1974年起按城市每生每年2元，县级和农村每生每年3元编列预算。有些较困难的少数民族地区、边境地区，可以适当提高。

学生困难补助费由学校集中掌握，使用范围，包括学生书籍、学习用品困难补助；学生因病住院期间生活困难补助；学生寒衣、被服、蚊帐等补助；校级运动员参加校际以上运动会的伙食补助；大中专学生假期路费困难补助（在规定的学制期限内，根据学生困难情况只能酌情补助一次往返车船费的部分或全部）；其他特殊困难补助。困难补助费标准，高校和中等专业学校每人每月2元（已包括在人民助学金标准内），少数民族学生每人每月另加4元（服装补助费和困难补助费各2元）；职工学生困难补助费在职工助学金的标准之外，另按每人每月4元的标准编制预算。

此外，高等学校、中等专业学校和技工学校中的体育、航海、舞蹈、戏曲、杂技和管乐、海洋捕捞、轮机、刑警等专业院校的学生，不论是否享受人民助学金，一律按照本、专科学生和中等专业学校学生生活补助费标准，加发40%以内的专业伙食补助，由学校集中掌握并切实用于这些专业学生的伙食之中。

人民助学金采取“自报公议、民主评定”的方法发放。根据1977年教育部、财政部《关于普通高等学校、中等专业学校和技工学校学生实行人民助学金制度的办法》的第三条规定：“人民助学金的评定，要依靠群众，走群众路线。要求享受人民助学金的学生（包括伙食费和定期困难补助）应于入学后一次提出申请，由班级民主评议，由系审查，学校批准，按月发给。学校对批准享受伙食费和定期困难补助的学生要每年复审一次。”评定工作既注重学生家长所在单位或街道、乡政府出具的证明，也注重广大师生日常观察到的学生实际生活状况和其他表现，具有广泛的民主性和客观真实性。不过，高等学校和中等专业学校享受面为100%的专业学生人民助学金不需要评定。

人民助学金的经费来源：由学校按照国家规定的标准、比例和学生人数计算编列预算，报经学校主管部门核定，由国家财政拨款。当年度的人民助学金，必须保证用于学生伙食和解决学生本人的学习、生活困难的补助，不能挪作他用。学生瞒报家庭经常性收人，虚报赡养人口，学校要进行批评教育，按照具体情况责令其退出多领的人民助学金，降低享受标准或取消其享受助学金资格；对于严重作伪者，坚决取消其享受一般学生人民助学金的资格，并视情节轻重，严肃处理。享受学生人民助学金的学生，在学习期间，违反校规校纪，经过教育帮助，仍旧没有改进的，学校可以决定取消其所享受的部分或全部人民助学金。按照《全日制普通高等学校学生学籍管理办法》的规定，学生因病休学保留学籍的，原来享受人民助学金的生活补助费，在保留学籍期间内可以照发，专业伙食补助费不发。新生入学后体检复查不合格，经批准回家医疗的学生，不得享受人民助学金和专业伙食补助费。学生假期回家，不论路途远近，路费都由学生自己负担，少数学生经济上确有困难，又有必要请假回家的，可以由学生本人申请，经学校批准，给予酌情补助，但在规定的学制期限内，只能补助一次。享受人民助学金的毕业班学生，人民助学金发至分配离校为止。学生毕业离校时要在《毕业生统一分配报到证》上注明发放至何年何月以及发放的金额。

人民助学金制度的建立是与当时特定的历史条件分不开的。新中国成立后，为了保证工农子弟有受教育的权利和为社会主义建设培养大批人才，根据 1949 年《中国人民政治协商会议共同纲领》的规定，国家将“提高人民文化水平，培养国家建设人才”作为文化教育战线的基本任务。为此，党和政府根据新中国成立初期我国的实际情况建立了人民助学金制度。这一制度在它 30 多年的历史中应该说是发挥了积极作用的。尤其值得一提的是，人民助学金制度在促进高等教育发展和大学生的培养，特别在增加工农子女及贫困家庭子女就读高等教育的比例方面，在改变学生家庭成分的组成方面，作出了不容忽视的贡献，从而在一定程度上推动了教育，尤其是高等教育的机会均等化。此外，人民助学金制度的产生与发展，是与我国一定时期的政治、经济相联系、相适应的，这从一个侧面论证了一定时期的教育从属并受制约于一定时期的政治、经济的基本教育原理。但是，人民助学金制度也确实存在一些突出的弊端：一是国家对学生，尤其是高等学校和中等专业学校学生包得过多，这不仅加重了国家的财政负担，而且助长了学生一切依赖国家的思想；二是不利于鼓励先进和调动广大学生奋发向上、刻苦学习的积极性，因为人民助学金评定中存在着平均主义思想；三是不利于促进学生思想、品德健康成长，因为评定人民助学金主要依据学生的家庭经济困难状况，很少考虑学生的思想政治、道德品质等，但对学生的家庭经济状况，学校又难以调查清楚。此外，不少地方和学校评定人民助学金的办法不够合理，管理也很混乱。正因为如此，国家教委和财政部在 1986 年上报国务院《关于改革现行普通高等学校人民助学金制度的报告》中指出，现行的人民助学金制度助长了学生一切依赖国家的思想，不利于鼓励先进和调动学生奋发向上、刻苦学习的积极性，不利于学生思想品德的健康成长等。

二、人民助学金与人民奖学金制度分析

为了克服人民助学金制度中的弊端，1983 年教育部、财政部规定，高等学校本、专科学生和中等专业学校实行人民助学金、人民奖学金并存的办法。对家庭经济有困难的学生，可以申请人民助学金，规定“学习成绩优秀的发给人民奖学金”，以减少学生及其家庭依赖国家的思想，鼓励学生勤奋学习，促进学生德、智、体全面发展，加速培养四化建设人才。根据教育部、财政部联合制定的《普通高等学校本、专科学生人民奖学金试行办法》及其颁发的通知规定，从 1983 年秋季入学的新生开始，凡是连续学习时间满 1 年以上的普通高等学校和中等专业学校学生，可以评发人民奖学金。其条件是：（1）热爱社会主义祖国，拥护中国共产党的领导，立志为社会主义事业服务，道德品质优良，模范执行大学生守则和学校有关规章制度；（2）热爱所学专业，勤奋学习，学业成绩优秀；（3）积极参加社会工作和体育锻炼、文艺活动。享受人民奖学金学生的人数，按高等学校和专科学生总人数的 10%～15%掌握。在国家拨发的年生均资助经费 158.40 元中，105 元仍用于人民助学金，约占总额的 66.3%，而用于试行的人民奖学金的钱款为 15 元，仅占总额的 9.5%，其余的为困难补助 9.5%，校系集体活动 12.2%等。人民奖学金标准，由各省、市、自治区制定，可以分为几个等级，每个等级的金额应有区别，但全国最高奖励金额，每年不超过 150 元。奖学金按年评定，分学期发放。有违反校规校纪或发生道德品质方面的问题，停止发给待发的人民奖学金。1986 年 7 月，国务院批转了国家教委和财政部《关于改革现行普通高等学校人民助学金制度的报告》，同意试点实行奖学金和学生贷款制度。从 1983 年实施人民助学金与人民奖学金并存到 1986 年开始奖学金与学生贷款并存，实施人民助学金与人民奖学金制度，虽然只有 3 年时间，但它毕竟是我国学生资助制度的一个发展阶段，是人们对这种制度认识和实践过程中的有机一环。

三、奖学金与学生贷款制度分析

为了克服学生财政资助中的弊端，在 1986 年试点的基础上，国家教委和财政部根据国务院批转的《关于改革现行普通高等学校人民助学金制度的报告》精神，决定在 1987 年入学的本科普通高等院校的新生中全面实行奖学金制度和学生贷款制度，要求学校建立奖学金和学生贷款基金（简称奖贷基金），其来源是从主管部门拨给高等院校的经费中，按原助学金标准计算总额的 80%～85%转入奖贷基金账户。奖学金分为：优秀学生奖学金，用于奖励德、智、体全面发展的优秀学生，分三个等级；专业奖学金，用于考入师范、农林、体育、民族、航海等专业的学生；定向奖学金，用于立志毕业后到边疆地区、经济贫困地区和艰苦行业工作的学生。学生贷款则主要为了帮助确有经济困难，不能部分或全部支付在校学习期间费用的学生。对家庭经济困难的标准，由各校根据当地实际情况

作出具体规定。

高等院校在实行了新的奖贷制度后，奖贷基金的来源仍为原国家核拨的人民助学金标准，但该专项拨款的支付结构发生了明显的变化。从整体来看，获一、二、三等优秀学生奖学金的人数比例，依次按本、专科学生人数的5%、10%和10%评定，而且学校在经费总额内可适当降低一、二等奖的比例，增加三等奖学金和增设单项奖，为扩大获奖面提供了条件。其标准为一等奖学金每人每年350元，二等为250元，三等为150元，单项奖国家没有统一规定。优秀学生奖学金在新生入学的第二学期开学时进行评定，并补发前一学期的奖学金。每学期评定一次，每学年按10个月发给。单项奖一次发给。学生贷款的发放，按最高限额每人每年300元计算，严格控制在本、专科学生人数的30%以内，最高不得超过35%。已获得奖学金的学生，如生活仍有困难，也可以申请贷款，但申请的贷款和获得奖学金两项之和全年应控制在350元之内。此外，学生贷款的发放和催还等全部管理工作由学校负责，而贷款的偿还由学生在毕业前一次或分次还清，或由学生毕业后所在的工作单位将全部贷款一次垫还给发放贷款的部门。对贷款学生因触犯国法校纪而被开除、勒令退学和学生自动退学的，由学生家长还款。

奖学金和学生贷款制度的显著优点在于：(1) 有利于减轻国家负担，加快教育事业发展。教育是一项耗资巨大、着眼于未来的事业。随着我国教育事业，尤其是高等教育事业的飞速发展，国家投入不足的矛盾日益加剧。在这种形势下，如果仍然对大多数大中专学生实行人民助学金制度，国家财政将越来越难以承受。建立奖学金和学生贷款制度，有利于缓解教育的财政危机，保证整个教育事业的顺利发展。(2) 有利于对家境贫困学生的资助。改革开放以来，我国人民的生活得到了很大改善，多数人解决了温饱问题，相当一部分人甚至已经步入小康的行列。但与此同时应当承认，在我国，相当多的家庭的确是通过节衣缩食来供子女求学的，也确有相当多的家庭无力供养子女上学。因此为了保证考生不致因经济原因而影响升学，以及在校生不会因家庭经济状况窘迫而影响学业，实施奖学金和学生贷款制度无疑是一种较好的选择。这也是与国际发展趋势相吻合的。

然而，应当看到，1986年试行、1987年全面实施的奖学金和学生贷款制度是建立在学生免费入学且免缴学杂费和住宿费基础上的。尽管当时的奖贷金不能解决学生的各种消费之用，但毕竟可以解决全部或大部分伙食费用，所以对绝大部分学生来说，其作用是明显的。然而，进入20世纪90年代中期，随着“招生并轨”的实施及学费制度的全面建立，奖学金和贷学金因享受面小、数额太低，不能满足贫困大学生的学习、生活需要，贫困生经济困难问题日益突出。在这种情况下，高校和政府积极探索大学生资助的新途径，除了原有的奖学金、贷学金外，高校还设置勤工助学岗位、发放特困生补助、实行学费减免措施，力图缓解贫困生的困难，但由于政府在向学校拨款时，没有拨付充足的贫困生补助经费，学校由于经费困难和贫困学生数量的大量增加，没有充足的资金满足贫困生的需要，学生资助制度亟须进一步加以完善。

四、以学生贷款为主的学生资助制度

为了使学生资助资金有稳定的来源，并使受益者承担必要的经济责任，国家开始实施由银行提供资金贷款制度，1999 年 6 月，国务院办公厅转发中国人民银行、教育部、财政部《关于国家助学贷款管理的暂行规定（试行）》，教育部、中国人民银行相继发布实施规程和办法，由中国工商银行作为经办银行，在北京等 8 个城市的中央部委所属高校中试点，2000 年 8 月拓展到全国，经办银行扩展到 4 家：中国工商银行、中国建设银行、中国农业银行、中国银行。国家助学贷款较之其他的助学办法，受益面大大扩展，资助额大幅度增加。根据相关规定，贷款对象及资格为全日制普通高等学校的贫困生；担保形式为借款学生自己的个人信用；放贷本金由国有商业银行提供；贷款利息同市场利息，政府在学生就学的借贷期内和毕业后的还款期内均补贴利息的 50%；贷款金额每年 6 000 元为上限；还款期限毕业后 4 年内还清；还款宽限期 0～1 年。以这些条款为主要内容的国家助学贷款，经过几年的试行，到 2003 年底，有近 80 万名学生与银行签订了贷款合同，合同金额是 65 亿元，平均每位学生的贷款合同金额为 8 240 元。如果将此数字作为一位 4 年学习期间的贷款总额，那么，每学生每年的平均贷款合同金额为 2 060 元。而全国的平均学费在 2002 年就达到了 3 895 元。[①] 很显然，国家助学贷款在数量上是不能满足真正贫困生学费、住宿费和生活费的总需求的，因而国家助学贷款对贫困学生的资助力度并不强，这也从另一方面验证了国家助学贷款对贫困生就学帮助的有限性。加之由于担保、见证的要求过于严格，坏账的责任没有明确，特别是小额贷款银行的成本太高，银行放贷的积极性不高，进展不顺利。2003 年秋季，国家助学贷款的新签合同数很少，在有的省（市），银行基本上停止了对学生贷款申请的审批工作，使贫困学生上大学遇到了经济上的障碍。

针对上述情况，2004 年 6 月 8 日，教育部、财政部、人民银行、银监会发布了《关于进一步完善国家助学贷款工作的若干意见》，对国家助学贷款制度设计进行了重大修订，具体体现在以下几个方面：一是进一步完善了国家助学贷款政策，这包括：（1）利息率仍同市场利息，政府在学生就学的借贷期内补贴 100%的利息，毕业后还款期内的全部利息，由学生自付。（2）延长还贷年限，从毕业后 4 年改为 6 年。还款宽限期，从 0～1 年改为 1～2 年。（3）实行还贷减免，对自愿到国家需要的地区和行业工作的毕业生实行还贷减免，同时将加大学生还款的监管力度，违约借款学生的名单将曝光。二是改革贷款实施办法：将国家指定经办银行改变为通过招投标方式确定经办银行，同时实行借款总额包干，高校每年的借款总额按在校生总数 20%的比例，每人每年 6 000 元的标准确定。三是建立

① 参见李岚清：《李岚清教育访谈录》，114 页，北京，人民教育出版社，2003。

贷款风险防范与补偿机制，即按贷款当年发生额的一定比例（上限为15%，具体比例在招标时确定），由财政（按学校隶属关系）和学校各承担50%，建立贷款风险补偿专项资金，给经办银行予以补偿。每所学校承担的部分与该校毕业生的还款情况挂钩。

从上面的分析可以看出，新的国家助学贷款政策对进一步完善学生资助制度有着极其重要的作用。

第一，扩大了贷款面。高校每年的借款总额按在校生总数20%的比例来发放。尽管据调查来看高校贫困生也许高于20%且高校间贫困生比例不平衡，对贫困生标准的划分及其判断也缺乏研究和实证材料，这些，造成了“同在一缕阳光下”的学生，个体间在享受国家助学贷款上的不公平，但毕竟，新政策将贷款面扩大了许多，学生受益面大大增加。

第二，刺激了贫困生申请贷款的积极性。政府财政贴息方式的改变（就学期间利息全部补贴，毕业后利息全部自付），在贷款利息比较稳定的条件下，政府付出的贴息总金额增加得并不太多，但刺激了贫困生申请贷款的积极性。

第三，在一定程度上减轻了贫困生还贷的忧虑。还贷年限从毕业后4年延长为6年，并辅之以视借贷人就业状况而定的宽限期从0～1年改为1～2年。尽管毕业后6年还贷，从国际比较的角度看期限仍然较短，但还贷期限从4年延长至6年，仍大大减轻了贫困生对紧缩的还贷期限和毕业后立即还贷的强制性要求的忧虑。

第四，满足了学生和国家双方的愿望。还贷减免，是国际上许多国家的一贯做法，也是我国许多特困生的实际要求，给那些家庭特别贫困、个人对未来收入没有信心的学生，在敢于借贷、敢于用自己的服务行动来还贷、不会被迫违约和拖欠方面带来希望。因而这一新条款，既满足了学生的愿望，又满足了国家利益的需要。

第五，减少了贫困生不能获贷的可能性和银行的风险。确定贷款经办银行的方式有了重大改变，将市场化的操作纳入学生贷款运行之中，改变了国家指定的经办银行不办理，某些想承办的银行不能经办的限制。通过招投标方式中标的银行，是经过政策研究、利润核算、风险评估、前景分析后才与学生形成借贷与放款关系的，那么就有责任按政策要求足量发放贷款，就有动力积极追缴还款以增加银行利润，这样，使贫困生不能获贷的可能性减小，使银行收不回贷款的风险大大降低。

综上所述，可以预期，政府、银行、学校共同参与的国家助学贷款将成为大学生资助的主渠道。然而，由于此次政策修订的出发点是为了让商业银行积极参与资助贫困生的活动，因而具有充分的吸引银行参与的正面刺激取向，但另一方面，在风险补偿金、贷款总额度以及这两个问题的相互关系上，存在着政策上的矛盾和实施中的困难，其最终结果仍将是不利于贫困学生。

第一，“风险补偿金”的提法不妥。“风险补偿金”是由财政和贷款学生所就读的高校两家“掏钱”专门补偿经办银行的，其数额的计算基数是贷款当年发生额的一定比例（上限为15%），不论将来是否有拖欠发生，也不论银行是否可通过学生贷款盈利，这一“风险补偿金”就已归属银行了。风险从其本身的定义来看，即人们对客观事物预期结果的不确定性。如果说学生贷款业务有风险，应采取应对的方式是：风险的预防，从各方面考虑如何使风险发生的可能性最低；风险的补偿，当风险发生后，考虑如何在经济上对承担风险者予以补偿，这样也就有了“风险准备金”或“风险担保”之说。而新助学贷款政策中的“风险补偿”是不论风险是否发生，都得给予补偿，且补偿的时间发生在借款的当年。如果按2004年底普通高等学校全日制在校生1 368万人计，其20%就是270多万人，按每人每年贷款标准值6 000元计，其贷款发生额就是162亿元。若按贷款发生额的10%计算补偿金，就是16.2亿元。这就是说，只要高校协助银行将款贷给了这20%的贫困生，无论风险是否发生和何时发生，这16.2亿元是银行的现实收入，而其中的8.1亿元是共同参与贷款事务的高校作为风险补偿转付给银行的。

第二，风险补偿的分担机制不合理。风险的产生来自参与此事的各方。一是政府分担部分风险是有道理的，因为这本是政府提出的有益于国家进步的政策方案，是实现教育公平的重要途径，政府有责任为那些可能因毕业后就业状况不佳、工资太低而无力按期还债的借贷学生的拖欠承担风险。二是学校分担部分风险理由是不太充分的。如果说有一定道理的话，那就是使学校更加积极地向银行提供申请贷款学生的真实信息和毕业生追踪信息，对学生进行诚信教育。如果说没有道理，高等教育阶段的上学付费已在我国成为共识，高等学校要义不容辞地帮助来自贫困家庭的学生的学习但并不是简单地免费。如果给一部分人提供免费高等教育，给一部分人提供收费教育，不仅会造成与过去几十年免费高等教育条件下所不同的另一种不公平，而且会在财政普遍紧缩的条件下，高校只能以教育质量的下降作为提供部分人免费高等教育、学费不能到位的牺牲品。三是银行也应参与风险分担。银行作为一个商业机构，在市场利息的条件下，经办学生贷款业务一样有利润可得。既然有利润可得，就有责任参与风险分担。银行在学生贷款业务中的风险免除，背离了商业机构遵循的市场原则，不利于现阶段的金融银行业的体制改革。

第三，贷款学生占在校生比例原则上不超过20%的规定过于一刀切。由于地区之间、高校之间贫困家庭学生分布不均衡，部分西部地区的高职高专院校和农、林、水、地、矿、油院校贫困家庭学生较多，有的甚至超过在校生的50%以上。随着我国高校招生规模的扩大，贫困家庭学生数量也呈上升趋势。因此，国家统一规定每所高校贷款学生人数原则上不超过在校生20%的规定不尽合理。

第四，生均年最高贷款限额难以满足困难学生的学习和生活需要。现行国家助学贷款政策规定，每生每年贷款最多不超过6 000元。而东部地区的部分高校和其他地区高校中的外语、艺术等专业学生每年的学费和住宿费均高于6 000元。这些贫困家庭学生即使获得贷款，也不能满足学习和生活需要。

第五，还款期限仍然偏短。由于目前高校毕业生就业比较困难，一些学生毕业后起始收入较低，按照目前的规定，一些贷款学生要在毕业后 6 年时间内还清贷款仍有一定困难，需进一步延长还款期限。此外，目前政策规定的统一还款方式，也难以适应各种类型的贷款毕业生的需求，仍需进一步加以完善。其他资助措施的资助面和资助力度也比较有限，一些贫困家庭的学生仍然面临学习和生活上的困难。

第六，"扩大学生贷款覆盖面"与学校提供风险补偿额度正面冲突。高校提供的这50%的风险补偿金是按贷款当年发生额的一定比例计算的，不论将来毕业生是否有拖欠发生，参与贷款的学校都要将 50%的风险补偿金转付给银行，这样就产生了以下问题：一是学校承担的风险补偿金总额的大小问题，贷出的款越多，发生额的一定比例所形成的金额数就越大。尽管政策提出按在校生数 20%作为贫困生，给予借贷人数上限（没有规定下限），但学校会考虑发生额的大小对将付出的风险补偿金大小的直接影响，进而考虑尽量向银行提出较少的借款人数，以减少风险补偿金的额度。二是学校承担的风险补偿金的比例要视其毕业生还款状况，那么学校在对申请借贷学生的审查上会有所顾忌，所学专业就业前景和个人回报不佳的特别贫困生往往会成为学校的心病，因为也许学校本身对这些学生的还款能力也缺乏信心，因而这样的学生在贷款的申请过程中就会处于不利的地位。新政策中的这一操作实践，还把在现行贷款政策中，由银行判断学生还款能力而考虑是否给学生借款的困难抉择转移到了高校。

在受益主体上，新的国家助学贷款政策看待高校和银行的视角是完全不同的。从新政策中可以看出，作为高等教育事业的具体承担机构，更多的学生能够读书，可使高等学校得到更多的直接利益，而银行则不会因此而得到更多的利益。这样，学校就从受益者的角度向银行支付风险补偿金。由于风险补偿金的额度视学生得到的贷款发生的额度而定，这样，学校积极为学生争取贷款的结果将会是付给银行较多的补偿金，反之亦然。学校该如何抉择？若以学校的经济利益为重，学校将会尽可能少招收贫困生；若以学生利益为重，学校为此付给银行更多的补偿金。若选前者，学校并无过失，受损害的将是学生；若为后者，学校为高等教育的发展既提供了机会，又提供了部分资金，而提供资金本不应该是学校本身的责任。学费不到位，学校财政恶化，其结果同样会影响高等教育的发展。

显而易见，新的国家助学贷款政策在扩大贷款覆盖面和学校支付部分风险补偿金的问题上，存在着相互制约的矛盾。

第四节　进一步完善我国学生资助制度的对策思路

针对我国家庭经济困难学生资助政策体系尚不够完善，尤其是对普通本科高校、高等职业学校和中等职业学校家庭经济困难学生资助面偏窄、资助标准偏低的问题，2007 年 5

月国务院在《关于建立健全普通本科高校、高等职业学校和中等职业学校家庭经济困难学生资助政策体系的意见》中要求，自2007年秋季开学起在全国实施普通本科高校、高等职业学校和中等职业学校家庭经济困难学生资助政策。《国家中长期教育改革和发展规划纲要（2010—2020年）》（以下简称《规划纲要》）明确提出要健全国家资助政策体系。各地根据学前教育普及程度和发展情况，逐步对农村家庭经济困难和城镇低保家庭子女接受学前教育予以资助。提高农村义务教育家庭经济困难寄宿生生活补助标准，改善中小学生营养状况。建立普通高中家庭经济困难学生国家资助制度。完善普通本科高校、高等职业学校和中等职业学校家庭经济困难学生资助政策体系。完善助学贷款体制机制。推进生源地信用助学贷款。建立健全研究生教育收费制度，完善资助政策，设立研究生国家奖学金。根据经济发展水平和财力状况，建立国家奖助学金标准动态调整机制。建立健全家庭经济困难学生资助政策体系的主要目标是：努力办好每一所学校，教好每一个学生，不让一个学生因家庭经济困难而失学。

建立健全家庭经济困难学生资助政策体系的主要内容包括：

（1）完善国家奖学金制度。中央继续设立国家奖学金，用于奖励普通本科高校和高等职业学校全日制本专科在校生中特别优秀的学生，每年奖励5万名，奖励标准为每生每年8 000元，所需资金由中央负担。

中央与地方共同设立国家励志奖学金，用于奖励资助普通本科高校和高等职业学校全日制本专科在校生中品学兼优的家庭经济困难学生，资助面平均约占全国高校在校生的3%，资助标准每年5 000元。国家励志奖学金适当向国家最需要的农林水地矿油核等专业的学生倾斜。

中央部门所属高校国家励志奖学金所需资金由中央负担。地方所属高校国家励志奖学金所需资金根据各地财力及生源状况由中央与地方按比例分担。其中，西部地区，不分生源，中央与地方分担比例为8∶2；中部地区，生源为西部地区的，中央与地方分担比例为8∶2，生源为其他地区的，中央与地方分担比例为6∶4；东部地区，生源为西部地区和中部地区的，中央与地方分担比例分别为8∶2和6∶4，生源为东部地区的，中央与地方分担比例根据财力及生源状况等因素分省确定。人口较少民族家庭经济困难学生资助资金全部由中央负担。鼓励各地加大资助力度，超出中央核定总额部分的国家励志奖学金所需资金由中央给予适当补助。省（区、市）以下分担比例由各地根据中央确定的原则自行确定。

（2）完善国家助学金制度。中央与地方共同设立国家助学金，用于资助普通本科高校和高等职业学校全日制本专科、普通高中在校生中家庭经济困难学生和中等职业学校所有全日制在校农村学生及城市家庭经济困难学生。

普通本科高校和高等职业学校。国家助学金资助面平均约占全国普通本科高校和高等职业学校在校生总数的20%。财政部、教育部根据生源情况、平均生活费用、院校类别等因素综合确定各省资助面。平均资助标准为每生每年2 000元，具体标准由各地根据实际情况在每生每年1 000～3 000元范围内确定，可以分为2～3档。国家助学金所需资金由中央与地方按照国家励志奖学金的资金分担办法共同承担。有条件的地区可以试行运用教育券发放国家助学金的办法。

普通高中。为贯彻落实《规划纲要》的精神，完善国家资助政策体系，加快普及高中阶段教育，切实解决普通高中家庭经济困难学生的就学问题，2010年9月19日，财政部、教育部决定，从2010年秋季学期起，中央与地方共同设立国家助学金，用于资助普通高中在校生中的家庭经济困难学生，资助面约占全国普通高中在校生总数的20%，其中东部地区为10%、中部地区为20%、西部地区为30%。各地可结合实际，在确定资助面时适当向农村地区、贫困地区和民族地区倾斜。国家助学金平均资助标准为每生每年1 500元，具体标准由各地结合实际在1 000元～3 000元范围内确定，可以分为2～3档。国家助学金所需资金由中央与地方按比例分担。其中西部地区为8∶2，中部地区为6∶4；东部地区除直辖市外，按照财力状况分省确定。省以下分担比例由各地根据中央确定的原则自行确定。普通高中国家助学金的基本申请条件：1）热爱祖国，拥护中国共产党的领导；2）遵守宪法和法律，遵守学校规章制度；3）诚实守信，道德品质优良；4）勤奋学习，积极上进；5）家庭经济困难，生活俭朴。此外，要求建立学费减免等制度，普通高中要从事业收入中提取一定比例的经费，用于减免学费、设立校内奖助学金和特殊困难补助等；鼓励社会捐资助学，要进一步落实、完善鼓励捐资助学的相关优惠政策措施，积极引导和鼓励企业、社会团体及个人等面向普通高中设立奖学金、助学金。

中等职业学校。国家决定从2009年秋季学期起，对公办中等职业学校全日制在校学生中农村家庭经济困难学生和涉农专业学生逐步免除学费。同时，为减轻学生及其家庭经济负担，目前90%的中等职业学校一、二年级学生享受每年1 500元国家助学金。为贯彻落实《规划纲要》精神，进一步增强中等职业教育吸引力，促进教育公平，2010年9月14日，财政部、国家发展和改革委员会、教育部、人力资源和社会保障部联合颁发了《关于扩大中等职业学校免学费政策覆盖范围的通知》，决定从2010年秋季学期起，将中等职业学校城市家庭经济困难学生纳入免学费政策范围。对公办中等职业学校全日制正式学籍一、二、三年级在校的城市家庭经济困难学生免除学费（艺术类相关表演专业学生除外）。享受免学费政策的城市家庭经济困难学生分地区按以下比例确定：西部地区按在校城市学生的15%确定；中部地区按在校城市学生的10%确定；东部地区按在校城市学生的5%确定。中央财政参照上述比例安排中央补助资金。各地可根据实际，合理确定行政区域内城市家庭经济困难学生的比例。

（3）进一步完善和落实国家助学贷款政策。大力开展生源地信用助学贷款。生源地信用助学贷款是国家助学贷款的重要组成部分，与国家助学贷款享有同等优惠政策。地方政府要高度重视，积极推动和鼓励金融机构开展相关工作。生源地信用助学贷款按年度申请、审批和发放。每个借款人每年申请的贷款原则上最高不超过6 000元，主要用于解决学生在校期间的学费和住宿费问题。生源地信用助学贷款期限原则上按全日制本专科学制加10年确定，最长不超过14年。学制超过4年或继续攻读研究生学位、第二学士学位的，相应缩短学生毕业后的还贷期限。生源地信用助学贷款利率执行中国人民银行同期公布的同档次基准利率，不上浮。生源地信用助学贷款利息按年计收。学生在校期间的利息由财政全额贴息，毕业后的利息由财政全额贴息，毕业后的利息由学生和家长（或其他法定监护人）共同负担。学生在校及毕业后两年期间为宽限期，宽限期后由学生和家长（或其他法定监护人）按借款合同约定，按年度分期偿还货款本金。要进一步完善和落实现行国家助学贷款政策，制订与贷款风险和管理成本挂钩的国家助学贷款风险补偿金使用管理办法。相关金融机构要完善内部考核体系，采取更加积极有效措施，调动各级经办机构的积极性，确保应贷尽贷。

对普通本科高校和高等职业学校全日制本专科生，在校期间获得国家助学贷款、毕业后自愿到艰苦地区基层单位从事第一线工作且服务达到一定年限的，国家实行国家助学贷款代偿政策。

此外，要求学校要按照国家有关规定从事业收入中提取一定比例的经费，用于学费减免、国家助学贷款风险补偿、勤工助学、校内无息借款、校内奖助学金和特殊困难补助等。

（4）实行免费师范生教育和开展农村订单定向医学生免费培养工作。从2007年起，对教育部直属师范大学新招收的师范生，实行免费教育。采取这一重大举措，就是要进一步形成尊师重教的浓厚氛围，让教育成为全社会最受尊重的事业；就是要培养大批优秀的教师；就是要提倡教育家办学，鼓励更多的优秀青年终身做教育工作者。从2010年起，连续三年在高等医学院校开展免费医学生培养工作，重点为乡镇卫生院及以下的医疗卫生机构培养从事全科医疗的卫生人才。

（5）启动实施农村义务教育学生营养改善计划。为贯彻落实《国家中长期教育改革和发展纲要（2010—2020年）》，提高农村学生尤其是贫困地区和家庭经济困难学生健康水平，2010年10月26日国务院常务会议决定，从2011年秋季学期起，启动实施农村义务教育学生营养改善计划。第一，在集中连片特殊困难地区开展试点，中央财政按照每生每天3元的标准为试点地区农村义务教育阶段学生提供营养膳食补助。试点范围包括680个县（市）、约2 600万在校生。初步测算，国家试点每年需资金160多亿元，由中央财政负担。第二，鼓励各地以贫困地区、民族和边疆地区、革命老区等为重点，因地制宜开展营养改善试点。中央财政给予奖补。第三，统筹农村中小学校舍改造，将学生食堂列为重点建设内容，切实改善学生就餐条件。第四，将家庭经济困难寄宿学生生活费补助标准每生每天提高1元，达到小学生每天4元、初中生每天5元。中央财政按一定比例奖补。

当然，一项具体制度的制定到完善有其完整的运动过程。制度的制定及其完善与其所处的环境之间是有着密切关系的。分析当今我国学生资助制度改革面临的形势变化，并根据形势的变化提出具体的对策思路，将有助于进一步促使我国学生资助制度的完善。

一、坚持效率与公平相统一的原则

教育机会均等即教育公平，它是指入学机会均等和享受高质量教育的机会均等。公平不是抽象和绝对的概念。在社会发展的不同时期，它都有自己具体而特定的含义。我国现阶段的教育公平应包括这样几层含义：首先，规则公正。公平是社会调节个人、群体、国家之间各种复杂关系的规范和准则。教育，特别是非义务教育在当今时代仍然难以满足所有人求学的需要。这就需要建立一套对非义务教育资源进行分配与交换的规则，使人们在这种规则制约下进行公平竞争。规则公正就要求我们制定出合理的招生制度。例如，“并轨”后高等学校将按照统一的录取标准和收费标准选拔新生以实现规则公正。其次，分配公正。按照这种公正的规则进行竞争，同等条件的人将获得同样的待遇。同等质量的学生将享受同样质量的教育。这就要求招生录取工作要公正，使所有合格的学生都有机会接受与之相适应的教育。最后，教育公正还要遵循补偿性原则。由于人们在参与竞争时的起点不同，起点低的人依照公正的原则获得与起点高的人相等的资源所付出的代价显然要大得多。为此，一定的经济补偿是必要的。生长在贫困的山区等不利环境中的学生应得到合理的资助，以补偿和嘉奖他们所支付的同等学费和取得的同等成绩。至于给特别优秀者以奖励也是公正合理的，这是对他们超常成绩的一种补偿。所以，维护教育机会均等并非“资助均等”，而要遵循教育公平中的补偿性原则，以“低起点”和“高成就”者作为主要资助目标群。同时，学生资助也要讲求效率。教育的公正与效率并不矛盾。国家政策要着眼于以较少的公共投入调动起较多的社会闲散资金以换取更多的教育机会，实现更广泛的公平。资助并非越多越好，而是应面向“最需要”和“最值得”的学生群，并选择最经济的资助方式。学生资助金额应掌握一个“度”，其最大总额应略低于学生的学费和生活费。有利于成本回收和分担的学生贷款应逐渐成为一种主要的资助形式。随着学生资助效率的不断提高，教育公平也将不断扩大。

二、建立多元混合的学生资助制度

随着我国高等教育进入大众化时代，包括中下社会阶层特别是那些居于社会不利地位的弱势群体的子女，在高等教育的参与上有了良好的表现，达到了一定比例。但是高等学校收取学费将使一部分家庭经济困难学生难以负担，加之现行学生资助制度的某些不足，对改革我国学生资助制度既提出了挑战，也提供了改革的机会和条件，或者说同时提供了必要性和可能性。1993年，《中国教育改革和发展纲要》就已经明确指出："学生上大学原则上均应缴费，设立贷学金，对经济有困难的学生提供帮助。国家、企事业单位、社会团体和学校均可设立奖学金，对品学兼优的学生和报考国家重点保证专业的学生给予奖励。"这些规定为进一步完善学生资助制度提供了指导性原则。

1. 进一步完善学生贷款制度

学生贷款制度的实施表现出它在增进教育公平，促进成本分担和成本补偿，缓解教育财政危机方面具有令人信服的优势。在建立了国家助学贷款制度后，我国已基本形成"贷、奖、助、减"相结合的大学生资助制度框架，实现"不让一个考取的大学生失学"的目标有了基本的制度保障。但从实践来看，我国学生资助制度仍存在缺陷，需要进行更进一步的完善和改进。

第一，个体学生贷款的量应有弹性，不能都以6 000元为标准。政策寄希望于总额包干，学校会在学生个体间酌情增减，每个学生的具体贷款金额由学校按本校的总贷款额度，根据学费、住宿费和生活费标准以及学生的困难程度确定。但要考虑，如果酌情增加，学校承担的风险补偿金就要增加，对学校的压力就会增大。所以，贷款量上的弹性应在政策上予以规定。需要贷款缴学费、住宿费和生活费的特困生可以高于6 000元，以确保他们能够在校学习；对于一些想到高学费专业、学校或生活费用高的城市学习的贫困生，也能提高其贷款额度，以使他们不因经济上的原因而扭曲自己的学习兴趣和愿望。如此的弹性，使贫困生在高等教育的参与中，在量上能够扩大，在质上也能提高。

第二，合理设定还款时间。还款时间通常包括还款期和宽限期，宽限期的设定主要是为学生提供找工作的空隙并推迟第一次还款时间，从而减轻学生最初的还款负担。还款期是从开始还款到还清全部本金和利息所允许的最长时间限制，是决定还款负担率高低的重要因素。各国的还款期差别较大。例如美国的斯坦福和帕金斯贷款都至少是10年的偿还期；泰国和加拿大为15年，而我国新的助学贷款政策是6年，6年的还款期对学生来说仍存在较高的还款负担，学生在6年内还清所借贷款的难度仍然存在。建议根据生源地信用助学贷款期限原则，所有学生贷款还款期限按全日制本专科学制加10年确定，最长不超过14年。

第三，完善助学贷款的减免政策。新的助学贷款政策明确规定，对毕业后自愿到国家需要的艰苦地区、艰苦行业工作，服务期达到一定年限的借款学生经批准可以奖学金方式偿还其贷款本息。此项"以奖代偿"政策的出台，将更有利于学生贷款的发展。但与其他国家相比，我国的减免政策相对单一。为进一步完善减免政策，可借鉴世界上学生贷款运行较成功国家的经验。例如，日本的"贷予性奖学金政策"规定，"大学毕业生在一年内进教育机构工作，或去公立科研机构从事非营利性的工作，可免还部分贷款，若连续五年从事教育科研工作，将免还全部贷款”①。加拿大“如果6个月的宽限期后仍无力偿还贷款，可以享受54个月的利息减免，经批准浮动利息可降至1%；54个月的减息期后，仍然无力还贷款，可以申请减免贷款本金剩余部分的50%，但最高只可减1万加元”。政府还实行免税优惠，联邦收入税规定从1998财税年以后，允许偿还学生贷款者拿出应交税的17%还款。② 美国在《高等教育法》中规定了五种免除还款的条款：(1) 学生死亡或因病、因伤等原因，丧失劳动能力，失去偿还能力的；(2) 失业者、收入和生活水平低于贫困线的人士以及破产者；(3) 为国家从事某些急需的工作，如在某些地区公立中小学做教师、服兵役、参加维和部队或为一些慈善机构服务等；(4) 学生成绩突出者；(5) 以社会服务替代还款。③ 从世界各国实行学生贷款的经验来看，在我国建立完善的助学贷款减免政策是非常必要的。从实际情况看，申请和获得贷款的学生多数来自我国的贫困地区，如果能切实有效地实施贷款减免政策，鼓励他们回到贫困地区参加工作，对整个社会和国家的发展都有重大的意义。

第四，民办高校的学生应该与全日制普通高校的学生一样具有申请国家助学贷款的资格。学生贷款并不是贷给学校的，不是用于学校建设的，尽管无论公、私立高校都有可能用学费的一部分搞建设，但助学贷款的初衷和功能都是帮助学生本身的，是为了实现教育的公平、社会的公正、促进社会阶层的流动的。既然是直接帮助学生而并不是直接帮助学校的政策，就不应该在公私上产生区别。无论从什么角度来看，国家助学贷款扩展到民办高校是合理的也是必需的。经教育部审批的民办高校的学生可以与公办高校的学生一样，具有申请国家助学贷款的资格，一是给了他们应有的同等的尊重，这是一个国家的政府应该考虑的；二是也刺激了民办高等教育的发展，使之在高等教育大众化进程中作出更大的贡献。然而，国家助学贷款政策自1999年出台以来，无论经多少次修改，民办高校仍然不是国家助学贷款银行的经办对象，民办高校学生仍然不具有申请资格，被排除在“国家助学”范围之外。

2. 设立多种形式的奖学金

为体现中央政府对广大贫困家庭学生的亲切关怀，帮助高校贫困家庭学生顺利完成学业，激励贫困家庭学生勤奋学习、努力进取、自立自强，促进学生在德、智、体、美等方面得到全面发展，2002年经国务院批准，中央财政每年安排2亿元专项资金，面向全国公办普通高校本专科贫困家庭学生设立国家奖学金。2005年8月4日，教育部和财政部将“国家奖学金”改为“国家助学奖学金”。助学金对全国公办全日制普通高校在校本专科学

① 夏人清：《日本贷予性奖学金政策探析》，载《比较教育研究》，1994 (4)。

② 参见崔邦焱：《加拿大高等学校助学贷款制度的研究和借鉴》，载《中国高等教育》，2002 (13) (14)。

③ 参见杨可瑞：《制度分析与国家助学贷款的政策反思》，载《清华大学教育研究》，2004 (2)。

生中的53万特别贫困家庭学生，每人每月资助150元生活费，每年1 500元（每年按10个月计算）；奖学金对全国公办全日制普通高校在校本专科学生中品学兼优的5万贫困家庭学生，每人每年资助4 000元。2007年国务院决定继续完善国家奖学金制度，中央继续设立国家奖学金，中央与地方共同设立国家励志奖学金，获国家奖学金和国家励志奖学金的学生为高校在校生中二年级以上（含二年级）的学生。前者用于奖励普通本科高校和高等职业学校全日制本专科在校生中特别优秀的学生，每年奖励5万名，奖励标准为每生每年8 000元；后者用于奖励资助普通本科高校和高等职业学校全日制本专科在校生中品学兼优的家庭经济困难学生，资助面平均约占全国高校在校生的3%，资助标准每年5 000元。国家励志奖学金适当向国家最需要的农林水地矿油核等专业的学生倾斜。这两种奖学金以“低起点”和“高成就”者作为主要资助目标群。但国家助学奖学金资助面较小，资助力度不够，应广泛动员社会各方面的力量，设立多种形式的奖学金。按照不同的资金来源，奖学金可分为政府奖学金、行业奖学金、企业奖学金和个人奖学金。设立政府奖学金的目的在于奖励品学兼优、刻苦学习的学生，确保那些关系国计民生的基础学科和与国家建设密切相关专业人才培养的需要；设立行业奖学金和企业奖学金的目的是鼓励学生立志到某些艰苦行业和老少边穷地区工作，对服从派遣和自愿到艰苦行业和地区工作的毕业生可获较高数额的奖学金；个人奖学金以尊重设奖者的意愿为主，并加以正确引导。

3. 设立助学金

助学金曾是我国几十年中资助学生的主要方式，只是在1987年才完全由奖学金和学生贷款所取代。2007年国务院决定，中央与地方共同设立国家助学金，用于资助普通本科高校、高等职业学校全日制本专科在校生中家庭经济困难学生和中等职业学校所有全日制在校农村学生及城市家庭经济困难学生。我国的大学生中有50%多的学生来自农村，在实行缴费上学的情况下，相当一部分学生的家庭经济状况使他们难以负担，一些人连最基本的日常生活都有困难。在奖学金面小且明确奖励最优秀学生的前提下，学生资助制度的框架中有必要设立助学金，以便根据一定的规程资助经济状况低于一定水平的学生，尽可能保证每一个通过正常程序升入高等院校的学生有相对公平的受教育机会。从国际经验来看，助学金虽不是最主要的资助形式，但在奖学金和学生贷款外设立助学金仍是较普遍的做法。从我国的实际情况来看，助学金的主旨在于资助贫困学生完成学业。因此，助学金是其他学生资助形式无法替代的，但它的面不宜太宽，量不宜过大，资助的金额要真正用在刀刃上。在实践中，应增加此项政策的透明度，对学生的家庭背景、经济来源进行综合考察，多方了解学生的实际困难，对那些家庭有困难、学业难以为继的学生进行资助，资助对象的条件、数额应有一定的规章制度作依据。对接受资助的学生建立个人档案，定期检查其是否符合享受资助的资格，以避免出现与实际困难不符的情况发生。当然，由于地区差别、城乡差别，贫困标准不可能是划一的，对此应根据实际情况酌情作出安排。

4. 制订勤工助学计划

勤工助学活动意在促使学生通过劳动取得报酬，一方面学生通过自己的双手解决日常生活费用和学习费用；另一方面通过劳动锻炼意志，培养学生实际生活能力和自立自强的精神。实施勤工助学计划应设立勤工助学基金，做到专款专用；建立勤工助学机构，沟通学生、学校和社会开展勤工助学的渠道，保护学生在勤工助学活动中的合法权益，制定有效的规章制度，通过勤工助学照顾贫困生的生活，坚持特困生优先的原则。目前，我国参与勤工助学的学生比例偏低，学校和社会应多方面创造条件，让勤工助学在学生资助制度中发挥应有的作用。

5. 实施学杂费减免政策

对来自特别贫困的地区，家庭经济特别困难而又十分努力学习的学生，在奖学金、助学金、勤工助学等方式资助下仍难以解决其生活困难的，可酌情减免其学杂费和住宿费。各学校应在国家有关规定的前提下，结合学校的实际情况，制定出减免学杂费的具体实施办法；根据各校的实施办法，结合学生个人表现和家庭经济状况，在认真调查的基础上，确定学杂费减免的对象及额度。要特别注意解决经济困难中的孤残学生、少数民族学生、烈士子女、优抚家属子女等的学杂费减免问题。学杂费的减免和助学金一样，需要学校实事求是，增加透明度，使确有困难的学生真正从这一政策中得到好处。

三、多渠道筹措资助经费

我国是一个发展中大国，举办了世界上最大规模的教育，需要资助的学生量大面广。要建立健全家庭经济困难学生资助制度，除了按照建立公共财政体制的要求，大幅度增加财政投入外，应充分调动社会各方面的积极性，多渠道筹措资助经费，促使资助主体多元化。改革开放以来，我国经济的运行方式发生了很大变化。原有的国民经济分配格局被打破，经济主体和利益主体已多元化。教育资源存在也分散化了，社会、企业、个人都掌握着一部分教育资源，都是教育资源配置的主体。特别是随着我国经济的发展，在960万平方公里的大地上，已经出现了一大批富有生命力的企业和关注中国教育事业的远见卓识的企业家，他们将是党和政府实行学生资助制度的有力协作者，也必将在一定程度上缓解国家教育资金紧张的状况。同时，根据“利益获得原则”，除了国家和受教育者个人以外，所有用人单位也是直接受益者。它们有必要也有能力加入到学生资助事业中来。建立一个以国家为主体，企业团体和个人共同参与的新的助学机制，是进一步完善我国学生资助制度的根本途径。为此：

第一，完善以国家助学金和国家助学贷款为主体，以政府资助为主渠道，辅之以学校其他多种形式的奖学金、勤工助学、特殊困难补助和学费减免等普通教育资助政策体系，使非义务教育阶段各级各类学校的贫困生都能享受国家助学金、国家奖学金、国家助学贷款等多种形式的资助。

第二，从教育和社会一体化的高度，宣传动员社会参与学生资助事业并给予一定的政策优惠和扶持。凡捐资助学的部门、地区、单位和个人，根据所尽义务大小，均应享受相应的权利。资助者有权决定资助形式、对象、范围，也可要求被资助者毕业后到该部门工作一定时间。对受援学校也可以提出诸如代培、技术转让等交换条件。国家对出资支持助学事业的单位也应加强宣传，这样既有助于扩大助学事业在社会上的影响，也有助于提高这些部门、地区、企业和个人的知名度，从而产生双重效应。

第三，建立必要的社会力量捐资助学管理机构，加强对社会力量捐资助学的引导和管理。我国社会各界捐资助学目前还处于一种无序状态。出资者往往不熟悉受援学校学生的实际情况。各种专项的奖助学金常常被集中到一部分院校尤其是一部分名牌院校。这些院校由于名气大，社会提供奖学金的资金来源多，学生勤工助学工作开展得较好，学生资助问题也搞得较好。而像农业、地质、石油、中医、兵器、航空等院校，由于其名气没法和名牌院校相比，社会提供奖学金的资金来源较少，有的院校甚至无一项资助计划或项目。因此，有必要建立社会力量捐资助学管理机构，以便及时掌握全国高等学校学生状况尤其是特困生状况，在尊重资助者意愿的基础上，切实加强对社会捐资助学活动的引导和管理。

四、加强学生资助的法制建设

学生资助是一项十分复杂而庞大的社会公益事业，其中的许多方面需要用法律来规范和制约。但我国学生资助方面的立法一直是空白的。因此，加紧这方面的立法不仅能为国家助学制度的建立和完善提供依据和保障，而且也是国家意志在助学事业中的体现，是政策法律化、定型化的必然趋势。如《日本育英会法》明文规定建立育英奖学制度的目的是“国家开展对因经济原因修学困难的优秀学生借贷学资及其他育英所需的业务，以培养于国家有用的人才”。而德国的《联邦奖学法》则声称奖学目的是维持受教育者的生计和保障其受教育的权利。学生资助法也为设立有关学生资助机构提供了法律依据。依法设置的机构便于行使对学生资助的管理权；而完备的法律也便于对各种组织或个人行为进行约束和规范。包括贷款制在内的多种资助形式需要科学而又高效的管理，尤其是借贷关系更需要有法可依，更需要法律来保护。学生资助法还能够保护捐资助学的社会组织和个人的合法权利，从法律高度给他们以优惠和激励。总之，立法是政策合法化的必由之路，也是社会化的学生资助事业走上民主化、科学化、法制化的最终选择。

本章小结

学生资助就是社会各方用财物来帮助学生。它表现为一种经济上的支持，也就是说资助者所提供的是某种可用货币计量的财和物，而不是道义上的帮助。学生资助从来源上看，有政府公共资金、工商企业出资、宗教及慈善机构的捐赠、个人捐款以及国际机构或多边机构资助等。其中，政府是最主要的资助者，其资助力度和资助覆盖面都是企业团体和个人所无法比拟的。学生资助形式主要有助学金、奖学金、勤工助学和贷学金四种形式。向学生提供财政资助的做法古已有之。第二次世界大战以来，它更是成为世界各国普遍重视的一项教育政策。随着社会经济发展对各种劳动力和专门人才需求的增大以及各级各类教育就学人数的增加，人们越来越重视学生资助制度在人才培养和发展教育方面的作用。新中国的学生资助制度大体上经历了人民助学金，人民助学金与人民奖学金并存，奖学金与学生贷款并存以及以国家助学贷款为主，奖助学金、勤工助学基金、特殊困难补助及学杂费减免相结合的一个演变过程。回顾这一过程，实事求是地总结新中国成立以来学生资助的经验与教训，其目的在于进一步完善这一制度。要进一步完善我国学生资助制度，必须坚持效率与公平相统一的原则，建立多元混合的学生资助制度，多渠道筹措资助经费，加强学生资助的法制建设。

思考题

1. 何谓学生资助?
2. 学生资助具有哪些形式?
3. 实施学生资助制度具有什么样的作用?
4. 国外学生资助形成了哪些模式?
5. 我国学生资助具有哪些经验和教训?
6. 进一步完善我国学生资助制度需要采取哪些举措?
7. 现时有些经济、教育较落后的县市，为激励学生奋发向上，纷纷为考上北大、清华等重点名校的学生设立奖学金。但也有人持相反的观点，认为最应获得关注和支持的是当地各级各类学校排名最后20%的学生，因为今后这些学生最有可能留在当地参与经济建设，而考上重点名校的学生一般是不会回到当地的。对此，你是怎么看的?请谈谈你的观点。

阅读导航

1. 张民选. 理想与抉择——大学生资助政策的国际比较. 北京：人民教育出版社，1999

该书就世界各国的大学生资助政策及对资助政策产生重大影响的资助理念、资助方法及操作技术问题，进行了比较研究。

2. 赵中建. 高等学校的学生贷款——国际比较研究. 成都：四川教育出版社，1996

该书从国际比较研究的角度，对学生贷款的国际发展及其意义、学生贷款制度的基本内容、实施学生贷款的若干难点等进行了研究，并就我国学生贷款制度的建立与完善进行了探讨。

后记

本书是应中国人民大学出版社之约，为“新编21世纪教育学系列教材”撰写的一本著作。

教育经济学是经济增长和经济发展中孕育出来的一门新兴的边缘学科。作为一门独立学科，教育经济学在我国尽管形成较晚，但发展迅速，并且以马克思主义为指导，从我国实际出发，选择我国教育与经济改革和发展中的重大问题进行研究，已初步构建起了较为完善的理论体系。截至目前，已出版的有关这方面的著述已不下几十种，要写出新意，实感力不胜任。好在参与本书撰写的作者，绝大多数都是近年来毕业的教育学博士生或在读博士，他们在自己研究的基础上，对前人的研究进行了一些局部的修正和完善，带有一定的探索性质。当然，由于我们的学术水平、知识结构、实践基础乃至精力与时间有限，要交出满意的答卷是力不从心的。出版这部拙作是为求教于广大读者，尤其是教育经济学界的同人。

本书共分十一章，各章执笔如下：范先佐（第一章、第三章、第十一章），杨明、范先佐（第二章），翟静丽（第四章），吴克明、范先佐（第五章），叶忠、范先佐（第六章、第七章），郭清扬、杨秀芹（第八章），唐斌、郭清扬（第九章），马永霞、王远伟（第十章）。全书由范先佐主编并修改定稿。

本书有幸列入“新编21世纪教育学系列教材”，中国人民大学出版社的编辑和各位相关人员给予了大力支持，在此谨致谢意。在本书撰写过程中，参阅和引用了国内外同行的相关著作和文献，特此说明并表示衷心感谢。

限于编者的学识与水平，书中难免存在失当之处，恳切期待读者的批评指正。

编者

2014年7月2日于武昌桂子山

图书在版编目（CIP）数据

教育经济学/范先佐主编. —北京：中国人民大学出版社，2014.8
新编 21 世纪教育学系列教材
ISBN 978-7-300-19843-9

Ⅰ.①教… Ⅱ.①范… Ⅲ.①教育经济学-高等学校-教材 Ⅳ.①G40-054

中国版本图书馆 CIP 数据核字（2014）第 191676 号

新编 21 世纪教育学系列教材
教育经济学
范先佐 主编
Jiaoyujingjixue

出版发行	中国人民大学出版社		
社　　址	北京中关村大街 31 号	**邮政编码**	100080
电　　话	010－62511242（总编室）		010－62511770（质管部）
	010－82501766（邮购部）		010－62514148（门市部）
	010－62515195（发行公司）		010－62515275（盗版举报）
网　　址	http://www.crup.com.cn		
经　　销	新华书店		
印　　刷	固安县铭成印刷有限公司		
开　　本	787 mm×1092 mm　1/16	**版　　次**	2014 年 9 月第 1 版
印　　张	21	**印　　次**	2025 年 1 月第 5 次印刷
字　　数	425 000	**定　　价**	39.00 元

教学支持说明

（教学课件）

中国人民大学出版社教育学科秉承“出教材学术精品，育人文社科英才”的出版宗旨，多年来，出版了大批高质量的教育学、小学教育、学前教育专业教材和学术著作。

我们为本教材制作了相应的 PPT 教学课件，任何一位采用本书作为授课教材的教师均可免费获得该课件。为了确保该课件仅为授课教师获得，烦请您填写如下材料，并将相关信息通过 E-mail 发送给我们，我们将在收到相关信息后通过 E-mail 给您发送该课件。欢迎您加入我们的 QQ 群（教育新视野交流群，群号为 159813080），或登录我社官方网站（www. crup. com. cn），注册并认证成为教师会员，以获得更好的服务。

我们的联系方式：

地址：（100872）北京市中关村大街甲 59 号文化大厦 1202 室
中国人民大学出版社

电话：（010）82502724　62514775（传真）

E-mail：ggglcbfs@vip. 163. com

QQ 群：159813080

兹证明__________大学/学院__________院/系__________专业__________学年第__________学期开设的__________课程，采用中国人民大学出版社出版的____________________（书名、作者）作为本课程教材。授课教师为__________，授课班级共______个、学生______人。授课教师需要与本书配套的教学课件。

联 系 人：____________________

通信地址：____________________

邮　　编：____________________

电　　话：____________________

E-mail：____________________

系/院主任：__________（签字）

（系/院办公室章）

______年_____月_____日